Fördern durch Aufgabenorientierung

KOLLOQUIUM FREMDSPRACHENUNTERRICHT

Herausgegeben von Daniela Caspari,
Lars Schmelter, Karin Vogt und Nicola Würffel

BAND 54

Zu Qualitätssicherung und Peer Review der vorliegenden Publikation:

Die Qualität der in dieser Reihe erscheinenden Arbeiten wird vor der Publikation durch alle vier Herausgeber der Reihe geprüft.

Notes on the quality assurance and peer review of this publication:

Prior to publication, the quality of the work published in this series is reviewed by all four editors of the series.

Mark Bechtel (Hrsg.)

Fördern durch Aufgabenorientierung

Bremer Schulbegleitforschung zu Lernaufgaben im Französisch- und Spanischunterricht der Sekundarstufe I

Bibliografische Information der Deutschen Nationalbibliothek
Die Deutsche Nationalbibliothek verzeichnet diese Publikation in der Deutschen Nationalbibliografie; detaillierte bibliografische Daten sind im Internet über http://dnb.d-nb.de abrufbar.

Gedruckt mit Unterstützung der Senatorin für Bildung, Wissenschaft und Gesundheit der Freien Hansestadt Bremen.

Umschlaglogo:
Christoph Baum

Gedruckt auf alterungsbeständigem,
säurefreiem Papier.

ISSN 1437-7829
ISBN 978-3-631-63175-1 (Print)
E-ISBN 978-3-653-04876-6 (E-Book)
DOI 10.3726/978-3-653-04876-6

Peter Lang Edition ist ein Imprint der Peter Lang GmbH.

Peter Lang – Frankfurt am Main · Bern · Bruxelles ·
New York · Oxford · Warszawa · Wien

Diese Publikation wurde begutachtet.

www.peterlang.com

Inhaltsverzeichnis

Mark Bechtel

Einleitung

In der Fremdsprachendidaktik geht es beim Ansatz der Aufgabenorientierung darum, Schüler/innen in Anlehnung an reale Situationen der Sprachverwendung außerhalb des Klassenraums mit kommunikativen, inhaltsorientierten Aufgaben, sogenannten „Lernaufgaben" (engl. *task*, frz. *tâche*, span. *tarea*), zu konfrontieren, die sie im Unterricht lösen sollen. Das Interesse am Ansatz der Aufgabenorientierung ist deshalb so groß, weil man sich von ihm verspricht, einen kompetenzorientierten Fremdsprachenunterricht, so wie er seit der Einführung der Bildungsstandards für die erste Fremdsprache Englisch/Französisch (KMK 2004) gefordert wird, didaktisch-methodisch auszugestalten.

Gegenstand des vorliegenden Sammelbandes ist das Bremer Schulbegleitforschungsnetzwerk „Fördern durch Aufgabenorientierung", das von der Senatorischen Behörde der Freien Hansestadt Bremen im September 2008 für eine Laufzeit von drei Jahren eingesetzt wurde. Das Netzwerk ging der Frage nach, ob der Ansatz der Aufgabenorientierung den Schülerinnen und Schülern im Französisch- und Spanischunterricht der Sekundarstufe I helfen kann, die in den Bremer Bildungsplänen festgeschriebenen Kompetenzen auszubilden, und wie die Schüler/innen mit dem neuen Format der Lernaufgabe umgehen.

An dem von der Professur für Didaktik der romanischen Sprachen der Universität Bremen geleiteten Schulbegleitforschungsnetzwerk waren neun Lehrkräfte aus vier Bremer Schulen (sieben mit dem Fach Französisch, zwei mit dem Fach Spanisch), das Bremer Landesinstitut für Schule (LIS) sowie drei Kohorten von Lehramtsstudierenden des *Master of Education*-Studiengangs Französisch bzw. Spanisch der Universität Bremen beteiligt.

Im Zentrum der Aktivitäten standen die Durchführung von Aktionsforschungsprojekten in Teams aus einer Lehrkraft und ein bis vier Studierenden. Die Aufgabe der Teams bestand darin, Lernaufgaben für den Französisch- und Spanischunterricht der Sekundarstufe I zu entwickeln, im Unterricht zu erproben und die Erprobung unter einer praxisrelevanten Forschungsfrage empirisch zu untersuchen. Die Durchführung der Aktionsforschungsprojekte wurde durch eine Qualifizierung zur Lernaufgabenentwicklung und eine Qualifizierung zur Aktionsforschung flankiert.

Der vorliegende Sammelband dient erstens dazu, Ziele, Inhalte und Ablauf des Bremer Schulbegleitforschungsnetzwerk zu verdeutlichen, den Ansatz der

Aufgabenorientierung und das Konzept der „Lernaufgabe" zu klären sowie die beiden Qualifizierungen darzulegen. Zweitens dient der Band der Dokumentation ausgewählter Aktionsforschungsprojekte, die im Rahmen des Schulbegleitforschungsnetzwerks entstanden sind. Drittens werden die von den Beteiligten gemachten Erfahrungen zusammengefasst und daraus Schlüsse für die Lehrerbildung gezogen.

Der Band richtet sich an Lehrkräfte und Studierende, die sich mit dem Konzept der Lernaufgabe im Fremdsprachenunterricht auseinander setzen möchten. Er soll ihnen Mut machen, ausgehend von einer theoretischen Beschäftigung mit dem Konzept selbst Lernaufgaben zu entwickeln, im Unterricht einzusetzen und die dabei gemachten Erfahrungen zu reflektieren. Des Weiteren wendet sich der Band an Fremdsprachendidaktiker/innen an den Hochschulen und Lehrerfortbildner/innen, die beabsichtigen, den Ansatz der Aktionsforschung in die universitäre Erstausbildung bzw. die zweite und dritte Phase der Lehrerbildung zu integrieren. Adressaten sind ebenfalls Forschende in der Fachdidaktik, die an Einzelfallstudien zum Umgang mit Lernaufgaben im Unterricht interessiert sind. Nicht zuletzt richtet sich der Band an Bildungsbehörden, die Anregungen für neue Aus- und Fortbildungsformate suchen.

Der Sammelband ist in drei Teile gegliedert.

In **Teil I** stellt **Mark Bechtel** in drei Beiträgen den organisatorischen, fachdidaktischen und hochschul- bzw. fortbildungsdidaktischen **Kontext** des Schulbegleitforschungsnetzwerks dar.

Im ersten Beitrag wird zunächst Bezug auf die Bremer Schulbegleitforschung genommen, so wie sie zwischen 1993 und 2010 betrieben wurde; der Fokus liegt dabei auf der Neukonzeption ab 2007. Im Zentrum des Beitrags stehen Ziele, Struktur und Verlauf des Schulbegleitforschungsnetzwerks. Darüber hinaus enthält der Beitrag eine Übersicht über die durchgeführten Aktionsforschungsprojekte.

Gegenstand des zweiten Beitrags ist das Konzept der „Lernaufgabe" im Bereich der Fremdsprachendidaktik. Nach der Klärung des bildungspolitischen Hintergrundes werden die Prinzipien der Kompetenzorientierung und Aufgabenorientierung geklärt, die Funktion und die Merkmale von Lernaufgaben erläutert, aufgabenorientierte Unterrichtsmodelle diskutiert und abschließend ein Beispiel einer Lernaufgabe vorgestellt. Ziel des Beitrags ist es u.a. zu zeigen, welches Verständnis von Lernaufgaben dem Schulbegleitforschungsnetzwerk zugrunde lag.

Gegenstand des dritten Beitrags ist das Lehrerbildungskonzept zur Entwicklung, Erprobung und Erforschung von Lernaufgaben im Französisch- und Spanischunterricht, das im Rahmen des Schulbegleitforschungsnetzwerks zum

Einsatz kam. Da im Zentrum des Konzepts die Durchführung von Aktionsforschungsprojekten stand, wird zunächst der Ansatz der Aktionsforschung und die „Oldenburger Teamforschung“ als eine besondere, universitäre Variante der Aktionsforschung erläutert. Danach stellt der Autor ausführlich die Qualifizierungsmaßnahmen zur Lernaufgabenentwicklung und zur Einführung in die Aktionsforschung vor, an denen die Lehrkräfte und Studierenden teilgenommen haben. Ziel des Beitrags ist es u.a. zu verdeutlichen, wie die von den Teams durchgeführten Aktionsforschungsprojekte fortbildungs- bzw. hochschuldidaktisch eingerahmt waren.

Teil II des Sammelbandes beinhaltet sechs Beiträge zu ausgewählten **Aktionsforschungsprojekten**, die im Rahmen des Schulbegleitforschungsnetzwerks durchgeführt wurden. Die ersten drei Beiträge basieren auf einer von den studentischen Teammitgliedern verfassten wissenschaftlichen Seminararbeit zur Konzeption und Durchführung der im Team entwickelten Lernaufgaben sowie auf einem Forschungsbericht zur empirischen Begleituntersuchung. Die drei weiteren Beiträge beruhen auf fachdidaktisch orientierten Master-Abschlussarbeiten, die im Rahmen des Schulbegleitforschungsnetzwerks entstanden sind.

Zu den Beiträgen im Einzelnen:

Die Autorinnen des ersten Beitrags, **Alina Kramer**, **Jenny Moller** und **Antje Peters,** haben in Zusammenarbeit mit einer Französischlehrkraft in einer 7. Klasse einer Gesamtschule mit Französisch als zweiter Fremdsprache ein Aktionsforschungsprojekt durchgeführt, mit dem sie der Frage nachgehen wollten, ob Lernaufgaben, denen durch ihre Offenheit bei der inhaltlichen und sprachlichen Bearbeitung ein selbstdifferenzierendes Potenzial zugeschrieben wird, den Schülerinnen und Schülern gestatten, auf ihrem jeweiligen Leistungsniveau zu arbeiten. Als Grundlage für ihre Untersuchung wurden drei Lernaufgaben zur Förderung des Leseverstehens, des Hörverstehens und Sprechens sowie des Schreibens entwickelt und im Unterricht eingesetzt. Mit Hilfe einer Fragebogen-Untersuchung wurden Kompetenzeinschätzungen der Lerner vor und nach der Bearbeitung der Lernaufgaben ermittelt. Die Auswertung führte zu einem kontra-intuitiven Ergebnis und veranlasste die studentischen Teammitglieder, mit ausgewählten Lernern Interviews zu führen, die Daten zu triangulieren und daraus Einzelfallstudien zu erstellen. Eine dieser Fallstudien ist Gegenstand des vorliegenden Beitrags. Als Ergebnis wird die These aufgestellt, dass die Offenheit von Lernaufgaben den Schülerinnen und Schülern erlaubt, sie entsprechend des jeweiligen Leistungsniveaus unterschiedlich zu lösen; allerdings erfordern Lernaufgaben ein gewisses Mindestkompetenzniveau, das von den Schülerinnen und Schülern nicht unterschritten werden dürfe, damit sie sich überhaupt auf sie einlassen.

Das Projekt zeigt darüber hinaus, wie gerade ein kontra-intuitives Ergebnis dazu führen kann, den „Forscherergeiz" zu wecken und die Forschungsanstrengungen zu intensivieren.

Annika Aulf stellt in ihrem Beitrag ein Aktionsforschungsprojekt vor, das sie gemeinsam mit einem Studenten und einer Lehrkraft im Spanischunterricht einer 8. Gymnasialklasse durchgeführt hat. Die ursprüngliche Forschungsfrage, ob durch Lernaufgaben auch leistungsschwächere Lerner zum Sprechen aktiviert werden können, musste verworfen werden, da die Art und Weise der unterrichtlichen Durchführung der Lernaufgabe den Forschungsfokus auf die Teilkompetenz Sprechen nicht mehr zuließ. Hieran wird deutlich, wie unwägbar Aktionsforschung sein kann und wie flexibel die Forschenden in solchen Situationen sein müssen. Der Forschungsfokus wurde auf die Frage verlegt, inwieweit eine Strukturierung der einzelnen Arbeitsschritte innerhalb einer Lernaufgabe und das Transparentmachen dieser Schritte, verbunden mit der Aussicht, die im Vorfeld gelernten sprachlichen Mittel in einer realitätsnahen Zielaufgabe tatsächlich anwenden zu können, die Lernmotivation der Schüler/innen steigert. Hierzu wurden Interviews mit fünf Lernern durchgeführt, von denen die Autorin zwei in Fallstudien ausgewertete. Als Ergebnis hält die Autorin fest, dass die Motivation der Schüler/innen gerade dadurch gesteigert worden sei, themengebunden auf ein Kommunikationsziel hinzuarbeiten, welches sie in der realen Welt so ähnlich erleben könnten. Zudem deutet die von der Autorin konstatierte Diskrepanz zwischen Konzeption der Lernaufgabe und unterrichtlicher Umsetzung durch die Lehrkraft darauf hin, dass das Lehrerhandeln ein nicht zu unterschätzender Faktor bei der Implementierung von Lernaufgaben ist.

Der Ausgangspunkt für das Aktionsforschungsprojekt, das **Julia Baumbach**, **Alexej Schlotfeldt** und **Ann-Marikje Stenzel** in ihrem Beitrag vorstellen, war der Eindruck der am Team beteiligten Lehrkraft, dass bei der Bearbeitung von Lernaufgaben die Einübung sprachlicher Mittel zu kurz komme. Die Studierenden entwickelten daraufhin für den Französischunterricht einer 8. Klasse einer Sekundarschule mit Französisch als zweiter Fremdsprache eine aufgabenorientierte Unterrichtseinheit mit drei Lernaufgaben, bei denen auf unterschiedliche Art und Weise ein sprachlicher Fokus auf Wortschatzarbeit gelegt wurde. Im Anschluss an die Unterrichtseinheit führten die Studierenden mit sechs Schülerinnen und Schülern Einzelinterviews und gingen dabei der Frage nach, wie lernwirksam die Befragten die drei unterschiedlichen Verfahren einschätzen. Das Projekt verdeutlicht, dass die Thematisierung und das Üben sprachlicher Mittel an unterschiedlichen Stellen einer Lernaufgabe möglich sind. Es zeigt darüber hinaus, welche Strategien die Lerner beim Wortschatzerwerb im Rahmen der Bearbeitung einer

Lernaufgabe einsetzen. Am lernwirksamsten wurde von den Befragten die Beschäftigung mit Wortschatz eingeschätzt, wenn sie in Verbindung mit einer realen Anwendungssituation stand.

Ausgangspunkt für das Aktionsforschungsprojekt, an dem **Juliana Kruza** mit drei weiteren Studentinnen teilnahm, war der Befund der am Projekt beteiligten Französischlehrkraft, dass die Schüler/innen ihrer 8. Gymnasialklasse im dritten Lernjahr Französisch Defizite beim Sprechen in der Fremdsprache im Vergleich zu den anderen kommunikativen Kompetenzen aufwiesen und nur schwer zum freien Sprechen zu motivieren waren. Das Team entwickelte daraufhin eine aufgabenorientierte Unterrichtseinheit (nach dem Modell von Willis 1996), die drei die Sprechkompetenz fördernde Lernaufgaben enthält, und erprobte sie im Unterricht. Die damit verbundene Forschungsfrage lautete zum einen, wie die Schüler/innen diese Lernaufgaben inhaltlich, sprachlich und sozial bearbeiten. Zum anderen wollte das Team wissen, wie die Schüler/innen die Effektivität der Lernaufgaben hinsichtlich der Förderung des fremdsprachlichen Sprechens subjektiv einschätzen. Als Datengrundlage dienten Videoaufnahmen von Unterrichtsphasen, in denen die Schüler/innen in der *task*-Phase einen Dialog bearbeiten, sowie eine schriftliche Befragung. Die Daten wurden in Einzelfallstudien ausgewertet und trianguliert. In ihrem Beitrag stellt die Autorin eine der Fallstudien vor, die auch Gegenstand ihrer Master-Abschlussarbeit war. Die Ergebnisse deuten u.a. darauf hin, dass es sinnvoll ist, beim Einsatz des aufgabenorientierten Ansatzes nach Willis die *pre-task*-Phase auch dazu zu nutzen, die Schüler/innen auf die inhaltlichen Mindestanforderungen des nachfolgenden *task* vorzubereiten. Darüber hinaus zeigt das Projekt, dass die Videografie bei der Erforschung des lernerseitigen Umgangs mit Lernaufgaben im Unterricht eine geeignete Datenerhebungsmethode ist. Gleichermaßen wird deutlich, dass es zu einer angemessenen Gesamtbewertung wünschenswert ist, wenn nicht nur eine der Phasen des Lernaufgabenparcours', sondern alle Phasen der Bearbeitung einer Lernaufgabe als Videoaufnahmen vorliegen.

Antje Knobloch stellt in ihrem Beitrag ein Aktionsforschungsprojekt vor, das sie im Rahmen ihrer Master-Abschlussarbeit in Absprache mit einer der Lehrkräfte des Netzwerks für eine 8. Gymnasialklasse Französisch entwickelte. Im Zentrum steht eine elfstündige Unterrichtseinheit zum Thema „*la mode*", die einen Lernaufgabenparcours (nach dem Unterrichtsmodell von Leupold 2008) zur Förderung des dialogischen Sprechens enthält. Im Rahmen eines Praktikums erprobte sie selbst den Lernaufgabenparcours in der Klasse der Lehrkraft. Bei ihrer Untersuchung ging sie der Frage nach, welche Strategien die Schüler/innen bei der Bearbeitung eines bestimmten Lernaufgabentyps verwenden und wie hilfreich sie das zur Verfügung gestellte Unterstützungsmaterial einschätzen. Die Datengrundlage bilden Videoaufnahmen ausgewählter Partnerarbeitsphasen und eine schriftliche Befragung. In Einzelfallstudien werden diese Daten trianguliert. In ihrem Beitrag rekonstruiert die Autorin in einer Fallstudie, welche kommunikativen Hörerstrategien und Kompensationsstrategien ein Schülerpaar beim dialogischen Sprechen verwendet und inwiefern die Lerner das zuvor eingeführte Unterstützungsmaterial als hilfreich erachten.

Das Aktionsforschungsprojekt, das Gegenstand des Beitrags von **Julia Obermeier** ist, hebt sich von den anderen Projekten insofern ab, als an ihm arbeitsteilig neben der Autorin der Fachleiter für Französisch in Bremen und der Leiter des Schulbegleitforschungsnetzwerks beteiligt waren. Im Zentrum stand eine vom Fachleiter für eine 10. Gymnasialklasse Französisch konzipierte und im Unterricht durchgeführte *simulation globale*, die sechs Lernaufgaben zur Förderung des dialogischen Sprechens enthielt. Das Unterrichtsprojekt war mit einer empirischen Untersuchung verbunden, bei der es um die Frage ging, welche Phasen von Lernaufgaben nach dem Modell von Willis (1996) (*pre-task*, *task*, *planning*, *report*, *language-focus*) leistungsstarke und leistungsschwache Schüler/innen als motivierend beziehungsweise demotivierend einschätzen und warum. Nach der gemeinsamen Formulierung der Forschungsfrage im Team entwickelte der Leiter des Schulbegleitforschungsnetzwerks das der empirischen Untersuchung zugrunde liegende Forschungsdesign. Im Rahmen ihrer Master-Abschlussarbeit führte die Autorin alle weiteren Forschungsschritte selbstständig durch, von der Erstellung des Fragebogens über die Datenerhebung, die Aufbereitung und Auswertung der Daten bis zur Darstellung der Ergebnisse und der Dokumentation der Untersuchung in Form eines Forschungsberichts. Ein zentrales Ergebnis der Untersuchung ist, dass die *task*-Phase von den leistungsstärkeren Schülerinnen und Schülern als motivierend eingeschätzt wurde, während die leistungsschwächeren Schüler/innen sie als demotiverend einstuften; umgekehrt verhielt es sich bei der Einschätzung hinsichtlich der Motivation bei denjenigen Phasen (*pre-task*, *planning*, *language-focus*), die die *task*-Phase entweder vor- oder nachbereiten. Das Projekt zeigt darüber hinaus, wie fruchtbar eine Variante der Aktionsforschung sein kann, bei der ein unterrichtsmethodisch erfahrener und fachdidaktisch versierter Fachleiter, ein für praxisnahe Unterrichtsforschung aufgeschlossener Wissenschaftler und eine fortgeschrittene Lehramtsamtsstudentin, die zuvor bereits an einem Aktionsforschungsprojekt (und zwar im Rahmen des Schulbegleitforschungsnetzwerks) teilgenommen und dabei forschungsmethodische Erfahrung gesammelt hat, kooperieren.

Teil III dient als **Fazit** und **Ausblick**. In seinem Beitrag zeichnet **Mark Bechtel** nach, welche Erfahrungen die am Schulbegleitforschungsnetzwerk beteiligten Lehrkräfte und Studierende bei der Durchführung der Aktionsforschungsprojekte gemacht haben, und leitet daraus Implikationen für die Lehrerbildung ab. Die empirische Grundlage bilden Interviews mit den beteiligten Lehrkräften und einigen Studierenden sowie die studentischen Seminararbeiten zur Konzeption und Durchführung der Lernaufgaben und die Forschungsberichte. Der Autor plädiert für eine Integration von Aktionsforschungsprojekten in die Lehrerbildung, da sie geeignet erscheinen, Lehrkräfte und Studierende dazu anzuregen, die Theorie im Lichte der Praxis und die Praxis im Lichte der Theorie zu reflektieren. Einen weiteren Grund sieht der Autor darin, dass sie dem fachdidaktischen Nachwuchs ein Experimentierfeld eröffnen, in dem sie forschungsmethodische Erfahrungen sammeln können.

Die Beiträge sind so angelegt, dass sie auch als Einzelbeiträge gelesen werden können. Jeder Beitrag enthält daher seine eigene Bibliografie. Inhaltliche Doppelungen bei der Bezugnahme auf das Schulbegleitforschungsnetzwerk oder das Konzept der Lernaufgabe sind daher unvermeidbar.

Mein Dank gilt als erstes der Senatorischen Behörde für Bildung und Wissenschaft der Freien Hansestadt Bremen, die das Schulbegleitforschungsnetzwerk bewilligt und finanziell unterstützt hat. Mit Gudrun Rinke hatten wir auf der Seite der Behörde eine kompetente Ansprechpartnerin. Danken möchte ich Dr. Wolfram Sailer vom Landesinstitut für Schule (LIS) für seine umsichtige Begleitung und Betreuung der Aktivitäten des Schulbegleitforschungsnetzwerks. Prof. Dr. Hilbert Meyer und apl. Prof. Dr. Wolfgang Fichten danke ich für ihre bereitwillige Beratung bei der Suche nach einem geeigneten Qualifizierungskonzept zur schulischen Aktionsforschung. Wolfgang Fichten danke ich insbesondere dafür, dass er als Referent die Leitung der zentralen Workshops dieser forschungsmethodischen Qualifizierung übernommen hat. Bàrbara Roviró danke ich herzlich für die Zusammenarbeit bei der inhaltlichen Abstimmung ihres Lehrangebots in der Fachdidaktik Spanisch mit dem der Fachdidaktik Französisch. Mein besonderer Dank gilt natürlich allen am Netzwerk beteiligten Lehrkräften und Studierenden für ihr enormes Engagement bei der Durchführung der Aktionsforschungsprojekte. Namentlich sind dies in alphabetischer Reihenfolge bei den Lehrkräften Dr. Sandra Jesse, Jana Krietemeyer, Margret Künemund, Rebecca Schwenzer, Markus Steinhoff, Corinna Sührig, Cornelia Tussinger, Joceline Vignais und Anke Wellmann sowie als assoziiertes Mitglied Grégoire Fischer (Fachleiter für Französisch in Bremen); bei den Studierenden Annika Aulf, Julia Baumbach, Franziska Baumgarten, Christine Beckmann, Wafa Ben Achema, Karoline Bergmann, Maria

Lisa Bidmon, Annkathrin Bons, Katja Both, Sema Culhaci, Marcel David, Magdalena Drechsel, Malte Drewes, Monika Fecht, Anna-Lena Grimm, Amandine Guilbert, Antje Knobloch, Alina Kramer (geb. Trandafir), Juliana Kruza, Oliver Lietzan, Janka Lind, Lisa Mertins, Janek Möllhausen, Jenny Moller, Julia Obermeier, Kerstin Olding, Antje Peters (geb. Janhsen), Alexandra Rischker, Alexej Schlotfeldt, Katharina Seidel, Brit Kristin Soltmann, Ann-Marikje Stenzel, Sarah Stotz, Janka Voß, Cendence Ngoho Wandji, Katrin Weber und Gesa Wilkens. Ebenfalls möchte ich den Schülerinnen und Schülern für ihre Mitwirkung bei der Erprobung der Lernaufgaben und den Untersuchungen danken. Allen Autorinnen und Autoren des Sammelbandes sei gedankt für die Bereitschaft, aus einer Seminararbeit und einem Forschungsbericht bzw. einer Master-Abschlussarbeit einen Fachaufsatz zu erstellen, sowie für die gute Zusammenarbeit bei der Überarbeitung der Aufsätze. Ich bedanke mich ferner bei Lisa Gulich und Tom Rudolph, die als studentische Hilfskräfte an der Technischen Universität Dresden beim Korrekturlesen und Formatieren des Manuskripts mitwirkten. *Last but not least* gilt mein Dank dem Herausgeberteam von KFU für die Aufnahme der Publikation in ihre Reihe und insbesondere Prof. Dr. Daniela Caspari für die Beratung und Betreuung des Manuskripts.

Bonn/Dresden, September 2015
Mark Bechtel

I. Kontext

Mark Bechtel

Das Bremer Schulbegleitforschungsnetzwerk „Fördern durch Aufgabenorientierung“: Ziele - Struktur - Verlauf

1. Einleitung

Das Schulbegleitforschungsnetzwerk „Fördern durch Aufgabenorientierung“ war Teil der „Bremer Schulbegleitforschung“, mit der die Bildungsbehörde der Hansestadt Bremen zwischen 1993 und 2010 schul- und unterrichtsbezogene Aktionsforschung mit finanziellen und personellen Ressourcen unterstützte. Bis zu ihrer Einstellung im Jahre 2010 gehörte die Bremer Schulbegleitforschung zum „Nordverbund Schulbegleitforschung“, zu dem u.a. die Universitäten Oldenburg, Hamburg, Kiel, Bielefeld und Paderborn zu zählen sind.[1]

Der vorliegende Beitrag dient dazu, die Ziele, die Struktur und den Verlauf des Schulbegleitforschungsnetzwerks zu erläutern und einen Überblick über die darin entstandenen Aktionsforschungsprojekte zu geben.

Zunächst skizziere ich die Bremer Schulbegleitforschung in der ursprünglichen Konzeption und insbesondere in ihrer Neukonzeption ab 2007, da sie den Rahmen für das Schulbegleitforschungsnetzwerk bildet. Im Anschluss gehe ich auf den bildungspolitischen Hintergrund, die Ziele, Aufgaben und Beteiligten des Netzwerks ein, skizziere den Verlauf der Aktivitäten der drei Projektjahre und gebe einen Überblick über die Aktionsforschungsprojekte. Abschließend gehe ich auf den spezifischen Beitrag des Schulbegleitforschungsnetzwerks zur Lehrerbildung sowie zur praxisnahen Erforschung von Lernaufgaben im schulischen Kontext ein.

2. Bremer Schulbegleitforschung

Die Bremer Schulbegleitforschung wurde 1993 ins Leben gerufen (Kemnade 2000). In der bis 2007 praktizierten Form konnten im Rahmen von Forschungsschwerpunkten, die von der Bildungsbehörde der Hansestadt Bremen vorgegeben wurden, Teams von Lehrkräften Anträge für Aktionsforschungsprojekte mit wissenschaftlicher Begleitung durch die Universität Bremen stellen. Bei Bewilligung

---

1 www.nordverbund-schulbegleitforschung.de, letzter Zugriff 15.9.2015.

wurde das Forschungsteam von einem Koordinierungsgremium (bestehend aus Vertretern der Bildungsbehörde, des Landesinstituts für Schule, der Universität Bremen und der Schule) durch ein Angebot an Workshops (zu Forschungsmethoden, Projektmanagement, Moderation, Evaluation, Dokumentation und Präsentation) sowie Sprechstunden zur Projektberatung und Supervision unterstützt (vgl. Kemnade 2000, vgl. Altrichter/Feindt 2004: 424). Die Förderung der Projekte wurde zunächst für ein Jahr mit Option auf Verlängerung gewährt und war mit einer Reduzierung des Stundendeputats der beteiligten Lehrkräfte bis zu vier Stunden verbunden. Die Teams verpflichteten sich, in einem Endbericht Vorgehen, Ergebnisse und Handlungsempfehlungen zusammenzufassen und diese einer interessierten Öffentlichkeit zugänglich zu machen. Bis 2005 wurden auf diese Weise insgesamt 103 Aktionsforschungsprojekte von gut 500 Lehrkräften aus 97 Bremer Schulen durchgeführt, an denen 50 Hochschullehrkräfte verschiedener Universitäten und 47 externe Begleiter beteiligt waren (vgl. Hollenbach/Klewin 2010: 7).

Trotz zahlreicher Erfolge dieser Einzelprojekte (vgl. Kolzarek/Lindau-Bank 2000) wurde nach einer kritischen Bestandsaufnahme und vor dem Hintergrund veränderter finanzieller Rahmenbedingungen (vgl. Hollenbach/Klewin 2010: 8) das bis dato praktizierte Konzept 2007 durch das Konzept der „Netzwerke" abgelöst. Dieses sah eine stärkere Vernetzung der Akteure und die Übertragung der Leitungsfunktion an eine entsprechende Professur der Universität Bremen vor. Mit der Neukonzeption der Bremer Schulbegleitforschung waren folgende Ziele verbunden (im Folgenden Senatorin für Bildung 2007: 42):

1. Innovationsförderung: Es sollen Forschungsprojekte initiiert werden, „die an den Notwendigkeiten der Weiterentwicklung der Bremer Bildungssituation im schulischen Bereich orientiert sind".
2. Qualitätssicherung: eine enge Zusammenarbeit mit der universitären Forschung soll die Einhaltung von Qualitätsstandards in der Konzeption, Realisierung und Durchführung der Aktionsforschungsprojekte gewährleisten.
3. Lehrerfortbildung: Lehrkräfte sollen „zu aktiv Forschenden werden, in andere Schulen Einblick bekommen, neue Verfahren kennen lernen, überregional veröffentlichen" und dadurch einen „Professionalisierungsschub" erhalten.
4. Wissenstransfer: In Zusammenarbeit von Schule und Universität sollen wissenschaftliche Forschungsergebnisse in die Schulpraxis übersetzt und Fragen aus der Schulpraxis Impulse für die an der Universität Forschenden geben.
5. Lehrerausbildung: Lehramts-Studierende, die im Rahmen ihres Master-Studiums an der Universität Bremen eine forschungsorientierte Abschlussar-

beit schreiben müssen, sollen als Forschende an den Schulbegleitforschungsprojekten beteiligt werden.
6. Schulentwicklung: Die an Schulbegleitforschung beteiligten Lehrkräfte bzw. Hochschullehrenden sollen die praxisrelevanten Forschungsergebnisse in geeigneter Weise an andere Schulen und Bildungseinrichtungen weitergeben.
7. Vernetzung: Unterschiedliche Akteure im Bereich der schulischen Bildung sollen vernetzt werden (Schulen, Bildungsbehörde, Landesinstitut für Schule, Universität).

Zur konkreten Umsetzung wurden fünf Netzwerke mit einer Laufzeit von drei Jahren ausgeschrieben, deren Themenschwerpunkte die Bildungsbehörde festlegte.[2] Aufgabe der Netzwerke war es, Forschungsprojekte zur Beantwortung von praxisrelevanten, für das Land Bremen wichtigen Forschungsfragen durchzuführen, bei denen „Lehrerinnen und Lehrer zu aktiven Lehrerforschern werden" (Senatorin für Bildung 2007: 42). Die Sicherung der wissenschaftlichen Standards und die Unterstützung beim Transfer der Ergebnisse in die Lehrerbildung und ihrer Präsentation auf Tagungen gehörten zu den Aufgaben der jeweiligen Professur. Das Landesinstitut für Schule war für die Begleitung der Netzwerke, das Controlling und die Ergebnissicherung verantwortlich. Jedem Netzwerk standen elf Entlastungsstunden zur Verfügung, die an die beteiligten Lehrkräfte vergeben wurden (i.d.R. eine Stunde pro Lehrkraft), sowie Sachmittel in Höhe von 10.000 € pro Jahr.

3. Das Schulbegleitforschungsnetzwerk „Fördern durch Aufgabenorientierung"

Das Schulbegleitforschungsnetzwerk „Fördern durch Aufgabenorientierung" war eines der fünf von der Bildungsbehörde der Hansestadt Bremen geförderten Netzwerke. Es wurde 2008 mit einer Laufzeit bis 2011 bewilligt. Kennzeichnend ist seine fremdsprachendidaktische Ausrichtung, die in der Langversion des Titels zum Ausdruck kommt: „Fördern durch Aufgabenorientierung im Französisch- und Spanischunterricht der Sekundarstufe I".

Den bildungspolitischen Hintergrund bildete die Einführung der Bildungsstandards für die erste Fremdsprache (Englisch/Französisch) für den Mittleren Schulabschluss (KMK 2004) bzw. den Hauptschulabschluss (KMK 2005). Die Länder verpflichteten sich, die Standards zu implementieren und anzuwenden. In diesem Sinne führte das Land Bremen 2006 einen kompetenzorientierten

---

2 Die Themen der Netzwerke waren „Diagnostik", „Förderung", „Migration", „Übergänge" und „Mathematik".

„Bildungsplan für Französisch/Spanisch als zweite Fremdsprache" ein, der die zu erreichenden Kompetenzen am Ende der Jahrgangsstufen 6, 8 und 10 festlegt (Senator für Bildung und Wissenschaft der Freien Hansestadt Bremen 2006), nahm an bundesweiten Vergleichstests teil und trieb die Umsetzung des Bildungsplans in schulinternen Curricula voran. Wie aber die Förderung der Kompetenzen konkret im Unterricht implementiert werden soll, war zu diesem Zeitpunkt eine offene Frage.

Die Professur für Didaktik der romanischen Sprachen schlug in ihrem Antrag zur Ausschreibung für die Bremer Schulbegleitforschungsnetzwerke mit der Aufgabenorientierung einen Lösungsansatz vor, der dabei zu helfen versprach, die im Bildungsplan geforderte Kompetenzorientierung didaktisch-methodisch im Unterricht umzusetzen (vgl. Leupold 2007, vgl. Caspari 2009, vgl. Bechtel 2015b in diesem Band, vgl. Bechtel 2015e). Den Fokus auf den Ansatz der Aufgabenorientierung und insbesondere auf das Format der „Lernaufgabe" zu legen, war gleichsam als Signal an die Lehrkräfte gedacht, die Einführung kompetenzorientierter Standards trotz zahlreicher Bedenken auch als Chance zur Unterrichtsentwicklung zu sehen.

Die Aufgabe des Schulbegleitforschungsnetzwerks bestand darin, in Aktionsforschungsprojekten Lernaufgaben für die Fächer Französisch und Spanisch der Sekundarstufe I zu entwickeln, im Unterricht zu erproben und die Erprobung begleitend empirisch zu untersuchen. Die übergreifende Frage lautete, inwiefern der Ansatz der Aufgabenorientierung den Schülerinnen und Schülern hilft, die im Bremer Bildungsplan für Französisch/Spanisch als zweite Fremdsprache festgeschriebenen Kompetenzen nach und nach auszubilden, und wie im Unterricht mit dem neuen Format der Lernaufgabe umgegangen wird.

An dem Netzwerk beteiligt waren neun Lehrkräfte aus vier Bremer Schulen (sieben mit dem Fach Französisch, zwei mit dem Fach Spanisch), über die gesamte Laufzeit gerechnet insgesamt 37 Studierende des lehramtsbezogenen Studiengangs *Master of Education* Französisch bzw. Spanisch der Universität Bremen, das Bremer Landesinstitut für Schule (LIS) sowie die Professur für Didaktik der romanischen Sprachen der Universität Bremen, die die Leitung des Netzwerks inne hatte.[3]

---

3 Zunächst als wissenschaftlicher Mitarbeiter, später als Vertreter der Professur für Didaktik der romanischen Sprachen der Universität Bremen übernahm ich die Leitung des Schulbegleitforschungsnetzwerks „Fördern durch Aufgabenorientierung" und führte es nach dem Antritt der Juniorprofessur für Didaktik der romanischen Sprachen an der TU Dresden (April 2011) bis September 2011 zu Ende.

Die Arbeit des Schulbegleitforschungsnetzwerks kann in drei Phasen eingeteilt werden.

Das erste Projektjahr (Schuljahr 2008/09) diente vor allem der Fortbildung der beteiligten Lehrkräfte im Hinblick auf die Entwicklung von Lernaufgaben und die Erprobung der Zusammenarbeit mit Studierenden bei der konkreten Entwicklung und dem Einsatz im Unterricht. In einer Workshop-Reihe von vier Workshops, die i.d.R. einmal im Monat stattfanden, eigneten sich die Lehrkräfte ausgehend von ihren Erfahrungen mit dem Bremer Bildungsplan für Französisch/Spanisch als zweite Fremdsprache Wissen über die Prinzipien der Kompetenzorientierung und Aufgabenorientierung, das Format der Lernaufgabe und Modelle zur unterrichtlichen Einbettung von Lernaufgaben an, analysierten kriteriengeleitet die Qualität bestehender Lernaufgaben, erstellten selbstständig eine erste Lernaufgabe und diskutierten sie im Kreis der beteiligten Lehrkräfte (vgl. Bechtel 2015c in diesem Band). In der zweiten Hälfte des Projektjahres arbeiteten sie in einer Pilotphase erstmals mit Studierenden zusammen, die sich im Rahmen einer fachdidaktischen Lehrveranstaltung im Sommersemester 2009 anhand der Fortbildungsmaterialien, die in den Workshops für die Lehrkräfte eingesetzt wurden, die gleichen Inhalte wie die Lehrkräfte angeeignet hatten. Es entstanden fünf Teams aus jeweils zwei bzw. vier Studierenden und einer Lehrkraft des Netzwerks, die die Aufgabe hatten, das Konzept der Lernaufgabe in die Praxis umzusetzen, indem sie eine Lernaufgabe für die Klasse der Lehrkraft entwickelten und diese im Unterricht ausprobierten. Die Studierenden hatte darüber hinaus die Aufgabe, während der Erprobung im Unterricht zu hospitieren und den Umgang mit der Lernaufgabe im Unterricht unter einer für die Praxis relevanten Fragestellung auszuwerten. Konzeption und Durchführung der Lernaufgabe waren Gegenstand einer wissenschaftlichen Seminararbeit, die von den studentischen Mitgliedern der Teams verfasst wurde. Die Evaluation zeigte, dass die Lehrkräfte und Studierenden die Zusammenarbeit bei der konkreten Entwicklung der Lernaufgaben als fruchtbar empfanden. Gleichsam wurde deutlich, dass es für die begleitende Untersuchung den Studierenden an Zeit und an einer angemessenen forschungsmethodischen Vorbereitung fehlte.

Im Mittelpunkt des zweiten Projektjahrs (Schuljahr 2009/10) stand die Durchführung von Aktionsforschungsprojekten der Teams. An diesen nahmen alle Lehrkräfte des Netzwerks sowie eine neue Gruppe von insgesamt 26 Studierenden des lehramtsbezogenen Bremer Master-Studiengangs Französisch bzw. Spanisch teil. Die Aufgabe der Teams war es, ausgehend von einer Analyse des Kompetenzentwicklungsbedarfs der Schüler/innen an die Lerngruppe angepasste Lernaufgaben zur Kompetenzförderung zu erarbeiten, im Unterricht zu erproben und diesen Einsatz unter einem von der Lehrkraft formulierten Erkenntnisinteresse empirisch zu untersuchen. Zur Bildung der Teams schlossen sich zunächst zwei bis vier Studierende zu einer Kleingruppe zusammen; jeder Kleingruppe wurde dann eine Lehrkraft zugeordnet. Insgesamt kamen so im Wintersemester 2009/10 neun Teams zusammen.

Der Arbeit im Team lag i.d.R. folgende Arbeitsteilung zwischen den Studierenden und der Lehrkraft zugrunde: (1) gemeinsam wurden im Team Ideen für eine Lernaufgabe gesammelt und diskutiert sowie die Forschungsfrage formuliert, die sich auf die Umsetzung der Lernaufgabe im Unterricht bezieht; die Ausgestaltung der Unterrichtsideen in konkretes Unterrichtsmaterial übernahmen die Studierenden; (2) die Lehrkraft setzte die Lernaufgabe im Unterricht um, während die Studierenden hospitierten; über die Konzeption und Durchführung der Lernaufgabe verfassten die Studierenden eine wissenschaftliche Seminararbeit; (3) die Studierenden wählten eine zur Beantwortung der Forschungsfrage geeignete Datenerhebungsmethode aus, erhoben während bzw. nach der Erprobung der Lernaufgabe im Unterricht Daten, bereiteten die Daten auf und werteten sie aus, des Weiteren präsentierten und diskutierten sie die Ergebnisse und fertigten als Prüfungsleistung einen Forschungsbericht an. Eine solche Arbeitsteilung bot sich an, weil für die Lehrkräfte eine Entlastungsstunde nicht ausreichend war, um die zeitintensive Lernmaterialerstellung und die Dokumentation des Einsatzes der Lernaufgaben im Unterricht zu übernehmen bzw. die mit der Erprobung im Unterricht verbundene empirische Untersuchung durchzuführen. Andererseits waren diese Arbeiten im Rahmen der fachdidaktischen Module, die die Studierenden im Master-Studium zu belegen hatten, durch die geforderten Prüfungsleistungen abgedeckt. Zudem eröffnete sich den Studierenden durch die Teilnahme am Schulbegleitforschungsnetzwerk die Gelegenheit, als Vorbereitung für die am Ende des Studiums geforderte empirische Abschlussarbeit die Anforderungen kennenzulernen, die mit der Durchführung eines praxisnahen Forschungsprojekts verbunden sind, und die dazu nötigen forschungsmethodischen Erfahrungen zu sammeln.

Um die Gruppe der Studierenden sowohl für die Lernaufgabenentwicklung als auch forschungsmethodisch zu qualifizieren, wurden im zweiten Projektjahr im Wintersemester 2009/10 zwei fachdidaktische Veranstaltungen angeboten, die miteinander verschränkt waren (Bechtel 2015c in diesem Band). Die erste Veranstaltung diente der Vermittlung von Wissen über die Prinzipien der Kompetenz- und Aufgabenorientierung sowie über das Konzept der Lernaufgabe, der Anleitung zur Entwicklung eigener Lernaufgaben sowie der Hospitation bei der Erprobung der Lernaufgaben im Unterricht. Die zweite Veranstaltung, an der die gleiche Gruppe von Studierenden teilnahm, war eine Einführung in die schulische Aktionsforschung. In dieser Veranstaltung machten sich die Studierenden in Anlehnung an die „Oldenburger Teamforschung“ (Fichten/Gebken/Obolenski 2006, Meyer/Fichten 2009) mit dem Ansatz der Aktionsforschung vertraut, eigneten sich Wissen über die einzelnen Etappen eines Aktionsforschungsprojekts an und wendeten dieses gleichzeitig bei der Durchführung ihres Aktionsforschungsprojekts an (Bechtel 2015c in diesem Band). Die ursprünglich auf ein Semester angelegte Veranstaltung wurde um ein weiteres Semester verlängert. Dies hing damit zusammen, dass viele Teams die Lernaufgaben erst im letzten Drittel des Wintersemesters 2009/10 in den Schulklassen erproben konnten. Da die empirischen Untersuchungen an den Einsatz der Lernaufgabe im Unterricht gebunden waren, musste der Forschungszyklus entsprechend verschoben werden. Für dieselbe Gruppe von Studierenden wurde daher eine weitere fachdidaktische Veranstaltung angeboten, durch die die Studierenden auf die noch ausstehenden Phasen des Forschungszyklus' vorbereitet wurden. Die inhaltlich zentralen Sitzungen dieser Veranstaltung zur Aktionsforschung wurden als Workshops angeboten, an denen auch die am Netzwerk beteiligten Lehrkräfte teilnahmen.

Im zweiten Projektjahr entstanden in den neun Teams auf diese Weise insgesamt neun wissenschaftliche Seminararbeiten zur Konzeption und Durchführung von Lernaufgaben (Wintersemester 2009/10) und die gleiche Anzahl an Forschungsberichten (Sommersemester 2010). Zwei der Forschungsberichte wurden zu Master-Abschlussarbeiten ausgebaut (Kruza 2010 aus Team 7, Seidel 2010 aus Team 8). Dazu kamen zwei zusätzliche Projekte (Team 10, Team 11), die von je einer Studentin und einem Studenten, die bereits an der Pilotphase teilgenommen hatten, in Zusammenarbeit mit einer Lehrkraft des Netzwerks durchgeführt wurden; aus beiden Projekten sind ebenfalls Master-Abschlussarbeiten hervorgegangen (Drewes 2010, Knobloch 2010).

Das dritte Projektjahr (Schuljahr 2010/11) war der Erstellung einer Lernaufgabensammlung zum internen Gebrauch sowie der gemeinsamen Konzeption und Durchführung einer Fortbildung zur Kompetenz- und Aufgabenorientierung im Fremdsprachenunterricht am LIS Bremen (23.5.2011) vorbehalten. Darüber hinaus wurden die Abschlussveranstaltung vorbereitet (14.9.2011) sowie das Forschungsportfolio zusammengestellt. Auf Anfrage einiger Lehrkräfte des Netzwerks bzw. des Fachleiters für Französisch in Bremen, der assoziiertes Mitglied war, fanden im Schuljahr 2010/11 noch weitere fünf Aktionsforschungsprojekte statt. Vier davon mündeten in eine Master-Abschlussarbeit (Culhaci 2011, Janhsen 2011, Obermeier 2011, Wandji 2011).

Welche Teams wie zusammengesetzt waren, welche Lernaufgaben sie entwickelten und welcher Forschungsfrage sie nachgingen, ist der Übersicht im Anhang dieses Beitrags zu entnehmen.

Betracht man diese Übersicht, fällt auf, dass bei der Lernaufgabenentwicklung der Schwerpunkt auf der Teilkompetenz Sprechen lag. Alle Teams im zweiten Projektjahr entwickelten Unterrichtsarrangements, in denen die Sprechkompetenz fördernde Lernaufgaben im Mittelpunkt standen. Dies erklärt sich dadurch, dass die Lehrkräfte bei dieser Teilkompetenz einen besonderen Förderbedarf sahen.

Was die Forschungsfragen angeht, lag der Schwerpunkt darauf,

- was den Schülerinnen und Schülern an der Lernaufgabe bzw. bestimmten Etappen einer Lernaufgabe gefallen hat und warum (SoSe 2009: Team 3; WiSe 2009/10: Team 3, 5, 7, 9; SoSe 2010: Team 3),
- wie die Schüler/innen den Nutzen der Lernaufgabe für die Kompetenzförderung einschätzen und welche Gründe sie für ihre Einschätzung angeben (SoSe 2009: Team 1, 2; WiSe 2009/10: Team 2, 4, 6, 8; SoSe 2010: Team 1, 3, 4), und
- wie die Lerner die Lernaufgaben konkret bearbeiten (WiSe 2009/10: Team 1, 7, 8, 10; SoSe 2010: Team 1, 4).

Ein Team beschäftigte sich mit der Frage, inwiefern die Bearbeitung von Lernaufgaben den Lernern bei einem sich anschließenden Schüleraustausch geholfen hat, kommunikative Alltagssituationen zu bewältigen (WiSe 2010/11: Team 11). Ein weiteres Team entwickelte Lernaufgaben zur Förderung interkultureller Kompetenzen und ging der Frage der Fremdwahrnehmung seitens der Schüler/innen nach (SoSe 2010: Team 2).

Von der Art der Zusammensetzung der insgesamt 18 Aktionsforschungsteams und der dabei erfolgten Arbeitsteilung lassen sich drei Typen unterscheiden:

Typ 1: Das Team besteht aus zwei bis vier Studierenden und einer Lehrkraft. Das ist der häufigste Typus des vorliegenden Schulbegleitforschungsnetzwerks. Wie bereits erwähnt, ist die Arbeitsteilung dadurch gekennzeichnet, dass Lehrkraft und Studierende gemeinsam Ideen für eine Lernaufgabe sammeln, die Studierenden daraus konkrete Lernmaterialien entwickeln, die von der Lehrkraft im Unterricht eingesetzt werden, während die Studierenden hospitieren und während bzw. nach der Erprobung der Lernaufgabe im Unterricht eine empirische Untersuchung durchführen. Als Produkt verfassen die Studierenden arbeitsteilig eine wissenschaftliche Seminararbeit zur Konzeption und Durchführung der Lernaufgabe sowie einen Forschungsbericht zur Begleituntersuchung. Dieser Typus trifft auf zehn Teams zu (WiSe 2009/10: Team 1 bis 9, SoSe 2010 Team 2). In vier Fällen wurden diese zu einer Abschlussarbeit ausgebaut (WiSe 2009/10: Team 7 und 8, SoSe 2010: Team 1 und 2).

Typ 2: Das Team besteht aus einer Studentin bzw. einem Studenten und einer Lehrkraft. Der Student/die Studentin hat bereits an einem Aktionsforschungsprojekt teilgenommen (SoSe 2009 oder WiSe 2009/10), nimmt Kontakt mit einer der beteiligten Lehrkräfte auf, spricht das neue Projekt mit ihr ab, entwickelt die Lernaufgabe, erprobt sie im Rahmen eines Schulpraktikums selbst in der Lehrerrolle (während die Lehrkraft hospitiert) und führt eigenständig die Begleitforschung durch. Das Ergebnis ist eine empirisch orientierte Master-Abschlussarbeit (WiSe 2009/10: Team 10, 11; SoSe 2010: Team 4).

Typ 3: Das Team besteht aus drei Personen: einer Studentin, einer Lehrkraft (hier: zugleich Fachleiter für Französisch) und einem Wissenschaftler (hier: der Dozent der entsprechenden fachdidaktischen Veranstaltung). Gemeinsam wird das Aktionsforschungsprojekt besprochen. Danach entwickelt die Lehrkraft eine Unterrichtseinheit mit Lernaufgaben und führt sie im Unterricht durch; der Wissenschaftler erarbeitet das Forschungsdesign; die Studentin erstellt ein Instrument zur Datenerhebung, führt die Datenerhebung durch, bereitet die Daten auf, wertet sie aus und verfasst einen Forschungsbericht. Das Ergebnis ist wie bei Typ 2 eine empirisch orientierte Master-Abschlussarbeit (Team 3 im SoSe 2010).

Über den Stand der Aktivitäten des Schulbegleitforschungsnetzwerks wurde die interessierte Öffentlichkeit einmal pro Jahr im Rahmen der Vortragsreihe „Forum Lehren und Lernen" im „Haus der Wissenschaft" (Bremen) informiert (4.6.2009, 26.8.2010, 14.9.2011). Zur Diskussion gestellt wurden die Ergebnisse abgeschlossener Aktionsforschungsprojekte zudem auf den Tagungen des „Nordverbunds Schulbegleitforschung" in Oldenburg (17.9.2009), Hamburg (17.9.2010) und Paderborn (19.9.2011) sowie auf den fremdsprachendidaktischen Kongressen der Deutschen Gesellschaft für Fremdsprachenforschung (DGFF) in Leipzig (2.10.2009) und Hamburg (1.10.2011) sowie auf dem Kongress des Gesamtverbands Moderne Fremdsprachen (GMF) in Augsburg (18.9.2010).

4. Schlussbetrachtung

Abschließend fasse ich zusammen, inwiefern das Bremer Schulbegleitforschungsnetzwerk „Fördern durch Aufgabenorientierung" den von der Bremer Bildungsbehörde aufgestellten Zielen Rechnung trägt und welchen Beitrag es für die Fremdsprachendidaktik leistet.

Aus meiner Sicht hat das Schulbegleitforschungsnetzwerk die Ziele der Bremer Bildungsbehörde in einer besonders weitreichenden Art und Weise umgesetzt. Erstens diente es der Innovationsförderung, weil es das Problem der Implementierung des Bremer Bildungsplans für Französisch und Spanisch als zweite Fremdsprache aufgriff und mit der Aufgabenorientierung einen methodischen

Ansatz lieferte, mit dem der Unterricht durch das neue Format der „Lernaufgabe“ im Hinblick auf eine gezielte Kompetenzförderung weiterentwickelt werden sollte. Zweitens wurde der Vernetzung Rechnung getragen, indem durch die Zusammensetzung der Aktionsforschungsteams und ihrer Qualifizierung unterschiedliche Akteure im Bereich der schulischen Bildung (Schule, Universität, Landesinstitut für Schule) zusammenarbeiteten. Drittens dienten die kollaborativen Aktionsforschungsprojekte sowohl der Lehrerfortbildung, da sich die beteiligten Lehrkräfte ein neues Aufgabenformat aneigneten und es in der Praxis ausprobieren konnten sowie angeregt wurden, das eigene Lehrer/innenhandeln zu reflektieren. Darüber hinaus dienten sie der Lehrerausbildung, weil Lehramtsstudierende in das Schulbegleitforschungsnetzwerk integriert waren, die an einer theoriebasierten, gleichsam praxisorientierten Entwicklung von Lernaufgaben mitwirkten und sich forschungsmethodisches Know-How für eine empirische Abschlussarbeit aneignen konnten. Mit der Einbettung der Aktionsforschungsprojekte in Fortbildungs-Workshops und universitäre fachdidaktische Veranstaltungen wurde viertens schließlich die Einhaltung von Qualitätsstandards bei der Durchführung der Aktionsforschungsprojekte gewährleistet.

Für die Fremdsprachendidaktik ist das Schulbegleitforschungsnetzwerk „Fördern durch Aufgabenorientierung“ in zweifacher Hinsicht von Interesse: erstens für die fachdidaktische Lehrerbildung, zweitens für die Erforschung des Einsatzes von Lernaufgaben im schulischen Kontext (vgl. Bechtel 2015e).

Im Rahmen des Schulbegleitforschungsnetzwerks wurde eine theoriebasierte, praxisorientierte, reflexive fachdidaktische Lehrerbildung praktiziert. Ausgehend von ihrem Erfahrungswissen eigneten sich die an den Aktionsforschungsprojekten beteiligten Lehrkräfte und Lehramtsstudierenden theoriebasiert Wissen über Kompetenz- und Aufgabenorientierung sowie das Konzept der Lernaufgabe an. Sie setzten dieses Wissen praxisorientiert um, indem sie Lernaufgaben selbst entwickelten und diese im Unterricht erprobten; darüber hinaus reflektierten sie auf der Grundlage eigener Erfahrungen bzw. Erfahrungen der Lerner empiriebasiert die Praxis des Umgangs mit Lernaufgaben und leiteten daraus Vorschläge zur Weiterentwicklung ab (vgl. Bechtel 2015d in diesem Band). Das Lehrerbildungskonzept des Bremer Schulbegleitforschungsnetzwerks reiht sich damit in Ansätze der reflexiven Lehrerbildung ein, wie sie im Bereich der Fremdsprachendidaktik beispielsweise von Legutke (1995), Schocker-v. Ditfurth (2001), Müller-Hartmann/Schocker/Pant (2013: 18ff) und Abendroth-Timmer (2011) vertreten werden.

Von Interesse ist das Schulbegleitforschungsnetzwerk auch für die Erforschung der Implementierung von Lernaufgaben im schulischen Kontext. Während in Belgien bereits Mitte der 1990er Jahre der Ansatz der Aufgabenorientierung landesweit implementiert und in Langzeitstudien erforscht wurde (Van den Branden 2006; Van den Branden/Van Gorp/Verhelst 2007), besteht in Deutschland auch nach den Studien von Tesch (2010), Jäger (2011) und Raith (2011) weiterhin der von Caspari (2006: 38) festgestellte Bedarf, „die Realisierung aufgabenorientierten Lernens intensiver empirisch zu erforschen". Auch das Positionspapier der Deutschen Gesellschaft für Fremdsprachenforschung (DGFF) sieht darin ein Desiderat (Hu 2008). Die im Rahmen des Netzwerks durchgeführten Aktionsforschungsprojekte entsprechen der in diesem Zusammenhang aufgestellten Forderung, als Ergänzung zu größer angelegten Arbeiten zur Wirkungsforschung auch „kleinere, (...) im Kontext der Aktionsforschung durchgeführte Arbeiten als empirische Begleitforschung" (Caspari 2006: 38) zu initiieren. Anders als ursprünglich beabsichtigt, konnte im Rahmen des Schulbegleitforschungsnetzwerks zwar nicht ermittelt werden, ob der Einsatz der Lernaufgaben tatsächlich zur Kompetenzentwicklung der Lerner beigetragen hat, da die Lernaufgaben nur punktuell, nicht aber über einen längeren Zeitpunkt begleitet werden konnten. Die Aktionsforschungsprojekte liefern jedoch u.a. Antworten auf die Frage, wie die Schüler/innen Lernaufgaben wahrnehmen und wie sie mit ihnen konkret umgehen. Die Beiträge der Studierenden im vorliegenden Sammelband dokumentieren dies.

5. Bibliografie

Abendroth-Timmer, Dagmar (2011). Reflexive Lehrerbildung: Konzepte und Perspektiven für den Einsatz von Unterrichtssimulation und Videographie in der fremdsprachendidaktischen Ausbildung. *Zeitschrift für Fremdsprachenforschung* 22/1: 3–41.

Altrichter, Herbert / Feindt, Andreas (2004). Handlungs- und Praxisforschung. In: Helsper, Werner / Böhme, Jeanette (Hrsg.). *Handbuch der Schulforschung.* Wiesbaden: Verlag für Sozialwissenschaften. 417–435.

Bechtel, Mark (2015a) (Hrsg.). *Fördern durch Aufgabenorientierung. Bremer Schulbegleitforschung zu Lernaufgaben im Französisch- und Spanischunterricht der Sekundarstufe I.* Frankfurt a.M. u.a.: Lang.

Bechtel, Mark (2015b). Das Konzept der Lernaufgabe im Fremdsprachenunterricht. In: Ders. (Hrsg.). 43–82.

Bechtel, Mark (2015c). Ein Lehrerbildungskonzept zur Entwicklung, Erprobung und Erforschung von Lernaufgaben im Französisch- und Spanischunterricht. In: Ders. (Hrsg.). 83–118.

Bechtel, Mark (2015d). Kollaborative Aktionsforschungsprojekte im Rahmen der fremdsprachendidaktischen Lehrerbildung: Möglichkeiten und Grenzen. In: Ders. (Hrsg.). 289–321.

Bechtel, Mark (2015e). Wandel in der Fremdsprachendidaktik gestalten. Ein Lehrer- und Lehrerinnenbildungskonzept im Rahmen der Schulbegleitforschung. In: Doff, Sabine / Grünewald, Andreas (Hrsg.). *WECHSEL-Jahre? Wandel und Wirken in der Fremdsprachenforschung*. Trier: Wissenschaftlicher Verlag. 75–86.

Caspari, Daniela (2006). Aufgabenorientierung im Fremdsprachenunterricht. In: Bausch, Karl-Richard / Burwitz-Melzer, Eva / Königs, Frank G. / Krumm, Hans-Jürgen (Hrsg.). *Aufgabenorientierung als Aufgabe. Arbeitspapiere der 26. Frühjahrskonferenz zur Erforschung des Fremdsprachenunterrichts*. Tübingen: Narr. 33–42.

Caspari, Daniela (2009). Kompetenzorientierter Französischunterricht: Zentrale Prinzipien und ihre Konsequenzen für die Planung von Unterricht. *französisch heute* 40/2: 73–78.

Culhaci, Sema (2011). *Untersuchung zur Fremdwahrnehmung im Französischunterricht der Sekundarstufe I als Ausgangspunkt zur Konzeption einer Lernaufgabe zur Förderung der interkulturellen Kompetenz*. Abschlussarbeit zur Erlangung des Grades *Master of Education*, Universität Bremen (12.7.2011).

Drewes, Malte (2010). *Kompetenz- und Aufgabenorientierung als Wegbereiter fremdsprachlicher Handlungsfähigkeit im Rahmen direkter Schülerbegegnungen. Eine exemplarische Umsetzung im Französischunterricht der Sekundarstufe I*. Abschlussarbeit zur Erlangung des Grades *Master of Education*, Universität Bremen (26.7.2010).

Fichten, Wolfgang / Gebken, Ulf / Obolenski, Alexandra (2006). Konzeption und Praxis der Oldenburger Teamforschung. In: Obolenski, Alexandra / Meyer, Hilbert (Hrsg.). *Forschendes Lernen. Theorie und Praxis einer professionellen LehrerInnenausbildung*. Oldenburg: Didaktisches Zentrum der Universität Oldenburg, 2. aktual. Aufl. 133–151.

Hollenbach, Nicole / Klewin, Karin (2010). *Abschlussbericht zur Evaluation der neuen Bremer Schulbegleitforschung*. Bielefeld. 54 S., unveröffent. Manuskript.

Hu, Adelheid (2008) (Koord.). Kompetenzorientierung, Bildungsstandards und fremdsprachliches Lernen – Herausforderungen an die Fremdsprachenforschung. Positionspapier von Vorstand und Beirat der DGFF. *Zeitschrift für Fremdsprachenforschung* 19/2: 163–186.

Jäger, Anja (2011). *Kultur szenisch erfahren. Interkulturelles Lernen mit Jugendliteratur und szenischen Aufgaben im Fremdsprachenunterricht*. Frankfurt a.M. u.a.: Lang.

Janhsen, Antje (2011). *Förderung des Sprechens in der Fremdsprache durch eine kompetenz- und aufgabenorientierte Lernaufgabe mit selbstreflexiven Elementen.* Abschlussarbeit zur Erlangung des Grades *Master of Education*, Universität Bremen (12.8.2011).

Kolzarek, Barbara / Lindau-Bank, Detlev (2000). „Positiv habe ich empfunden, dass ich wirklich wieder Lust gekriegt habe, mal wieder was Neues auszuprobieren“ - Bericht zum Projekt Evaluation der Schulbegleitforschung Bremen. In: Landesinstitut für Schule Bremen (Hrsg.): *Jahrbuch 2000 Schulbegleitforschung in Bremen.* Bremen. 41–47.

Kemnade, Ingrid (2000). Überlegungen zur konzeptionellen Weiterentwicklung von Schulbegleitforschung. In: Landesinstitut für Schule (Hrsg.). *Jahrbuch 2000 Schulbegleitforschung in Bremen.* Bremen 2000. 8–10.

Kemnade, Ingrid (2007). *Schulbegleitforschung in Bremen. Kontinuität und Wandel.* Bremen: Landesinstitut für Schule.

KMK, Sekretariat der Ständigen Konferenz der Kultusminister der Länder in der Bundesrepublik Deutschland (Hrsg.) (2004). *Bildungsstandards für die erste Fremdsprache (Englisch / Französisch) für den Mittleren Schulabschluss. Beschluss vom 4.12.2003.* München: Luchterhand.

Knobloch, Antje (2010): *Freies Sprechen im Fremdsprachenunterricht Französisch.* Abschlussarbeit zur Erlangung des Grades *Master of Education*, Universität Bremen (28.7.2010).

Kruza, Juliana (2010). *Wie gehen Schülerinnen und Schüler mit sprechkompetenzorientierten Lernaufgaben um? Ein Beispiel schulischer Aktionsforschung.* Abschlussarbeit zur Erlangung des Grades *Master of Education*, Universität Bremen (26.7.2010).

Legutke, Michael K. (1995). Lehrerfortbildung: Einführung. In: Legutke, Michael K. (Hrsg.). *Handbuch für Spracharbeit Teil 6: Fortbildung. Band 1.* München: Goethe-Institut. 1–22.

Leupold, Eynar (2007). *Kompetenzentwicklung im Französischunterricht. Standards umsetzen – Persönlichkeit bilden.* Seelze-Velber: Kallmeyer.

Meyer, Hilbert / Fichten, Wolfgang (2009). *Einführung in die schulische Aktionsforschung. Ziele, Verfahren und Ergebnisse eines BLK-Modellversuchs.* Oldenburg: Didaktisches Zentrum.

Müller-Hartmann, Andreas / Schocker, Marita / Pant, Hans Anand (Hrsg.) (2013). *Lernaufgaben Englisch aus der Praxis.* Braunschweig: Bildungshaus Schulbuchverlage.

Obermeier, Julia (2011). *Die „Simulation globale“ in Form von Lernaufgaben im Französischunterricht. Motivationsverläufe und Schülereinschätzungen hilfreicher Aspekte für den Ausbau der eigenen Sprechkompetenz innerhalb der Phasen des Task-Based-Learning-Modells.* Abschlussarbeit zur Erlangung des Grades *Master of Education*, Universität Bremen (22.7.2011).

Raith, Thomas (2011). *Kompetenzen für aufgabenorientiertes Fremdsprachenunterrichten. Eine qualitative Untersuchung zur Ausbildung von Fremdsprachenlehrkräften.* Tübingen: Narr.

Schocker-v. Ditfurth, Marita (2001). *Forschendes Lernen in der fremdsprachlichen Lehrerbildung.* Tübingen: Narr.

Seidel, Katharina (2010). *Die Bedeutung von Partner- und Gruppenarbeit für das freie Sprechen in kompetenzorientiertem Spanischunterricht. Eine empirische Untersuchung anhand von vier Fallstudien.* Abschlussarbeit zur Erlangung des Grades *Master of Education*, Universität Bremen (19.10.2010).

Senatorin für Bildung (2007). Das Basiskonzept der Schulbegleitforschung und Schulforschung. In: Landesinstitut für Schule Bremen (Hrsg.): *Jahrbuch 2007 Schulbegleitforschung in Bremen.* Bremen. 42–47.

Senator für Bildung und Wissenschaft der Freien Hansestadt Bremen (Hrsg.) (2006). *Französisch / Spanisch als zweite Fremdsprache. Bildungsplan für das Gymnasium. Jahrgangsstufe 6–10.* Bremen: Landesinstitut für Schule.

Tesch, Bernd (2010). *Kompetenzorientierte Lernaufgaben im Fremdsprachenunterricht.* Konzeptionelle Grundlagen und eine rekonstruktive Fallstudie zur Unterrichtspraxis (Französisch). Frankfurt a.M. u.a.: Lang.

Van den Branden, Kris (Hrsg.) (2006). *Task-Based Language Education. From theory to practice.* Cambridge: Cambridge University Press.

Van den Branden, Krist / Van Gorp, Koen / Verhelst, Machteld (Hrsg.) (2007). *Tasks in Action: Task-Based Language Education form a Classroom-Based Perspective.* Newcastle: Cambridge Scholars Publishing.

Wandji, Cendence Ngoho (2011). *Sprechen fördern durch Aufgabenorientierung. Wie bearbeiten Schüler/innen sprechkompetenzorientierte Lernaufgaben im Französischunterricht der Sekundarstufe I?* Abschlussarbeit zur Erlangung des Grades *Master of Education*, Universität Bremen (1.9.2011).

Anhang

Überblick über die Aktionsforschungsprojekte im Rahmen des Bremer Schulbegleitforschungsnetzwerk „Fördern durch Aufgabenorientierung“ (2008–2011)

SoSe 2009	Forschungsfrage / Datenerhebungsmethode	Lernaufgabe / Kompetenzen	Lerngruppe	Dokumentation
Team 1 1 Lehrkraft + 3 Studierende	„Wie kommen Schüler mit Aufgaben zurecht, die ihnen vom Typ her unbekannt sind und bei denen sie weitestgehend autonom arbeiten müssen?“ Fragebogen	Modul: „Introduction à la musique française” - Hörverstehen eines aktuellen *chanson*, Internetrecherche zu aktuellen frz. Interpreten und Präsentation - Leseverstehen, Sprachmittlung, Sprechen, Schreiben	Französisch 2. Fremdsprache Klasse 8 2. Lernjahr 26 SuS	Seminararbeit zur Konzeption und Durchführung der Lernaufgaben (inkl. Auswertung der Fragebögen), 31.8.2009
Team 2 1 Lehrkraft + 2 Studierende	„Inwieweit begünstigt ein an die Lebenswelt der Schülerinnen und Schüler anknüpfendes Thema das freie Sprechen?“ Fragebogen	Modul: „Festival de Cannes“ - Simulation eines Interviews mit einem Filmstar - Leseverstehen, dialogisches Sprechen, Schreiben	Französisch 2. Fremdsprache Klasse 8 3. Lernjahr 19 SuS	Seminararbeit zur Konzeption und Durchführung der Lernaufgaben (inkl. Auswertung der Fragebögen), 31.8.2009
Team 3 1 Lehrkraft + 2 Studierende	„In welchen Phasen waren die SuS besonders motiviert und woran war das erkennbar?“ Teilnehmende Beobachtung, Auswertungsbogen	Modul: „L'amour“. - Lernaufgaben zum Comic „Titeuf“ - Leseverstehen, dialogisches Sprechen, Schreiben	Französisch 2. Fremdsprache Klasse 7 2. Lernjahr 26 SuS	Seminararbeit zur Konzeption und Durchführung der Lernaufgaben (inkl. Auswertung der Fragebögen), 31.8.2009

WiSe 2009	Forschungsfrage / Datenerhebungs-methode	Lernaufgabe / Kompetenzen	Lerngruppe	Dokumentation
Team 1 1 Lehrkraft + 3 Studierende	„Wie hoch ist der Sprechanteil in der Fremdsprache bei unterschiedlich zusammengesetzter Partnerarbeit während der Bearbeitung von Lernaufgaben zur Förderung des freien Sprechens?“ Vergleich des Sprechanteils in der Fremdsprache bei Partnerarbeit von zwei leistungsstärkeren Schülern, zwei leistungsschwächeren Schülern und einer gemischten Gruppe Teilnehmende Beobachtung: 6 SuS	Modul „Planung und Ausarbeitung einer Reise nach Frankreich“ - Internetrecherche zu Reisezielen in Frankreich, Erstellen eines Reiseplans und Präsentation - Leseverstehen, Schreiben, Sprechen	Französisch 2. Fremdsprache Klasse 9 3. Lernjahr 24 SuS	Seminararbeit zur Konzeption und Durchführung der Lernaufgaben, 31.3.2010 Forschungsbericht, 15.10.2010
Team 2 1 Lehrkraft + 3 Studierende	„Gestatten Lernaufgaben mit der Förderung der Teilkompetenzen Lesen, Schreiben, Sprechen und Hören den SuS auf ihrem jeweiligen Niveau zu arbeiten?“ Vorher-Nachher-Fragebogen zur Selbsteinschätzung bezüglich der kommunikativen Teilkompetenzen (14 SuS) Interviews (5 SuS) Teilnehmende Beobachtung (4 SuS) 3 Einzelfallstudien	Modul „Rédaction d'un guide touristique de Tours pour les jeunes“, in dem drei Lernaufgaben eingebettet sind: Verstehen von Internetseiten, Anfrage per Telefon, Anfrage per E-Mail - Leseverstehen, Hörverstehen, Sprechen, Schreiben	Französisch 2. Fremdsprache Klasse 7 2. Lernjahr Gesamtschule 16 SuS	Seminararbeit zur Konzeption und Durchführung der Lernaufgaben, 31.3.2010 Forschungsbericht, 15.10.2010

WiSe 2009	Forschungsfrage / Datenerhebungsmethode	Lernaufgabe / Kompetenzen	Lerngruppe	Dokumentation
Team 3 1 Lehrkraft + 4 Studierende	„Wie schätzen die SuS sprechkompetenzorientierte Lernaufgaben in Bezug auf ihre Motivation, die Sprechanteile, den Lernzuwachs ein?“ Interviews: 4 SuS (zwei lernstärkere, zwei lernschwächere)	Modul „Les habitudes culinaires en France“ (5 USt), in das vier Lernaufgaben eingebettet sind: Rezepte verstehen, Einkaufsliste für ein Rezept erstellen, Simulation von Einkaufsgesprächen auf dem Markt, Simulation des Kochens („Kochduell“) - Leseverstehen, Sprechen	Französisch 2. Fremdsprache Klasse 7 2. Lernjahr Sekundarschule	3 Seminararbeiten zur Konzeption und Durchführung der Lernaufgaben, 31.3.2010 drei Forschungsberichte, 1.9.2010
Team 4 1 Lehrkraft + 3 Studierende	„Wie lernwirksam empfinden die SuS die Erarbeitung von Wortschatz in den verschiedenen Phasen (*pre-task*, *task cycle*, *language focus*) der dazu konzipierten aufgabenorientierten Unterrichtseinheit?“ Interviews: 6 SuS (3 lernstärkere, drei lernschwächere) Einzelfallanalysen: 6 SuS	Modul „Un voyage à Bordeaux“ mit fünf Lernaufgaben, in denen drei unterschiedliche Arten der Wortschatzerarbeitung berücksichtigt werden (Wörterliste vor der Bearbeitung der Lernaufgabe, Übung zur Erschließung des Wortschatzes aus einem authentischen Lesetext während der Bearbeitung eines *task*, Wortschatzerwerb bei einer freien Internetrecherche) - Sprechen, Leseverstehen	Französisch 2. Fremdsprache Klasse 8 2. Lernjahr Gymnasium	Seminararbeit zur Konzeption und Durchführung der Lernaufgaben, 31.3.2010 Forschungsbericht, 15.8.2010

WiSe 2009	**Forschungsfrage / Datenerhebungsmethode**	**Lernaufgabe / Kompetenzen**	**Lerngruppe**	**Dokumentation**
Team 5 1 Lehrkraft + 4 Studierende	„Inwieweit führt eine speziell auf die Förderung des Sprechens ausgelegte Lernaufgabe zu einer vermehrten mündlichen Beteiligung bei den Schülern in der Fremdsprache? Welche Einzelaspekte der Aufgabe haben die Schüler dazu animieren, vermehrt in der Fremdsprache zu sprechen?“ Fragebogen (alle SuS)	Modul „Une soirée DVD“ - Lernaufgaben zur Simulation eines DVD-Abends unter Freunden in Frankreich, Auswahl einer DVD aus einem Katalog und am Telefon reservieren; Auswahl von Speisen und Telefonbestellung - Leseverstehen, Sprechen	Französisch 2. Fremdsprache Klasse 8 3. Lernjahr Gymnasium 26 SuS	Seminararbeit zur Konzeption und Durchführung der Lernaufgaben, 31.3.2010 Forschungsbericht, 31.3.2010
Team 6 1 Lehrkraft + 2 Studierende	„In welchen Phasen des *Task-Based-Learning* von Willis von sprechkompetenzorientierten Lernaufgaben ist das Sprechen in der Fremdsprache besonders häufig?“ „Welche Phasen von Lernaufgaben sind aus Sicht der SuS hilfreich für das Sprechen in der Fremdsprache?“ Teilnehmende Beobachtung Fragebogen Gruppeninterviews	Modul „Le projet vidéo“ - Um eine Austauschklasse auf der Plattform *etwinning* zu finden, sollen die Schüler ein Video erstellen, in dem sie sich vorstellen und ausgewählte Aspekte thematisieren. - Sprechen	Französisch 2. Fremdsprache Klasse 7 2. Lernjahr Gymnasium 24 SuS	Seminararbeit zur Konzeption und Durchführung der Lernaufgaben, 31.3.2010 Forschungsbericht, 15.10.2010

WiSe 2009	Forschungsfrage / Datenerhebungsmethode	Lernaufgabe / Kompetenzen	Lerngruppe	Dokumentation
Team 7 1 Lehrkraft + 4 Studierende	1. „Wie schätzen SuS die einzelnen Phasen für die Förderung der Sprechkompetenz ein?“ Fragebogen: 22 SuS Forschungsbericht 1 (1 Studentin) 2. „Wie gehen SuS mit sprechkompetenzorientierten Lernaufgaben um? Wie bearbeiten die SchülerInnen die *task* inhaltlich, sprachlich und sozial in Partnerarbeit?“ Videoanalyse ausgewählter Fälle Forschungsbericht 2 (1 Studentin) Forschungsbericht 3 (3 Studierende)	Modul „Krimi/polar“, in das drei Lernaufgaben eingebettet sind: Simulation eines Telefonats zur Planung eines Raubüberfalls, Beschreiben des Raubüberfalls als Zeuge, Verhör eines Verdächtigen - Sprechen	Französisch, 2. Fremdsprache Klasse 8 3. Lernjahr Gymnasium 25 SuS	Seminararbeit zur Konzeption und Durchführung der Lernaufgaben, 31.3.2010 Forschungsbericht 1, 31.3.2010 Forschungsbericht 2 = MEd-Abschlussarbeit, 26.7.2010, (Kruza 2010) Forschungsbericht 3, 31.9.2010
Team 8 1 Lehrkraft + 2 Studierende	„Sprechen die SuS in Partner– und Gruppenarbeitsphasen einer Lernaufgabe auf Spanisch und empfinden die SuS Partner– oder Gruppenarbeit innerhalb einer Lernaufgabe als förderlich für das freie Sprechen?“ Teilnehmende Beobachtung Fragebogen (20 SuS), Interviews, Einzelfallanalysen	Modul „Tiendas y productos“ und „Ir de compras“, bei dem es um das Bewältigen einer Einkaufssituation geht - Sprechen	Spanisch 3. Fremdsprache Klasse 8 1. Lernjahr Gymnasium 23 SuS	Forschungsbericht 1, 29.3.2011 Forschungsbericht 2 = MEd-Abschlussarbeit, 19.10.2010, (Seidel 2010)

WiSe 2009	Forschungsfrage / Datenerhebungsmethode	Lernaufgabe / Kompetenzen	Lerngruppe	Dokumentation
Team 9 1 Lehrkraft + 2 Studierende	Ursprünglich: „Können kompetenzorientierte Aufgaben auch leistungsschwächere SuS zum Sprechen aktivieren?“ Teilnehmende Beobachtung (nicht durchgeführt wegen Problemen bei der Umsetzung der Lernaufgabe) Geänderte Forschungsfrage: „Was hat den SuS an der Lernaufgabe und den einzelnen Phasen gefallen bzw. nicht gefallen und warum?“ Interviews: 5 SuS, 2 Einzelfallanalysen auf der Basis der Interviews	Modul “Preparar una tortilla“ mit mehreren Lernaufgaben, bei dem die SuS Lebensmittel kennen lernen, ein Rezept verstehen und erklären sowie abschließend eine Tortilla backen sollen (Koch-show) (in drei Wochen sechs Doppelstunden) -Sprechen	Spanisch 3. Fremdsprache Klasse 8 1. Lernjahr Gymnasium 22 SuS	Seminararbeit zur Konzeption und Durchführung der Lernaufgaben, inklusive Forschungsbericht, 31.3.2010
Team 10 1 Lehrkraft + 1 Studentin	„Wie bearbeiten Schüler im Rahmen eines auf die Schulung des freien, dialogischen Sprechens zielenden aufgabenorientierten Fremdsprachenunterrichts (*task-based learning*) den Lernaufgabentyp 1 von Leupold (2008)?“ Fragebogen, Videografie, Interviews, Einzelfallanalyse: 3 SuS	Modul „Les vêtements, les couleurs et la mode“ mit einer Reihe von Lernaufgaben nach dem Modell von Leupold, bei denen es um das Beschreiben von Kleidungsstücken, Einkaufsgespräche, das Erstellen einer eigenen Kollektion und die Simulation eines Interviews mit einem Modeschöpfer geht (Umfang von 11 Ust). – Sprechen	Französisch 2. Fremdsprache Klasse 8 3. Lernjahr 22 SuS	Forschungsbericht =MEd-Abschlussarbeit, 28.7.2010, (Knobloch 2010)

WiSe 2009	Forschungsfrage / Datenerhebungsmethode	Lernaufgabe / Kompetenzen	Lerngruppe	Dokumentation
Team 11 1 Lehrkraft + 1 Student	„Hat die Bearbeitung kompetenzorientierter Lernaufgaben den Schülern während eines sich anschließenden Schüleraustauschs in Frankreich geholfen, kommunikative Alltagssituationen mit Muttersprachlern zu bewältigen?“ Gruppeninterview: 9 SuS	Modul „Agir en français“, das auf mögliche kommunikative Situationen (Familiengespräche, Essen bestellen in einem Bistro, Nutzung öffentlicher Verkehrsmittel) vorbereitet (Umfang vier Doppelstunden) - Leseverstehen - Hörverstehen - Sprechen	Französisch 2. Fremdsprache Klasse 8 3. Lernjahr (Wahlpflichtkurs) 22 SuS	Forschungsbericht, inkl. Konzeption und Durchführung des Unterrichtsmoduls =MEd-Abschlussarbeit, 26.7.2010, (Drewes 2010)

SoSe 2010	Forschungsfrage / Datenerhebungs-methode	Lernaufgaben / Kompetenzen	Lerngruppe	Dokumentation
Team 1 1 Lehr-kraft + 3 Studie-rende	1. „Was halten die SuS von der von uns konzipierten Lernaufgabe? Kann die Lernaufgabe aus Sicht der Schüler zu einer Verbesserung der Kompetenz Sprechen beitragen?“ Fragebogen 2. „Wie gehen Schüler mit sprechkompetenzorientierten Lernaufgaben um? Wie bearbeiten die Schüler die Phasen *task, planning* und *report* inhaltlich, sprachlich und sozial in Partnerarbeit?“ Videografie: 1 Schülerpaar	Modul „Au restaurant“, in dem ein Gespräch zwischen Kellner und zwei Besuchern simuliert wird (Umfang: 1 Doppelstunde) - Sprechen (dialogisch)	Französisch 2. Fremdsprache Klasse 8 3. Lernjahr Gymnasium 27 SuS	Forschungsbericht 1, (4.6.2011) Forschungsbericht 2, 1.9.2011, (Wandji 2011)

SoSe 2010	Forschungsfrage / Datenerhebungsmethode	Lernaufgaben / Kompetenzen	Lerngruppe	Dokumentation
Team 2 1 Lehrkraft + 1 Studierende	„Wie nehmen Schüler einer 7. Klasse einen Jungen afrikanischer Herkunft in Bezug auf seinen familiären, sozialen, persönlichen und kulturellen Hintergrund wahr?" Auswertung von Schülertexten auf der Grundlage eines Schreibimpulses	Modul „Cajou – notre nouvel élève du Togo". Schüler beschäftigen sich mit einem Kind aus Togo, indem sie in einem fiktiven Interview mehr über seinen sprachlichen, kulturellen, familiären und sozialen Hintergrund erfahren und sich durch eine Internetrecherche Wissen zu ausgewählten Aspekten Togos aneignen - interkulturelle Kompetenz (Vorstellungen über das Leben in Togo ausdrücken, sich der eigenen Vorurteile bewusst werden, Nachvollziehen einer fremden Perspektive und Infragestellen der eigenen Außenperspektive, sich Wissen über ein fremdes Land per Internetrecherche aneignen) - Sprechen, Leseverstehen, Schreiben	Französisch 2. Fremdsprache Klasse 7 2. Lernjahr 21 SuS	Seminararbeit zur Konzeption und Durchführung der Lernaufgaben, 5.4.2011 Forschungsbericht = MEd-Abschlussarbeit, 12.7.2011, (Culhaci 2011)

SoSe 2010	**Forschungsfrage / Datenerhebungs-methode**	**Lernaufgaben / Kompetenzen**	**Lerngruppe**	**Dokumentation**
Team 3 1 Lehrkraft (assoz. Mitglied und Fachleiter + 1 Studentin + 1 Wissenschaftler	1. „Welche Phasen von Lernaufgaben innerhalb einer *simulation globale* schätzen leistungsstarke Schülerinnen und Schüler bezüglich der Sprechkompetenz als motivierend beziehungsweise demotivierend ein und warum?" 2. „Welche Phasen von Lernaufgaben innerhalb einer *simulation globale* empfinden leistungsschwache Schülerinnen und Schüler bezüglich des Sprechkompetenz als nützlich beziehungsweise nicht nützlich und warum?" DELF-Test zur Sprechkompetenz vor Beginn des Projekts und am Ende Fragebogen zum Grad der Motivation und der Nützlichkeit sowie zur Begründung der jeweiligen Einschätzung	Modul *Simulation globale* („immeuble") mit sechs Lernaufgaben (Umfang: 35 Unterrichtsstunden) - Schwerpunkt: Sprechen	Französisch gemischt als 2. Fremdsprache im 5. Lernjahr und als 3. Fremdsprache im 3. Lernjahr Klasse 10 Gymnasium 14 SuS	Forschungsbericht = MEd-Abschlussarbeit, 22.7.2011, (Obermeier 2011)

SoSe 2010	**Forschungsfrage / Datenerhebungs-methode**	**Lernaufgaben / Kompetenzen**	**Lerngruppe**	**Dokumentation**
Team 4 1 Lehrkraft (assoz. Mitglied und Fachleiter) + 1 Studentin	„Wie gehen Schüler mit sprechkompetenz-orientierten Lernaufgaben auf inhaltlicher, sprachlicher und sozialer Ebene in den einzelnen Phasen des TBL-Framework nach Willis um?“ „Fanden die Schüler die dabei eingesetzten selbstevaluativen Elemente nützlich und warum?“ Videografie Fragebogen	Modul: Lernaufgabe innerhalb einer *simulation globale* („immeuble“) zum Thema „Bewerbung um ein WG-Zimmer“ - Schwerpunkt: Sprechen	Französisch gemischt als 2. Fremdsprache im 5. Lernjahr und als 3. Fremdsprache im 3. Lernjahr Klasse 10 Gymnasium 14 SuS	Forschungsbericht (= MEd-Abschlussarbeit, 12.8.2011, (Janhsen 2011)

Mark Bechtel

Das Konzept der Lernaufgabe im Fremdsprachenunterricht

1. Einleitung

Die Bildungsstandards für die erste Fremdsprache (Englisch/Französisch) für den Mittleren Schulabschluss (KMK 2004) bzw. den Hauptschulabschluss (KMK 2005) und die daraus hervorgegangenen länderspezifischen Lehrpläne („Kerncurricula", „Bildungspläne") für diese und weitere Fremdsprachen erfordern es, den Fremdsprachenunterricht kompetenzorientiert auszurichten (Leupold 2007, Hu/Leupold 2008, Caspari 2009, Meißner/Tesch 2010, Hallet 2012, Müller-Hartmann/Schocker/Pant 2013). Seit der Veröffentlichung der Bildungsstandards für die fortgeführte Fremdsprache Englisch/Französisch im Jahr 2012 (KMK 2012) gilt dies auch für die Sekundarstufe II. Kompetenzorientierter Unterricht impliziert, bestehende Kompetenzen bei Lernern zu diagnostizieren und erreichte Kompetenzen zu überprüfen. Vor allem bedeutet es aber, Lernern dabei zu helfen, fehlende Kompetenzen über einen längeren Zeitraum hinweg zu entwickeln. Als derzeit beste Lösung für den allmählichen Kompetenzaufbau im Unterricht gelten Lernaufgaben.

Im Rahmen des Bremer Schulbegleitforschungsnetzwerks „Fördern durch Aufgabenorientierung" (2008–2011) standen Lernaufgaben im Mittelpunkt (vgl. Bechtel 2015b in diesem Band). In Teams aus Studierenden und Lehrkräften wurden Lernaufgaben entwickelt, im Unterricht erprobt und ihr Einsatz im Unterricht begleitend erforscht. Der vorliegende Beitrag dient dazu, das Konzept der Lernaufgabe zu erläutern. Dabei soll gleichzeitig deutlich werden, welche Aspekte des Konzepts für das Schulbegleitforschungsnetzwerk leitend waren.

Zunächst skizziere ich die Prinzipien der Kompetenzorientierung und Aufgabenorientierung, die die Grundlage für das Konzept der Lernaufgabe bilden. Im Anschluss erläutere ich die Funktion von Lernaufgaben, ihre Merkmale sowie unterschiedliche Konstruktionsprinzipien und Modelle ihrer unterrichtlichen Einbettung. Anhand des Beispiels einer Lernaufgabe werden danach die Merkmale illustriert und exemplarisch verdeutlicht, wie im Rahmen eines der Phasierungsmodelle eine Lernaufgabe methodisch umgesetzt werden kann. Abschließend gehe ich auf den Stand der Entwicklung von Lernaufgaben im schulischen Kontext und ihre Erforschung ein und fasse die für das Schulbegleitforschungsnetzwerk leitenden Aspekte des Konzepts der Lernaufgabe zusammen.

2. Kompetenzorientierung

Etwa seit der Jahrtausendwende ist das Prinzip der Kompetenzorientierung in den Mittelpunkt der Bildungspolitik und des schulischen Lehrens und Lernens gerückt (Hu 2008: 163). Die schlechten Ergebnisse der internationalen OECD-Studie PISA waren bekanntermaßen der Auslöser für eine kritische Bestandsaufnahme des deutschen Bildungswesens. Sie veranlassten die Kultusministerkonferenz (KMK), bundesweit gültige Bildungsstandards zu entwickeln und einzuführen, die verbindlich festlegen, welche Kompetenzen die Schüler/innen am Ende der Sekundarstufe I erworben haben sollen, und die Erfüllung dieser Standards regelmäßig zu überprüfen. Eine wichtige Publikation in diesem Zusammenhang war eine vom Bundesministerium für Bildung und Forschung (BMBF) in Auftrag gegebene Expertise; sie legt Auftrag, Ziele, Gestaltung und Funktionen von Bildungsstandards dar und beschreibt den damit verbundenen Prozess der Qualitätssicherung (Klieme et al. 2003). Eingeführt wurden die Bildungsstandards 2003 bzw. 2004 für die Fächer Deutsch, Mathematik und die Sprachen Englisch bzw. Französisch als erste Fremdsprache für den Mittleren Schulabschluss in Klasse 10 (KMK 2004) und für den Hauptschulabschluss in Klasse 9 (KMK 2005). Sie orientieren sich an den relativ abstrakten schulischen Bildungszielen (Entwicklung einer individuellen Persönlichkeit, Bewältigung praktischer Lebensanforderungen, aktive Teilnahme am gesellschaftlichen Leben) und konkretisieren sie fachbezogen in Form von Kompetenzanforderungen, auf deren Grundlage wiederum Aufgaben erstellt werden, die prüfen, ob eine Person die jeweilige Kompetenz entwickelt hat (Klieme et al. 2003: 20ff).

Die Länder verpflichteten sich, auf der Grundlage der Bildungsstandards kompetenzorientierte Lehrpläne bzw. Kerncurricula zu entwickeln und anzuwenden (vgl. Leupold 2007: 80ff). Das als wissenschaftliche Einrichtung von der KMK 2004 gegründete Institut für Qualitätsentwicklung im Bildungswesen (IQB) wurde damit beauftragt, die Länder bei der Implementierung und Überprüfung der Bildungsstandards zu unterstützen. Dazu gehört, Testaufgaben bereitzustellen, mit denen das Erreichen der Bildungsstandards oder im Rahmen von Vergleichsarbeiten die Kompetenzstände in unteren Klassen (z.B. VERA 8) überprüft wird. Dazu gehört auch, Lernaufgaben zu erarbeiten, die dazu dienen, die festgeschriebenen Kompetenzen im Laufe der Mittelstufe allmählich zu entwickeln.

Vorreiter der Kompetenzorientierung im Bereich der Fremdsprachen war der Europarat, der mit dem „Gemeinsamen Europäischen Referenzrahmen für

Sprachen" (GeR) 2001 ein Instrument vorlegte, mit dem erstmals fremdsprachliche Kompetenzen anhand von Deskriptoren für unterschiedliche Niveaus (A1 bis C2) beschrieben und damit erreichte Kompetenzstände verglichen werden konnten (Europarat 2001). Ungeachtet der Kritik am GeR im Einzelnen (vgl. z.B. Bausch et al. 2003, Burwitz-Melzer/Quetz 2006) ist der GeR für den Bereich der Fremdsprachen europaweit und insbesondere für die Bildungsstandards in Deutschland zu einem zentralen Bezugssystem geworden (vgl. Quetz 2010: 48).

Im Folgenden erläutere ich den der Kompetenzorientierung zugrunde liegenden Kompetenzbegriff und das Kompetenzmodell der Bildungsstandards, da sie für das Konzept der Lernaufgabe leitend sind. Anschließend gehe ich auf die Kritik an den Bildungsstandards ein sowie auf die Chancen, die die Kompetenzorientierung für den schulischen Fremdsprachenunterricht bietet.

Nach Ziener (2006: 20) geben Kompetenzen „Auskunft über das, was jemand kann, und zwar in dreifacher Hinsicht: im Blick auf seine Kenntnisse, seine Fähigkeiten damit umzugehen, und seine Bereitschaft, zu den Sachen und Fertigkeiten eine eigene Beziehung einzugehen." Kompetenz zeigt sich also erst in der Verbindung von Wissen und Können, wobei die Bereitschaft vorhanden sein muss, das Wissen und Können auch einzusetzen. Diese Mehrdimensionalität wird ebenso bei der Definition von Weinert deutlich, der darüber hinaus den Zweck von Kompetenzen benennt. Für Weinert (2001: 27f.) sind Kompetenzen „die bei Individuen verfügbaren oder durch sie erlernbaren kognitiven Fähigkeiten und Fertigkeiten, um bestimmte Probleme zu lösen, sowie die damit verbundenen motivationalen, volitionalen und sozialen Bereitschaften und Fähigkeiten, die Problemlösungen in variablen Situationen erfolgreich und verantwortungsvoll nutzen zu können". Für einen kompetenzorientierten Fremdsprachenunterricht, der „nicht nur messbare Leistungen im pragmatisch-funktionalen Bereich anstrebt, sondern auch persönlichkeitsbildende Ziele verfolgt", ist ein solch weiter Kompetenzbegriff angemessen, der „gerade auch motivationale, personale, ethische, willensmäßige und sozialkommunikative Aspekte sprachlichen Lernens miteinbezieht" (Hu/ Leupold 2008: 55). Festzuhalten ist, dass beim Ansatz der Kompetenzorientierung ein komplexer Kompetenzbegriff zugrunde liegt, der eine Verbindung aus kognitiver, handlungsbezogener und affektiver Dimension darstellt, und konkrete Anforderungssituationen des gegenwärtigen und zukünftigen beruflichen und privaten Lebens im Mittelpunkt stehen, in denen Kompetenzen dazu dienen, ein kommunikatives Problem zu lösen (vgl. Hu 2008: 166).

Welche Kompetenzbereiche und Teilkompetenzen in den Bildungsstandards für die erste Fremdsprache (Englisch/Französisch) für den Mittleren Schulabschluss ausgebildet werden sollen, verdeutlicht ein Kompetenzmodell (KMK 2004: 8).

Kompetenzmodelle erfüllen zwei Zwecke: erstens beschreiben sie „das Gefüge der Anforderungen, deren Bewältigung von Schülerinnen und Schülern erwartet wird" (Komponentenmodell), zweitens geben sie an, „welche Abstufungen eine Kompetenz annehmen kann bzw. welche Grade oder Niveaustufen sich (…) feststellen lassen" (Stufenmodell) (Klieme et al. 2003: 74f).

Das Komponentenmodell der KMK folgt einer additiven Dreiteilung in die funktional-kommunikativen, interkulturellen und methodischen Kompetenzbereiche, die ihrerseits in Teilkompetenzen unterteilt sind (vgl. KMK 2004: 8).

Die funktional-kommunikativen Kompetenzen werden in die kommunikativen Fertigkeiten (Hör-/Hör-Sehverstehen, Leseverstehen, Sprechen, Schreiben sowie Sprachmittlung) einerseits und die Verfügung über sprachliche Mittel (Wortschatz, Grammatik, Aussprache, Orthographie) andererseits unterteilt. Auffällig ist die deutliche kommunikative Ausrichtung. Es geht vorrangig um ein sprachliches Können, nicht um Sprachwissen (Hu/Leupold 2008: 77). Die sprachlichen Mittel sind kein Selbstzweck, sondern haben „dienende" Funktion, d.h. sie sind funktional auf die Anwendung kommunikativer Fertigkeiten bezogen, sie müssen also zur Bewältigung kommunikativer Absichten dienen. Ferner wird deutlich, dass die einzelnen kommunikativen Fertigkeiten gleichberechtigt sind. Neu hinzu kommt die Sprachmittlung (sinngemäßes Übertragen von einer in die andere Sprache), eine Fertigkeit, die insbesondere für die Bewältigung von Begegnungssituationen benötigt wird.

Die interkulturellen Kompetenzen sind unterteilt in die Teilkompetenzen „Soziokulturelles Orientierungswissen", „Fähigkeit zum Umgang mit kultureller Differenz" und „Praktische Bewältigung interkultureller Begegnungssituationen". Durch die Integration der interkulturellen Kompetenzen wird „das tradierte Ziel landeskundlicher Kenntnisse zum Zielsprachenland in ein dynamisches Konzept eines interkulturellen Lernens [überführt], das sowohl kognitiv als auch emotional verankert ist und das die Lernenden veranlasst, kulturelle Phänomene der eigenen Kultur(en) mit der des Zielsprachenlandes in Beziehung zu setzen" (Hu/Leupold 2008: 53).

Als dritter Kompetenzbereich werden die methodischen Kompetenzen aufgeführt. Die hier zusammengefassten Teilkompetenzen sind sehr heterogen. Sie beinhalten Lernstrategien und Lerntechniken, die Fähigkeit zu kooperativen Lernformen, Präsentationstechniken, aber auch Sprachlernbewusstheit und Sprachbewusstheit (KMK 2004: 17f.). Mit diesem Kompetenzbereich wird anerkannt, dass methodische Kompetenzen für das Fremdsprachenlernen unentbehrlich sind, um den „(…) Lernprozess effizienter und selbstständig(er) zu gestalten" (Hu/Leupold 2008: 52).

Wie bereits erwähnt, enthält das Kompetenzmodell der Bildungsstandards neben der Strukturkomponente eine Stufenkomponente. Für jede kommunikative Fertigkeit sind *can-do-statements* formuliert, die die Kompetenzerwartungen für ein bestimmtes Niveau konkretisieren. Bei den kommunikativen Fertigkeiten wird dabei auf die Deskriptoren des GeR zurückgegriffen. Für dialogisches Sprechen wird beispielsweise u.a. folgende Kompetenzerwartung formuliert (KMK 2004: 15): „(...) Die Schülerinnen und Schüler können soziale Kontakte herstellen durch Begrüßung, Abschied, Sich-Vorstellen, Danken und Höflichkeitsformeln verwenden (...)". Sie spiegelt das Kompetenzniveau B1 wider, das in der Niveaueinteilung des GeR, die vom Anfängerniveau (A1) über die Niveaus A2, B1, B2, C1 bis zu einer fast muttersprachlichen Kompetenz (C2) reicht, der ersten Stufe einer selbstständigen Sprachverwendung entspricht. Eine solche auf Kann-Formulierungen beruhende Beschreibung unterschiedlicher Kompetenzniveaus liegt in den Bildungsstandards bislang jedoch nur für die vier ‚klassischen' kommunikativen Fertigkeiten und die Sprachmittlung vor. Für die interkulturellen und methodischen Kompetenzen wurden zwar *can-do-statements* formuliert, jedoch sind diese keinem Kompetenzniveau zugeordnet (Leupold 2007: 74, Hu/Leupold 2008: 68, Wesselhöft 2010). Hierzu bedarf es der Erarbeitung von Kompetenzentwicklungsmodellen und deren empirischer Überprüfung (vgl. Hu 2008: 182).[1]

Die Bildungsstandards für die erste Fremdsprache Englisch/Französisch legen die Kompetenzerwartungen für das Ende der Jahrgangsstufe 9 bzw. 10 fest. Was von den Lernern in den darunterliegenden Jahrgangsstufen erwartet wird, darüber geben sie keine Auskunft. Dafür sind die kompetenzorientierten Lehrpläne bzw. Kerncurricula der einzelnen Länder zuständig. Mit Rückgriff auf die Deskriptoren des GeR beschreiben sie die Kompetenzerwartungen für die funktional-kommunikativen Kompetenzen für die darunter liegenden Doppeljahrgangsstufen. Zudem erweitern sie das Spektrum auf weitere Fremdsprachen (z.B. Spanisch) unter Berücksichtigung des jeweiligen Status (z.B. 2. oder 3. Fremdsprache). In Bremen wurde beispielsweise ein Bildungsplan für Französisch/Spanisch als zweite Fremdsprache ab Klasse 6 erarbeitet, der in Anlehnung an die Deskriptoren des GeR die Kompetenzerwartungen des Niveaus A1 für das Ende der Klasse 6 und des Niveaus A2 für das Ende der Klasse 8 festlegt (Senator für Bildung und Wissenschaft der Freien Hansestadt Bremen 2006).

Die Bildungsstandards haben bei Lehrkräften und Vertreterinnen und Vertretern der Fremdsprachendidaktik einerseits heftige Kritik hervorgerufen.

1 Für die interkulturelle Kompetenz hat Eberhardt (2013) mittlerweile einen Vorschlag vorgelegt.

Andererseits werden mit ihnen positive Effekte und Chancen für den schulischen Fremdsprachenunterricht verbunden.

Die Kritik an den Bildungsstandards (vgl. insbesondere Bausch et al. 2005, Burwitz-Melzer/Quetz 2006, Hu 2008: 177) bezieht sich vor allem auf:

- die fehlende Akzeptanz in der Lehrerschaft, weil es sich um eine Reform „von oben" handle (Legutke 2005, Leupold 2005, Küster 2006);
- einen zu kurz greifenden Bildungsbegriff, der auf die Erreichung von Sprachstandards abziele, aber den Bildungsaspekt vernachlässige (z.B. Zydatiß 2005); zumindest sei nicht erkennbar, wie über die zur Illustration der Bildungsstandards aufgeführten Beispielaufgaben „die Urteilsfähigkeit und das Verantwortungsbewusstsein, die Reflexion des Selbst- und Weltverhältnisses und damit die Persönlichkeitsentwicklung der Heranwachsenden gefördert werden" könne (Hu 2008: 177);
- die Fokussierung auf Testbares, was dazu führen könne, dass die schwer messbaren Kompetenzen wie beispielsweise die interkulturelle Kompetenz im Unterricht im Endeffekt nicht mehr berücksichtigt würden (Bredella/Hallet 2007, Bonnet/Breidbach 2013) und damit die Gefahr bestehe, dass der Unterricht zu einer Vorbereitung auf externe Leistungstests (*teaching to the test*) verkümmere;
- die Fokussierung auf Kompetenzen zu einem Unterricht ohne Inhalte führe (Zydatiß 2005, Zydatiß 2008);
- das Fehlen literaturspezifischer Kompetenzen und die Nicht-Berücksichtigung von literarischen Texten und deren Beitrag zur fremdsprachlichen Kompetenzentwicklung und Entfaltung der Schülerpersönlichkeit (Bredella 2005, Bredella/Hallet 2007, vgl. Hu 2008: 178).

Als positive Effekte der Bildungsstandards und der Kompetenzorientierung werden folgende Aspekte genannt:

- die Ausrichtung des Unterrichts auf die Bewältigung konkreter Anforderungssituationen im alltäglichen Leben erhöhe die Motivation der Lerner, weil ein Lebensweltbezug gegeben sei und die Lerner den praktischen Nutzen des Fremdsprachenlernens erkennen würden (Caspari 2009: 73);
- die Aufsplittung in die kommunikativen Fertigkeiten auf der einen Seite und die dazu notwendigen sprachlichen Mittel auf der anderen Seite lasse eine deutliche kommunikative Ausrichtung erkennen, bei der die sprachlichen Mittel eine „dienende" Funktion für die erfolgreiche Bewältigung von Kommunikationssituationen haben, also nicht der Erwerb sprachlichen Wissens sondern anwendungsbezogenes sprachliches Handeln im Zentrum des Unterrichts stehe, wodurch ein Signal für einen handlungsorientierten Fremdsprachenunterricht

gesetzt sei (vgl. Hu/Leupold 2008: 77, vgl. Müller-Hartmann/Schocker/Pant 2013: 32);

- es werde deutlich, dass die Bildungsstandards die funktional-kommunikativen Kompetenzen zur angemessenen Bewältigung kommunikativer Situationen allein nicht für ausreichend halten, sondern die interkulturellen und methodischen Kompetenzen ein integraler Bestandteil der dazu notwendigen Kompetenzen seien; zugleich könne mit der Förderung der interkulturellen und methodischen Kompetenzen gerade auch der Bildungsauftrag des Fremdsprachenunterrichts eingelöst werden (vgl. Hu/Leupold 2008: 53, vgl. Müller-Hartmann/Schocker/Pant 2013: 32);
- es gebe keine Hierarchie mehr innerhalb der kommunikativen Fertigkeiten, sondern sie könnten von Anfang an gleichberechtigt und systematisch gefördert werden (Caspari 2009: 74);
- durch die detaillierte Beschreibung der einzelnen kommunikativen Teilkompetenzen anhand von *can-do-statements* werde die Orientierung am Defizitären, bei der vor allem der Fehler und das noch nicht Beherrschte im Mittelpunkt stehen, durch eine Orientierung an dem ersetzt, was die Lerner schon können, auch wenn es noch wenig sei (vgl. Caspari 2009: 76); darüber hinaus ermöglichten die *can-do-statement*, zum einen „den komplexen Sprachlernprozess für Lernende und Lehrende in überschaubare Einheiten zu gliedern und Ziele zu setzen, die in einem absehbaren Zeitraum erreicht werden können" (Hu 2008: 174), zum anderen anzuerkennen, dass man bei den einzelnen Teilkompetenzen unterschiedlich weit sein kann, und zu erkennen, wo es einer gezielten Förderung bedarf (vgl. Caspari 2009: 76);
- indem die Bildungsstandards gemäß dem Prinzip der Output-Orientierung lediglich festlegen, was die Lerner am Ende eines Lehrgangs gut können sollen, lassen sie bewusst offen, wie diese Kompetenzerwartungen zu erreichen sind, was die Chance eröffne, die inhaltliche und methodische Gestaltung der Lehr-Lernprozesse wesentlich gezielter auf die jeweilige Lerngruppe oder einzelne Lerner abzustimmen (vgl. Caspari 2009: 75).

Ein besonderes Potenzial für die Unterrichtsentwicklung wird in kompetenzorientierten Lernaufgaben gesehen, in denen die Kompetenzerwartungen in konkrete kommunikative Anforderungssituationen umgesetzt sind, da sie den Anspruch haben, die Lerner lebensweltlich anzusprechen und inhaltlich herauszufordern sowie ihnen durch einen strukturierten Arbeitsprozess zu helfen, die zu ihrer Bewältigung nötigen Kompetenzen zu erwerben und einzusetzen (vgl. Caspari 2009: 77, vgl. Müller-Hartmann/Schocker/Pant 2013: 35).

3. Aufgabenorientierung

Der in den 1980er Jahren im anglo-amerikanischen Raum entwickelte aufgabenorientierte Fremdsprachenunterricht bzw. *task based language learning* (TBL) basiert auf dem kommunikativen Ansatz und wird als dessen Weiterentwicklung verstanden (Candlin/Murphy 1987, Nunan 1989, Willis 1996a, Legutke/Thomas 1997, Skehan 1998, Skehan 2001, Ellis 2003, Nunan 2004). Der nicht einheitliche Ansatz wurde vor allem durch seine zentrale Stellung im GeR, der ihm ein eigenes Kapitel widmet (Europarat 2001, Kap. 7), und durch die Bedeutung, die ihm im Zuge der Bildungsstandards bei der Implementierung kompetenzorientierten Unterrichts beigemessen wird, europaweit und insbesondere in der Bundesrepublik Deutschland wiederentdeckt (vgl. Bausch et al. 2006, Müller-Hartmann/Schocker v. Ditfurth 2005, 2008, 2011).

Die Grundidee des aufgabenorientierten Ansatzes ist, dass sich die Aufgaben im Klassenzimmer (*pedagogical tasks*) an den Aufgaben orientieren sollen, die die Fremdsprachenlerner auch außerhalb des Klassenzimmers zu bewältigen haben (*real world tasks*) (vgl. Caspari 2009: 77, vgl. Müller-Hartmann/Schocker v. Ditfurth 2005: 2). Im Zentrum des Unterrichts stehen kommunikative Aufgaben (eng. *task*, frz. *tâche*, span. *tarea*), die Mertens (2010: 7) beschreibt als „ein mehr oder weniger umfangreiches Lernarrangement, das die Lernenden mit realitätsnahen, alltagsbezogenen Handlungssituationen konfrontiert, innerhalb derer Themen bearbeitet, Problemsituationen bewältigt und Ergebnisse erzielt werden". Die E-Mail eines Brieffreundes/einer Brieffreundin lesen und eine Antwort schreiben, wäre eine solche Aufgabe.

Wie beim kommunikativen Ansatz geht es dem TBL darum, Lerner zu befähigen, zielsprachliche Kommunikationssituationen angemessen zu bewältigen. Nach Ellis (2003: 28) gebe sich die „schwache Version" des kommunikativen Ansatzes allerdings zufrieden, kommunikative Elemente in ein vorwiegend durch die grammatische Progression bestimmtes Lernprogramm so zu integrieren, dass die Lerner in der Anwendungsphase die Gelegenheit bekommen, die vorher geübten grammatischen Strukturen zur Bewältigung einer kommunikativen Situation zu gebrauchen (vgl. Müller-Hartmann/Schocker v. Ditfurth 2005: 4f.). Die „starke Version" des kommunikativen Ansatzes, zu der das TBL gehört, zeichne sich nach Ellis (2003: 28) dagegen dadurch aus, dass sich die Lerner nicht zunächst die Sprache als strukturelles System aneignen und erst dann lernen es anzuwenden, sondern sie lernen die Sprache, indem sie sie von Beginn an selbst zur Kommunikation gebrauchen (vgl. Müller-Hartmann/Schocker v. Ditfurth 2005: 4f.). In diesem Sinne sind Aufgaben zu verstehen als „a piece of classroom work which involves learners in comprehending, manipulating, producing or interacting in the target language while their attention is principally focused on meaning rather than on form" (Nunan 1989: 10).

Folgende Annahmen liegen dem Einsatz von Aufgaben im Fremdsprachenunterricht nach Eckerth (2008: 31) zugrunde: (1) Als förderlich für den Spracherwerbsprozess wird angesehen, dass Aufgaben gute Bedingungen dafür liefern, dass die Lerner mit ausreichend komplexem, aber verstehbarem sprachlichem Input konfrontiert werden und dass die Lerner interagieren und Bedeutungen aushandeln, wobei sie die Fremdsprache aktiv gebrauchen und mit ihr experimentieren (Long/Norris 2000), (2) Aufgaben geben den Lernern Gelegenheit, „als sie selbst" kommunikativ zu handeln (Nunan 2004), (3) Aufgaben konfrontieren die Lerner mit Anforderungen an die Sprachverwendung, wie sie in Kommunikationssituationen außerhalb des Klassenraums anzutreffen sind, und (4) durch eine gezielte punktuelle Fokussierung auf die sprachliche Form während oder nach der Aufgabenbearbeitung (*focus on form*) können bestimmte sprachliche Strukturen, die sich als problematisch erwiesen haben, thematisiert werden (Long 1991, Long 2000).

Auf der Grundlage einer vergleichenden Analyse unterschiedlicher TBL-Ansätze hat Ellis (2003: 9f.) sechs Merkmale für eine Aufgabe herausgearbeitet (vgl. auch Müller-Hartmann/Schocker v. Ditfurth 2005: 25ff., Leupold 2007: 112, Carstens 2005: 8):

(1) *A task ist a workplan*: Sie ist ein Arbeitsplan, d.h. sie plant eine Lerneraktivität, indem sie angibt, mit welchem Ziel die Lernenden in welchen Schritten eine Aufgabe bearbeiten sollen.
(2) *A task involves a primary focus on meaning*: Sie legt ihren Schwerpunkt auf den Inhalt einer Äußerung, nicht auf die sprachliche Form, d.h. die Lernenden sollen die Aufgabe inhaltlich lösen; der Arbeitsplan gibt nicht vor, mit welchen sprachlichen Strukturen dies geschehen soll, vielmehr nutzen die Lernenden diejenigen sprachlichen Ressourcen, über die sie aktuell verfügen.
(3) *A task involves real-world processes of language use*: Sie ermöglicht eine realitätsbezogene Sprachverwendung, d.h. die Aufgabe konfrontiert die Lernenden mit kommunikativen Situationen, die auch in der realen Welt vorkommen können oder wenigstens Bezüge zu ihr aufweisen.
(4) *A task can involve any of the four language skills*: Sie kann sowohl Aktivitäten zur Förderung der produktiven als auch rezeptiven Fertigkeiten enthalten.
(5) *A task engages cognitive processes*: Sie löst kognitive Prozesse aus, wie beispielsweise Informationen auswählen, klassifizieren, einordnen, bewerten.
(6) *A task has a clear defined communicative outcome*: Sie hat ein klar definiertes kommunikatives Ergebnis, d.h. der Arbeitsplan legt fest, wann eine Aufgabe

inhaltlich gelöst ist; vorrangig ist aber nicht die Qualität des Ergebnisses, sondern der Lernprozess, der durch die Aufgabenbearbeitung in Gang gesetzt wird.

Ellis macht das Charakteristische einer „Aufgabe“ durch die Gegenüberstellung mit einer „Übung“ deutlich (Ellis 2003: 3). Während bei einer Übung (*exercise*) der Schwerpunkt auf der Festigung sprachlicher Formen liegt und der formal korrekte Sprachgebrauch im Vordergrund steht, liegt bei einer Aufgabe (*task*) der Schwerpunkt auf dem Inhalt einer Äußerung. Der Ausführende einer Übung sieht sich als „Sprachlerner“ (*language learner*), während sich der Ausführende einer Aufgabe als „Sprachgebraucher“ (*language user*) sieht (vgl. auch Caspari 2006: 35).

Littlewood (2004: 322) schlägt dagegen ein Kontinuum zwischen den beiden Polen „Übung“ und „Aufgabe“ vor, auf dem Zwischentypen angesiedelt werden können. Der stärkste Fokus auf die sprachliche Form liegt beim *non-communicative learning* vor, mit dem sprachliche Strukturen in Form von Übungen bewusst gemacht oder eingeübt werden. Bei *pre-communicative language practice*, wie beispielsweise von der Lehrkraft gesteuerten Frage-Antwort-Sequenzen („Who is sitting next to John?, usw.), ist zwar immer noch ein primärer Formfokus erkennbar, da die Antworten bereits klar sind, gleichwohl geht es auch schon um den Inhalt, weil die Lerner nicht antworten können, ohne auf die Bedeutung zu achten. Mit *communicative language practice* kommt man auf dem Kontinuum zu Aktivitäten, bei denen vorgegebene sprachliche Mittel genutzt werden, um Inhalte zu vermitteln (z.B. nutzen die Lerner zuvor geübte Fragestrukturen, um sich gegenseitig nach fehlenden Informationen zu einem Bild zu fragen). In *structured communication* liegt der primäre Fokus bereits auf dem Inhalt, jedoch hat die Lehrkraft die Kommunikationssituation so strukturiert, dass sie die Lerner mit den ihnen zur Verfügung stehenden sprachlichen Mitteln kommunikativ bewältigen können (z.B. einen Dialog führen anhand eines Handlungsgeländers). Am anderen Ende des Kontinuums steht die *authentic communication* in Form einer „Aufgabe“, bei dem der stärkste Inhaltsfokus besteht und die Lerner in der Wahl der sprachlichen Mittel frei sind.

Bei der methodischen Umsetzung stellen aufgabenorientierte Ansätze das traditionelle *ppp*-Unterrichtsschema in Frage. An dem *ppp*-Unterrichtsschema, bei dem die Phasen „Einführung“ (*presentation*), „Üben“ (*practice*), „Anwenden“ (*production*) aufeinander folgen, wird kritisiert, dass es im Unterricht zur Anwendungsphase, bei der die neu eingeführten sprachlichen Elemente in kommunikativen Situationen genutzt werden sollen, oft nicht komme. Die Aufgabenorientierung setzt diesem Schema eine Sequenzierung in eine *pre-task*-Phase (Vorbereitung), *during-task*-Phase (Durchführung) und *post-task*-Phase (Nachbereitung) entgegen, in deren Mittelpunkt die Durchführung des *task* steht (Ellis 2003: 243ff., Müller-Hartmann/Schocker v. Ditfurth 2011: 95ff.). In der Ausgestaltung und Gewichtung dieser Phasen sind die einzelnen TBL-Ansätze teilweise sehr unterschiedlich (Prabhu 1987, Zanón 1994, Skehan 1998, Willis 1996a). Das Phasierungsmodell macht deutlich, dass der *task* nicht alleine steht, sondern in eine unterrichtliche Rahmung (*framework*) eingebettet ist. Die folgende Skizzierung der einzelnen Phasen lehnt sich an die Konzeption von Ellis (2003: 243ff.) an.

Die *pre-task*-Phase dient dazu, zum Thema der Aufgabe hinzuführen, ihre Anforderungen und die Art des erwarteten Ergebnisses zu klären sowie den *task* inhaltlich und sprachlich vorzuentlasten (vgl. Ellis 2003: 244–49). Beispielsweise wird vorgeschlagen, (1) im Unterrichtsgespräch einen in Art und Inhalt ähnlichen *task* zu besprechen, wie der, den die Lerner in der *during-task*-Phase individuell oder in Gruppenarbeit lösen sollen, (2) die Lerner an einem Modell (Lese- oder Hörtext) beobachten zu lassen, wie der *task* umgesetzt werden kann und worauf dabei zu achten ist, (3) das inhaltliche und lexikalische Vorwissen zu aktivieren (*mind maps*) oder (4) die Lerner anzuregen, darüber zu nachzudenken, welche Lexik und Grammatik sowie Strategien sie zur Bewältigung benötigen und diese ggf. einzuführen bzw. erarbeiten zu lassen.

In der *during-task*-Phase führen die Lerner den *task* aus, indem sie das damit verbundene kommunikative Problem mit den ihnen zur Verfügung stehenden sprachlichen Ressourcen selbstständig lösen (vgl. Ellis 2003: 249–58). Dabei können die Anforderungen beispielsweise dadurch variiert werden, dass die Lerner den *task* unter Zeitdruck bearbeiten, Hilfsmittel zur Verfügung stehen oder Überraschungselemente (*some surprise element*) eingeschoben werden.

Die *post-task*-Phase hat drei Funktionen (vgl. Ellis 2003: 258–260): Sie soll (1) den Lernern die Gelegenheit geben, den *task* noch einmal auszuführen (*opportunity for a repeat performance of the task*); sie dient (2) der Reflexion darüber, wie gut der *task* ausgeführt wurde, und gestattet es (3) der Lehrkraft, die Aufmerksamkeit der Lerner auf die sprachlichen Strukturen zu lenken, die sich während der *during-task*-Phase als fehlerhaft erwiesen haben sowie Übungen zu ihrer Festigung anzubieten. Damit soll der Gefahr begegnet werden, dass das Erreichen von Flüssigkeit beim Gebrauch der Fremdsprache (*fluency*) in der *during-task*-Phase auf Kosten der sprachlichen Korrektheit (*accuracy*) geht (vgl. Ellis 2003: 260). Ellis (2003: 260) weist jedoch darauf hin, dass die Aufmerksamkeitsfokussierung auf die sprachliche Form nicht nur auf die *post-task*-Phase beschränkt sei, sondern prinzipiell in allen drei Phasen vorkommen könne.

Die einzelnen Phasen haben eine bestimmte Funktion; die Lehrkraft und die Lerner nehmen darin bestimmte Rollen ein. Wie die Lehrkraft und die Lerner den *task* aber tatsächlich bearbeiten, ist nicht vorhersagbar. Dies führt zu einer wichtigen Unterscheidung zwischen *task-as-workplan* und *task-in-process*, die Breen (1987: 25) einführte. *Task-as-workplan* bezeichnet das geplante Lernarrangement, *task-in-process* verdeutlicht, wie die Lerner und Lehrkräfte den *task* interpretieren und wie sie tatsächlich mit ihm im Unterricht umgehen. Nunan (2004: 41) hat in seinem Modell zum aufgabenorientierten Lehren und Lernen diese beiden Dimensionen integriert, zum einen die Aufgabenparameter Lernziele (*goals*), Inputmaterial (*input*) und Lerneraktivitäten (*activities*), zum anderen die Lernenden (*learner roles*) und Lehrenden (*teacher roles*) sowie den Kontext des Klassenzimmers (*setting*) (vgl. Müller-Hartmann/Schocker v. Ditfurth 2011: 82).

Festzuhalten ist, dass es sich bei der Aufgabenorientierung um einen Ansatz handelt, der die starke Version des kommunikativen Ansatzes umzusetzen sucht, indem die Lerner von Beginn an mit realitätsnahen, kommunikativen, für sie möglichst bedeutungsvollen und herausfordernden Aufgaben konfrontiert werden. Diese Aufgaben lösen die Lerner mit den ihnen zur Verfügung stehenden sprachlichen Mitteln primär inhaltlich. Durch das Bearbeiten der Aufgabe, insbesondere durch das Aushandeln von Bedeutung, werden zum einen Sprachlernprozesse angeregt; zum anderen wird durch eine gezielte Fokussierung auf sprachliche Defizite an der sprachlichen Korrektheit gearbeitet.

4. Das Konzept der Lernaufgabe

Im Konzept der Lernaufgabe werden Aspekte der Kompetenzorientierung mit dem Ansatz der Aufgabenorientierung verbunden. Das Gemeinsame an der Kompetenzorientierung und der Aufgabenorientierung ist, dass sie darauf abzielen, Lerner zu befähigen, Anforderungssituationen in der realen Welt zu bewältigen und dabei auf die Bearbeitung von kommunikativen Aufgaben zurückgreifen. Im kompetenzorientierten Fremdsprachenunterricht, der durch den Dreischritt der Kompetenzdiagnose, Kompetenzentwicklung und Kompetenzüberprüfung gekennzeichnet ist, sind diese Aufgaben als Diagnoseaufgaben, Lernaufgaben bzw. Testaufgaben ausgestaltet.

Zunächst verdeutliche ich die Funktion von Lernaufgaben in Abgrenzung zu Diagnose- und Testaufgaben. Danach erläutere ich das Konzept der Lernaufgabe, indem ich auf die Merkmale und unterschiedliche Konstruktionsprinzipien eingehe sowie drei lernaufgabenbasierte Phasierungsmodelle vorstelle. Anhand eines Beispiels einer Lernaufgabe illustriere ich, inwiefern es diesen Merkmalen entspricht und wie es methodisch umgesetzt werden kann. Abschließend gehe ich auf den Stand der Entwicklung von Lernaufgaben im schulischen Bereich und ihre Erforschung ein und fasse die für das Schulbegleitforschungsnetzwerk leitenden Aspekte des Konzepts der Lernaufgabe zusammen.

4.1 Funktionen von Aufgaben

Im Fremdsprachenunterricht gibt es eine Fülle von Aufgaben, die nach unterschiedlichen Kriterien unterteilt werden können. Legt man das Kriterium der Funktion an, kann man im kompetenzorientierten Fremdsprachenunterricht zwischen Diagnose-, Lern- und Testaufgaben unterscheiden (vgl. Caspari 2013: 3, Caspari/Grotjahn/Kleppin 2010, Caspari/Kleppin 2008).

Diagnoseaufgaben haben die Funktion, den aktuellen Kompetenzstand jedes einzelnen Lerners oder einer Lerngruppe zu erfassen und an die Lerner bzw. die Lehrkräfte zurückzumelden, die daraus gezielte Fördermaßnahmen ableiten. Sie können vor Beginn einer Unterrichtssequenz (Lernstandsdiagnose), während des Lernens (Lernprozessdiagnose) oder am Ende des Lernprozesses (Lernerfolgsdiagnose) durchgeführt werden. Meist haben sie die Form von Testaufgaben, aber auch Lernaufgaben können zur Diagnose eingesetzt werden. Wichtig ist, dass Lehrkräfte und Lerner über präzise Evaluationskriterien verfügen und dass Diagnoseaufgaben nicht bewertet werden, damit keine Ängste oder Strategien zur Fehlervermeidung ausgelöst werden (vgl. Caspari 2013: 3).

Lernaufgaben dagegen dienen dazu, Kompetenzen im Unterricht systematisch zu entwickeln. Es sind unterrichtssteuernde Aufgaben, die den Lernprozess initiieren und begleiten. Anders als bei Testaufgaben können alle Kompetenzen Gegenstand von Lernaufgaben sein, neben den funktional-kommunikativen Kompetenzen auch die interkulturellen und die methodischen Kompetenzen (vgl. Caspari 2013: 3).

Testaufgaben haben die Funktion, erreichte Kompetenzstände festzustellen und zu bewerten. Im Gegenstatz zu informellen Tests (z.B. Ad-hoc-Vokalbeltests) beruhen sie auf einem bestimmten Kompetenzmodell und überprüfen möglichst präzise und kontextunabhängig einzelne Kompetenzen (vgl. Caspari 2013: 4). Mit formellen bzw. standardisierten Tests, die aus theoretisch und empirisch überprüften Aufgaben bestehen, können erreichte Einzelkompetenzen mit einer wesentlich höheren Messgenauigkeit, Verlässlichkeit und Fairness erfasst werden (vgl. Grotjahn 2008). Testaufgaben sind zwangsläufig auf solche Kompetenzen beschränkt, die messbar sind. Das sind solche, für die ein Kompetenzstruktur- und Kompetenzentwicklungsmodell existiert, mit dem der Grad der Kompetenzerreichung anhand von Deskriptoren überprüft werden kann. Wie bereits erwähnt, liegt ein solches Modell durch die Deskriptoren des GeR (bislang) nur für die kommunikativen Kompetenzen vor. Testaufgaben haben primär eine Selektionsfunktion und im Rahmen der Bildungsstandards insbesondere eine Steuerungsfunktion, d.h. mit ihnen sollen „Erkenntnisse darüber gewonnen werden, welches Niveau repräsentative Gruppen von Lernern zu einem bestimmten Zeitpunkt ihrer Schullaufbahn in einem bestimmten Kompetenzbereich tatsächlich erreicht haben und inwieweit das tatsächlich erreichte Niveau einem vorher festgelegten, angezielten Niveau entspricht" (Caspari/Grotjahn/Kleppin 2010: 48).

Festzuhalten ist, dass bei Lernaufgaben im Gegensatz zu Testaufgaben auf die Messbarkeit von Kompetenzen keine Rücksicht genommen werden muss. Lernaufgaben können sich auch auf die Förderung von schwer bzw. gar nicht messbaren Kompetenzen beziehen wie beispielsweise die interkulturellen Kompetenzen, bei denen neben der kognitiven und handlungsbezogenen insbesondere die affektive Kompetenzdimension zum Tragen kommt. Da ein dem Bildungsauftrag von Schule verpflichteter Unterricht zur Persönlichkeitsentwicklung der Schüler/innen auf keine der Kompetenzdimensionen verzichten kann, sind Lernaufgaben unentbehrlich (vgl. Hu/Leupold 2008: 55).

4.2 Merkmale von Lernaufgaben

Der Begriff „Lernaufgabe" ist nicht eindeutig definiert. Was darunter verstanden wird, ist vor allem durch die IQB-Projekte zur Lernaufgabenentwicklung für die Fächer Französisch (Tesch/Leupold/Köller 2008) und Englisch (Müller-Hartmann/Schocker/Pant 2013) geprägt worden. Im Allgemeinen versteht man nach Caspari (2013: 4) darunter

> ein Unterrichtsarrangement aus Einzelaufgaben (*tasks*) und Übungen (*exercises*), mit dem Lerner inhaltlich, sprachlich und methodisch-strategisch auf die Bearbeitung einer komplexen Zielaufgabe (*target task*) vorbereitet werden. Sie verlangt die Auseinandersetzung mit einem bestimmten Thema und entwirft dazu eine möglichst realistische Situation, so dass die Lerner Formen der Kommunikation benutzen müssen, wie sie in vergleichbarer Form auch in der realen Welt vorkommen können. Dadurch werden sie zu einer authentischen Sprachverwendung animiert.

Während eine Testaufgabe das Lernergebnis zu einem ganz bestimmten Zeitpunkt in Form einer Einzelaufgabe überprüft, handelt es sich bei einer Lernaufgabe um ein mehr oder weniger umfangreiches Unterrichtsarrangement, einen Arbeitsplan (*task as workplan*), der eine Abfolge von Lernaktivitäten darstellt, mit denen ein Lernprozess initiiert und strukturiert wird, der bei den Lernern zur Kompetenzentwicklung im Hinblick auf die Bewältigung einer kommunikativen Zielaufgabe führen soll.

Caspari/Kleppin (2008: 88–140, insbesondere137–139) haben im Rahmen des oben erwähnten IQB-Projekts zur Lernaufgabenentwicklung für den Französischunterricht Kriterien für Lernaufgaben zusammengestellt. Die

Merkmale sind hier in einem Kriterienkatalog auf zentrale Aussagen reduziert wiedergegeben (vgl. Bechtel 2011: 30). Eine Lernaufgabe

- fördert kommunikative, methodische und interkulturelle Kompetenzen; diese können isoliert, integriert oder kombiniert angesprochen werden (Kriterium 1);
- sie löst unterschiedliche Lernprozesse aus, die kognitiver, emotionaler oder kreativer Natur sein können (Kriterium 2);
- sie spricht die Lerner als ganzheitliche und soziale Individuen an (Kriterium 3);
- der Fokus liegt primär auf der inhaltlichen Ebene, d.h. es wird nicht vorgegeben, mit welchen sprachlichen Mitteln sie gelöst werden soll (Kriterium 4);
- sie stößt authentische Formen von Kommunikation an, die so ähnlich auch in der realen Welt vorkommen können (Kriterium 5);
- die Thematik ist für die Lerner relevant, d.h. sie berücksichtigt ihre Lebenswelt (Kriterium 6);
- die Aufgabenstellung ist für die Lerner sinnvoll und bedeutsam (Kriterium 7);
- das verwendete Material ist authentisch, aktuell, sprachlich für den heutigen Gebrauch konstitutiv (Kriterium 8);
- sie entspricht dem Lernniveau der Lerner (Kriterium 9)
- sie ist produkt- oder ergebnisorientiert (Kriterium 10).

An diesem Katalog von Merkmalen ist erkennbar, dass er zum einen auf den Merkmalen eines *task* von Ellis (2003: 9) basiert. Drei der sechs von Ellis (2003) aufgestellten Merkmale werden übernommen (Kriterien 4, 5, 10). Zwei weitere werden übernommen, aber erweitert (Kriterien 1 und 2): Erstens zielt eine Lernaufgabe (Kriterium 1) nicht nur auf die Förderung der vier traditionellen kommunikativen Fertigkeiten (Ellis), sondern kann im Sinne der Kompetenzorientierung die Förderung kommunikativer, interkultureller und methodischer Kompetenzen beinhalten (Caspari/Kleppin); zweitens beschränkt sich eine Lernaufgabe (Kriterium 2) nicht nur auf das Auslösen kognitiver Prozesse (Ellis), sie kann zusätzlich auch oder alternativ affektive und kreative Prozesse auslösen (Caspari/Kleppin). Zum anderen werden Merkmale ergänzt, die bei Ellis nicht explizit enthalten sind, jedoch für den schulischen Kontext (aber nicht nur für diesen) im Sinne einer Lernerorientierung notwendig erscheinen. Das betrifft die ganzheitliche Ansprache der Lerner als Individuen (Kriterium 3), die Relevanz des Themas für die Lerner (Kriterium 6), die Bedeutsamkeit der Aufgabenstellung für die Lerner (Kriterium 7) sowie die Passung im Hinblick auf das Lernniveau (Kriterium 9).

Die Merkmale für kompetenzorientierte Lernaufgaben verdeutlichen, dass hier zentrale Prinzipien der Kompetenzorientierung (Bewältigung von

Anforderungssituationen, Kompetenzförderung, weiter Kompetenzbegriff), der Aufgabenorientierung (Bewältigung komplexer, kognitiv anspruchsvoller, kommunikativer Alltagssituation, so wie sie außerhalb des Klassenzimmers vorkommen, Bedeutungsaushandlung, authentische Sprachverwendung) und der Lernerorientierung (Relevanz des Themas, Bedeutsamkeit der Aufgabenstellung für die Lerner, Passung hinsichtlich des Lernniveaus) zusammenfließen.

Auf ähnlichen Merkmalen beruht Hallets Konzept der „komplexen Kompetenzaufgabe" (Hallets 2012: 12f.):

- Lebensweltbezug: sie modelliert „(…) diskursive Prozesse und Bedeutungsaushandlungen in Analogie zu Problemstellungen, Aushandlungsprozessen und Thematiken in realweltlichen Diskursen", sie ist also an „Handlungen von realen Aufgaben im Alltag orientiert" und zeichnet sich durch „inhaltlich-thematische *meaningfulness* und *relevance*" aus;
- Komplexität: sie ist „aufgrund ihrer Orientierung an realen Problemlagen ihrer Natur nach komplex", ihre Bearbeitung „erfordert die Aktivierung von Erfahrungs-, Welt- und gegebenenfalls domänenspezifischem Wissen, von Schemawissen und bereits erworbenen Kompetenzen";
- Kompetenzentwicklung: sie zielt auf die „Entwicklung (fremd-)sprachlicher und interaktionaler lebensweltlicher Kompetenzen und auf das übergeordnete Bildungsziel der fremdsprachigen Diskursfähigkeit";
- Prozessinitiierung: sie regt „sprachlich-diskursive Prozesse an, in denen sich die Problemlösungsprozesse und die damit verbundenen Aushandlungen sowie deren Kommunikation und Präsentation vollziehen";
- Offenheit: sie determiniert weder die Problemlösungswege noch den inhaltlichen Outcome, jedoch definiert sie „im Sinne der Zielorientierung der Arbeitsprozesse und der verlässlichen Darstellbarkeit der Ergebnisse die generische Form des Outcome (z.B. *wall display*, *essay*, *dialogue* usw.)";
- Prozessstrukturierung: sie antizipiert „(…) die notwendigen kognitiven, sprachlich-diskursiven und interaktionalen Schrittfolgen und die möglichen oder erwünschten Verläufe des Lern- und Arbeitsprozesses".

Hallet (2012: 12) weist jedoch darauf hin, dass eine „komplexe Kompetenzaufgabe" über eine „Lernaufgabe" hinausgehe. Gemeinsam sei beiden Konzepten, dass sie im unterrichtlichen Kontext „stets zum Zuerwerb diskursiver, kognitiver und sozial-interaktionaler Kompetenzen dienen, dem Lernen also". Kompetenzaufgaben seien „aber stets auch Ernstfälle, in denen, wie in lebensweltlichen Herausforderungssituationen auch, alle bereits vorhandenen Kompetenzen aktiviert und zielorientiert eingesetzt werden müssen". Diese Komplexität bilde „der Begriff der Lernaufgabe so gut wie gar nicht ab", er lege die Aufgabe auf ihre didaktische

Funktion fest und verfehle ihre lebensweltliche Dimension". Angesichts der Kriterien 5, 6, 7 für Lernaufgaben, in denen ein Lebensweltbezug klar erkennbar ist, ist dies nicht nachvollziehbar. Bei „Lernaufgaben" und „Kompetenzaufgaben" scheint es sich eher um zwei unterschiedliche Begriffe für ein und dasselbe Aufgabenformat zu handeln. Sie scheinen sich lediglich im Hinblick auf die Komplexität zu unterscheiden. Während bei Kompetenzaufgaben unterschiedliche Kompetenzen integrativ gefördert werden müssen, ist bei Lernaufgaben auch eine schwerpunktmäßige Förderung einzelner Kompetenzen möglich.

Geht man davon aus, dass eine Lernaufgabe ein Unterrichtsarrangement ist, das dazu dient, den Lernenden zu helfen zu lernen, eine inhaltliche, komplexe, kommunikative Zielaufgabe zu bewältigen, so stellt sich die Frage, wie die Abfolge der Lernaktivitäten gestaltet werden soll. Im Folgenden gehe ich zunächst auf drei unterschiedliche Konstruktionsprinzipien ein und diskutiere im Anschluss drei Phasierungsmodelle.

4.3 Konstruktionsprinzipien

Caspari/Bechtel (2014: 13) unterscheiden drei unterschiedliche Konstruktionsprinzipien. Beim ersten Konstruktionsprinzip ist der Ausgangspunkt die Suche nach einer sinnvollen situativen Anwendung für die zu erlernenden sprachlichen Mittel. Die kommunikative Situation wird den Lernern zu Beginn als Zielaufgabe vorgestellt, es erfolgt die Erarbeitung von Wortschatz und Grammatik gemäß der vom Lehrwerk vorgegebenen Progression und ihre Einübung, am Ende wird das neu Gelernte dann in der Zielaufgabe neu kombiniert angewendet. Der Vorteil besteht darin, dass die Lerner einen situativen Rahmen für die Anwendung des Gelernten erhalten und dass sie von Anfang an wissen, wozu sie die sprachlichen Mittel erwerben (vgl. Kraus/Nieweler 2011). Allerdings sind die Lerneraktivitäten hier stark gelenkt und es stehen vor allem das Üben sprachlicher Mittel und weniger die Kompetenzen im Mittelpunkt. Diesem Konstruktionsprinzip folgt beispielsweise die neue Generation der Französisch-Lehrwerke der Verlage Klett (Bruckmeyer et al. 2012) und Cornelsen (Blume et al. 2012), bei der Lernaufgaben als Zielaufgaben in eine Progression integriert werden, die vorrangig grammatisch und nachgeordnet thematisch-kommunikativ orientiert ist.

Beim zweiten Konstruktionsprinzip ist der Ausgangspunkt eine lebensweltlich orientierte kommunikative Situation als Zielaufgabe. Es wird analysiert, welche thematischen und sprachlichen Inhalte und Kompetenzen die Lerner für die Bewältigung dieser Situation benötigen. Die Lernaufgabe stellt dann für den Erwerb und das Einüben der Inhalte und Kompetenzen Materialien bereit, die von den Lernern in einer Abfolge von Übungen und Aufgaben bearbeitet werden. Hierbei stehen das kommunikative Ziel sowie der Erwerb und das Einüben der zur Bewältigung der Zielaufgabe notwendigen Kompetenzen im Zentrum. Natürlich benötigen die Lerner dafür auch sprachliche Mittel, die gezielt thematisiert werden, aber immer in dienender Funktion. Diesem Konstruktionsprinzip folgen viele Lernaufgaben, die in Form von Modulen unabhängig von Lehrwerken entwickelt wurden bzw. lernaufgabenorientierte Modifikationen von Unterrichtseinheiten darstellen (z.B. Tesch/Leupold/Köller 2008, Hallet 2012, Müller-Hartmann/Schocker/Pant 2013, Leupold 2008, Schinke/Stevecker 2013, Bechtel 2011).

Das dritte Konstruktionsprinzip sieht nicht nur eine für alle Lerner verbindliche Zielaufgabe vor. Stattdessen können die Lerner unterschiedliche Zielaufgaben zu einem Rahmenthema (z.B. „Mein Zimmer") bearbeiten, die auf einzelne Aspekte gerichtet sind (Beschreibung des eigenen Zimmers, Umfrage zur Einrichtung und Funktion des eigenen Zimmers in der Klasse, Ratschläge geben zur Verschönerung eines Zimmers, Traumzimmer einrichten). Es gibt unterstützende Materialien und Übungen zum Rahmenthema (z.B. Wortfeld zu „Wohnen") sowie zu den einzelnen Aufgaben. Die Aufgaben werden in Einzel-, Partner- oder Gruppenarbeit bearbeitet, die Ergebnisse präsentiert und ggf. in Übungsschleifen überarbeitet und verbessert. Dieses Konstruktionsprinzip sieht eine arbeitsteilige Erarbeitung eines Themas vor und zielt auf die zeitgleiche Förderung unterschiedlicher Kompetenzen innerhalb einer Lerngruppe ab. Dieses Konstruktionsprinzip entspricht der „Szenariendidaktik" (Piepho 2003).

Im Folgenden erläutere ich drei Phasierungsmodelle, die dem zweiten Konstruktionsprinzip zugeordnet werden können.

4.4 Phasierungsmodelle

Lernaufgaben können sehr unterschiedlich umfangreich sein. Phasierungsmodelle dienen dazu, die Abfolge von Unterrichtsphasen sowie ihre jeweilige Funktion und die dabei erwarteten Aktivitäten seitens der Lehrkraft und der Lerner zu erläutern. Im Folgenden gehe ich auf die Phasierungmodelle von Willis (1996a: 38, 1996b: 60), Leupold (2008) und Schinke/Stevecker (2013) ein. Sie sind dem zweiten Konstruktionsprinzip zuzuordnen, unterscheiden sich jedoch in der Art des Unterrichtsarrangements.

An den Phasierungsmodellen wird deutlich, dass zwischen dem Unterrichtsarrangement (*framework* bei Willis, „Lernaufgaben-Parcours" bei Leupold, „Lernaufgaben-Zirkel" bei Schinke/Stevecker) einerseits und darin integrierten unterschiedlichen Typen von Aufgaben bzw. Übungen als Einzelformate (*task* bei Willis, „Lernaufgabe vom Typ 2" bei Leupold, *tarea final* bei Schinke/Stevecker) andererseits unterschieden werden muss.

4.4.1 Framework *von Willis (1996a)*

Beim *framework* von Willis (1996a: 38, 1996b: 60) sind drei Phasen vorgesehen: eine *pre-task*-Phase, der *task-cycle* und eine *language-focus*-Phase (vgl. auch Müller-Hartmann/Schocker v. Ditfurth 2004: 47, vgl. Carstens 2005, vgl. Bechtel 2011). Die *pre-task*-Phase dient dazu, zum einen ins Thema einzuführen (je nach Bedarf mehr oder weniger ausführlich, beispielsweise durch ein Brainstorming zum Thema in Einzelarbeit und/oder das Erstellen eines Wortfeldes im Unterrichtsgespräch), um das Vorwissen der Schüler/innen zu aktivieren. Zum anderen werden die Kommunikationssituation vorgestellt, die die Lerner bewältigen sollen, und die damit verbundene Aufgabenstellung erläutert (Ziel, erwartetes Ergebnis). Es schließt sich der *task-cycle* an, der wiederum in drei Phasen unterteilt ist: die *task*-Phase, die *planning*-Phase und die *report*-Phase. In der *task*-Phase simulieren die Lerner die kommunikative Situation in Einzel-, Partner- oder Gruppenarbeit. Sie sollen dabei in einer begrenzten Zeit die Aufgabe inhaltlich lösen, und zwar mit den ihnen aktuell zur Verfügung stehenden fremdsprachlichen Kompetenzen. In der sich anschließenden *planning*-Phase bereiten die Lerner den *task* nach, indem sie ihn im Hinblick auf Inhalt und sprachliche Korrektheit überarbeiten. Dabei können sie Wörterbücher und Grammatiken bzw. das Lehrbuch verwenden oder die Lehrkraft um Hilfe bitten. Die Phase wird als Planungsphase bezeichnet, weil die Lernenden hier das Produkt oder Ergebnis für die spätere *report*-Phase planen, erarbeiten und ggf. einüben. In der *report*-Phase stellen einige Lerner ihre Ergebnisse in der Fremdsprache im Plenum vor. Abschließend dient die *language-focus*-Phase der gezielten Analyse und Übung sprachlicher Mittel. Zum einen werden die Lerner aufgefordert, ihre Texte und den Bearbeitungsprozess im Hinblick auf geeignete Lösungen, erfahrene Schwierigkeiten und offensichtliche Lücken bei der Bearbeitung der Aufgabe zu analysieren. Beispielsweise können auf der Grundlage von Modelltexten Vergleiche zur eigenen Lösung des *task* angestellt werden und die Aufmerksamkeit auf bestimmte sprachliche Phänomene gelenkt oder Lernstrategien bewusst gemacht werden. Zum anderen ist der *language-focus* der Ort, Übungen zu den sprachlichen Mitteln durchzuführen, die sich bei den Präsentationen als fehlerhaft herausgestellt haben.

Entgegen dem *ppp*-Schema, bei dem die Anwendungsphase allein am Ende der Unterrichtssequenz steht, platziert Willis die Bearbeitung des *task* im Unterrichtsverlauf gerade umgekehrt möglichst weit nach vorne (Willis 1996a: 135). Dahinter steht die Annahme, dass die Fremdsprache vor allem durch den Gebrauch (*use*) gelernt wird (vgl. Willis 1996a: 13). Die Lerner werden also bereits sehr früh im Unterrichtsverlauf mit einer kommunikativen Anforderungssituation konfrontiert, die sie lösen sollen, und zwar mit den ihnen aktuell zur Verfügung stehenden

Kompetenzen (vgl. Willis 1996a: 13). Die Fremdsprache gebrauchen (*use*) und dabei die Flüssigkeit (*fluency*) trainieren, darauf kommt es Willis in der *task*-Phase an. Wie bei anderen aufgabenbasierten Ansätzen auch, bedeutet das jedoch nicht, dass Grammatik- und Wortschatzarbeit ausgeklammert wären. Neben der Flüssigkeit geht es Willis auch um sprachliche Korrektheit (*accuracy*). Für die Arbeit an der sprachlichen Korrektheit sind zwei dem *task* nachgelagerte Phasen vorgesehen: zum einen die *planning*-Phase, in der die Lerner im Hinblick auf eine spätere Präsentation vor der Klasse die *task-performance* auf ihre inhaltliche und sprachliche Korrektheit hin überarbeiten und verbessern; zum anderen die *language-focus*-Phase, in der auf der Grundlage der Analyse der sprachlichen Fehler während der Ergebnispräsentationen gezielte Übungen zu den sprachlichen Mitteln angeboten werden. Wo genau der didaktische Ort des *language-focus* ist, wird unterschiedlich beantwortet. Willis (1996a: 101) plädiert dafür, den *language-focus* ans Ende zu setzen, damit zum einen im Unterricht überhaupt erst einmal eine unvorbereitete Simulation des *task* entstehen kann und zum anderen nur diejenigen grammatischen Phänomene bearbeitet werden, die den Lernern noch Schwierigkeiten bereiten. Für Willis (1996a: 123) schließt das jedoch eine Integration eines *language-focus* innerhalb der anderen Phasen, insbesondere bei Anfängern, nicht aus.

4.4.2 Lernaufgabenparcours von Leupold (2008)

Leupold (2008: 7) legt mit seinem „Lernaufgabenparcours" ein alternatives Phasierungsmodell zu dem von Willis vor. Am Modell von Willis kritisiert er, dass es der Motivation der Lerner abträglich sei, weil die direkte Konfrontation mit dem *task* die Lerner, insbesondere die schwächeren, frustrieren würde. Leupold plädiert dagegen für eine behutsame Heranführung an den *task*. Sein Lernaufgaben-Parcours sieht daher eine Abfolge von Phasen mit gestuften Anforderungen vor, an deren Ende das Lösen des *task* als Zielaufgabe steht. Auf die Zielaufgabe werden die Lerner durch eine Phase mit Übungen vorbereitet, die dazu dient, formale Sicherheit bei denjenigen sprachlichen Mitteln zu gewinnen, die für die Bewältigung der Zielaufgabe gebraucht werden. In einer zweiten Phase wird den Lernern ermöglicht, „die durch die Übungen gewonnene formale Sicherheit in der Verwendung sprachlicher Strukturen nun in einen situativen Kontext eingebettet zu üben". Da es sich um die Bewältigung einer kommunikativen Situation handelt, bezeichnet Leupold dieses Format in Abgrenzung zu einer Übung bereits als „Lernaufgabe". Da sie jedoch noch stark gelenkt ist, nennt Leupold sie „Lernaufgabe vom Typ 1". Durch Übungen und Lernaufgaben vom Typ 1 vorbereitet, werden die Lerner dann im Anschluss mit der Zielaufgabe konfrontiert, bei der es darum geht, „innerhalb einer angebotenen Situation in freier Form sprachlich zu agieren". Leupold bezeichnet die Zielaufgabe als „Lernaufgabe vom Typ 2". Dieser Typ entspricht dem *task* im Modell von Willis, ist aber eindeutig als Zielaufgabe am Ende des Lernaufgaben-Parcours platziert. Der Lernaufgaben-Parcours von Leupold weist eine gewisse Ähnlichkeit mit dem *ppp*-Schema auf. Gleichwohl ist zum einen erkennbar, dass der Parcours nur dann vollständig ist, wenn die Lernaufgabe vom Typ 2 durchlaufen wurde, also eine Phase der freien Anwendung in einer realitätsnahen Kommunikationssituation stattgefunden hat. Zum anderen ist eine Planung vom Ende her, also ausgehend von der Zielaufgabe, vorgesehen, so dass die Übungen eine klar dienende Funktion haben.

4.4.3 Lernaufgaben-Zirkel nach Schinke/Steveker (2013)

Schinke/Steveker (2013) greifen das Modell von Leupold (2008) in ihrem „Lernaufgabenzirkel" auf. Deutlicher als bei Leupold wird hierbei herausgearbeitet, welche Rolle der Zielaufgabe (*tarea final*) innerhalb des Unterrichtsarrangements zukommt. Sie ist Start- und Zielpunkt des Lernaufgabenzirkels. Von ihr aus, also vom Ende her, wird die Unterrichtssequenz geplant. Nach einer Hinführung zum Thema (Einstieg) wird die Zielaufgabe den Lernern vorgestellt (z.B. einen Lieblingsstar vorstellen und ein Radiointerview mit ihm führen) und transparent gemacht, welche Teilkompetenzen und sprachlichen Mittel zu ihrer Bewältigung nötig sind. Im Idealfall sei, so Schinke/Stevecker (2013: 7), „den Lernern zu jeder Zeit klar, warum und mit welchem Ziel sie Inhalte und Strukturen erwerben". Um die Lerner in die Lage zu versetzen, die Zielaufgabe am Ende des Lernaufgabenzirkels zu bewältigen, sind wie bei Leupold Zwischenschritte in Form von „Aufgaben im situativen Kontext" vorgesehen, mit denen die nötigen Teilkompetenzen erworben werden (hier z.B. aus einem Interview Informationen entnehmen, Interviewfragen formulieren). Mit diesem auf die kommunikativen Teilkompetenzen ausgerichteten Aufgabentyp können je nach Kenntnisstand der Lerner Übungen zu sprachlichen Mitteln (z.B. Wortfeld zu „Personenbeschreibung", Grammatik: Fragepronomina) oder Übungen zur Bewusstmachung methodischer Kompetenzen (z.B. Leseverstehensstrategien, Worterschließungsstrategien) verknüpft werden. Im Anschluss an die Bearbeitung der Aufgaben zu den kommunikativen Teilkompetenzen und den dazu gehörigen Übungen lösen die Lerner die komplexe kommunikative Zielaufgabe in Einzel-, Partner- oder Gruppenarbeit. Die Zielaufgabe ist als offene Projektaufgabe gestaltet, bei der die Lerner innerhalb einer kommunikativen Situation in freier Form sprachlich agieren. Das Ergebnis wird vor der Klasse präsentiert und nach vorher festgelegten Kriterien evaluiert.

Auch wenn der Bezug nicht explizit hergestellt wird, so liegt auf der Hand, dass die „Aufgabe im situativen Kontext" bei Schinke/Stevecker (2013: 7) der

„Lernaufgabe von Typ 1" bei Leupold (2008: 7) entspricht, ebenso wie die *tarea final* der „Lernaufgabe vom Typ 2".

Festzuhalten ist, dass sowohl Kriterienkataloge als auch klare Phasierungsmodelle wichtige Instrumente für die Lernaufgabenentwicklung sind. Die Kriterienkataloge dienen als Checkliste bei der Entwicklung eigener Lernaufgaben, zur Prüfung der Qualität bestehender Lernaufgaben und als Orientierung bei der Modifizierung von Lernaufgaben, wenn bestimmte Kriterien nicht angemessen erfüllt sind. Die Phasierungsmodelle geben Hinweise zur Sequenzierung der Lernaufgabe und zur Funktion der einzelnen Phasen sowie Anregungen zur methodischen Ausgestaltung.

Für das Verständnis der Kriterien und der Funktionsweise der Phasierungsmodelle sind Beispiele von besonderer Bedeutung. Anhand einer konkreten Lernaufgabe werden diese nun veranschaulicht.

5. Beispiel einer Lernaufgabe „Sich am Telefon zum Kino verabreden"

Im Folgenden wird die kurze Lernaufgabe „Sich am Telefon zum Kino verabreden" („Prendre rendez-vous pour aller au cinéma", „Citarse para ir al cine") vorgestellt, die für eine 9. Klasse im vierten Lernjahr Französisch oder Spanisch als 2. Fremdsprache entwickelt wurde. Anhand der Lernaufgabe soll zum einen gezeigt werden, inwiefern sie den Merkmalen einer Lernaufgabe entspricht. Zum anderen wird gezeigt, wie die Zielaufgabe nach dem Modell von Willis in eine Unterrichtssequenz integriert werden kann (vgl. Carstens 2005, Bechtel 2011, siehe Material im Anhang des Beitrags).

In der Zielaufgabe sollen sich die Lerner vorstellen, sie seien auf einer Klassenfahrt in Paris bzw. Madrid. Neben ihrer Brieffreundin bzw. ihrem Brieffreund hätten sie einen anderen Jugendlichen kennengelernt. Mit diesem wollen sie sich nun am Telefon zum Kino verabreden. Immer zwei Lerner arbeiten zusammen. Sie setzen sich Rücken an Rücken, um die Telefonsituation möglichst realitätsnah zu simulieren. Eine/r von beiden spielt die/den Jugendliche/n, die/der andere sich selbst. Beide bekommen ein authentisches Kinoprogramm[2] und einen Wochenkalender mit bereits eingetragenen Terminen. Das Kinoprogramm ist das gleiche, die Wochenkalender sind unterschiedlich. In einem ersten Schritt sollen die Lerner das Kinoprogramm überfliegen und Filme aussuchen, die sie interessieren (5 Minuten).

2 Das aktuelle Kinoprogramm des Pariser Kinos „studio 28" kann unter http://www.cinema-studio28.fr/programme/ heruntergeladen werden, das des Golem-Kinos in Madrid unter http://www.golem.es.

Dann simulieren sie das Telefongespräch in der Fremdsprache. Sie haben die Aufgabe, sich auf einen Film zu einigen, den sie gemeinsam anschauen wollen und der mit beiden Wochenkalendern vereinbar ist. Als Ergebnis notieren sie den Titel des Films sowie Tag, Uhrzeit und Treffpunkt in ihren Wochenkalender.

Die folgende Analyse der Lernaufgabe „Sich am Telefon zum Kino verabreden" zeigt für den Französischunterricht als 2. Fremdsprache anhand des Kriterienkatalogs von Bechtel (2011: 30, vgl. Kap. 4.2), inwiefern sie den Merkmalen einer Lernaufgabe entspricht:

Abb. 1: Kriterien geleitete Analyse der Lernaufgabe „Sich am Telefon zum Kino verabreden".

1. Sie zielt auf die Förderung von mindestens einer Teilkompetenz. Sie dient der Entwicklung globalen und selektiven Leseverstehens und des dialogischen Sprechens. Im Bremer Bildungsplan für Französisch/Spanisch als zweite Fremdsprache (Senator für Bildung und Wissenschaft der Freien Hansestadt Bremen 2006: 19f.) zielt sie folgende *can-do-statements* an: Die Schüler/innen können - „(...) aus einfachen authentischen Materialien globale und spezifische Informationen entnehmen (...)", - „(...) ein Gespräch oder eine Diskussion beginnen, fortführen und auch bei sprachlichen Schwierigkeiten aufrechterhalten (...), - „(...) in Gesprächen und Diskussionen kurz zu den Standpunkten anderer Stellung nehmen und höflich Überzeugungen und Meinungen, Zustimmungen und Ablehnungen ausdrücken (...)".
2. Sie löst anspruchsvolle Lernprozesse (kognitive, emotionale, kreative) aus. Sie löst kognitive Lernprozesse aus, da die Lerner Filme vergleichen, freie Termine abgleichen, eigene Vorschläge machen und Vorschläge des anderen prüfen müssen; sie löst auch emotionale Lernprozesse aus, da die Lerner ihre Meinung zu Filmen abgeben müssen.
3. Sie fordert die Lerner auf, als soziale und ganzheitliche Individuen zu handeln. Durch die Partnerarbeit sind die Lerner als soziale Individuen angesprochen, sie handeln sprachlich, indem sie einander befragen, einander zuhören und sich auf etwas Gemeinsames einigen, sie werden ganzheitlich angesprochen, weil sie bei der Auswahl und Beurteilung von Filmen nicht nur ihr Wissen und Können, sondern auch ihre Emotionen mit einfließen lassen können.
4. Sie ist nicht primär form-, sondern inhaltsorientiert. Der Schwerpunkt liegt auf dem Inhalt, da sich die Lerner auf einen Film einigen sollen; wie elaboriert und mit welchen sprachlichen Mitteln sie das tun, ist ihnen überlassen.

5. Sie stößt authentische Sprachverwendung an. Die Lerner müssen ein Kinoprogramm überfliegen und global sowie selektiv verstehen, was einer authentischen Verwendung dieser Textsorte entspricht. Durch die zeitgleiche Partnerarbeit Rücken an Rücken werden die akustischen Bedingungen von Telefongesprächen (kein Blickkontakt, Störgeräusche) nachgeahmt, was zum Gebrauch von Kommunikationsstrategien veranlasst, so wie sie in realen Sprechsituationen benötigt werden.
6. Die Thematik ist für die Lerner relevant. „Kino" ist im Alltag von 15-Jährigen ein relevantes Thema. Über aktuelle Kinofilme wird gesprochen, man hat Lieblingsschauspieler/innen, geht selbst gern oder ungern ins Kino, usw. Letztendlich können über die Relevanz für die Lerner aber nur die Lerner selbst entscheiden.
7. Die Aufgabenstellung ist für die Lerner sinnvoll und bedeutsam. Zwar kennen die Lerner die kommunikative Situation, sich per Telefon zum Kino zu verabreden, aus ihrem Alltag. In eine solche Situation allerdings in Frankreich zu kommen, ist eher unwahrscheinlich. Während eines Schüleraustauschs würde man eine solche Verabredung gemeinsam vor Ort aber nicht am Telefon treffen. Gleichwohl enthält die Lernaufgabe Aktivitäten, die auf andere Situationen übertragbar sind (einen Lesetext überfliegen, Vorschläge machen, etwas aushandeln, die eigene Meinung zu etwas sagen, spontan frei sprechen), und daher als sinnvoll und bedeutsam empfunden werden können. Letztendlich können über die Sinnhaftigkeit und Bedeutsamkeit jedoch nur die Lerner selbst entscheiden.
8. Das Material ist authentisch, aktuell, sprachlich für heutiges Französisch konstitutiv. Das Kinoprogramm ist authentisch, es entstammt einem Pariser Programmkino, das sein Programm im Internet als pdf-Datei veröffentlicht, es ist jederzeit in der aktuellen Version herunterladbar, es wurden keine sprachlichen Veränderungen vorgenommen.
9. Sie entspricht dem Niveau der Lerner. Im 4. Lehrjahr als 2. Fremdsprache sind die Lerner in der Lage, kurze Filmbeschreibungen global zu verstehen und ggf. Einzelinformationen gezielt herauszusuchen (Filmgenre), ein Telefongespräch zu beginnen, aufrechtzuerhalten und zu beenden, Vorschläge zu machen, Uhrzeiten anzugeben, Gefallen und Missfallen auszudrücken. Der themenspezifische Wortschatz wird in einer hinführenden Phase gemeinsam erarbeitet.
10. Sie ist produkt- bzw. ergebnisorientiert. Die Lerner müssen als Ergebnis den Filmtitel nennen, auf den sie sich geeinigt haben, mit Angaben zu Tag, Uhrzeit und Treffpunkt.

Die Einbettung der Zielaufgabe in ein aufgabenorientiertes Unterrichtsarrangement nach dem Modell von Willis (1996a: 38) könnte folgendermaßen aussehen:

Abb. 2: Methodisches Vorgehen bei der Lernaufgabe „Sich am Telefon zum Kino verabreden" nach dem Modell von Willis (1996a) für den Französischunterricht.

Pre-task-Phase

Die Lehrkraft führt zum Thema hin, aktiviert das Vorwissen der Lerner:

Aimez-vous aller au cinéma? Quel est le dernier film que vous avez regardé au cinéma? Quel est votre acteur préféré/actrice préférée? Quel genre de film aimez-vous (une comédie, un film policier, un thriller, un drame, un film d'animation, un documentaire, ...)? En version originale (v.o.), en v.o. sous-titrée? Quel jour allez-vous au cinéma normalement? A quelle heure passent les films? Avez-vous déjà regardé un film français en v.o.?

Die Lehrkraft stellt (a) die Kommunikationssituation dar, die die Lerner bewältigen sollen:

Imaginez que nous sommes à Paris avec notre classe de français. Vous avez un/une copain/copine à Paris que vous avez rencontré/e déjà hier soir. Vous avez eu l'idée d'aller au cinéma cette semaine. Vous ne vous êtes pas encore mis d'accord sur le film, ni la date, ni l'heure. Vous devez donc téléphoner pour fixer le rendez-vous.

Die Lehrkraft erläutert (b) die damit verbundene Aufgabenstellung:

Vous allez simuler le coup de téléphone en classe. Un de vous jouera le copain/la copine. Le but est de se mettre d'accord sur un film, le jour, l'heure et le lieu du rendez-vous.

Task-cycle

Task-Phase

Alle Lerner setzen sich Rücken-an-Rücken, Lerner A spielt den/die frankophone/n Freund/in, Lerner B spielt sich selbst. Beide bekommen das gleiche Kinoprogramm und suchen nach Filmen, die ihnen gefallen. Jeder bekommt einen Wochenkalender mit jeweils unterschiedlichen Terminen. Die Lerner simulieren zeitgleich das Telefongespräch. Ziel ist es, sich auf einen Film, einen Tag, eine Uhrzeit und den Treffpunkt zu einigen. Die Lerner sollen dabei mit ihren jeweils aktuell vorhandenen Kompetenzen die Aufgabe lösen, als wäre es eine Realsituation.

1. Travaillez à deux. Mettez-vous dos à dos. Lisez d'abord le programme du cinéma «studio 28» à Paris (www.cinemastudio28.com) en le survolant. Chacun choisit un film qu'il aimerait regarder. (A ou B) (travail individuel de 5 min).
2. Simulez le dialogue au téléphone à deux (A et B). Mettez-vous d'accord sur:
- le film, le jour, l'heure, le lieu du rendez-vous.

Tenez compte de votre agenda. Notez le film dans vos agendas.

Am Ende der Phase geht die Lehrkraft herum und fragt einzelne Lernerpaare, worauf sie sich geeinigt haben.

Planning-Phase

Die Lerner überlegen in Partnerarbeit, wo sie bei der Simulation des *task* Formulierungsschwierigkeiten hatten, und überarbeiten die Aufgabe im Hinblick auf die sprachliche Korrektheit.

Travaillez à deux. Où avez-vous eu des difficultés pour dire ce que vous avez voulu dire? Prenez des notes et cherchez des solutions. Vous pouvez consulter un dictionnaire, votre manuel, une grammaire ou demander votre professeur. Après, vous allez jouer le dialogue devant la classe.

Report-Phase Einige Lernerpaare stellen ihre Ergebnisse in der Fremdsprache im Plenum vor. Jouez le dialogue du coup de téléphone devant la classe. Vos camarades notent quel film vous avez choisi, le jour, l'heure et le lieu du rendez-vous. Die anderen Lerner bekommen den Hörauftrag, welchen Film sich das präsentierende Lernerpaar an welchem Tag zu welcher Uhrzeit ansehen möchte.
Language-focus-Phase Zum einen fordert die Lehrkraft die Lerner auf, ihre Texte und den Bearbeitungsprozess im Hinblick auf geeignete Lösungen, erfahrene Schwierigkeiten und offensichtliche Lücken bei der Bearbeitung der Aufgabe zu analysieren. Zum anderen bearbeiten die Lerner Übungen zu den sprachlichen Mitteln, die sich in der *report*-Phase als problematisch herausgestellt haben. Thematisiert werden könnten z.B. Redemittel und Strukturen, um: - ein Gespräch am Telefon zu beginnen (Allô! – Allô, c'est Christine, ça va?) - einen Film vorzuschlagen (Moi, j'aimerais regarder...Si on allait regarder...) - zu fragen und zu sagen, wann ein Film läuft (A quelle heure est-ce qu'il passe? Le film passe mercredi à ... heures.) - jemanden nach freier Zeit zu fragen (Quand est-ce que tu as le temps? Qu'est-ce que tu fais vendredi après-midi? Est-ce que tu as le temps jeudi à 17 heures ?).

6. Schlussbetrachtung

Lernaufgaben gelten als die bislang beste Lösung, kompetenzorientierten Fremdsprachenunterricht in der Praxis umzusetzen. Im vorliegenden Beitrag wurde gezeigt, auf welchen Prinzipien das Konzept der Lernaufgabe beruht, ihre Funktion, Merkmale und Möglichkeiten der unterrichtlichen Einbettung wurden erläutert und anhand eines Beispiels für eine Lernaufgabe illustriert.

Was die Entwicklung von Lernaufgaben angeht, so hat sich in den letzten Jahren einiges getan. Für den Französischunterricht der Sekundarstufe I hat das IQB bereits 2008 eine umfangreiche Sammlung von Lernaufgaben zur Förderung einzelner Teilkompetenzen für unterschiedliche Niveaus vorgelegt (Tesch/Leupold/Köller 2008). In vier regionalen Arbeitsgruppen wurden sie von 16 Lehrkräften und Mitarbeitern von Landesinstituten für Schule unter Begleitung einer fachdidaktischen Experten-Gruppe entwickelt und im Unterricht erprobt. In Form einer Datenbank sind sie über die Homepage des IQB frei zugänglich.[3] In einem weiteren IQB-Projekt haben unter der Leitung von Andreas Müller-Hartmann und Marita Schocker 16 Englischlehrkräfte Lernaufgaben für den Englischunterricht der Sekundarstufe I entwickelt und im Unterricht erprobt. Die bei der Erprobung der Lernaufgaben erstellten Unterrichtsvideos wurden zu Fortbildungszwecken

3 Zu finden unter: https://www.iqb.hu-berlin.de/bista/teach/lern_frz, letzter Zugriff 15.9.2015.

aufbereitet und sind zusammen mit der Lernaufgabensammlung auf drei DVDs im Band *Lernaufgaben Englisch aus der Praxis* (Müller-Hartmann/Schocker/Pant 2013) veröffentlicht. Auch die Landesinstitute für Schule waren bei der Entwicklung und Erprobung von Lernaufgaben für den Fremdsprachenunterricht der Sekundarstufe I tätig (z.B. Staatsinstitut für Schulqualität und Bildungsforschung München 2005, Landesinstitut für Schule und Medien Berlin-Brandenburg 2011, Landesinstitut für Lehrerbildung und Schulentwicklung Hamburg 2013). Dem Konzept der Lernaufgabe widmen sich einige Themenhefte fremdsprachendidaktischer Zeitschriften und liefern konkrete Praxisbeispiele. So bietet beispielsweise „Der fremdsprachliche Unterricht" für Französisch drei Themenhefte (DFU Französisch 2006 „Bildungsstandards anwenden", DFU Französisch 2008 „Lernaufgaben konkret", DFU Französisch 2011 „La tâche: von der Übung zur Aufgabe"), für Englisch vier (DFU Englisch 2006 „Task based language learning", DFU Englisch 2011 „Lernaufgaben: Kompetenzen entwickeln", DFU Englisch 2012 „Sprechaufgaben", DFU 2013 „Kompetenzaufgaben") und für Spanisch zwei Themenhefte (DFU Spanisch 2007 „Umgang mit Standards", DFU Spanisch 2013 „Lernaufgaben"). Die Zeitschrift „Praxis Fremdsprachenunterricht" hat sich in zwei Themenheften je für Englisch, Französisch und Russisch mit Lernaufgaben befasst (PF 2010 „Kompetenzen", PF 2013 „Aufgaben konstruieren"). Eine weitere Quelle für Lernaufgaben sind Sammelbände, die die Umsetzung kompetenzorientierten Fremdsprachenunterrichts zum Gegenstand haben und neben theoretischen Überlegungen auch Beispiele für Lernaufgaben inklusive Materialien und methodischen Hinweisen enthalten. Zu diesen gehören etwa die Bände von Meißner/Tesch (2011) und Bär (2013) für den Spanischunterricht oder der Band von Hallet (2012) und Hallet/Krämer (2012) für den Englischunterricht. Auch die Schulbuchverlage haben Lernaufgaben entwickelt. So sind beispielsweise in der neuen Generation der Lehrbücher für den Französischunterricht „Découvertes Série jaune" (Bruckmayer et al. 2012) und „A plus! Nouvelle édition" (Blume et al. 2012) Lernaufgaben integriert worden, in der Regel als Anwendungsaufgaben, unter der Rubrik „Pratique: tâche" bzw. „Tâches au choix". Lehrbücher wie „Camden Town" (Hanus 2012) und „Gente joven" (Encina/Saris 2006) gehen dagegen schon immer aufgabenbasiert vor.

In den Klassen der am Schulbegleitforschungsnetzwerk „Fördern durch Aufgabenorientierung" beteiligten Lehrkräfte wurde mit einer Generation von Lehrwerken gearbeitet, die noch keine Lernaufgaben enthielt. Die Teams aus Studierenden und einer Lehrkraft haben daher eigene Lernaufgaben entwickelt bzw. Lehrbuchlektionen modifiziert, um Lernaufgaben in sie einzubetten. Bei der Lernaufgabenentwicklung orientierten sich die Teams zum einen an den Kriterien für Lernaufgaben von Caspari/Kleppin (2008) in Form eines Kriterienkatalogs (Bechtel 2011: 30). Zum anderen griffen die Teams bei ihren Überlegungen zur praktischen Umsetzung entweder auf das aufgabenorientierte Phasierungsmodell von Willis (1996a: 38) oder das von Leupold (2008) zurück.

Wie in Kap. 3 mit Bezug auf Breen (1987) erwähnt, ist die entwickelte Lernaufgabe als ein geplantes Unterrichtsarrangement (*task as workplan*) das eine; wie Lehrkräfte und Lerner die Lernaufgabe im Unterricht interpretieren und umsetzen (*task in process*) das andere. Während die Analyse der Qualität einer Lernaufgabe durch eine kriteriengeleitete Dokumentenanalyse (Aufgabenmaterial, methodisch-didaktische Hinweise) erfolgen kann, bedarf es für die Untersuchung des *task in process* der Klassenraumforschung.

Die Klassenraumforschung zum Einsatz von Lernaufgaben im schulischen Kontext ist relativ jung. Zwar hat die Forschung zum *task based language learning* eine lange Tradition (vgl. Eckert 2008). Der psycholinguistisch orientierte Forschungsstrang untersucht vor allem in experimentellen Designs den Einfluss verschiedener *task*-Merkmale auf den Spracherwerb einzelner Lerner. Der soziokulturell orientierte Forschungsstrang befasst sich dagegen mit *tasks* im komplexen Unterrichtsrahmen und richtet seinen Blick vor allem auf die Art und Weise, wie Lehrkräfte und Lerner mit *tasks* umgehen, sowie auf Fragen der Curriculumsentwicklung, -implementierung und -evaluation. Aber es ist selten, dass ein ganzes Curriculum aufgabenbasiert angelegt ist, so wie etwa im flämischsprachigen Teil Belgiens, in dem Anfang der 1990er Jahre landesweit ein aufgabenbasiertes Curriculum für Flämischunterricht für Kinder von Migrant/inn/en eingeführt wurde. Die Forschungsergebnisse der unter der Leitung von Kris Van den Branden in Belgien durchgeführten Begleitforschung sind in einem Sammelband veröffentlicht (Van den Branden 2006). Diese fließen auch in den Überblick von Müller-Hartmann/Schocker v. Ditfurth (2011) über Forschungsergebnisse zur Rolle von Lehrkräften (ebd.: 137–150) bzw. von Lernern (ebd.: 154–165) beim Einsatz von Lernaufgaben ein.

Im schulischen Kontext in Deutschland kommen Lernaufgaben im Fremdsprachenunterricht vorwiegend punktuell zum Einsatz. Die größer angelegten empirischen Untersuchungen, in denen Lernaufgaben über einen längeren Zeitraum eingesetzt und empirisch untersucht wurden, sind überschaubar. Tesch (2010) untersucht in explorativ-interpretatorischen Fallstudien auf der Grundlage von audio- und videografierten Unterrichtsstunden, wie die IQB-Rahmenaufgabe *pir@tes du net*, die sieben Lernaufgaben enthält, im Französischunterricht einer neunten und zwei zehnten Klassen von den Lehrkräften und Lernern umgesetzt wurde. Er arbeitet heraus, welche Lehr- und Lernkonzepte dem Einsatz von

Lernaufgaben zuträglich bzw. abträglich sind. Jäger (2011) hat in einem kollaborativen Aktionsforschungsprojekt, das drei Entwicklungs- und Forschungszyklen enthält, sechs dramapädagogisch inspirierte Lernaufgaben (Rollenspiel, Improvisation) im Englischunterricht zweier 9. und einer 10. Klasse eingesetzt und weiterentwickelt, und unter der Fragestellung untersucht, welche Art von Lernaufgabe für die Förderung interkultureller Kompetenzen besonders geeignet sind und unter welchen Unterrichtsbedingungen die Lernaufgaben ihr Potenzial besonders effektiv entfalten. Raith (2011) untersucht eine Gruppe von acht Lehramtsanwärter/inne/n während des Vorbereitungsdienstes, bei deren fachdidaktischer Ausbildung für den Englischunterricht an Realschulen aufgabenorientiertes Lehren und Lernen eine zentrale Rolle spielte. Ihn interessiert die Frage, wie die Referendare die in der Ausbildung gelernten Prinzipien in ihre eigene Unterrichtsreflexion integrierten, und leitet daraus ein Kompetenzentwicklungsmodell zum aufgabenorientierten Unterrichten ab.

Das von Caspari (2006: 38) und Hu (2008: 182) formulierte Desiderat nach empirischer Unterrichtsforschung zum Einsatz von Lernaufgaben im schulischen Kontext besteht weiterhin (vgl. auch Tesch 2010: 160, 359). Ebenso offensichtlich ist, dass weiterhin ein großer Bedarf an Aus- und Fortbildung besteht, damit sich Lehrkräfte das Konzept der Lernaufgabe aneignen und in ihren Unterricht integrieren können.

Im Rahmen des Bremer Schulbegleitforschungsnetzwerks „Fördern durch Aufgabenorientierung" kam ein Lehrerbildungskonzept zum Einsatz, in dem Aus- und Weiterbildung zur Implementierung von Lernaufgaben in den Französisch- und Spanischunterricht der Sekundarstufe I verschränkt wurden. Im Zentrum stehen Aktionsforschungsprojekte, bei denen Lernaufgaben selbstständig entwickelt, im Unterricht erprobt und unter praxisrelevanten Forschungsfragen untersucht wurden (vgl. Bechtel 2015c in diesem Band).

7. Bibliografie

Bär, Marcus (2013). *Kompetenz- und Aufgabenorientierung im Spanischunterricht – Beispiele für komplexe Lernaufgaben*. Berlin: edition tranvía.

Bausch, Karl-Richard / Christ, Herbert / Königs, Frank G. / Krumm, Hans-Jürgen (Hrsg.) (2003). *Der Gemeinsame Europäische Referenzrahmen für Sprachen in der Diskussion. Arbeitspapiere der 22. Frühjahrskonferenz zur Erforschung des Fremdsprachenunterrichts*. Tübingen: Narr.

Bausch, Karl-Richard / Burwitz-Melzer, Eva / Königs, Frank G. / Krumm, Hans-Jürgen (Hrsg.) (2005). *Bildungsstandards für den Fremdsprachenunterricht auf dem Prüfstand. Arbeitspapiere der 25. Frühjahrskonferenz zur Erforschung des Fremdsprachenunterrichts*. Tübingen: Narr.

Bausch, Karl-Richard / Burwitz-Melzer, Eva / Königs, Frank G. / Krumm, Hans-Jürgen (Hrsg.) (2006). *Aufgabenorientierung als Aufgabe. Arbeitspapiere der 26. Frühjahrskonferenz zur Erforschung des Fremdsprachenunterrichts*. Tübingen: Narr.

Bechtel, Mark (2011). Lernaufgaben für einen kompetenzorientierten Französischunterricht in der Sekundarstufe I. *Französisch heute* 42/1: 25–34.

Bechtel, Mark (2015a) (Hrsg.). *Fördern durch Aufgabenorientierung. Bremer Schulbegleitforschung zu Lernaufgaben im Französisch- und Spanischunterricht der Sekundarstufe I*. Frankfurt a.M. u.a.: Lang.

Bechtel, Mark (2015b). Das Bremer Schulbegleitforschungsnetzwerk „Fördern durch Aufgabenorientierung“: Ziele – Struktur – Verlauf. In: Ders. (Hrsg.). 17–41.

Bechtel, Mark (2015c). Ein Lehrerbildungskonzept zur Entwicklung, Erprobung und Erforschung von Lernaufgaben im Französisch- und Spanischunterricht. In: Ders. (Hrsg.). 83–118.

Blume, Otto et al. (2012). *A plus! Nouvelle édition. Band 1*. Berlin: Cornelsen.

Bonnet, Andreas / Breidbach, Stephan (2013). Blut ist im Schuh: Wie gut kleidet der Kompetenzbegriff die literarisch-ästhetische Bildung beim Tanz auf dem Hofball der Standardisierung? In: Grünewald, Andreas / Plikat, Jochen / Wieland, Katharina (Hrsg.). *Bildung – Kompetenz – Literalität. Fremdsprachenunterricht zwischen Standardisierung und Bildungsanspruch*. Seelze: Klett/Kallmeyer. 20–35.

Bredella, Lothar (2005). Bildungsstandards, Kerncurriculum und bildungsrelevante Gegenstände. In: Bausch, Karl-Richard et al. (Hrsg.). 47–56.

Bredella, Lothar (2006). Probleme des aufgabenorientierten Fremdsprachenunterrichts. In: Bausch, Karl-Richard et al. (Hrsg.). 25–32.

Bredella, Lothar / Hallet, Wolfgang (2007). Einleitung: Literaturunterricht, Kompetenzen und Bildung. In: Dies. (Hrsg.). *Literaturunterricht, Kompetenzen und Bildung*. Trier: Wissenschaftlicher Verlag. 1–9.

Breen, Michael P. (1987). Learners Contributions to Task Design. In: Candlin, Christopher. N. / Murphy, Dermot (Hrsg.). *Language Learning Tasks*. Englewood Cliffs, NJ u.a: Prentice Hall International. 23–46.

Bruckmayer, Birgit et al. (2012). *Découvertes. Série jaune. Band 1*. Stuttgart: Klett.

Burwitz-Meltzer, Eva / Quetz, Jürgen (2006). Trügerische Sicherheit: Referenzniveaus als Passepartout für den Fremdsprachenunterricht? In: Timm, Johannes-Peter (Hrsg.). *Fremdsprachenlernen und Fremdsprachenforschung: Kompetenzen, Standards, Lernformen, Evaluation*. Tübingen: Narr. 355–372.

Candlin, Christopher. N. / Murphy, Dermot (Hrsg.) (1987). *Language Learning Tasks*. Englewood Cliffs, NJ u.a: Prentice Hall International.

Carstens, Ralph (2005). Engaging learners in meaning-focused language use. *Praxis Fremdsprachenunterricht* 2/2: 16–19.

Caspari, Daniela (2006). Aufgabenorientierung im Fremdsprachenunterricht. In: Bausch, Karl-Richard / Burwitz-Melzer, Eva / Königs, Frank G. / Krumm, Hans-Jürgen (Hrsg.), 33–42.

Caspari, Daniela (2009). Kompetenzorientierter Französischunterricht: Zentrale Prinzipien und ihre Konsequenzen für die Planung von Unterricht. *Französisch heute* 40/2: 73–78.

Caspari, Daniela (2013). Aufgaben im kompetenzorientierten Fremdsprachenunterricht. *Praxis Fremdsprachenunterricht. Basisheft* 10/4: 5–16.

Caspari, Daniela / Bechtel, Mark (2014). Eine Lernaufgabe ist eine Lernaufgabe ist eine Lernaufgabe? *Klett-Magazin trait d'union* 8/2: 12–13. http://www2.klett.de/sixcms/media.php/10/tdu_2014.pdf, Zugriff: 15.9.2015

Caspari, Daniela / Kleppin, Karin (2008). Lernaufgaben. Kriterien und Beispiele. In: Tesch, Bernd / Leupold, Eynar / Köller, Olaf (Hrsg.). *Bildungsstandards Französisch: konkret. Sekundarstufe I: Grundlagen, Aufgabenbeispiele und Unterrichtsanregungen*. Berlin: Cornelsen Scriptor. 88–148.

Caspari, Daniela / Grotjahn, Rüdiger / Kleppin, Karin (2010). Testaufgabe und Lernaufgaben. In: Porsch, Raphaela / Tesch, Bernd / Köller, Olaf (Hrsg.). *Standardbasierte Testentwicklung und Leistungsmessung. Französisch in der Sekundarstufe I*. Münster u.a.: Waxmann. 46–68.

DFU Französisch (Der fremdsprachliche Unterricht Französisch) (2006). *Themenheft „Bildungsstandards anwenden"*. Nr. 88.

DFU Französisch (Der fremdsprachliche Unterricht Französisch) (2008). *Themenheft „Lernaufgaben konkret"*. Nr. 96

DFU Französisch (Der fremdsprachliche Unterricht Französisch) (2011). *Themenheft „La tâche: von der Übung zur Aufgabe"*. Nr. 112.

DFU Englisch (Der fremdsprachliche Unterricht Englisch) (2006). *Themenheft „task based language learning"*. Nr. 84.

DFU Englisch (Der fremdsprachliche Unterricht Englisch) (2011). *Themenheft „Lernaufgaben: Kompetenzen entwickeln"*. Nr. 109.

DFU Englisch (Der fremdsprachliche Unterricht Englisch) (2012). *Themenheft „Sprechaufgaben"*. Nr. 116.

DFU Englisch (Der fremdsprachliche Unterricht Englisch) (2013). *Themenheft „Kompetenzaufgaben"*. Nr. 124.

DFU Spanisch (Der fremdsprachliche Unterricht Spanisch) (2007). *Themenheft „Umgang mit Standards“.* Nr. 19.

DFU Spanisch (Der fremdsprachliche Unterricht Spanisch) (2013). *Themenheft „Lernaufgaben“.* Nr. 41.

Eberhardt, Jan-Oliver (2013). *Interkulturelle Kompetenzen im Fremdsprachenunterricht. Auf dem Weg zu einem Kompetenzmodell für die Bildungsstandards.* Trier: Wissenschaftlicher Verlag.

Eckerth, Johannes (2008). Task-based language learning and teaching – old wine in new bottles? In: Eckerth, Johannes / Siekmann, Sabine (Hrsg.). *Task-Based Language Learning and Teaching. Theoretical, Methodological, and Pedagogical Perspectives.* Frankfurt a.M. u.a.: Lang. 13–46.

Ellis, Rod (2003). *Task-based language learning and teaching.* Oxford: Oxford University Press.

Encina, Alonso / Saris, Neus (2006). *Gente joven. Curso de español para jóvenes.* Barcelona: Difusón; Stuttgart: Klett.

Estaire, Sheila / Zanón, Javier (1994). *Planning classwork: a task based approach.* Oxford: Heinemann.

Europarat (2001). *Gemeinsamer europäischer Referenzrahmen für Sprachen: lernen, lehren, beurteilen.* Berlin u.a.: Langenscheidt.

Grotjahn, Rüdiger (2008). Tests und Testaufgaben: Merkmale und Gütekriterien. In: Tesch, Bernd / Leupold, Eynar / Köller, Olaf (Hrsg.). *Bildungsstandards Französisch: konkret. Sekundarstufe I: Grundlagen, Aufgabenbeispiele und Unterrichtsanregungen.* Berlin: Cornelsen Scriptor. 149–186.

Hallet, Wolfgang (2012). Die komplexe Kompetenzaufgabe. Fremdsprachige Diskursfähigkeit als kulturelle Teilhabe und Unterrichtspraxis. In: Hallet, Wolfgang / Krämer, Ulrich (Hrsg.). *Kompetenzaufgaben im Englischunterricht. Grundlagen und Unterrichtsbeispiele.* Seelze: Klett/Kallmeyer. 8–19.

Hallet, Wolfgang / Krämer, Ulrich (Hrsg.) (2012). *Kompetenzaufgaben im Englischunterricht. Grundlagen und Unterrichtsbeispiele.* Seelze: Klett/Kallmeyer.

Hanus, Pamela (2012). *Camden Town. Unterrichtswerk für das Gymnasium. Englisch für das Gymnasium.* Braunschweig: Diesterweg.

Hu, Adelheid (2008) (Koord.). Kompetenzorientierung, Bildungsstandards und fremdsprachliches Lernen – Herausforderungen an die Fremdsprachenforschung. Positionspapier von Vorstand und Beirat der DGFF. *Zeitschrift für Fremdsprachenforschung* 19/2: 163–186.

X Hu, Adelheid / Leupold, Eynar (2008). Kompetenzorientierter Französischunterricht. In: Tesch, Bernd / Leupold, Eynar / Köller, Olaf (Hrsg.) (2008). *Bildungsstandards Französisch: konkret. Sekundarstufe I: Grundlagen, Aufgabenbeispiele und Unterrichtsanregungen.* Berlin: Cornelsen Scriptor. 51–84.

Jäger, Anja (2011). *Kultur szenisch erfahren. Interkulturelles Lernen mit Jugendliteratur und szenischen Aufgaben im Fremdsprachenunterricht*. Frankfurt a.M. u.a.: Lang.

Klieme, Eckhard et al. (Hrsg.) (2003). *Zur Entwicklung nationaler Bildungsstandards. Eine Expertise*. Bonn/Berlin: BMBF.

X KMK, Sekretariat der Ständigen Konferenz der Kultusminister der Länder in der Bundesrepublik Deutschland (Hrsg.) (2004). *Bildungsstandards für die erste Fremdsprache (Englisch/Französisch) für den Mittleren Schulabschluss*. Beschluss vom 4.12.2003. München/Neuwied: Luchterhand.

KMK, Sekretariat der Ständigen Konferenz der Kultusminister der Länder in der Bundesrepublik Deutschland (Hrsg.) (2005). *Bildungsstandards für die erste Fremdsprache (Englisch/Französisch) für den Hauptschulabschluss*. Beschluss vom 15.10.2004. München/Neuwied: Luchterhand.

KMK, Sekretariat der Ständigen Konferenz der Kultusminister der Länder in der Bundesrepublik Deutschland (Hrsg.) (2012). *Bildungsstandards für die fortgeführte Fremdsprache (Englisch/Französisch) für die Allgemeine Hochschulreife*. Beschluss vom 18.10.2012. Köln: Wolters Kluver.

Kraus, Alexander / Nieweler, Andreas (2011). La tâche: von der Übung zur Aufgabe. Kompetenzentwicklung und Aufgabenorientierung. *Der fremdsprachliche Unterricht Französisch* 45/112: 2–15.

Küster, Lutz (2006). Auf dem Verordnungswege. Zu Risiken und Nebenwirkungen der Bildungsstandards für die erste Fremdsprache. *Der fremdsprachliche Unterricht Englisch* 40/81: 18–21.

Landesinstitut für Lehrerbildung und Schulentwicklung Hamburg (2013). *Kompetenzorientierung im Fach Englisch. Didaktische Texte und Lernarragements. Ausgewählte Ergebnisse der Fachsets Englisch im Schulversuch alles>>könner*. Hamburg.

Landesinstitut für Schule und Medien Berlin-Brandenburg (2011). *Unterrichtsentwicklung. Handreichung moderne Fremdsprachen. Grammatik im kompetenzorientierten Fremdsprachenunterricht – Unterrichtsvorschläge für Französisch, Russisch, Spanisch, Englisch*. Ludwigsfelde: Landesinstitut für Schule und Medien Berlin-Brandenburg.

Legutke, Michael K. (2005). Innovation durch Bildungsstandards? In: Bausch, Karl-Richard / Burwitz-Melzer, Eva / Königs, Frank G. / Krumm, Hans-Jürgen (Hrsg.) (2005), 168–178.

Legutke, Michael K. / Thomas, Howard (1997). *Process and Experience in the Language Classroom*. London: Longmann.

Leupold, Eynar (2005). Bildungsstandards: Pow(d)er to the people? In: Bausch, Karl-Richard et al. (Hrsg.). 178–189.

Leupold, Eynar (2007). *Kompetenzentwicklung im Französischunterricht. Standards umsetzen – Persönlichkeit bilden.* Seelze-Velber: Klett/Kallmeyer.

Leupold, Eynar (2008). A chaque cours suffit sa tâche? Bedeutung und Konzeption von Lernaufgaben. *Der fremdsprachliche Unterricht Französisch* 42/96: 2–9.

Littlewood, William (2004). The task-based approach: some questions and some answers. *ELT Journal* 58/4: 319–326.

Long, Mike H. (1991). Focus on form: A design feature in language teaching methodology. In: de Bot, Kees / Ginsberg, Ralph B. / Kramsch, Claire (Hrsg.). *Foreign language research in cross-cultural perspective.* Amsterdam: John Benjamins. 39–52.

Long, Mike H. (2000). Focus on form in Task-Based Language Teaching. In: Lambert, Richard D. / Shohamy, Elana. (Hrsg.). *Language Policy and Pedagogy.* Amsterdam/Philadelphia: John Benjamins. 179–192.

Long, Mike H. / Norris, John M. (2000). Task-based language teaching and assessment. In: Byram, Michael (ed.): *Encyclopedia of language teaching.* London: Routledge. 597–603.

Meißner, Franz-Joseph / Tesch, Bernd (Hrsg.) (2010). *Spanisch kompetenzorientiert unterrichten.* Seelze: Klett/Kallmeyer.

Mertens, Jürgen (2010). Aufgabenorientiertes Lernen. In: Surkamp, Carola (Hrsg.). *Metzler Lexikon Fremdsprachendidaktik. Ansätze – Methoden – Grundbegriffe.* Stuttgart: Metzler. 7–9.

Müller-Hartmann, Andreas / Schocker-von Ditfurth, Marita (2004). *Introduction to English language teaching.* Stuttgart u.a.: Klett.

Müller-Hartmann, Andreas / Schocker-von Ditfurth, Marita (Hrsg.) (2005). *Aufgabenorientierung im Fremdsprachenunterricht. Task-Based Language Learning and Teaching.* Tübingen: Narr.

Müller-Hartmann, Andreas / Schocker-von Ditfurth, Marita (Hrsg.) (2008). *Aufgabenorientiertes Lernen und Lehren mit Medien. Ansätze, Erfahrungen, Perspektiven in der Fremdsprachendidaktik.* Frankfurt a.M. u.a.: Lang.

Müller-Hartmann, Andreas / Schocker-von Ditfurth, Marita (2011). *Teaching English: Task-Supported Language Learning.* Paderborn u.a.: Schöningh.

Müller-Hartmann, Andreas / Schocker, Marita / Pant, Hans Anand (Hrsg.) (2013). *Lernaufgaben Englisch aus der Praxis. Mit zahlreichen Unterrichtsvideos und Materialien auf 3 DVDs.* Braunschweig: Bildungshaus Schulbuchverlage.

Nunan, David (1989). *Designing tasks for the communicative classroom.* Cambridge: Cambridge University Press.

Nunan, David (2004). *Task-based Language Teaching.* Cambridge: Cambridge University Press.

Piepho, Hans-Eberhard (2003). *Lerneraktivierung im Fremdsprachenunterricht. „Szenarien“ in Theorie und Praxis.* Hannover: Schroedel.

Prabhu, N. S. (1987). *Second language pedagogy.* Oxford: Oxford University Press.

PF (Praxis Fremdsprachenunterricht) (2010). *Themenheft „Kompetenzen“.*

PF (Praxis Fremdsprachenunterricht) (2013). *Themenheft „Aufgaben konstruieren“.*

Quetz, Jürgen (2010). Gemeinsamer europäischer Referenzrahmen. In: Hallet, Wolfgang / Königs, Frank G. (Hrsg.). *Handbuch Fremdsprachendidaktik.* Seelze-Velber: Klett/Kallmayer. 45–49.

Raith, Thomas (2011). *Kompetenzen für aufgabenorientiertes Fremdsprachenunterrichten. Eine qualitative Untersuchung zur Ausbildung von Fremdsprachenlehrkräften.* Tübingen: Narr.

Schinke, Simone / Steveker, Wolfgang (2013). Lernaufgaben im Spanischunterricht. *Der fremdsprachliche Unterricht Spanisch* 11/41: 4–13.

Senator für Bildung und Wissenschaft der Freien Hansestadt Bremen (2006). *Französisch/Spanisch als zweite Fremdsprache. Bildungsplan für das Gymnasium, Jahrgangsstufe 6–10.* Bremen: Senator für Bildung und Wissenschaft.

Skehan, Peter (1998). *A cognitive approach to language learning.* Oxford: Oxford University Press.

Skehan, Peter (2001). Task-based instruction. *Language Teaching* 36/1: 1–14.

Staatsinstitut für Schulqualität und Bildungsforschung München (2005). *Time to talk! Parlons! Parliamo! ¡Tiempo para hablar! Пора поговоритъ! Eine Handreichung zur Mündlichkeit im Unterricht der modernen Fremdsprachen.* Berlin: Cornelsen.

Tesch, Bernd (2010). *Kompetenzorientierte Lernaufgaben im Fremdsprachenunterricht.* Konzeptionelle Grundlagen und eine rekonstruktive Fallstudie zur Unterrichtspraxis (Französisch). Frankfurt a.M. u.a.: Lang.

Tesch, Bernd / Leupold, Eynar / Köller, Olaf (Hrsg.) (2008). *Bildungsstandards Französisch: konkret. Sekundarstufe I: Grundlagen, Aufgabenbeispiele und Unterrichtsanregungen.* Berlin: Cornelsen Scriptor.

Van den Branden, Kris (Hrsg.) (2006). *Task-Based Language Education. From Theory To Practice.* Cambridge: Cambridge University Press.

X Weinert, Franz E. (2001): Vergleichende Leistungsmessung in Schulen – eine umstrittene Selbstverständlichkeit. In: Ders. (Hrsg.): *Leistungsmessungen in Schulen.* Weinheim u.a.: Beltz. 17–31.

Wesselhöft, Christine. (2010). Kernbereiche des interkulturellen Lernens im schulischen Französischunterricht der Sekundarstufe I. In: *Französisch heute* 41/2: 73–79.

Werry, Hanno / Wagner, Erik (2010): Kompetenzorientierte Leistungsmessung im Französischunterricht. *Französisch heute* 41/2: 62–72.

Willis, Jane (1996a). *A Framework for Task-Based Learning*. Harlow: Addison Wesley Longman.

Willis, Jane (1996b). A flexible framework for task based learning. In: Willis, Jane / Willis, Dave (Hrsg.): *Challenge and Change in Language Teaching*. Oxford: Heinemann. 52–63.

Ziener, Gerhard (2006). *Bildungsstandards in der Praxis. Kompetenzorientiert unterrichten*. Seelze-Velber: Klett/Kallmeyer.

Zydatiß, Wolfgang (2005). Bildungsstandards für den Fremdsprachenunterricht in Deutschland: Eine hervorragende Idee wird katastrophal implementiert - oder: Von der Endkontrolle der Schüler zu strukturverbessernden Maßnahmen. In: Bausch, Karl-Richard et al. (Hrsg.). 256–264.

Zydatiß, Wolfgang (2008). SMS an KMK: Standards mit Substanz! Kulturelle Inhalte, Mediation zwischen Sprachsystem und Sprachhandeln, Kritikfähigkeit – auch im Fremdsprachenunterricht. In: *Beiträge zur Fremdsprachenvermittlung*, Sonderheft 13: 13–34.

Anhang

Prendre rendez-vous pour aller au cinéma

Situation: Imagine que tu es à Paris avec ta classe de français. Tu as un copain/une copine à Paris que tu as rencontré/e déjà hier soir. Vous avez eu l'idée d'aller au cinéma ensemble cette semaine. Vous ne vous êtes pas encore mis d'accord sur le film, ni la date, ni l'heure. Tu téléphones à ton copain/ta copine pour fixer le rendez-vous. Tu vas simuler le coup de téléphone avec un/une camarade de ta classe. Un de vous jouera le copain/la copine de Paris (Schülermaterial A).

Tâche: Simulation

1. Lis le programme du cinéma «studio 28» à Paris (www.cinemastudio28.com) en le survolant. Choisis un film que tu aimerais aller voir. Note le jour et l'heure convenable dans ton agenda (travail individuel de 5 min.).
2. Travaillez à deux (5 min.). Prenez deux chaises et mettez-vous dos à dos. Simulez le coup de téléphone, un de vous jouera le copain/la copine.
   Mettez-vous d'accord sur un film, le jour, l'heure et le lieu du rendez-vous.
3. Note le rendez-vous dans ton agenda.

A Agenda 4 mars–10 mars	
Lundi, 4 mars	**Jeudi, 7 mars**
cours de 8h à 16h30	cours de 8h à 16h30
Mardi, 5 mars	**Vendredi, 8 mars**
cours de 8h à 16h30	cours de 8h à 16h30
Mercredi, 6 mars	**Samedi, 9 mars**
cours de 8h à 12h 14h cours de peinture 15h30 rdv dentiste	19h30 pizza ⇨ bowling **Dimanche, 10 mars**

Prendre rendez-vous pour aller au cinéma

B

Situation: Imagine que tu es à Paris avec ta classe de français. Tu as un copain/ une copine à Paris que tu as rencontré/e déjà hier soir. Vous avez eu l'idée d'aller au cinéma ensemble cette semaine. Vous ne vous êtes pas encore mis d'accord sur le film, ni la date, ni l'heure. Tu téléphones à ton copain/ta copine pour fixer le rendez-vous. Tu vas simuler le coup de téléphone avec un/une camarade de ta classe. Un de vous jouera le copain/la copine de Paris (Schülermaterial A).

Tâche: Simulation

1. Lis le programme du cinéma «studio 28» à Paris (www.cinemastudio28.com) en le survolant. Choisis un film que tu aimerais aller voir. Note le jour et l'heure convenable dans ton agenda (travail individuel de 5 min.).
2. Travaillez à deux (5 min.). Prenez deux chaises et mettez-vous dos à dos. Simulez le coup de téléphone, un de vous jouera le copain/la copine.

   Mettez-vous d'accord sur un film, le jour, l'heure et le lieu du rendez-vous.
3. Note le rendez-vous dans ton agenda.

B Kalender 4 März–10 März	
Montag, 4. März	**Donnerstag, 7. März**
Stadtrallye 13–17 Uhr	morgens Musée du Louvre Projektauswertung 14–18 Uhr Abends Theaterbesuch „Théâtre du Soleil"
Dienstag, 5. März	**Freitag, 8. März**
Besuch in der Schule	Besuch in der Schule
Mittwoch, 6. März	**Samstag, 9. März**
Projekt : Intewiews im Parc du Luxemburg bis 17 Uhr	Abfahrt **Sonntag, 10. März**

Citarse para ir al cine

Imagínate que estás en Madrid con tu clase de español. Tienes un amigo/una amiga en Madrid que ya has visto ayer. Habéis quedado en ir al cine esta semana. Aún no os habéis puesto de acuerdo ni sobre la película, ni la fecha, ni la hora. Telefoneas a tu amigo/tu amiga para citaros. Uno/una de vosotros jugará el papel del amigo/de la amiga de Madrid (Schülermaterial A).

1. Consulta la cartelera y elige una película que te gustaría ver (www.golem.es). Apunta en tu agenda el día y la hora que te convienen.
2. Trabajad en parejas. Tomad dos sillas y poneos de espaldas.

   Telefonea a tu amiga/amigo y poneos de acuerdo sobre la película que queráis ver juntos/juntas. Elegid el día y la hora que os convengan así como el lugar donde queráis encontraros.
3. Al final, apunta la cita (nombre de la película y lugar, fecha y hora de la cita) en tu agenda.

A Agenda 29 de junio–5 de julio 2009	
Lunes, 29 de junio	**Jueves, 2 de julio**
clase de 9 a 5 18h clase particular de inglés	clase de 9 a 5
Martes, 30 de junio	**Viernes, 3 de julio**
clase de 9 a 5	clase de 9 a 5
Miércoles, 1º de julio	**Sábado, 4 de julio**
clase de 9 a 5 19h guitarra	
	Domingo, 5 de julio
	cumpleaños abuela María

Citarse para ir al cine

Imagínate que estás en Madrid con tu clase de español. Tienes un amigo/una amiga en Madrid que ya has visto ayer. Habeís quedado en ir al cine esta semana. Aún no os habéis puesto de acuerdo ni sobre la película, ni la fecha, ni la hora. Telefoneas a tu amigo/tu amiga para citaros. Uno/una de vosotros jugará el papel del amigo/de la amiga de Madrid (Schülermaterial A).

1. Consulta la cartelera y elige una película que te gustaría ver (www.golem.es). Apunta en tu agenda el día y la hora que te convienen.
2. Trabajad en parejas. Tomad dos sillas y poneos de espaldas.

   Telefonea a tu amiga/amigo y poneos de acuerdo sobre la película que queráis ver juntos/juntas. Elegid el día y la hora que os convengan así como el lugar donde queráis encontraros.
3. Al final, apunta la cita (nombre de la película y lugar, fecha y hora de la cita) en tu agenda.

Kalender 29. Juni–5. Juli	
Montag, 29. Juni	**Donnerstag, 2. Juli**
Stadtrallye in Madrid	Vormittags: Besuch in der Schule Nachmittags: Auswertung der Interviews
Dienstag, 30. Juni	**Freitag, 3. Juli**
Besuch in der Schule 9 – 17 Uhr	**Museumsbesuch im Prado**
Mittwoch, 1. Juli	**Samstag, 4. Juli**
Projekt: Interviews mit Bewohnern aus Madrid im Retiro-Park	Ausflug
	Sonntag, 5. Juli

Mark Bechtel

Ein Lehrerbildungskonzept zur Entwicklung, Erprobung und Erforschung von Lernaufgaben im Französisch- und Spanischunterricht

1. Einleitung

Seit der Einführung der Bildungsstandards für die erste Fremdsprache (Englisch/Französisch) im Jahr 2004/05 fällt Lernaufgaben die zentrale Rolle zu, den Schülerinnen und Schülern zu helfen, die breite Palette an Kompetenzen – unabhängig davon, ob sie leicht oder schwer messbar sind – im Unterricht zu entwickeln (Bechtel 2015c in diesem Band). Um das Konzept der Lernaufgabe im Alltag des Fremdsprachenunterrichts zu implementieren, müssen einerseits geeignete Lernaufgaben zur Verfügung stehen. Seit 2008 liegt eine umfangreiche Sammlung von Lernaufgaben für den Französischunterricht vom Institut für Qualitätssicherung in der Bildung (IQB) vor (Tesch/Leupold/Köller 2008); auch für den Englischunterricht ist dies mittlerweile geschehen (Müller-Hartmann/Schocker/Pant 2013). Hinreichend für die Implementierung von Lernaufgaben ist die Existenz solcher Sammlungen jedoch nicht. Es kommt darauf an, dass Lehrkräfte solche Aufgaben überhaupt zur Kenntnis nehmen, dass sie das ihnen innewohnende didaktische Potenzial zur Kompetenzentwicklung erkennen und sie im Unterricht angemessen einsetzen. In seiner qualitativen Studie untersuchte Tesch (2010), wie Lehrkräfte und Schüler/innen mit einer der vom IQB entwickelten Lernaufgabe im Französischunterricht umgingen. Er konnte nachzeichnen, wie durch unangemessenes Lehrer/innenhandeln das Potenzial, das die Lernaufgabe in sich birgt, nicht ausgeschöpft bzw. teilweise sogar konterkariert wurde (vgl. Tesch 2010: 266ff.). Auch wenn es weiterer Klassenraumforschung in diesem Bereich bedarf, scheint klar zu sein, dass es für die Implementierung von Lernaufgaben im Unterricht unabdingbar ist, Fremdsprachenlehrkräfte fortzubilden und das Konzept der Lernaufgabe in die fremdsprachendidaktische Erstausbildung zu integrieren.

Mittlerweile gibt es eine Reihe von Fortbildungen zur Kompetenz- und Aufgabenorientierung für die fremdsprachlichen Fächer. Ein erstes Format besteht in einmaligen, anderthalb bis dreistündigen Workshops, die beispielsweise von Landesinstituten für Schule (z.B. LISUM Berlin-Brandenburg 2007) oder auf Fachtagungen angeboten werden. Neben diesen Kurzfortbildungen machen ein- oder mehrjährige Fortbildungen das zweite Format aus. Hierbei wird die Aneignung von Wissen mit der Entwicklung von Lernaufgaben, ihrer Erprobung im Unterricht und der Reflexion der dabei gemachten Erfahrungen verbunden. Beispiele für solche Formate sind das Qualifizierungsprogramm des Amts für Lehrerbildung in Hessen (Amt für Lehrerbildung Hessen 2009: 27–35), der Schulversuch „alles>>könner" in Hamburg (Landesinstitut für Lehrerbildung und Schulentwicklung der Freien und Hansestadt Hamburg 2013) oder das IQB-Projekt zur Lernaufgabenentwicklung im Fach Englisch (vgl. Müller-Hartmann/Schocker/Pant 2013: 16–19). Auf unterschiedliche Weise kam dabei der Ansatz der Aktionsforschung zum Einsatz. Ein drittes Format stellen Fortbildungshandreichungen wie die von De Florio-Hansen/Klewitz (2010) dar. Sie können in schulinternen Fortbildungen oder zum Selbststudium verwendet werden. Zur letzten Kategorie gehört auch das im Rahmen des oben bereits erwähnten IQB-Projekts von Müller-Hartmann/Schocker/Pant (2013) erstellte Fortbildungsmaterial. Seine Besonderheit besteht darin, die Lehrkompetenzen der Lehrkräfte nicht nur zu beschreiben, sondern diese anhand ausgewählter Videosequenzen zu illustrieren. Zielführend scheinen vor allem solche Fortbildungsformate zu sein, die eine enge Verbindung zwischen Theorie und Praxis vorsehen und ein reflexives Element enthalten (vgl. Legutke 1995).

Das Lehrerbildungskonzept, das dem Bremer Schulbegleitforschungsnetzwerk „Fördern durch Aufgabenorientierung" (vgl. Bechtel 2015b in diesem Band) zur Entwicklung, Erprobung und Erforschung von Lernaufgaben für den Französisch- und Spanischunterricht der Sekundarstufe I (2008–2011) zugrunde lag, gehört zum zweiten Fortbildungsformat. Zentrales Element ist dabei die Durchführung von kollaborativen Aktionsforschungsprojekten, von denen einige im vorliegenden Sammelband dokumentiert sind. Eine Besonderheit des Konzepts ist, dass Fortbildung und Erstausbildung dabei ineinander greifen, da die Aktionsforschungsprojekte von Teams aus je einer Bremer Französisch- bzw. Spanischlehrkraft und fortgeschrittenen Studierenden des lehramtsbezogenen Studiengangs *Master of Education* Französisch bzw. Spanisch der Universität Bremen durchgeführt wurden. Neben der Aneignung von Wissen über das neue Aufgabenformat „Lernaufgabe" sah das Konzept vor, dass die Lehrkräfte bzw. Lehramtsstudierenden dieses Wissen bei der selbstständigen Entwicklung von Lernaufgaben für eine konkrete Klasse praktisch anwenden, die Lernaufgaben im Unterricht ausprobieren und diese Praxis unter einer zu Beginn des Projekts vom Team formulierten Forschungsfrage untersuchen. Da die Teammitglieder Novizen sowohl im Bereich der Aktionsforschung als auch im Bereich der Lernaufgabenentwicklung waren, beinhaltete das Lehrerbildungskonzept zwei Qualifizierungen. Bei der ersten ging es um eine Qualifizierung zur Lernaufgabenentwicklung.

Bei der zweiten handelte es sich um eine forschungsmethodische Qualifizierung, die dazu diente, die Teammitglieder auf die einzelnen Etappen des Aktionsforschungsprojekts vorzubereiten und dabei begleitend zu unterstützen.

Ziel des vorliegenden Beitrags ist es, das Lehrerbildungskonzept zu erläutern, wie es im Rahmen des Bremer Schulbegleitforschungsnetzwerks „Fördern durch Aufgabenorientierung“ zum Einsatz kam. Dies dient zuallerst dazu zu verdeutlichen, wie die Teammitglieder fachlich fort- bzw. ausgebildet wurden, die die im vorliegenden Sammelband dokumentierten Aktionsforschungsprojekte durchführten (vgl. Bechtel 2015a). Des Weiteren soll der Beitrag dazu anregen, über Konzepte nachzudenken, die Aktionsforschungsprojekte in die Aus- und Fortbildung von Fremdsprachenlehrkräften integrieren, und zwar dergestalt, dass neben einer fachdidaktischen auch eine angemessene forschungsmethodische Qualifizierung der Beteiligten gewährlistet ist.

Zunächst werden der Ansatz der Aktionsforschung sowie die „Oldenburger Teamforschung“ erläutert, da sie die Grundlage für das vorzustellende Lehrerbildungskonzept lieferten. Im Zentrum stehen die Ziele, Inhalte und Methoden der fachdidaktischen und der forschungmethodischen Qualifizierung des Lehrerbildungskonzepts. Abschließend wird zusammengefasst, inwiefern das Konzept den Merkmalen von Aktionsforschung entspricht.

2. Ansatz der Aktionsforschung

Bei Aktionsforschung handelt sich um einen spezifischen Ansatz der empirischen Schulforschung, der im internationalen Diskurs als *teacher research*, *teacher as researcher* oder *action research* bezeichnet wird; im deutschsprachigen Raum spricht man von „Aktionsforschung“, „Handlungsforschung“, „Schulbegleitforschung“ oder „Praxisforschung“ (vgl. Hollenbach/Tillmann 2009). Hollenbach/Tillmann (2009: 7) umschreiben den Ansatz wie folgt:

> Es geht um Untersuchungen, die sich unmittelbar auf schulische Praxisprobleme beziehen und die auf eine Verbesserung dieser Praxis ausgerichtet sind. Die Akteure dieser Forschung sind Lehrerinnen und Lehrer, aber auch Studierende; Orte der Forschung sind all jene Praxisfelder, die diesen PraktikerInnen beruflich unmittelbar zugänglich sind. Diese – nennen wir sie an dieser Stelle ‚forschende Praktikerinnen und Praktiker‘ – werden in ihren Untersuchungen zum Schulalltag häufig von Forschungsexperten aus Universitäten oder anderen Forschungsinstituten beraten und unterstützt, die Projekte selbst werden in der Regel mit Aktivitäten der lokalen Schulentwicklung verknüpft.

Altrichter/Posch (2007: 15ff.), die bedeutendsten Vertreter der Aktionsforschung im deutschsprachigen Raum, charakterisieren den Ansatz durch eine Reihe von Merkmalen (vgl. auch Altrichter/Lobenwein/Welte 2003: 646ff.). Es geht um eine

Art von Forschung, bei der Praktikerinnen und Praktiker zu Forscherinnen und Forschern werden. Nicht externe Expert/inn/en untersuchen die Praxis, sondern die Praktiker/innen selbst. Die Fragestellung kommt aus der Praxis, sie setzt also bei einem Problem an, das Praktiker/innen für ihre Berufstätigkeit als bedeutsam ansehen. Aktionsforschung strebt nicht nur Erkenntnisse (als Ergebnis der Reflexion) über die untersuchte Praxis an, sondern auch die Entwicklung von Handlungsstrategien zur Verbesserung der Praxis und deren erneute Erprobung in der Praxis. Dadurch entsteht eine Spirale von Aktion und Reflexion, bei der „das Handeln in der Praxis und das Schlüsse-Ziehen aus der Handlungserfahrung eng und immer wieder aufeinander bezogen werden" (Altrichter/Posch 2007: 15), oder mit anderen Worten „(...) Reflexion immer und immer wieder in Aktion umgesetzt wird und – umgekehrt – Aktion immer wieder reflektiert wird", wodurch „(...) längerfristig Reflexionsergebnisse und Aktionsrepertoire erweitert, differenziert und verbessert werden" können (Altrichter/Posch 2007: 231).

Auf den schulischen Kontext bezogen kann Aktionsforschung also als ein Ansatz bezeichnet werden, der zur Erforschung praxisrelevanter Fragen und gleichzeitig zur Veränderung von Unterrichtspraxis dient, wobei die Forschung von Lehrkräften durchgeführt wird, die ihre eigene Praxis untersuchen. Die aktionsforschende Lehrkraft wechselt dabei zwischen Forschung, die auf Erkenntnisgewinn über die Praxis zielt (forschend-explorative Perspektive), und Handlung, die der Veränderung der Praxis dient (handelnd-intervenierende Perspektive). Damit solche Reflexion-Aktion-Spiralen, die auch im Alltag ablaufen, „systematischer, reflexiver und auf einer besseren Informationsbasis erfolgen" (Altrichter/Posch 2007: 17), stellt die pragmatisch ausgerichtete, theoretisch und forschungsmethodologisch fundierte Variante der Aktionsforschung von Altrichter/Posch (2007) den Praktikerinnen und Praktikern ein Repertoire an einfachen Methoden zur Verfügung, mit dem in einem vertretbaren Verhältnis von Aufwand und Nutzen die eigene Unterrichtspraxis untersucht und weiterenwickelt werden kann.

Ein weiteres Merkmal der Aktionsforschung besteht darin, „verschiedene Perspektiven auf die zu untersuchende Situation zu sammeln und miteinander zu konfrontieren" (Altrichter/Posch 2007: 18). Das bedeutet, dass Daten aus unterschiedlichen Quellen, z.B. die Sichtweise der Schüler/innen, die eines externen Beobachters und die eigene als Lehrkraft miteinander verglichen werden (Daten-Triangulation). Darüber hinaus ist die Entwicklungs- und Forschungstätigkeit in eine „professionelle Gemeinschaft" eingebunden. In kollegialen Gruppen werden inhaltliche und forschungsmethodische Probleme besprochen, Rückmeldungen und Hilfen gegeben sowie von Fall zu Fall Forschungsexpert/inn/en von außen als *critical friends* zur Beratung und Hilfe herangezogen. Zwischen allen an einem

Aktionsforschungsprojekt Beteiligten sollte zu Beginn eine „Vereinbarung ethischer Prinzipien" geschlossen werden, in der „die verschiedenen Rollen, Bedürfnisse und Grenzen so klargelegt werden, dass es für alle Beteiligte (...) – aber vor allem für die jeweils Schwächeren – eine gewisse Orientierung und eine Basis für die Diskussion von Meinungsverschiedenheiten gibt" (Altrichter/Posch 2007: 19). Ein weiteres Merkmal von Aktionsforschung ist schließlich, die Praktiker/innen dazu anzuregen, die bei der Untersuchung der eigenen Praxis gewonnenen Erkenntnisse im Kollegium zur Diskussion zu stellen und in Fallstudien zu veröffentlichen.

Wichtige Vertreter der Aktionsforschung wie Stenhouse (1975) und in seiner Nachfolge Elliot (1991) liefern mit dem Konzept des *teacher as researcher* das handlungstheoretische Fundament für den Ansatz, ebenso Schön (1983) mit dem Konzept des *reflective practitioner* (vgl. Altrichter/Lobenwein/Welte 2003:640f.).

Wie Altrichter/Lobenwein/Welte (2003:640f.) ausführen, kritisierte Stenhouse (1975) die Praxis der groß angelegten Curriculumprojekte der 1960er und 1970er Jahre in England, Unterrichtsentwicklung nach der so genannten *research-development-dissemination*-Strategie zu betreiben. Bei diesen wurden auf der Basis von Forschungsergebnissen von unterrichtsexternen Personen (*research*) Unterrichtskonzepte entwickelt, getestet und in Pilotprojekten überarbeitet (*development*), um sie im Anschluss an Lehrkräfte zu verbreiten, die sie eins zu eins in der Praxis umsetzen sollten (*dissemination*). Die Kritik von Stenhouse zielte darauf ab, dass diese Strategie die Praktiker/innen und ihre ‚pragmatische Skepsis' umgehen oder ausschalten wollte. Dies könnte aber nicht funktionieren, weil es im Endeffekt die Praktiker/innen seien, die die neuen Unterrichtskonzepte mit Leben füllen müssten. Die Skepsis der Praktiker/innen sollte in diesem Prozess nicht übergangen, sondern vielmehr „als ein Impuls des Genauer-Wissen-Wollens, des Weiterentwickeln-Wollens – kurz: als Impuls zur Forschung" (Altrichter/Lobenwein/Welte 2003: 641) angesehen werden, was die Praktiker/innen letztlich zum *teacher as researcher* mache.

Schön (1983) übte, wie Altrichter/Posch (2007: 322f.) darlegen, vor allem Kritik an der Vorstellung, dass Probleme professioneller Praxis durch die Anwendung allgemeinen theoretischen Wissens gelöst werden könnten. Bei Routine-Aufgaben wäre dies noch möglich, die meisten Situationen professioneller Praxis seien dagegen jedoch komplex, einzigartig, instabil, ungewiss und mehrdeutig. Das allgemeine Wissen könne in solchen Situationen nur bedingt zur Problemlösung herangezogen werden. Vielmehr bauten sich die Praktiker/innen aus der Reflexion ihrer Handlungen zur Lösung des Problems „lokales Wissen" auf und erarbeiteten als *reflective practioner* daraus eine „praktische Theorie" zur Erklärung des Problems, die wiederum handlungsleitend sei. Durch die „Reflexion-in-der-Handlung" wird „die praktische Theorie zumindest teilweise bewusst gemacht und führt zu einer neuen Problemdefinition einer konkreten Situation" (Altrichter/Posch 2007: 328). Nach Altrichter/Posch ist die „Reflexion-in-der-Handlung" ein wichtiger Bestandteil der Aktion-Reflexion-Spirale, die zu einer „Reflexion-über-Handlung" werden könne, wenn es einem gelinge, „eigenes Handlungswissen zu ordnen, ausdrücklich und verbal zu formulieren, sich von seiner Handlung zeitweise zu distanzieren und über sie zu reflektieren" (Altrichter/Posch 2007: 329).

Wie sind Aktionsforschungsprojekte aufgebaut? Nach Altrichter/Posch (2007: 26ff, vgl. auch Riemer 2002: 137f.) weisen sie folgende Etappen auf:

1. Einstiegsphase: Diese Phase enthält vier Elemente. Am Beginn stehen die Fragestellung einer Lehrkraft und die Bereitschaft, an dieser zu arbeiten. Anstoß für eine solche Fragestellung können die Teilnahme an einer Fortbildungsveranstaltung, die Ergebnisse von Feedback oder Evaluationen, eigene Beobachtungen und Erfahrungen, Notwendigkeiten der Schulentwicklung oder einfach Neugier und theoretisches Interesse sein. Ein Forschungstagebuch wird angelegt, um die ersten Forschungsüberlegungen und Handlungsschritte und den weiteren Forschungsprozess zu dokumentieren. Des Weiteren sollte man sich der Unterstützung durch eine Gruppe von *critical friends* versichern (Kolleginnen und Kollegen, externe universitäre Berater/innen). Schließlich gilt es, den Ausgangspunkt näher zu klären und die Forschungsfrage zu präzisieren. Dazu gehören i.d.R. eine Situationsbeschreibung, das Formulieren einer eigenen „praktischen Theorie" und die Aufstellung von vermuteten Erklärungen (Hypothesen).
2. Daten sammeln: Zur Beantwortung der Forschungsfrage müssen geeignete Datenerhebungsmethoden ausgewählt werden. Dafür kommt ein breites Spektrum an Methoden in Frage (Beobachtung, Befragung, Gespräche, Dokumentenanalyse, usw.). Zur Einbeziehung möglichst vieler Perspektiven können diese auch kombiniert werden. Bei der Auswahl der Datenerhebungsmethoden muss darauf geachtet werden, dass sie praxisverträglich sind, d.h. ohne größeren Aufwand erprobt und eingesetzt werden können, sowie sozial verträglich sind, d.h. sie dürfen den Unterricht nicht beeinträchtigen und den mit ihm verfolgten Zielen nicht entgegenarbeiten.
3. Daten analysieren: Die Analyse der Daten erfordert das ‚Lesen' der erhobenen Daten, das Reduzieren (d.h. das Herausfiltern der für die Fragestellung bedeutsamen Informationen), das Strukturieren und Kodieren der Einzelaussagen, das Suchen nach Zusammenhängen und das Interpretieren der Ergebnisse. Ziel ist es, eine „praktische Theorie" zu entwickeln, „die die in den Beobachtungen

gefundenen Gegebenheiten in ein sinnvolles Gefüge einbetten" (Riemer 2002: 140). Da es sich dabei um Interpretationen handelt, ist es in dieser Phase wichtig, ihre Tragfähigkeit zu prüfen. Neben der Klärung der eigenen Werturteile, die in die Interpretation einfließen, bietet es sich zum einen an, die *critical friends* heranzuziehen, die auf „etwaige ‚Kurzschlüsse' im Argumentationsnetz und alternative Interpretationsmöglichkeiten" (Altrichter/Posch 2007: 188) hinweisen können. Zum anderen kann die Interpretation mit den Personen, die die Daten geliefert haben, diskutiert und somit kommunikativ validiert werden.

4. Handlungsstrategien entwickeln: In dieser Phase geht es darum, das über die eigene Praxis gewonnene Wissen unmittelbar für die Praxis nutzbar zu machen, indem aus den Forschungsergebnissen Konsequenzen für die Verbesserung der Praxis in Form von Handlungsstrategien abgeleitet werden, um diese dann in einem neuen Zyklus zu erproben und zu evaluieren (Altrichter/Posch 2007: 230).
5. Erkenntnisse veröffentlichen: Zum Abschluss eines Aktionsforschungsprojekts gehört es, die Erfahrungen und Ergebnisse schriftlich zu fixieren, sie den am Projekt Beteiligten (Schülerinnen und Schülern, Kollegium, Eltern) mitzuteilen und schließlich für eine interessierte Öffentlichkeit (über Vorträge auf Tagungen, Aufsätze in Fachzeitschriften oder Ähnliches) zu verbreiten.

Nach der Darstellung der Etappen, die für ein Aktionsforschungsprojekt charakteristisch sind, werden nun kritische Einwände gegen den Ansatz diskutiert und das ihm inne wohnende Potenzial skizziert (vgl. Altrichter/Lobenwein/Welte 2002: 649ff):

- Ein prominenter Einwand gegen Aktionsforschung aus Sicht der Wissenschaft ist, wie Altrichter/Lobenwein/Welte (2003: 648) ausführen, die persönliche Involviertheit der Praktiker/innen in den Forschungsprozess. Dies gehe, so die Kritiker, mit einem Mangel an Distanz einher und führe dazu, dass sich die Praktiker/innen mit den in der Praxis eingeführten Deutungsmustern identifizierten anstatt sie kritisch zu hinterfragen. Durch die zweifache Rolle als Praktiker/in und Forscher/in besteht in der Tat diese Gefahr. Begegnet wird dieser Gefahr, so die Befürworter der Aktionsforschung, durch Distanz schaffende Verfahren, wie das bewusste ‚Ausklinken' aus der Aktion in den Reflexionsphasen sowie das Hinzuziehen von *critical friends* bei der Interpretation.
- Ein anderer Einwand zielt auf die Unerfahrenheit der Praktiker/innen mit Forschungsdesigns und Forschungsmethoden ab. Befürwortern der Aktionsforschung ist dies bewusst; sie sehen darin aber kein prinzipielles Problem, da der Ansatz der Aktionsforschung Strategien anbiete, „um Forschungskompetenz

von nebenberuflichen ForscherInnen zu stützen, zu ergänzen und anzureichern" (Altrichter/Lobenwein/Welte 2003: 651).

- Ein weiterer Einwand betrifft die fehlende Verallgemeinerbarkeit der Forschungsergebnisse (vgl. Altrichter/Lobenwein/Welte 2003: 652). Aktionsforschung führe, so die Kritiker, zu Einzelaussagen, die für den jeweiligen Praktiker bzw. die jeweilige Praktikerin zwar relevant sein mögen, nicht jedoch zu allgemein gültigen Aussagen, auf die es aber in der Theoriebildung letztendlich ankomme. Befürworter des Ansatzes der Aktionsforschung halten dem entgegen, dass allgemeingültige Aussagen dekontextualisiert und damit ihr Nutzen gering seien. Der Vorteil der Aktionsforschung bestehe dagegen darin, lokales Wissen in Form von Fallstudien zu generieren, die eine kontextualisierte Interpretation der Daten ermögliche. Ein Beitrag zur Theoriebildung sei dadurch gleichwohl zu leisten, und zwar durch *cross case*-Analysen, also vergleichende Analysen mehrerer Fallstudien zu einer gleichen Fragestellung, wenn daraus Typen oder gar eine Typologie ermittelt würden.

Was sind nun die Vorteile von Aktionsforschung? Riemer (2002: 141) macht sie an den folgenden drei Punkten fest: (1) durch die Praxisrelevanz der Fragestellung sei die Gefahr geringer, dass „an der unterrichtlichen Praxis ‚vorbeigeforscht'" werde, (2) im Vergleich zu forschenden Akademikerinnen und Akademikern sei der Zugang zum Feld erleichtert, da die Praktiker/innen „ihr Forschungsfeld in unmittelbarer Reichweite" hätten, und (3) Beobachtereffekte (die Untersuchten verhalten sich so wie sie denken, dass es die Beobachter erwünschen) seien geringer als bei einem Forschungsprojekt von außen, da sich die Beteiligten bereits gut kennen würden.

Nach anfänglichen Akzeptanzproblemen hat sich der Ansatz der Aktionsforschung in der Erziehungswissenschaft im deutschsprachigen Raum mittlerweile zu einer „in der Disziplin anerkannten Variante des erziehungswissenschaftlichen Erkenntnisgewinns" (Hollenbach/Tillmann 2009: 16) entwickelt, der vor allem in der Lehreraus- und -fortbildung zum Einsatz kommt (Altrichter/Lobenwein/Welte 2003: 656). Auch in der Fremdsprachendidaktik wird der Ansatz bei der Erforschung praxisbezogener Themen eingesetzt (z.B. Kurtz 2001), vor allem in der Lehrerfortbildung (vgl. Burns 1999, Hermes 2001, Riemer 2002: 142, Landesstiftung Baden-Württemberg/Legutke/Schocker v. Ditfurth 2008, Burns 2010, Jäger 2011, Müller-Hartmann/Schocker/Pant 2013, Benitt 2014, Bergfelder-Boos o.J.).

Insgesamt sind Aktionsforschungsprojekte in der Fremdsprachendidaktik jedoch noch recht selten bzw. werden nur selten veröffentlicht.[1] Ein Grund dafür könnte die ablehnende Haltung vieler Praktiker/innen gegenüber dem Begriff „Forschung“ sein, wie Benitt (2014: 43) mit Bezug auf die Untersuchung von Parsons/Brown (2002: 5) anführt. Ein anderer Grund könnte in dem nicht unerheblichen zeitlichen Aufwand liegen, der mit einem Aktionsforschungsprojekt verbunden ist. Ein weiterer Grund mag sein, dass sich Praktiker/innen nicht zutrauen, die einzelnen Etappen eines Aktionsforschungsprojekts forschungsmethodisch angemessen zu bewältigen, auch wenn mittlerweile praktische Anleitungen für Lehrkräfte zur Aktionsforschung vorliegen, wie beispielsweise der bereits mehrfach erwähnte Band von Altrichter/Posch (2007) oder die englischsprachige Handreichung von Burns (2010).

Wie erfahrenen und angehenden Lehrkräften systematisch dabei geholfen werden kann, ein Aktionsforschungsprojekt in einem überschaubaren zeitlichen Rahmen, mit nicht überfordernden forschungsmethodischen Verfahren durchzuführen, soll im folgenden Kapitel gezeigt werden.

3. Die „Oldenburger Teamforschung“

Es handelt sich hierbei um eine hochschuldidaktische Variante der Aktionsforschung im Rahmen des erziehungswissenschaftlichen Anteils der universitären Lehrerbildung, die an der Universität Oldenburg zu Beginn der 1990er Jahre entwickelt und zum ersten Mal 1994 eingesetzt wurde (Meyer/Fichten 2009, Fichten/Gebken/Obolenski 2006, Fichten/Meyer 2009, vgl. Altrichter/Posch 2007: 340, vgl. Altrichter/Feindt 2004: 426).

Für die „Oldenburger Teamforschung“ kennzeichnend ist, dass die Forschenden angehende Lehramtsstudierende sind, die im Team mit einer berufserfahrenen Lehrkraft „selbstständig im eigenen Unterricht bzw. am zukünftigen Arbeitsplatz empirisch forschen“ (Meyer/Fichten 2009: 119). Für ihre Teilnahme an den Aktionsforschungsprojekten bekommt die Lehrkraft zwei Entlastungsstunden. Der Ausgangspunkt für ein Aktionsforschungsprojekt ist eine von der Lehrkraft formulierte Fragestellung, die für ihre Praxis bzw. für ihre Schule relevant ist. Drei bis vier Studierende ordnen sich nach Interesse einer der mitwirkenden Lehrkräfte zu. Als Team haben sie die Aufgaben, die Forschungsfrage „mit leicht zu handhabenden und im Zeitaufwand nicht überfordernden Methoden in einem

1 Vorteilhaft bei der Veröffentlichung von Aktionsforschungsprojekten scheint die Zusammenarbeit mit Wissenschaftlerinnen und Wissenschaftlern zu sein, wie die Beispiele von Wild/Caspari (2013) und Bechtel/Fischer/Obermeier (2012) zeigen.

überschaubaren Zeitrahmen (3 bis 6 Monate) auf der Grundlage zuvor definierter Gütekriterien so zu bearbeiten (…), dass am Schluss ein kleiner schriftlicher Forschungsbericht (20 bis 50 Seiten) entsteht, der an die Schulen zurückgemeldet werden kann und zugleich als Qualifikationsnachweis im Bachelor-/Masterstudium dient" (Meyer/Fichten 2009: 119).

Als Ziele führen Meyer/Fichten (2009: 120) an, erstens „lokales" wissenschaftlich generiertes Wissen zu produzieren, das den Gütekriterien quantitativer oder qualitativer Forschung genügt, zweitens den Studierenden die Gelegenheit zu geben, „sich im Modus forschenden Lernens auf die zukünftige Berufspraxis vorzubereiten", drittens berufserfahrenen Lehrkräften zu helfen, reflexive Distanz zum eigenen Unterricht zu erlangen und viertens Schulen Anregungen zur Schul- und Unterrichtsentwicklung zu geben.

Da die an den Teams Beteiligten über keinerlei Vorerfahrungen mit eigener empirischer Schul- oder Unterrichtsforschung verfügen, wurde ein Curriculum entwickelt, das alle Teammitglieder durchlaufen müssen. Das Curriculum orientiert sich an den zentralen Etappen eines Aktionsforschungsprojekts, mit denen die Teammitglieder konfrontiert werden (vgl. Meyer/Fichten 2009: 31). Es enthält fünf Bausteine, die in Form von Workshops bzw. Seminarsitzungen durchgeführt werden (vgl. im Folgenden Meyer/Fichten 2009: 33–34).

Abb. 1: Bausteine des Curriculums der „Oldenburger Teamforschung" (Meyer/Fichten 2009: 33–34).

Workshop I: Einführung in die Teamforschung - Einführung in die Forschung (Vermittlung von Merkmalen der Aktionsforschung und der Konzeption der Oldenburger Teamforschung, Gütekriterien, Arbeit mit dem Forschungstagebuch, Hilfen und Instrumente zum Perspektivenwechsel, Klärung von Ansatzpunkten für Forschung) - Teambildung (Präsentation der Forschungsfragen durch die Lehrkräfte und Zuordnung der Studierenden) - Teamarbeit (Erläuterung des Teambegriffs, Vereinbarung eines Teamkontrakts, ‚Kleinarbeitung' der Forschungsfrage, Arbeitsplanung)
Workshop II: Forschungsmethoden - Forschung: Klärung von Grundbegriffen (qualitative, quantitative Forschung, Forschungstypen), Überblick über Forschungsmethoden, Stationenlernen zu fünf ausgewählten Forschungsmethoden (Beobachtung, Fragebogen, Interview, Gruppendiskussion, Cluster), Anforderungen eines Forschungsexposés - Teamarbeit: Entscheidung für eine geeignete Forschungsmethode, Einarbeitung in die Forschungsmethode, Spiegelung des Arbeitsergebnisses in Zwei-Team-Settings - Zwischenevaluation

Workshop III: Datenauswertung - Forschung: Auswertungsmodalitäten, hypothesenüberprüfende versus hypothesengenerierende Verfahren, Textbegriff; qualitative Auswertung („Pragmatisches Mischmodell zur qualitativen Inhaltsanalyse"); quantitative Auswertung (Fragebögen) - Teamarbeit: exemplarische Datenauswertung anhand eines Beispiels; Erarbeitung einer Auswertungsstrategie für das eigene Forschungsvorhaben)
Workshop IV: Präsentation der Forschungsergebnisse - Präsentation der Forschungsergebnisse der einzelnen Teams im Seminar - Klärung der Ansprüche an Form und Inhalt eines Forschungsberichts - Modalitäten der Rückmeldung der Forschungsergebnisse an die Feldsubjekte und Institutionen
Workshop V: Implementation und Abschluss - Implementation: Klärung des Implementationsbegriffs, Erarbeitung einer Implementierungsstrategie in den Teams, Rückmeldungen über die Wirkungen der Teamforschung in den einzelnen Institutionen - Abschluss-Evaluation der Forschungskohorte und Überreichung der Zertifikate

Das Curriculum, das aus einer Mischung von instruktiven, handlungsorientierten und reflexiven Elementen besteht, die eng mit einander verknüpft sind, soll die Forschungsnovizen befähigen, sich innerhalb weniger Monate die für forschendes Handeln erforderlichen Kompetenzen anzueignen und zu einem befriedigenden Arbeitsergebnis zu kommen.

Von 1994 bis 2000 wurde das Curriculum im Rahmen der erziehungswissenschaftlichen Anteile des Lehramtsstudiums an der Universität Oldenburg zunächst als ein-, dann zweisemestriges Seminar angeboten, wobei jährlich ca. 25 Forschungsteams betreut wurden. Von 2000 bis 2005 wurde das Konzept in einem BLK-Modellversuch erprobt und weiterentwickelt (Meyer/Fichten 2009). Angeboten wurden die Bausteine des Curriculums während des Modellversuchs als vier anderthalb tägige Workshops. Seit 2005 ist die Teamforschung Bestandteil eines forschungsmethodologisch ausgerichteten Lehramts-Master-Moduls zur Schul- und Unterrichtsforschung.

4. Lehrerbildungskonzept zur Entwicklung, Erprobung und Erforschung von Lernaufgaben

Wie bereits erwähnt, standen im Zentrum des Lehrerbildungskonzepts zur Entwicklung, Erprobung und Erforschung von Lernaufgaben, das im Rahmen des Bremer Schulbegleitforschungsnetzwerks „Fördern durch Aufgabenorientierung" eingesetzt wurde, die Durchführung von Aktionsforschungsprojekten. Dabei wurde der gesamte Aktionsforschungszyklus durchlaufen, von der Problemanalyse und der Formulierung der Forschungsfrage (Reflexion) über die Erarbeitung von Lernaufgaben, deren Erprobung im Unterricht und der damit verbundenen Datenerhebung (Aktion) sowie der sich anschließenden Datenaufbereitung und -auswertung (Reflexion) bis hin zur Präsentation der Ergebnisse und des Verfassens eines Forschungsberichts.

Anders als bei der Oldenburger Teamforschung, die sich vor allem mit erziehungswissenschaftlichen Themen beschäftigt, bedurfte es beim hier vorliegenden Lehrerbildungskonzept zusätzlich einer fachdidaktisch orientierten Qualifizierung, deren Fokus auf der Kompetenz- und Aufgabenorientierung im Französisch- und Spanischunterricht und dem Konzept der Lernaufgabe lag.

Im Folgenden werden die fachdidaktische und die forschungsmethodische Qualifizierung näher erläutert. Zu berücksichtigen ist dabei, dass es eine Gruppe von Lehrkräften und drei Kohorten von Studierenden gab. Die neun Lehrkräfte durchliefen den theoretischen Teil der Qualifizierung zur Lernaufgabenentwicklung im Herbst 2008/Winter 2009 allein. Die erste Kohorte von Studierenden (8 Studierende) nahm an einer Pilotphase für die praktische Umsetzung von Lernaufgaben (Konzeption und Erprobung im Unterricht) im Sommersemester 2009 teil, in der fünf Teams gebildet wurden. Die zweite Kohorte (29 Studierende) führte während des Wintersemesters 2009/10 und Sommersemesters 2010 in neun Teams die zentralen Aktionsforschungsprojekte durch, die sich über einen Zeitraum von ca. 10 Monaten erstreckten. Die dritte Kohorte von Studierenden wurde auf Wunsch einiger Lehrkräfte gebildet, die auch im letzten Projektjahr des Schulbegleitforschungsnetzwerks ein weiteres Aktionsforschungsprojekt durchführen wollten (6 Studierende).[2]

Bei der Darstellung im vorliegenden Beitrag beschränke ich mich auf die Qualifizierung der Lehrkräfte sowie die Qualifizierung der zweiten Kohorte von Studierenden. Zunächst erläutere ich die Ausgangslage der beiden Gruppen und benenne die Qualifikationsziele. Danach stelle ich Inhalte und Methoden der fachdidaktischen und der forschungsmethodischen Qualifizierung im Einzelnen vor.

4.1 Ausgangslage der beteiligten Lehrkräfte und Studierenden

Keine der am Schulbgleitforschungnetzwerk beteiligte Lehrkraft hatte sich vorher tiefergehend mit den Prinzipien der Kompetenzorientierung und der Aufgabenorientierung beschäftigt; das Konzept der Lernaufgabe war weitgehend unbekannt, ebenso die Modelle zur Einbettung von Lernaufgaben in den Unterricht.

2 Fünf Studierende nahmen im Anschluss an ihr erstes Aktionsforschungsprojekt an einem weiteren teil.

Eine Ausnahme bildete eine Spanischlehrkraft, die bereits mit einem aufgabenorientierten Lehrbuch arbeitete. Bis auf eine Ausnahme (Quereinsteiger in den Lehrerberuf) verfügten alle Lehrkräfte über langjährige Berufserfahrung. Keine der Lehrkräfte hatte Forschungserfahrung im Bereich der Fremdsprachendidaktik.

Die Studierenden hatten ihr lehramtsbezogenes Bachelor-Studium Französisch bzw. Spanisch abgeschlossen und befanden sich im ersten Studienjahr des konsekutiv angelegten Master-Studiengangs. Im Bachelor-Studium hatten sie in der Französisch- bzw. Spanischdidaktik einen Überblick über die Theorie und Praxis der Förderung der einzelnen kommunikativen Teilkompetenzen und der sprachlichen Mittel bekommen (Grundkurs), eine Veranstaltung zur Unterrichtssimulation in ihrem Fach besucht (Übung), sich mit einem fachdidaktischen Thema vertieft auseinander gesetzt (Seminar) und erste Praxiserfahrungen gesammelt (Schulpraktikum von sechs Wochen mit Hospitation und vier Stunden eigenem Fachunterricht). Wie die Lehrkräfte hatten sich die Studierenden bis dahin mit dem Konzept der Lernaufgabe noch nicht befasst. Des Weiteren waren die Studierenden ebenfalls Forschungsnovizen. Zugleich hatten sie sich jedoch der Herausforderung zu stellen, eine Master-Abschlussarbeit (entweder in den Erziehungswissenschaften oder in einer der beiden Didaktiken ihrer Fächer) zu verfassen, die forschungsorientiert sein musste.

Bei der Durchführung der Aktionsforschungsprojekte konnte von folgender Arbeitsteilung innerhalb der Teams ausgegangen werden:

- die Lehrkraft stellt im Team ihre Klasse und die Problemlage im Hinblick auf die Kompetenzentwicklung vor; im Team werden gemeinsam Ideen für die Konzeption einer Lernaufgabe gesammelt und diskutiert, die helfen könnten, das Problem zu lösen; darüber hinaus wird gemeinsam ein Erkenntnisinteresse formuliert, das sich auf die Umsetzung der Lernaufgabe im Unterricht bezieht; die Umsetzung der Ideen zur Lernaufgabe in konkretes Unterrichtsmaterial übernehmen i.d.R. die Studierenden;
- die Lehrkraft erprobt die Lernaufgabe im Unterricht, während die Studierenden hospitieren; über die Konzeption und Durchführung der Lernaufgabe verfassen die Studierenden eine wissenschaftliche Seminararbeit;
- parallel zur Erarbeitung der Konzeption der Lernaufgaben und der Erstellung des Unterrichtsmaterials formulieren die Teammitglieder aus dem Erkenntnisinteresse gemeinsam eine Forschungsfrage; die Studierenden wählen eine angemessene Datenerhebungsmethode aus, machen sich mit ihr vertraut, erheben während der Erprobung der Lernaufgabe im Unterricht bzw. im Anschluss daran

Daten, bereiten sie auf, werten sie aus und präsentieren die Ergebnisse; über die empirische Untersuchung verfassen die Studierenden einen Forschungsbericht.

Diese Arbeitsteilung der Teams hatte vor allem pragmatische Gründe. Angesichts der Deputats-Reduzierung von lediglich einer Wochenstunde hatten die Lehrkräfte keine Zeit, über die Entwicklung und Erprobung der Lernaufgaben hinaus eine empirische Begleituntersuchung durchzuführen. Gleichsam waren Art und Umfang der von den Studierenden zu erbringenden Leistungen bei der Lernaufgabenentwicklung sowie insbesondere bei den Forschungstätigkeiten im Rahmen der fachdidaktischen Module ihres Lehramtstudiums an der Universität Bremen inhaltlich sinnvoll und vom Workload her abbildbar.

4.2 Qualifikationsziele

Um eine gemeinsame Arbeitsbasis für die Teams hinsichlich der Lernaufgabenentwicklung zu schaffen, musste eine Reihe von Qualifikationszielen für die Lehrkräfte und Studierenden identisch sein. Aufgrund der zuvor festgelegten Arbeitsteilung unterschieden sich die Qualifikationsziele aber auch in einigen Aspekten.

In Bezug auf die Lernaufgabenentwicklung waren es für die Lehrkräfte und die Studierenden folgende gemeinsame Aus- bzw. Fortbildungsziele: Sie

- kennen zentrale Merkmale des Prinzips der Kompetenzorientierung,
- kennen zentrale Merkmale des Ansatzes der Aufgabenorientierung,
- kennen Kriterien für „gute“ Lernaufgaben,
- kennen Beispiele für Lernaufgaben,
- kennen Phasierungsmodelle zur Einbettung von Lernaufgaben in den Unterricht,
- können Lernaufgaben kriteriengeleitet analysieren, ihre Qualität beurteilen und geeignete Vorschläge zur Qualitätsverbesserung machen,
- können für eine Lernaufgabe angeben, welche Teilkompetenzen auf der Unterrichtsebene gefördert werden sollen, und sie durch einen Verweis auf entsprechende *can-do-statements* des Bremer Bildungsplans für Französisch/Spanisch als zweite Fremdsprache legitimieren,
- können einen zielgruppenspezifischen Lernaufgaben-Parcours konzipieren,
- können die Diskrepanz zwischen Planung einer Lernaufgabe und ihrer Durchführung analysieren.

Für die Lehrkräfte galt darüber hinaus folgendes Ziel: Sie

- sind in der Lage, Lernaufgaben im eigenen Unterricht einzusetzen.

Für die Studierende galten darüber hinaus folgende Ziele: Sie

- können Unterrichtsmaterial zu Lernaufgaben erstellen,
- können die Theorie zur Kompetenzorientierung, Aufgabenorientierung, zum Konzept der Lernaufgabe sowie ein Praxisbeispiel einer Lernaufgabe in Konzeption und Durchführung im Rahmen einer wissenschaftlichen Hausarbeit darstellen.

In Bezug auf die Durchführung von Aktionsforschungsprojekten galten für die Lehrkräfte und Studierenden folgende gemeinsame Aus- bzw. Fortbildungsziele: Sie

- kennen das Forschungsverständnis und Merkmale der Aktionsforschung,
- kennen die einzelnen Phasen eines Aktionsforschungsprojekts,
- können ausgehend von einem Erkenntnisinteresse eine untersuchbare Forschungsfrage formulieren,
- kennen in Grundzügen vier zentrale Datenerhebungsmethoden (Beobachtung, Fragebogen, Interview, Gruppendiskussion),
- kennen als eine Datenauswertungsmethode eine vereinfachte Form der qualitativen Inhaltsanalyse.

Darüber hinaus galten für die Studierenden zusätzlich folgende Ausbildungsziele: Sie

- kennen die Vor- und Nachteile von Datenerhebungsmethoden und können zur Beantwortung der Forschungsfrage eine adäquate Datenerhebungsmethode auswählen,
- können Daten im schulischen Kontext erheben,
- können Daten aufbereiten,
- können Daten systematisch auswerten,
- kennen den Aufbau eines Forschungsberichts,
- können Forschungsergebnisse mündlich präsentieren,
- können einen Forschungsbericht zu ihrem Aktionsforschungsprojekt verfassen.

4.3 Qualifizierungsmaßnahmen

Zunächst gehe ich auf die Qualifizierung der Lehrkräfte ein, anschließend auf die der Studierenden. Wie zu sehen sein wird, waren einige Qualifikationsmaßnahmen so angelegt, dass beide Gruppen gleichzeitig daran teilnahmen.

4.3.1 Workshop-Reihen

Die Fortbildung für die Lehrkräfte umfasste zwei thematisch unterschiedliche Workshop-Reihen. Die erste Workshop-Reihe (A) diente der Qualifizierung für die Lernaufgabenentwicklung und umfasste fünf Workshops: einen Startworkshop à 6 Stunden und vier weitere Workshops à 3 Stunden, die im Abstand von vier bis sechs Wochen von November 2008 bis Mai 2009 stattfanden (siehe Anhang 1 des Beitrags). Sie waren zum einen als theoretische Einführung in das Konzept der Lernaufgabe angelegt, an der nur die Lehrkräfte teilnahmen. Zum anderen dienten sie der Auswertung der Ergebnisse der Projekte, die einige Lehrkräfte in Teams mit Studierenden der ersten Kohorte in der Phase der praktischen Umsetzung durchführten. Diese Workshops wurden von mir geleitet. Die zweite Workshop-Reihe (B) diente der forschungsmethodischen Vorbereitung und Begleitung der Aktionsforschungprojekte (siehe Anhang 2 des Beitrags). Für die Leitung dieser Workshops konnte apl. Prof. Dr. Wolfgang Fichten (Universität Oldenburg) gewonnen werden. Im Folgenden gehe ich auf die Inhalte der beiden Workshop-Reihen ein.

Workshop-Reihe A zur Entwicklung und Erprobung von Lernaufgaben

Im Startworkshop der Workshop-Reihe A (12.11.2008) wurden einführend zentrale Aspekte der Kompetenzorientierung und Aufgabenorientierung erläutert. Im Anschluss tauschten sich die Lehrkräfte darüber aus, welche Teilkompetenzen in dem aktuell von ihnen eingesetzten Lehrwerk gut bzw. weniger gut gefördert würden und welche Bedeutung sie den einzelnen Teilkompetenzen in ihrem Unterricht beimessen. Des Weiteren machten sich die Lehrkräfte mit den *can-do-statements* des Bremer Bildungsplans für Französisch/Spanisch als zweite Fremdsprache (Senator für Bildung und Wissenschaft der Freien Hansestadt Bremen 2006) vertraut und diskutierten, welche Könnenerwartungen sie in der eigenen Klasse für erreichbar hielten. Im zweiten Teil des Workshops simulierten die Lehrkräfte eine Lernaufgabe in der Schülerrolle und analysierten, inwiefern sie den zuvor eingeführten Kriterien von Ellis (2003) für einen *task* entspricht. Bis zum Folge-Workshop hatten die Lehrkräfte den Arbeitsauftrag, einen ersten Versuch zu unternehmen, eine Lernaufgabe selbst zu entwickeln und im Unterricht durchzuführen.

Im zweiten Workshop (2.12.2008) präsentierten zwei Lehrkräfte die von ihnen konzipierte Aufgabe. Die Teilnehmenden analysierten und diskutierten, inwiefern sie den Kriterien von Ellis (2003) entsprechen. Der Weiteren wurde das aufgabenorientierte Modell von Willis (1996a: 38) als eine Möglichkeit vorgestellt, wie eine Lernaufgabe im Unterricht eingebettet werden kann.

Der dritte Workshop (17.2.2009) war der Analyse von Lernaufgaben zur Förderung kommunikativer Teilkompetenzen vorbehalten. Als Vorbereitung hatten die Lehrkräfte den Arbeitsauftrag bekommen, zu drei ausgewählten IQB-Aufgaben[3] einen Bezug zu den *can-do-statements* des Bremer Bildungsplans herzustellen, die Aufgabenqualität anhand eines Kriterienkatalogs (vgl. Bechtel 2011) zu analysieren sowie Vorschläge für eine Verbesserung der Aufgaben zu machen. Anschließend wurde mit dem Modell von Leupold (2008) eine weitere Möglichkeit zur unterrichtlichen Einbettung von Lernaufgaben eingeführt, die als Alternative zum Modell von Willis (1996a: 38) betrachtet werden kann.

Während bis zu diesem Zeitpunkt Lernaufgaben zur Förderung kommunikativer Kompetenzen im Vordergrund standen, ging es im vierten Workshop der A-Reihe (17.3.2009), der von Prof. Dr. Caspari (FU Berlin) geleitetet wurde, um Aufgaben zur Entwicklung interkultureller Kompetenzen.

Es folgte die Phase der Umsetzung in die Praxis. Diese bestand aus zwei Teilen: der selbstständigen Entwicklung von Lernaufgaben für die eigene Klasse und der Erprobung der Lernaufgabe im Unterricht. In dieser Phase arbeiteten erstmalig fünf der neun Lehrkräfte im Team mit zwei bis vier Studierenden der ersten Kohorte zusammen.[4] Die Teams hatten den Auftrag, innerhalb von sechs Wochen eine Lernaufgabe zu konzipieren und sie im Unterricht einzusetzen. Während die Lehrkräfte unterrichteten, hospitierten die Studierenden. Neben der Mitarbeit an der Lernaufgabenentwicklung hatten die Studierenden die Aufgabe, den Einsatz der Lernaufgabe auszuwerten.

Der fünfte Workshop (22.6.2009) bildete den Abschluss der Workshop-Reihe A. Er diente den Teams dazu, den anderen Teams ihre Lernaufgabe vorzustellen und die bei der Erprobung gemachten Erfahrungen zu diskutieren.

Workshop-Reihe B zur Aktionsforschung

Der erste Workshop der B-Reihe (28.4.2009) diente dazu, die Lehrkräfte mit dem Ansatz der Aktionsforschung und der „Oldenburger Teamforschung“ bekannt zu machen. Die Teilnehmer/innen erarbeiteten sich die zentralen Merkmale der Aktionsforschung (vgl. Altrichter/Posch 2007: 15–21) und bekamen Hinweise

3 Es handelte sich dabei um die drei Aufgaben „Trouver le bon hôtel“, „Réserver un hôtel par email“, „Comprendre une annonce“ des Moduls „Vacances en Franche-Comté“ der Rahmenaufgabe „Franche-Comté“ aus der Lernaufgabensammlung für Französisch des IQB: www.IQB.hu-berlin.de/bista/aufbsp/frz.

4 Die Studierenden stammten im Sommersemester 2009 aus einem fachdidaktischen Seminar zur Kompetenzorientierung im Französischunterricht (Leitung: Dr. Mark Bechtel) bzw. im Spanischunterricht (Leitung: Bàrbara Roviró).

zur Zusammenarbeit in Forschungsteams (vgl. Fichten/Gebken/Meyer/Junghans 2005, 16–18) und zum Ablauf von Aktionsforschungsprojekten (vgl. Meyer/Fichten 2009: 32, vgl. Fichten/Gebken/Obolenski 2006: 141).

Der zweite Workshop (20.10.2009) war der Startpunkt für die Durchführung der Aktionsforschungsprojekte im Schuljahr 2009/10. Ziel des Workshops war, dass die Lehrkräfte die Ausgangslage für das jeweilige Aktionsforschungsprojekt bestimmen, ein Erkenntnisinteresse formulieren und daraus eine für die Praxis relevante Forschungsfrage entwickeln. Ausgehend von ihrer beruflichen Situation und unter Berücksichtigung des Themas des Schulbegleitforschungsnetzwerks hatten die Lehrkräfte die Aufgabe, die Fragen nach dem Was (Was habe ich beobachtet? Was will ich untersuchen?), Warum (Aus welchem Grund möchte ich es näher untersuchen?) und Wofür (Wofür soll die Untersuchung dienen?) zu beantworten und ihr Erkenntnisinteresse zu formulieren. In einem zweiten Schritt wurde die meist noch vage Forschungsfrage ‚kleingearbeitet', d.h. „von normativen Ansprüchen und spekulativen Elementen gereinigt und auf einen leistbaren Arbeitsumfang reduziert" (Meyer/Fichten 2009: 37–39). Damit ist ein Prozess gemeint, bei dem eine vorläufige Forschungsfrage schrittweise so geschärft wird, dass sich daraus eine untersuchbare Fragestellung ergibt. Vor allem geht es darum, die in der Fragestellung auftauchenden Begriffe und Konzepte zu klären, die Fragestellung zu präzisieren (durch Angaben zu Jahrgang, Klasse, Gruppe) und zu konkretisieren (Festlegung konkreter Untersuchungfelder/Situationen).

Nach dem Workshop wurden je einer Lehrkraft zwei bis vier Studierende der zweiten Kohorte (Wintersemester 2009/10) zugeteilt, woraus insgesamt neun Teams entstanden, die über einen Zeitraum von ca. zehn Monaten zusammenarbeiteten. Sie hatten den Auftrag, sich außerhalb der Workshops bzw. fachdidaktischen Veranstaltungen zu treffen, die Problemlage zu klären und die Forschungsfrage zu formulieren, eigenständig Lernaufgaben zu entwickeln und im Unterricht einzusetzen sowie den Einsatz der Lernaufgabe empirisch zu untersuchen.

Die restlichen Workshops der B-Reihe (drei bis sechs), an denen die Lehrkräfte teilnahmen, soweit es ihre zeitlichen Ressourcen zuließen, dienten vor allem der Vorbereitung und Begleitung der Teams bei den Phasen der Datenerhebung, -aufbereitung und -auswertung sowie der Präsentation der Forschungsergebnisse. Da aufgrund der Arbeitsteilung in den Teams die Hauptverantwortung für die Durchführung der empirischen Untersuchung bei den Studierenden lag, waren diese Workshops integraler Bestandteil einer forschungsmethodisch ausgerichteten universitären Veranstaltung für die Studierenden. Daher gehe ich inhaltlich erst im Folgekapitel näher auf diese ein.

4.3.2 Universitäre fachdidaktische Veranstaltungen

Für die zweite Kohorte der Studierenden wurden im Wintersemester 2009/10 zwei Veranstaltungen angeboten, die miteinander verschränkt waren: zum einen eine Veranstaltung zur Entwicklung und Erprobung von Lernaufgaben, zum anderen eine forschungsmethodisch orientierte Veranstaltung zur Aktionsforschung. Letztere wurde im Sommersemester 2010 fortgesetzt. An allen drei Veranstaltungen nahmen dieselben Studierenden im Rahmen der fachdidaktischen Module des Lehramts-Masters Französisch bzw. Spanisch der Universität Bremen teil.[5] Die Veranstaltungen im Wintersemester 2009/10 fanden am selben Tag unmittelbar nacheinander statt, um die beiden Veranstaltungen bei Bedarf für dreistündige Workshops zusammenlegen zu können.

Fachdidaktische Veranstaltung zur Entwicklung und Erprobung von Lernaufgaben

Die fachdidaktische Veranstaltung zur Entwicklung und Erprobung von Lernaufgaben im Französisch- bzw. Spanischunterricht diente dazu, die Studierenden der zweiten Kohorte möglichst schnell auf denselben Wissensstand hinsichtlich der Kompetenz- und Aufgabenorientierung zu bringen wie die Lehrkräfte, damit sie gemeinsam im Team die Phase der Entwicklung der Lernaufgaben sowie der Erprobung im Unterricht angehen konnten.[6]

Das Seminar lässt sich in vier Blöcke einteilen (Anhang 3 des Beitrags). Block 1 (Sitzung 1 bis 7) diente der Aneignung von Wissen zur Kompetenz- und Aufgabenorienterung, in Block 2 (Sitzung 8 und 9) ging es um die selbstständige Erarbeitung von Lernaufgaben, Block 3 (Sitzung 10 bis 12) diente der Präsentation und Diskussion der Lernaufgaben im Seminar, Block 4 war der Erprobung im Unterricht und der Hospitation der Durchführung durch die Studierenden vorbehalten. Im Anschluss verfassten die Studierenden eine wissenschaftliche Hausarbeit zur Konzeption und Durchführung der Lernaufgaben. Im Folgenden gehe ich auf die Inhalte der einzelnen Sitzungen ein. Eine Übersicht bietet Anhang 3 dieses Beitrags.

---

5 Im Lehramts-Master handelte es sich um das Fachdidaktik-Modul FD2, das ein Seminar (4 Leistungspunkte) und eine Übung (3 Leistungspunkte) enthielt, sowie das Fachdidaktik-Modul FD3, das aus einem Seminar (4 Leistungspunkte) und einem Lektürekurs (2 Leistungspunkte) bestand.

6 Die Veranstaltung fand im Rahmen des FD2-Moduls als Seminar statt und wurde separat für Französisch (Leitung: Dr. Mark Bechtel) und Spanisch (Leitung: Bàrbara Roviró) angeboten.

In der ersten Sitzung (22.10.2009) erfolgte der Einstieg ins Thema Kompetenzorientierung mit einer Aufgabe, die in Anlehnung an den „Selbstversuch in zwei Schritten“ von Ziener (2006) der Selbstreflexion über die Frage „Was sind Kompetenzen?“ diente. In der zweiten Sitzung (29.10.2009) wurden unter Rückgriff auf die Artikel von Leupold (2007), Caspari (2009) und Hu (2008) zentrale Aspekte der Kompetenzorientierung sowie Hintergrund, Ziele und Aufbau der Bildungsstandards für die erste Fremdsprache (Englisch/Französisch) und des Bremer Bildungsplans für Französisch/Spanisch als zweite Fremdsprache (Senator für Bildung und Wissenschaft der Freien Hansestadt Bremen 2006) erläutert. Zusätzlich wurde die Sitzung dazu genutzt, Neigungsgruppen von zwei bis vier Studierenden für die Durchführung der Aktionsforschungsprojekte zu bilden, denen in der Folgewoche je eine am Netzwerk beteiligte Lehrkraft zugewiesen wurde (s.o.).

Thema der dritten Sitzung (5.11.2009) war der Ansatz der Aufgabenorientierung. Neben der Aneignung von Wissen über zentrale Merkmale des Ansatzes und das Konzept der Lernaufgabe simulierten die Studierenden eine Lernaufgabe in der Schülerrolle, um ein Gefühl für die Anforderungen des neuen Aufgabenformats zu bekommen, und analysierten im Anschluss die Aufgabe anhand der Kriterien von Ellis (2003: 9).

Die vierte, fünfte und sechste Sitzung (19.11., 26.11.2009) diente der Analyse bestehender Lernaufgaben. In einem ersten Schritt wurden drei ausgewählte IQB-Lernaufgaben[7] daraufhin analysiert, auf welche *can-do-statements* des Bremer Bildungsplans sie abzielen. In einem zweiten Schritt hatten die Studierenden die Aufgabe, in Kleingruppen auf der Grundlage der von Caspari/Kleppin (2008) beschriebenen Kriterien einen Kriterienkatalog für Lernaufgaben zu erstellen und sich darüber zu verständigen, was sie unter den einzelnen Kriterien verstehen. In einem dritten Schritt analysierten die Studierenden anhand eines Kriterienkatalogs für „gute“ Lernaufgaben von Bechtel (2011) die drei IQB-Aufgaben daraufhin, welche Kriterien erfüllt bzw. nicht erfüllt wurden und wie man die Aufgaben ggf. verändern müsste, um die Kriterien besser zu erfüllen.

In der siebten Sitzung (3.12.2009) ging es um die Frage, wie Lernaufgaben in den Unterricht eingebettet werden können. In einem ersten Schritt stand das aufgabenorientierte Unterrichtsmodell von Willis (1996a: 38) im Zentrum. Mit Rückgriff auf die Artikel von Willis (1996b) und Carstens (2005) wurde herausgearbeitet, welche Funktion die unterschiedlichen Phasen (*pre-task*, *task cycle*,

7 Es handelte sich um dieselben drei Aufgaben, mit denen sich auch die Lehrkräfte beschäftigt hatten, siehe Fußnote 3.

language focus) haben, was mit den Begriffen *exposure*, *use*, *motivation* und *instruction* gemeint ist und in welchen Phasen sie zum Tragen kommen. In einem zweiten Schritt wurde als Alternativmodell zu Willis das Modell von Leupold (2008) eingeführt. Leupold plädiert für eine gestufte Heranführung an die zentrale Lernaufgabe (Lernaufgabe vom Typ 2), und zwar durch vorbereitende Übungen zu Wortschatz und Grammatik, um eine formale Sicherheit zu erlangen, sowie durch vorbereitende, noch relativ stark gelenkte Aufgaben, in denen der Wortschatz und die Grammatik in einem situativen Kontext angewendet werden (Lernaufgabe vom Typ 1).

Der zweite Block, der die achte und neunte Sitzung umfasste (17.12.2009, 14.1.2010), diente der ersten Phase der Umsetzung der Theorie in die Praxis. Als Werkstattphase angelegt konnten die Studierenden im Seminar an der Konzeption der Lernaufgaben weiterarbeiten, mit der sie im Team mit der jeweiligen Lehrkraft außerhalb des Seminars begonnen hatten, und didaktisch-methodische Fragen mit dem Dozenten klären.

Gegenstand des dritten Blocks, der die zehnte bis zwölfte Sitzung umfasste (21.1., 28.1., 4.2.2010), waren die Präsentation von (Zwischen-)Ergebnissen der Lernaufgabenentwicklung. Die Präsentation sollte folgende Elemente enthalten: a) allgemeine Angaben zur Lernaufgabe: Titel, Jahrgangsstufe, Lernjahr, Thema/Inhalt; den Bezug zu den *can-do-statements* des Bremer Bildungsplans für Französisch/Spanisch als zweite Fremdsprache; auf der Ebene der Unterrichtsstunde konkretisierte Kompetenzerwartungen, Angaben zu Material/Hilfsmitteln, b) das Schülermaterial (Arbeitsblätter inkl. Arbeitsaufträge) und c) einen Verlaufsplan.

Der vierte Block, der außerhalb der Seminarsitzungen angesiedelt war, diente als zweite Phase der Umsetzung in die Praxis. Hierbei erprobten die Lehrkräfte die im Team entwickelten Lernaufgaben in ihrer Klasse, während die Studierenden hospitierten. Im Anschluss verfassten die Studierenden als Prüfungsleistung eine wissenschaftliche Hausarbeit zur Konzeption und Durchführung der Lernaufgaben (Anforderungen siehe Anhang 5).

Veranstaltung zur Einführung in die schulische Aktionsforschung

Ziel der Veranstaltung zur Einführung in die schulische Aktionsforschung war es, dass sich die Studierenden zum einen Wissen über den Ansatz der Aktionsforschung und die einzelnen Etappen eines Forschungsprozesses aneignen, zum anderen diese Etappen selbst durchlaufen, dabei Erfahrungen sammeln und diese reflektieren.[8] Integraler Bestandteil waren die Workshops aus der Workshop-Reihe B, an denen, wie bereits erwähnt, auch die Lehrkräfte teilnehmen konnten (siehe oben). Im Folgenden gehe ich auf die Inhalte der Sitzungen im Einzelnen ein.

Nach der Präsentation eines Prozessmodells für Aktionsforschungsprojekte (vgl. Meyer/Fichten 2009: 32) in der ersten Sitzung (22.10.2009) erarbeiteten die Studierenden in der zweiten Sitzung (29.10.2009) auf der Grundlage der Lektüre von Altrichter/Posch (2007: 15–21) die Merkmale von Aktionsforschung. Darüber hinaus eigneten sich die Studierenden im Selbststudium mithilfe der „Einführung in die Oldenburger Teamforschung" (Fichten/Gebken/Meyer/Junghans 2005) das nötige Wissen über diese Variante der Aktionsforschung an.

Im Zentrum der dritten Sitzung (5.11.2009) stand in Anlehnung an das Vorgehen bei den Lehrkräften eine Übung zur ‚Kleinarbeitung' einer Forschungfrage, bei der die Studierenden ausgehend von einem in der Unterrichtspraxis (z.B. Schulpraktikum) wahrgenommenen Problem ein Erkenntnisinteresse formulierten und dieses durch die Definition der Begriffe/Konzepte sowie weitere Präzisierungen und Konkretisierungen in eine untersuchbare Forschungsfrage überführen sollten. Des Weiteren wurde ein Rahmen für die Erforschung von Lernaufgaben im Unterricht vorgestellt, der den Studierenden helfen sollte, das eigene Aktionsforschungsprojekt zu verorten. In Anlehnung an Blömeke et al. (2006) umfasst der Forschungsrahmen drei Analysedimensionen. Bei der ersten Analysedimension geht es um das Potenzial einer Lernaufgabe (*task as workplan*), unabhängig davon, wie die Lernaufgabe im Unterricht umgesetzt wird. Die zweite Analysedimension betrifft die Vorstellungen der Lehrkraft von „gutem" Fremdsprachenunterricht und ihre Einschätzung der Lernaufgabe, die sie im Unterricht einsetzen soll. Bei der dritten Analysedimension geht es um die Frage, wie das Potenzial einer Lernaufgabe tatsächlich im Unterricht umgesetzt wird (*task as process*). Dabei werden drei Phasen unterschieden: die Art und Weise, wie die Lehrkraft die Aufgabe letztendlich stellt, was zu einer Veränderung der ursprünglich intendierten Anforderung der Lernaufgabe führen kann (Phase a); die Arbeitsphase, hier interessiert, wie die Schüler/innen die Aufgabe tatsächlich bearbeiten, welche individuellen Unterschiede oder Besonderheiten dabei zu beobachten, welche Auswirkungen auf die Motivation und auf die Kompetenzentwicklung festzustellen sind (Phase b); und schließlich die Auswertung und Reflexion, hier

8 Die Veranstaltung fand im Rahmen des FD2-Moduls im Wintersemester 2009/10 als „Übung" (2 SWS) statt, und zwar unter dem Titel „Einführung in die schulische Aktionsforschung" (Leitung: Dr. Mark Bechtel). Sie richtete sich an die Studierenden der Fächer Französisch und Spanisch.

interessiert, wie in der Lehrer-Schüler-Interaktion die Aufgabenstellung vertieft wurde (Phase c).

Die vierte und fünfte Sitzung waren zu einem vierstündigen Workshop (12.11.2009) zusammengefasst, der als Stationenlernen zu Datenerhebungsmethoden durchgeführt wurde (vgl. Meyer/Fichten 2009: 42) und an dem auch die Lehrkräfte teilnahmen (B-Workshop 3). Ziel des Workshops war es, sich kompakt einen Überblick über die vier Datenerhebungsmethoden Befragung, Beobachtung, Interview und Gruppendiskussion zu verschaffen. Die einzelnen Stationen waren von studentischen Kleingruppen arbeitsteilig vorbereitet worden.[9] Jede Station enthielt neben einem theoretischen Input Aufgaben zum Ausprobieren und eine Reflexionsphase.

Im Zentrum der sechsten bis neunten Sitzung (19.11., 26.11., 3.12., 17.12.2009) stand das Forschungsexposé. In Anlehnung an Meyer/Fichten (2009: 39) hatten die Studierenden eines Teams die Aufgabe, sich hinsichtlich des eigenen Aktionsforschungsprojeks anhand von Leitfragen Klarheit zu verschaffen über die Problemlage, das Erkenntnisinteresse, die ‚kleingearbeitete' Forschungsfrage, den Forschungstyp und eine geeignete Datenerhebungsmethode. Darüber hinaus sollten die weiteren Schritte des Forschungsprozesses bereits in den Blick genommen werden (Datenerhebung, -aufbereitung, -wertung, Ergebnispräsentation). In Werkstattphasen arbeiteten die Studierenden an ihren Forschungsexposés, wobei der Dozent als Berater zur Verfügung stand. Abschließend stellten die Studierenden ihre Aktionsforschungsprojekte anhand des Forschungsexposés zur Diskussion.

In der zehnten und elften Sitzung (7.1.2010), die als Doppelsitzung in Form eines dreistündigen Workshops stattfand, ging es um die Vorbereitung der Schritte der Datenaufbereitung und Datenauswertung (B-Workshop 4). Im Zentrum des Workshops stand die qualitative Inhaltsanalyse, und zwar in einer vereinfachten Variante, die in der „Oldenburger Teamforschung" verwendet wird. Das „pragmatische Mischmodell der qualitativen Inhaltsanalyse" (vgl. Meyer/Fichten 2009: 46–50) ist ein Modell, das auf gängigen inhaltsanalytischen Auswertungsverfahren beruht, „diese Ansätze aber noch mehr komprimiert, ohne wissenschaftlich unseriös zu werden", in einer Art und Weise, dass „die einzelnen Arbeitsschritte mit vertretbarem Zeit- und Kraftaufwand zu leisten sind" (ebd. 2009: 47). Nach der Festlegung des Textkorpus und der Aussortierung von für die Fragestellung

---

9 Als inhaltliche Grundlage der Stationen dienten Artikel und Anregungen zur Durchführung, die in der „Oldenburger Teamforschung" bereits mehrfach eingesetzt wurden (vgl. Fichten/Wagener/Gebken/Beer/Junghans/Meyer 2008). Ebenso geeignet erscheint Kapitel 5 „Sammlung von Daten" in Altrichter/Posch (2007: 110–180).

ungeeigneten Passagen besteht das Kernstück des Verfahrens in der Sequenzierung des Textmaterials (eine thematische Gliederung), der Paraphrasierung (der Inhalt einer Sequenz wird zu einem kurzen Satz komprimiert), der Kodierung (die Paraphase wird mit Hilfe von Kategorien, Etiketten oder Kodierungen näher, abstarkter beschrieben) und der inhaltlichen Zusammenfassung (die gewonnenen Kategorien werden benutzt, um eine knappe Zusammenfassung der wichtigsten Aussagen des Textes herzustellen).

Da in den meisten Aktionsforschungsprojekten die Unterrichtseinheiten im Januar und Feburar 2010 erprobt wurden, waren die Studierenden in dieser Zeit vor allem mit der Hospitation und der mit der Erprobung verbundenen Datenerhebung beschäftigt. Die zwöfte, dreizehnte und vierzehnte Sitzung (14.1., 21.1., 28.1.2010) dienten daher in Form von Werkstattphasen in erster Linie der Vorbereitung noch ausstehender Datenerhebungen (Erstellen von Fragebögen, Interviewleitfäden) bzw. dem Austausch über die mit der Datenerhebung gemachten Erfahrungen.

Die fünfzehnte Sitzung (4.2.2010) war der Bestandsaufnahme der einzelnen Projekte vorbehalten. Hierbei zeigte sich, dass die Projekte unterschiedlich weit waren. Während bei zwei Projekten die Unterrichtseinheit durchgeführt, Daten erhoben und diese bereits teilweise ausgewertet waren, waren bei anderen Projekten die Daten zwar erhoben, aber noch nicht ausgewertet, oder es stand sogar erst noch die Erprobung an.

Da die forschungsmethodische Qualifizierung als Begleitung der Aktionsforschungsprojekte angelegt war, wurde für die noch ausstehenden Phasen der Datenaufbereitung und -auswertung sowie der Präsentation der Ergebnisse eine Fortsetzung der forschungsmethodischen Veranstaltung im Sommersemester 2010 angeboten, an der dieselben Studierenden wie im Wintersemester 2009/10 teilnahmen.[10]

Im Mittelpunkt der ersten beiden Sitzungen (15.4., 22.4.2010) standen eine Bestandsaufnahme der erhobenen Daten, die Datensicherung und die Überarbeitung der Forschungsexposés im Hinblick auf die noch ausstehenden Phasen des Forschungsprozesses.

In der dritten und vierten Sitzung, die als Doppelsitzung in Form eines Workshops (29.4.2010) stattfand, ging es um die Praxis der Datenauswertung. Ziel des Workshops, an dem auch die Lehrkräfte teilnehmen konnten (Workshop 5 der

10 Das Seminar fand im Rahmen des Seminars im FD3-Moduls (2 SWS) unter dem Titel „Implementierung von Bildungsstandards" (Leitung: Dr. Mark Bechtel) statt. Neben den forschungsmethodischen Themen wurden die fachdidaktischen Themen „Schulcurriculum" und „Kompetenzdiagnose" behandelt.

B-Reihe) war, eine Auswertungsstrategie für das eigene Aktionsforschungsprojekt zu entwickeln. Nach der Erläuterung zentraler Aspekte der Datenauswertung (Grundoperationen, die „Leiter des Schließens" in Anlehung an Altrichter/Posch (2007: 113f.), die Triangulation von Daten, Unterschiede von qualitativen und quantitativen Verfahren) sollten die Teams folgende Fragen beantworten: Was ist die konkrete Forschungsfrage? Welche Daten liegen vor? Wie wollen wir mit den erhobenen Daten umgehen (quantitativ oder qualitativ auswerten, oder beide Verfahren nutzen)? Welche Auswertungsschritte sind angebracht, um die Daten optimal auszunutzen?

Die fünfte und sechste Sitzung (6.5. und 20.5.2010) waren als Werkstattphasen zur Datenaufbereitung und Datenauswertung organisiert, bei der der Dozent als Berater zur Verfügung stand. Neben drei Sitzungen zum Seminarthema „Implementierung" (Kompetenzdiagnose, schulinternes Curriculum) dienten die restlichen Sitzungen als Präsentation von (Zwischen-)Ergebnissen der Datenauswertung (darunter auch der Workshop 6 der B-Reihe). Im Anschluss verfassten die Studierenden als Prüfungsleistung einen Forschungsbericht nach einem vorgegebenen Gliederungsschema (siehe Anhang 6 des Beitrags).

Betrachtet man die zwei aufeinander folgenden Veranstaltungen zur forschungsmethodischen Vorbereitung und Begleitung der Aktionsforschungsprojekte als Ganzes, ist eine Einteilung in vier Blöcke zu erkennen (Anhang 4 dieses Beitrags). Block 1 diente der Erarbeitung der Merkmale der Aktionsforschung und der Teamforschung; Block 2 war der Erstellung eines Forschungsexposés vorbehalten; in Block 3 ging es um die Vorbereitung auf die Datenerhebung, -aufbereitung und -auswertung; Block 4 diente schließlich der Präsentation und Diskussion der (Zwischen-)Ergebnisse.

5. Schlussbetrachtung

Im Mittelpunkt des im Bremer Schulbegleitforschungsnetzwerk „Fördern durch Aufgabenorientierung" praktizierten Lehrerbildungskonzepts stand eine Variante der Aktionsforschung, bei der in Teams aus einer erfahrenen Lehrkraft und fortgeschrittenen Studierenden des Fachs Französisch bzw. Spanisch über einen längeren Zeitraum (vier bis bis acht Monaten) Aktionsforschungsprojekte durchgeführt wurden, die einen fremdsprachendidaktischen Schwerpunkt hatten.

Die Aktionsforschungsprojekte erfüllten auf spezifische Weise die Merkmale von Aktionsforschung.

Was die Relevanz der Forschung für die Lehrkraft angeht, ist zunächst festzustellen, dass der Ausgangspunkt für die Projekte die Notwendigkeit zur Schulentwicklung war, die durch die Einführung des Bremer Bildungsplans für

Französisch/Spanisch als zweite Fremdsprache ausgelöst wurde und mit dem Konzept der Lernaufgabe umgesetzt werden sollte. Zwar liegt hier als Ausgangspunkt eine bildungspolitisch von außen gesetzte Vorgabe vor; gleichwohl spiegeln die innerhalb dieses Rahmens von den Teams formulierten Forschungsfragen reale Praxisprobleme der Lehrkräfte im Zusammenhang mit der Kompetenz- und Aufgabenorientierung wider.

Bei der Frage nach der Nutzung der Erkennisse über die Praxis zur Verbesserung der Praxis kann gesagt werden, dass die Auswertung der bei der Erprobung erhobenen Daten mit einer „Reflexion-über-Handlung“ verbunden war, die zu Vorschlägen für die Änderung der Praxis führten, ohne jedoch in einem weiteren Aktionsforschungszyklus wiederum in der Praxis erprobt worden zu sein.

Was die Einbindung der Aktionsforschungsprojekte in eine „professionelle Gemeinschaft“ betrifft, ist festzustellen, dass jedes Team für sich eine solche Gemeinschaft bildete, die gemeinsam (Formulierung der Forschungsfrage, Entwicklung und Erprobung von Lernaufgaben) und arbeitsteilig (Datenerhebung, -aufbereitung, -auswertung) agierte; darüber hinaus wurden die Teammitglieder für die Tätigkeit aus- bzw. fortgebildet und konnten punktuell auf externe Beratung zurückgreifen.

Was den Einbezug unterschiedlicher Perspektiven bei der Reflexionsphase angeht, so waren bedingt durch die Forschung im Team mehrere Teammitglieder bei der Datenauswertung beteiligt (vgl. Bechtel 2015d in diesem Band).

Bei der Frage nach der Vereinbarung ethischer Prinzipien innerhalb des Teams ist festzustellen, dass den Teammitgliedern diese Prinzipien zwar bekannt waren, es jedoch in keinem Team zu einer Konkretisierung und schriftlichen Fixierung in Form eines „Teamkontrakts“ kam. Wofür innerhalb der Teams die Studierenden verantwortlich waren, wurde aufgrund der Integration in die fachdidaktische Erstausbildung von der zuständigen Professur festgelegt.

Was die Veröffentlichung der Ergebnisse der Aktionsforschungsprojekte angeht, ist zu sagen, dass die studentischen Teammitglieder ihre Aktionsforschungsprojekte im Rahmen einer Prüfungsleistung in Form eines Forschungsberichts dokumentierten. Diese Forschungsberichte liegen als unveröffentlichte Manuskripte vor. Bei einem der Aktionsforschungsprojekte wurden Teilergebnisse bereits relativ schnell nach Beendigung des Projekts veröffentlicht (Bechtel/Fischer/Obermeier 2012). Zur Veröffentlichung anderer Ergebnisse trägt der vorliegende Sammelband bei (Bechtel 2015a).

Zusammenfassend kann festgestellt werden, dass sich das hier vorliegende Lehrerbildungskonzept zur Entwicklung, Erprobung und Erforschung von Lernaufgaben im Französisch- und Spanischunterricht der Sekundarstufe I durch eine

Verknüpfung von kognitiven, handlungsorientierten und reflexiven Elementen auszeichnet, die eine starke Verbindung zwischen Theorie und Praxis sowie eine Reflexion dieses Theorie-Praxis-Verhältnisses verfolgt. Das Besondere an dem Konzept ist zum einen eine Verbindung von Fortbildung und Erstausbildung, die durch die Zusammensetzung der Teams gegeben ist. Zum anderen wurden die Teammitglieder bei der Durchführung der Aktionsprojekte nicht allein gelassen, sondern durch eine Qualifikation zur Lernaufgabenentwicklung sowie eine forschungsmethodische Qualifikation systematisch auf die damit verbundenen Herausforderungen vorbereitet und prozessbegleitend unterstützt.

6. Bibliografie

Altrichter, Herbert / Feindt, Andreas (2004). Handlungs- und Praxisforschung. In: Helsper, Werner / Böhme, Jeanette (Hrsg.). *Handbuch der Schulforschung.* Wiesbanden: Verlag für Sozialwissenschaften. 417–435.

Altrichter, Herbert / Posch, Peter (2007). *Lehrerinnen und Lehrer erforschen ihren Unterricht. Unterrichtsentwicklung und Unterrichtsevaluation durch Aktionsforschung.* Bad Heilbrunn: Klinkhardt.

Altrichter, Herbert / Lobenwein, Waltraud / Welte, Heike (2003). PraktikerInnen als ForscherInnen. Forschung und Entwicklung durch Aktionsforschung. In: Friebershäuser, Barbara / Prengel, Annedore (Hrsg.). *Handbuch Qualitative Forschungsmethoden in der Erziehungswissenschaft.* Weinheim/München: Juventa. 640–660.

Amt für Lehrerbildung Hessen (2009). *Kompetenzorientiert unterrichten – Bildungsstandards nutzen. Unterstützungsprogramm zur Unterrichtsentwicklung 2009/2010.* Frankfurt a.M.: Amt für Lehrerbildung.

Bechtel, Mark (2011). Lernaufgaben für einen kompetenzorientierten Französischunterricht in der Sekundarstufe I. *Französisch heute* 42/1: 25–34.

Bechtel, Mark (2015a) (Hrsg.). *Fördern durch Aufgabenorientierung. Bremer Schulbegleitforschung zu Lernaufgaben im Französisch- und Spanischunterricht der Sekundarstufe I.* Frankfurt a.M. u.a.: Lang.

Bechtel, Mark (2015b). Das Bremer Schulbegleitforschungsnetzwerk „Fördern durch Aufgabenorientierung": Ziele – Struktur – Verlauf. In: Ders. (Hrsg.). 17–41.

Bechtel, Mark (2015c). Das Konzept der Lernaufgabe im Fremdsprachenunterricht. In: Ders. (Hrsg.). 43–82.

Bechtel, Mark (2015d). Kollaborative Aktionsforschungsprojekte im Rahmen der fremdsprachendidaktischen Lehrerbildung: Möglichkeiten und Grenzen. In: Ders. (Hrsg.). 289–321.

Bechtel, Mark / Fischer, Grégoire / Obermeier, Julia (2012). Freies Sprechen in einer aufgabenorientierten *simulation globale*: ein Unterrichtsprojekt. *Französisch heute* 43/3: 116–123.

Benitt, Nora (2014). Forschen, Lehren, Lernen – Aktionsforschung in der fremdsprachlichen Lehrerbildung. *Zeitschrift für Fremdsprachenforschung* 25/1: 39–71.

Bergfelder-Boos, Gabriele (o.J.): Handreichungen zum Aktionsforschungsseminar „Theorie-Praxis Modul II: Aktionsforschung für Weiterbildungsstudierende". Institut für Romanische Philologie. Didaktik der romanischen Sprachen und Literaturen. Freie Universität Berlin. URL: http://www.geisteswissenschaften.fu-berlin.de/we05/romandid/fort-und-weiterbildung/aktionsforschung/index.html, letzter Zugriff: 24.8.2015

Blömeke, Sigrid / Risse, Jana / Müller, Christiane / Eichler, Dana / Schulz, Wolfgang (2006). Analyse der Qualität von Aufgaben aus didaktischer und fachlicher Sicht. *Unterrichtswissenschaft* 34/4: 330–357.

Burns, Anne (1999). *Collaborative Action Research for English Language Teachers*. Cambridge, New Yort: Cambridge University Press.

Burns, Anne (2010). *Doing Action Research in English Language Teaching. A Guide for Practioners*. New York: Routledge.

Carstens, Ralph (2005). Engaging learners in meaning-focused language use. *Praxis Fremdsprachenunterricht* 2/2: 16–19.

Caspari, Daniela (2009). Kompetenzorientierter Französischunterricht: Zentrale Prinzipien und ihre Konsequenzen für die Planung von Unterricht. *Französisch heute* 40/2: 73–78.

Caspari, Daniela / Kleppin, Karin (2008). Lernaufgaben. Kriterien und Beispiele. In: Tesch, Bernd / Leupold, Eynar / Köller, Olaf (Hrsg.). *Bildungsstandards Französisch: konkret. Sekundarstufe I: Grundlagen, Aufgabenbeispiele und Unterrichtsanregungen*. Berlin: Cornelsen Scriptor. 88–148.

De Florio-Hansen, Inez / Klewitz, Bernd (2010). *Fortbildungshandreichung zu den Bildungsstandards Englisch und Französisch*. Klassel: kassel university press.

Elliot, John (1991). *Action Research for Educational Change*. Buckingham: Open University Press.

Ellis, Rod (2003). *Task-based language learning and teaching*. Oxford: Oxford University Press.

Fichten, Wolfgang / Meyer, Hilbert (2009). Forschendes Lernen in der Lehrerbildung – das Oldenburger Modell. In: Hollenbach, Nicole / Tillmann, Klaus-Jürgen (Hrsg.). *Die Schule forschend verändern. Praxisforschung aus nationaler und internationaler Perspektive*. Bad Heilbrunn: Klinkhardt. 119–145.

Fichten, Wolfgang / Gebken, Ulf / Obolenski, Alexandra (2006). Konzeption und Praxis der Oldenburger Teamforschung. In: Obolenski, Alexandra / Meyer, Hilbert (Hrsg.). *Forschendes lernen. Theorie und Praxis einer professionellen LehrerInnenausbildung.* Oldenburg: Didaktisches Zentrum der Universität Oldenburg, 2. aktual. Aufl. 133–151.

Fichten, Wolfgang / Gebken, Ulf / Meyer, Hilbert / Junghans, Carola (2005). *Einführung in die Oldenburger Teamforschung.* Oldenburg: Didaktisches Zentrum der Universität Oldenburg, 5. Auflage.

Fichten, Wolfgang / Wagener, Uta / Gebken, Ulf / Beer, Tim / Junghans, Carola / Meyer, Hilbert (2008). *Methoden-Reader zur Oldenburger Teamforschung.* Oldenburg: Didaktisches Zentrum der Universität Oldenburg.

Hermes, Liesel (2001). *Action Research – Lehrkräfte erforschen ihren Unterricht.* Soest: Landesinstitut für Schule und Weiterbildung.

Hollenbach, Nicole / Tillmann, Klaus-Jürgen (2007). Handlungsforschung – Lehrerforschung – Praxisforschung. In: Dies (Hrsg.). *Die Schule forschend verändern. Praxisforschung aus nationaler und internationaler Perspektive.* Bad Heilbrunn: Klinkhardt. 7–20.

Hu, Adelheid (2008) (Koord.). Kompetenzorientierung, Bildungsstandards und fremdsprachliches Lernen – Herausforderungen an die Fremdsprachenforschung. Positionspapier von Vorstand und Beirat der DGFF. *Zeitschrift für Fremdsprachenforschung* 19/2: 163–186.

Jäger, Anja (2011). *Kultur szenisch erfahren. Interkulturelles Lernen mit Jugendliteratur und szenischen Aufgaben im Fremdsprachenunterricht.* Frankfurt a.M. u.a.: Lang.

Kurtz, Jürgen (2001). *Improvisierendes Sprechen im Fremdsprachenunterricht. Eine Untersuchung zur Entwicklung spontansprachlicher Handlungskompetenz in der Zielsprache.*Tübingen: Narr.

Landesinstitut für Lehrerbildung und Schulentwicklung der Freien und Hansestadt Hamburg (Hrsg.) (2013). *Kompetenzorientierung im Fach Englisch. Ausgewählte Ergebnisse der Fachsets Englisch im Schulversuch alles>>könner.* Hamburg: Behörde für Arbeit, Soziales, Familie und Integration Hamburg.

Landesstiftung Baden-Württemberg / Legutke, Michael K. / Schocker-v. Ditfurth, Marita (2008) (Hrsg.). *E-Lingo – Didaktik des frühen Fremdsprachenlernens. Erfahrungen und Ergebnisse mit Blended Learning in einem Masterstudiengang.* Tübingen: Narr.

Legutke, Michael K. (1995). Lehrerfortbildung: Einführung. In: Legutke, Michael K. (Hrsg.): *Handbuch für Spracharbeit Teil 6: Fortbildung.* Band 1. München: Goethe-Institut. 1–22.

Leupold, Eynar (2008). A chaque cours suffit sa tâche? Bedeutung und Konzeption von Lernaufgaben. *Der fremdsprachliche Unterricht Französisch* 42/96: 2–9.

Leupold, Eynar (2007). Neuorientierung und Perspektiven des Französischunterrichts. In: Ders. *Kompetenzentwicklung im Französischunterricht. Standards umsetzen – Persönlichkeit bilden.* Seelze-Velber: Klett/Kallmeyer. 93–132.

LISUM (Landesinstitut für Schule und Medien Berlin-Brandenburg) (Hrsg.) (2007). *Module für die Durchführung von regionalen und schulischen Fachkonferenzen in den modernen Fremdsprachen. Material für Multiplikatorinnen und Multiplikatoren Sekundarstufe I. Französisch, Sek I, Kompetenzorientiertes Lehren und Lernen.* Ludwigsfelde-Struveshof: LISUM.

Meyer, Hilbert / Fichten, Wolfgang (2009). *Einführung in die schulische Aktionsforschung. Ziele, Verfahren und Ergebnisse eines BLK-Modellversuchs.* Oldenburg: Didaktisches Zentrum.

Müller-Hartmann, Andreas / Schocker, Marita / Pant, Hans Anand (Hrsg.) (2013). *Lernaufgaben Englisch aus der Praxis.* Braunschweig: Bildungshaus Schulbuchverlage.

Parsons, Richard D. / Brown, Kimberlee S. (2002). *Teacher as Reflective Practitioner and Action Researcher.* Belmont, CA: Wadsworth/Thomson Learning.

Riemer, Claudia (2002). Für und über die eigene Unterrichtspraxis forschen: Anregungen zur Lehrerhandlungsforschung. In: Schreiber, Rüdiger (Hrsg.). *Deutsch als Fremdsprache am Studienkolleg. Unterrichtspraxis, Tests, Evaluation.* Regensburg: Fachverband Deutsch als Fremdsprache. 129–143.

Schön, Donald A. (1983): *The Reflective Practitioner. How Professionals Think in Action.* London: Tremple Smith.

Senator für Bildung und Wissenschaft der Freien Hansestadt Bremen (2006). *Französisch/Spanisch als zweite Fremdsprache. Bildungsplan für das Gymnasium, Jahrgangsstufe 6–10.* Bremen: Senator für Bildung und Wissenschaft.

Stenhouse, Lawrence (1975). *An Introduction To Curriculum Research And Development.* Heinemann: London.

Tesch, Bernd (2010). *Kompetenzorientierte Lernaufgaben im Fremdsprachenunterricht. Konzeptionelle Grundlagen und eine rekonstruktive Fallstudie zur Unterrichtspraxis (Französisch).* Frankfurt a.M. u.a.: Lang.

Tesch, Bernd / Leupold, Eynar / Köller, Olaf (Hrsg.) (2008). *Bildungsstandards Französisch: konkret. Sekundarstufe I: Grundlagen, Aufgabenbeispiele und Unterrichtsanregungen.* Berlin: Cornelsen Scriptor.

Wild, Katia / Caspari, Daniela (2013). Hay, ser und estar implizit vermitteln – Evaluation einer Lernaufgabe für das 1. Lernjahr Spanisch. In: Bär, Marcus (Hrsg.). *Kompetenz- und Aufgabenorientierung im Spanischunterricht – Beispiele für komplexe Lernaufgaben.* Berlin: edition tranvía. 232–245.

Willis, Jane (1996a). *A Framework for Task-Based Learning.* Harlow: Addison Wesley Longman.

Willis, Jane (1996b). A flexible framework for task based learning. In: Willis, Jane / Willis, Dave (Hrsg.): *Challenge and Change in Language Teaching.* Oxford: Heinemann. 52–63.

Ziener, Gerhard (2006). *Bildungsstandards in der Praxis. Kompetenzorientiert unterrichten.* Seelze-Velber: Klett/Kallmeyer.

Anhang 1

Abb. 2: Überblick über die Workshop-Reihe A für die Lehrkräfte zur Entwicklung und Erprobung von Lernaufgaben.

Workshop 1 (6 Stunden) 12.11.2008 Tn: Lehrkräfte	- Prinzipien der Kompetenzorientierung und der Aufgabenorientierung; - Erfahrungsaustausch über Bedeutung von Teilkompetenzen im eigenen Unterricht, im aktuell eingesetzten Lehrwerk - Vertrautmachen mit den Könnens-Erwartungen für die eigene Klasse im Bremer Bildungsplan für Französisch/Spanisch als 2. Fremdsprache - Simulation einer Lernaufgabe in der Schülerrolle und Analyse anhand der Kriterien von Ellis (2003) Leitung: Dr. Mark Bechtel
Arbeitsauftrag	Lehrkräfte entwickeln eine erste Lernaufgabe selbst und führen sie in ihrer Klasse durch
Workshop 2 2.12.2008 Tn: Lehrkräfte	- Präsentation von zwei durchgeführten Lernaufgaben und Diskussion - Erläuterung des Modells von Willis (1996a) Leitung: Dr. Mark Bechtel
Arbeitsauftrag	Analyse ausgewählter IQB-Lernaufgaben zur Förderung kommunikativer Teilkompetenzen im Hinblick auf den Bezug zum Bremer Bildungsplan und die Kriterien von Ellis (2003) und Caspari/Kleppin (2008)
Workshop 3 17.2.2009 Tn: Lehrkräfte	- Austausch und Diskussion der Analyse der IQB-Lernaufgaben - Erarbeitung des Unterrichtsmodells von Leupold (2008) Leitung: Dr. Mark Bechtel
Workshop 4 17.3.2009	- Workshop „Aufgaben zur Entwicklung interkultureller Kompetenzen" Leitung: Prof. Dr. Daniela Caspari, FU Berlin
Arbeitsauftrag	- Entwicklung einer Lernaufgabe, Erprobung im Unterricht und Auswertung unter einer bestimmten Fragestellung im Team innerhalb von 6 Wochen
Workshop 5 22.6.2009 Tn: Lehrkräfte, 1 Team	- Workshop „Aus der Praxis der Lernaufgabenentwicklung: Beispiele – Knackpunkte – Beobachtungen" - Präsentation einer Lernaufgabe und Diskussion (Kriterien, Knackpunkte, Erfahrungen, Verbesserungsvorschläge, Ergebnisse der Schülerbefragung) Leitung: Dr. Mark Bechtel

Anhang 2

Abb. 3: Überblick über die Workshop-Reihe B zur Aktionsforschung.

Arbeitsauftrag	Lektüre von Kap. 1 aus Altrichter/Posch (2007)
Workshop 1 28.4.2009 Tn: Lehrkräfte, Studierende (1. Kohorte)	- Workshop „Einführung in die Handlungsforschung" Leitung: apl. Prof. Dr. Wolfgang Fichten, Univerität Oldenburg geöffnet für Studierende der ersten Kohorte (Pilotphase) - Bildung von fünf Teams aus je einer Lehrkraft und 2–4 Studierenden (Pilotphase)
Arbeitsauftrag	- Lektüre „Einführung in die Oldenburger Teamforschung" (Fichten/Gebken/Meyer/Junghans 2005)
Arbeitsauftrag	- Lektüre des Kap. 3 und 4 aus Altrichter/Posch (2007: 52–69; 70–109): Finden eines Ausgangspunkts - Austausch darüber in Kleingruppen (unter den Lehrkräften)
Workshop 2 20.10.2009 Tn: Lehrkräfte	Workshop zur ‚Kleinarbeitung' der Forschungsfrage Leitung: apl. Prof. Dr. Wolfgang Fichten, Universität Oldenburg
Teambildung Arbeitsauftrag	Jeder Lehrkraft werden 2–4 Studierende der zweiten Kohorte zugewiesen; die Teams treffen sich außerhalb der Workshops beginnen mit der Konzeption einer Lernaufgabe und präzisieren die Forschungsfrage
Workshop 3 12.11.2009 Tn: Studierende, Lehrkräfte (fakultativ)	Workshop „Stationenlernen zu Datenerhebungsmethoden" Stationenlernen zu den Datenerhebungsmethoden Befragung, Beobachtung, Interview, Gruppendiskussion (vorbereitet durch studentische Teammitglieder) Leitung: apl. Prof. Dr. Wolfgang Fichten, Universität Oldenburg
Abeitsauftrag	Fortsetzung der Erarbeitung der Unterrichtseinheit im Team
Workshop 4 7.1.2010	Workshop „Einführung in die qualitative Inhaltsanalyse" Leitung: Dr. Mark Bechtel / apl. Prof. Dr. Wolfgang Fichten, Universität Oldenburg
Arbeitsauftrag	Lehrkräfte erproben die Unterrichtseinheit in ihrer Klasse; Studierende hospitieren; Studierende erheben Daten während bzw. nach der Erprobung
Workshop 5 27.4.2010 Tn: Studierenden; Lehrkräfte (fakultativ)	Workshop „Praxis der Datenauswertung: Von der Datenauswertung zum Forschungsbericht" - Entwicklung einer Auswertungsstrategie, Grundzüge quantitativer und qualitativer Auswertung, Übung zur Datenauswertung im Team Leitung: apl. Prof. Dr. Wolfgang Fichten, Universität Oldenburg
Arbeitsauftrag	Studierende bereiten Daten auf, werten sie aus und bereiten die Präsentation von (Zwischen-)Ergebnissen vor.
Workshop 6 9.6.2010 Tn: Studierende und Lehrkräfte	Präsentation der Zwischenergebnisse von drei Aktionsforschungsprojekten durch die Studierenden und Diskussion Leitung: Dr. Mark Bechtel

Anhang 3

Abb. 4: Überblick über die universitäre fachdidaktische Veranstaltung zur Entwicklung und Erprobung von Lernaufgaben (WiSe 2009/10) der zweiten Kohorte von Studierenden.

Block 1	
Sitzung 1 22.10.2009	Ziele, Organisation, Ablauf, Anforderungen Was sind Kompetenzen? „Selbstversuch in zwei Schritten" (nach Ziener 2006)
Arbeitsauftrag	Lektüre der Artikel von Leupold (2007), Caspari (2009), Hu (2008)
Sitzung 2 29.10.2009	Kompetenzorientierung im FSU: Hintergrund, Ziele, Merkmale Bildung von Teams aus zwei bis vier Studierenden und einer Lehrkraft
Arbeitsauftrag	Erstes Treffen im Team, Hospitation in der Klasse, Überlegungen zu den zu fördernde Kompetenzen
Sitzung 3 5.11.2009	Ansatz der Aufgabenorientierung; Simuation einer Lernaufgabe in der Schülerrolle und Analyse nach den Kriterien von Ellis (2003)
Arbeitsauftrag	Aufgabe zur Analyse von IQB-Aufgaben I: Bezug zum Bremer Lehrplan Lektüre von Caspari/Kleppin (2008) zu Kriterien von Lernaufgaben
Sitzung 4 + 5 19.11.2009 (14–17 Uhr)	Austausch und Diskussion der Analyseergebnisse I Erstellen eines Kriterienkatalogs für Lernaufgaben und Diskussion der einzelnen Kriterien
Arbeitsauftrag	Analyse von IQB-Aufgaben II: nach Kriterien von Casapri/Kleppin (2008)
Sitzung 6 26.11.2009	Austausch und Diskussion der Analyseergebnisse II
Arbeitsauftrag	Lektüre von Willis (1996b) und Carstens (2005)
Sitzung 7 3.12.2009	Einbettung von Lernaufgaben in den Unterricht a) Modell von Willis (1996b): Klärung der Funktionen der einzelnen Phasen des Modells sowie der Bedeutung zentraler Begriffe b) Modell von Leupold (2008)
Block 2	
Arbeitsauftrag	Konzeption einer kompetenz- und aufgabenorientierten Unterrichtseinheit (UE) im Team
10.12.2009	-
Sitzung 8 + 9 17.12.2009 14.1.2010	Werkstattphase zur Erarbeitung von Lernaufgaben Beratung durch Dozenten

Block 3	
Sitzung 0+11+12 21.01., 28.1., 4.2.2010	Präsentation und Diskussion von Ergebnisse der Lernaufgabenentwicklung
Block 4	
Arbeitsauftrag	Erproben der kompetenz- und aufgabenorientierten UE im Unterricht
Verfassen einer wissenschaftlichen Hausarbeit zur Konzeption und Durchführung der kompetenz- und aufgabenorientierten UE	

Anhang 4

Abb. 5: Überblick über die universitäre fachdidaktische Veranstaltung zur Aktionsforschung (WiSe 2009/10 und SoSe 2010) der zweiten Kohorte der Studierenden.

Block 1: Einführung	
22.10.09	Klärung der Einbettung der Übung in das Schulbegleitforschungsnetzwerk, Vorstellung des Modells eines Forschungsprozesses, Organisation
29.10.09	Aktionsforschung: Definition, Merkmale, Forschungsverständnis
	Teambildung - Vorstellung von Forschungsfragen (Lehrkräfte aus dem Netzwerk) - Zuordnung von 2–4 Studierenden zu je einer Lehrkraft
Block 2: Erstellen eines Forschungsexposé	
5.11.09	‚Kleinarbeitung' der Forschungsfrage Vorstellung eines Forschungsrahmens zur Untersuchung von Lernaufgaben im Unterricht
12.11.09	Workshop „Stationenlernen zu Datenerhebungsmethoden" Stationenlernen zu den Datenerhebungsmethoden Befragung, Beobachtung, Interview, Gruppendiskussion (vorbereitet durch studentische Teammitglieder) Leitung: Dr. Mark Bechtel / apl. Prof. Dr. Wolfgang Fichten
19.11., 26.11., 3.12. 09	Werkstattphase: Erarbeitung des Forschungsexposés
17.12.09	Präsentation und Diskussion des Forschungsexposés
Block 3: Datenerhebung, -aufbereitung, -auswertung	
7.1.10	Workshop „Einführung in die qualitative Inhaltsanalyse" Leitung: apl. Prof. Dr. Wolfgang Fichten, Universität Oldenburg
14.1., 21.1., 28.1.10	Werkstattphase: Erstellen von Datenerhebungsinstrumenten

Block 3: Datenerhebung, -aufbereitung, -auswertung	
15.4., 22.4.10	Bestandsaufnahme der erhobenen Daten
29.4.10	Workshop „Praxis der Datenauswertung: Von der Datenauswertung zum Forschungsbericht“ Leitung: apl. Prof. Dr. Wolfgang Fichten, Universität Oldenburg
6.5.10	Werkstattphase: Datenaufbereitung im Team
20.5.10	Werkstattphase: Datenauswertung im Team
Block 4: Präsentation und Diskussion von (Zwischen-)Ergebnissen	
9.6., 24.6., 1.7., 8.7.10	Präsentation und Diskussion der (vorläufigen) Forschungsergebnisse
Verfassen des Forschungsberichts im Team	

Anhang 5

Abb. 6: Anforderungen an die wissenschaftliche Hausarbeit zur Konzeption und Durchführung von Lernaufgaben.

- Theoretischer Teil zur Kompetenzorientierung und Aufgabenorientierung im Fremdsprachenunterricht, zum Konzept der Lernaufgabe und zu den Teilkompetenzen, auf deren Förderung die Unterrichtseinheit schwerpunktmäßig abzielt,
- Praktischer Teil zur Umsetzung im Unterricht, mit folgenden Bestandteilen:
- einem Gesamtüberblick über die Unterrichtseinheit,
- für jede Lernaufgabe Angaben zu: Jahrgangsstufe, Lernjahr, angezieltes Kompetenzniveau, Thema/Inhalt/Aktivitäten, Förderung welcher Teilkompetenz, Bezug zum Bremer Bildungsplan, auf die Ebene der Unterrichtsstunde konkretisierte *can-do-statements*, methodisches Vorgehen;
- eine Analyse der Lernaufgaben nach den Kriterien von Caspari/Kleppin (2008);
- die Darstellung der Durchführung der Lernaufgaben im Unterricht (Analyse der Abweichungen zwischen Planung und tatsächlichem Verlauf);
- Anhang: ein Formular mit Angaben zur Lernaufgabe, das Schülermaterial, Verlaufsplan, didaktisch-methodische Hinweise für Lehrkräfte.

Anhang 6

Abb. 7: Gliederungsvorschlag für den Forschungsbericht (in Anlehnung an Fichten/ Meyer 2009: 52).

1. Erkenntnisinteresse
- Ziele und Absichten: Wer war warum daran interessiert? Welches Ziel war damit verbunden? Was sollte erreicht/beeinflusst/verändert werden? Warum?
2. Fragestellung
- Problemdefinition, Wie lautet die Fragstellung? Welche Relevanz hat es für die Praxis?
3. Theorie
- Definition der zentralen Begriffe und Konzepte, Erläuterung ihrer Hauptmerkmale
4. Empirie
4.1 Methoden (Begründung der Methodenwahl, Entwicklung der methodischen Instrumente, z.B. Fragebogen, Leitfaden für Interview)
4.2 Vorgehen (Ablauf/Phasen der Untersuchung)
4.3 Datenerhebung: Wie wurden welche Daten gesammelt? Welche Randbedingungen waren gegeben? Welche Schwierigkeiten gab es bei der Datenerhebung, usw.?
4.4 Datenaufbereitung: Wie wurden die Daten aufbereitet?
4.5 Datenauswertung: Wie wurde ausgewertet? (Vorgehen, Verfahren, Auswertungsschritte)
4.6 Ergebnisse
- Übersichtliche Darstellung der Ergebnisse, Rückbezug auf die Fragestellung: Geben die Ergebnisse eine Antwort auf die Fragestellung?
5. Konsequenzen
Welche Konsequenzen ergeben sich aus den Ergebnissen? Welche Handlungsmöglichkeiten lassen sich aufzeigen? Was sollte verändert/verbessert werden?
6. Reflexion
- Abschließende Reflexion und Bewertung des gesamten Prozesses, Was bleibt offen? Welche weiteren Forschungen wären angebracht? Was könnte wie bei einer weiteren Forschung zu dieser Frage verbessert werden?

II. Aktionsforschungsprojekte

Alina Kramer / Jenny Moller / Antje Peters

Gestatten Lernaufgaben den Schüler/innen, auf ihrem Leistungsniveau zu arbeiten?

1. Einleitung

Das Bremer Schulbegleitforschungsnetzwerk „Fördern durch Aufgabenorientierung", an dem die Didaktik der romanischen Sprachen der Universität Bremen, das Landesinstitut für Schule in Bremen (LIS) und vier Bremer Schulen beteiligt waren, setzte sich mit der Frage auseinander, inwieweit der Ansatz der Aufgabenorientierung dazu beitragen kann, die im Bremer Bildungsplan für den Französisch- und Spanischunterricht der Sekundarstufe I festgeschriebenen Kompetenzen zu fördern (vgl. Bechtel 2015b in diesem Band). Im Rahmen des Netzwerks wurde im Schuljahr 2009/10 von unserem Team, das sich aus drei Studentinnen des lehramtsbezogenen *Master of Education* Französisch der Universität Bremen und einer Französischlehrkraft zusammensetzte, in einer 7. Klasse einer Gesamtschule mit Französisch als zweiter Fremdsprache ein Aktionsforschungsprojekt durchgeführt. Unser Erkenntnisinteresse bestand darin zu erfahren, ob Lernaufgaben, die dem Bremer Bildungsplan genügen, auch der Heterogenität des Leistungsniveaus der Schüler/innen gerecht werden (Janhsen/Moller/Trandafir 2010b)[1]. Als Basis konzipierten wir eine Unterrichtseinheit im Umfang von zehn Doppelstunden, die aus drei Lernaufgaben bestand. Sie sollte der Förderung des Leseverstehens, des Hörverstehens und Sprechens sowie des Schreibens dienen; darüber hinaus sollte mit ihr der Umgang mit authentischem Material bzw. authentischen Situationen geschult werden (vgl. Janhsen/Moller/Trandafir 2010a).

Die Lernaufgaben wurden in Zusammenarbeit mit der Lehrkraft entwickelt; das Besondere des vorliegenden Projekts ist, dass die Studentinnen in Anwesenheit der Lehrkraft die Erprobung der Lernaufgaben im Unterricht selbst übernahmen. Die Lehrkraft beobachtete den Unterricht und stand den Schülerinnen und Schülern als Beraterin zur Seite. Die Datenerhebung, -aufbereitung und -auswertung für das Aktionsforschungsprojekt lag in der Verantwortung der Studentinnen. Vorbereitet und begleitet wurde das Projekt durch eine fachdidaktische

---

1 Zwei Nachnamen haben sich mittlerweile durch Heirat geändert: aus Janhsen wurde Peters, aus Trandafir wurde Kramer.

Veranstaltung zur Kompetenz- und Aufgabenorientierung sowie einer „Einführung in die schulische Aktionsforschung" (vgl. Bechtel 2015c in diesem Band). Es sei darauf hingewiesen, dass keine der am Projekt Beteiligten Vorerfahrung mit der Konzeption von Lernaufgaben sowie der Planung und Durchführung von Aktionsforschungsprojekten hatte.

Der Beitrag ist in vier Teile gegliedert. Zunächst werden die Ausgangslage und das Erkenntnisinteresse erläutert. Im Anschluss stellen wir die Konzeption der drei Lernaufgaben vor. Bei der Beschreibung der empirischen Untersuchung gehen wir ausgehend von der Forschungsfrage auf die Methoden der Datenerhebung, -aufbereitung und -auswertung ein. Ausgewählte Ergebnisse werden in Form eines Fallbeispiels präsentiert. Der Beitrag schließt mit der Zusammenfassung der zentralen Erkenntnisse des Aktionsforschungsprojekts.

2. Ausgangslage und Erkenntnisinteresse

Das Projekt fand in einer Gesamtschule statt, in der Schüler/innen mit heterogenen Lernvoraussetzungen bewusst gemeinsam unterrichtet werden. Die didaktisch-methodische Antwort auf die Heterogenität von Schulklassen wird im Allgemeinen in Maßnahmen zur Differenzierung und Individualisierung gesehen (Trautmann/Wischer 2011, Hallet 2011, Küster im Druck). Heterogen kann eine Lerngruppe u.a. hinsichtlich Leistungsniveau, Lerntempo, Interesse oder Geschlecht sein. Differenzierungsmaßnahmen können sich im Einsatz unterschiedlicher Aufgaben, Materialien, Sozialformen, Hilfsmittel usw. konkretisieren (vgl. Kuty 2009, Caspari/Holzbrecher im Druck). In unserem Fall ging es vorrangig um Leistungsheterogenität.

Wie bereits erwähnt, interessierte es die Lehrkraft zu erfahren, ob der Ansatz der Aufgabenorientierung, in deren Zentrum Lernaufgaben stehen, der Heterogenität des Leistungsniveaus innerhalb ihrer Lerngruppe gerecht werden kann. Was haben Lernaufgaben aber mit Heterogenität und Differenzierung zu tun?

Zur methodischen Umsetzung des Prinzips der Kompetenzorientierung wird seit der Einführung der Bildungsstandards für die erste Fremdsprache Englisch/ Französisch auf den Ansatz der Aufgabenorientierung zurückgegriffen (Bausch et al. 2006, Hallet 2011, Hu/Leupold 2008, Leupold 2007). Ziel des insgesamt recht heterogenen Ansatzes ist es, dass Lerner durch die Konfrontation mit realen Kommunikationsanforderungen im Unterricht (dies beinhaltet auch den Umgang mit authentischen Materialien) Sprache als Kommunikationsmittel erfahren, um sich als „sie selbst" auszudrücken (Müller-Hartmann/Schocker v. Ditfurth 2005: 5). Dafür sind Lernaufgaben nötig, also komplexe, inhaltsorientierte, kommunikative Aufgaben, bei denen die Schüler/innen ein Problem lösen müssen (Leupold

2007: 111, Mertens 2010). Der Bezug zwischen Lernaufgabe und Differenzierung besteht darin, dass eine Lernaufgabe durch eine gewisse Offenheit gekennzeichnet ist, die es den Schülerinnen und Schülern gestattet, sie sprachlich und inhaltlich unterschiedlich, ihrem Leistungsniveau entsprechend, zu bearbeiten und zu lösen. Während die Leistungsschwächeren es mit einfachen sprachlichen Mitteln tun, gehen die Leistungsstärkeren sprachlich elaborierter vor. Lernaufgaben gehören zu den Formaten, „(...) die Lernmöglichkeiten für eine größere Bandbreite von Lernwegen und Neigungen eröffnen, einzelne Lernende aber nicht oder nur in begrenztem Maße auf die Beschreitung bestimmter Wege festlegen" (Hallet 2011: 87). Vom Anspruch her könnte man eine Lernaufgabe daher als „selbstdifferenzierend" bezeichnen (vgl. Caspari/Holzbrecher im Druck). Voraussetzung für eine Differenzierung ist allerdings eine gewisse Selbstständigkeit und methodisches Können seitens der Schülerinnen und Schüler. Das macht auch Willis (1996), eine bedeutende Vertreterin der Aufgabenorientierung, deutlich (vgl. Carstens 2005: 10–12), die den aufgabenorientierten Lerner als einen Lerner sieht, der selbstständig auf ein Ergebnis hin arbeitet und die ihm gestellte Aufgabe gemäß seines Wissens und Könnens zu bewältigen sucht. Dabei erkennt er idealerweise selbst, welche sprachlichen Mittel und Kompetenzen ihm fehlen, um in der weiteren Bearbeitung der Lernaufgabe an diesen Defiziten individuell zu arbeiten. Wichtig bei Lernaufgaben ist, dass es nur ein Mindestziel gibt, nämlich die Bewältigung der kommunikativen Situation, nicht aber vorgegeben wird, auf welchem Weg und mit welchen sprachlichen Mitteln die Schüler/innen dies tun sollen.

Das Erkenntnisinteresse der Lehrkraft, das sich auf das Potenzial von Lernaufgaben zur Selbstdifferenzierung bezog, führte zur Formulierung folgender Forschungsfrage: Gestatten Lernaufgaben (zur Förderung der Teilkompetenzen Leseverstehen, Hörverstehen, Sprechen und Schreiben) den Schülerinnen und Schülern, auf ihrem jeweiligen Leistungsniveau zu arbeiten? Dabei zu berücksichtigen ist, dass innerhalb der Lernaufgaben keine differenzierenden Hilfsmittel vorgesehen waren.

Im Folgenden stellen wir die von uns konzipierten Lernaufgaben vor, die im Unterricht eingesetzt wurden, und die Basis für das Aktionsforschungsprojekt bildeten.

3. Empirische Untersuchung

Zunächst stellen wir den Lehr-Lern-Kontext vor, in dem das Projekt stattfand. Im Anschluss gehen wir auf zentrale Aspekte bei der Konzeption von Lernaufgaben ein und stellen vor dem Hintergrund der Rahmengeschichte die drei Lernaufgaben vor.

3.1 Lehr-Lern-Kontext

Konzipiert wurde die Unterrichtseinheit für eine 7. Klasse einer Gesamtschule, die Französisch als zweite Fremdsprache ab Klasse 6 gewählt hatte und sich demnach im zweiten Lernjahr befand. Die Lerngruppe setzte sich aus elf Mädchen und fünf Jungen aus vier unterschiedlichen Klassen zusammen, drei kamen zudem von einer benachbarten Schule. In der Gruppe befanden sich zwei Lerner mit türkischem und ein Lerner mit französischem Migrationshintergrund. Nach Auskunft der Lehrkraft war das Leistungsniveau innerhalb der Lerngruppe sehr heterogen. Es gab wenige Schüler/innen, denen sie gute bis sehr gute Sprachkenntnisse attestierte, ein breites Mittelfeld, aber auch viele, die erhebliche Schwierigkeiten hatten, die französische Sprache anzuwenden. Zum Zeitpunkt der Durchführung der Unterrichtseinheit hatte die Klasse die Arbeit mit dem ersten Band des Lehrwerkes *Tous ensemble* (Gruber et al. 2005) beendet.

3.2 Zur Konzeption von Lernaufgaben

Bei der Konzeption der Lernaufgaben mussten drei Aspekte berücksichtigt werden. Erstens mussten die Lernaufgaben auf mindestens eine Könnens-Erwartung des Bremer Bildungsplans für die Gesamtschule Französisch/ Spanisch als zweite Fremdsprache abzielen (Senator für Bildung und Wissenschaft der Freien Hansestadt Bremen 2006), zweitens den Kriterien für Lernaufgaben entsprechen, und drittens einen Vorschlag zur methodischen Einbettung in den Unterricht enthalten.

Was die Kriterien für Lernaufgaben angeht, bezogen wir uns auf die von Caspari/Kleppin (2008: 137ff.) aufgestellten. Danach zielt eine Lernaufgabe darauf ab, eine Teilkompetenz isoliert oder in Kombination mit anderen Teilkompetenzen zu fördern; sie löst anspruchsvolle Lernprozesse aus; sie spricht die Schüler/innen als ganzheitliche und soziale Wesen an, d.h. sie nimmt sie als Individuen wahr und knüpft an deren Vorwissen an; nicht die sprachlichen Mittel stehen im Fokus sondern der Inhalt; sie stößt eine realitätsähnliche Sprachverwendung an, d.h. der Kommunikationsanlass ist so gewählt, dass er auch außerhalb der Schule vorkommen könnte; das in ihr angesprochene Thema ist für die Schüler/innen relevant; die Aufgabenstellung ist für die Schüler/innen bedeutsam; das zugrunde liegende Material ist authentisch und aktuell; sie ist auf das Niveau der Schüler/innen abgestimmt, um eine Überforderung zu vermeiden; schließlich ist sie ergebnis- bzw. produktorientiert.

Bei der Frage, wie die Lernaufgabe konzeptuell in den Unterrichtsverlauf eingebettet werden soll, griffen wir bei einer Aufgabe auf das Modell von Willis (1996), bei den beiden anderen Aufgaben auf das Modell von Leupold (2008) zurück. Nach dem Modell von Willis (1996: 38) lässt sich aufgabenorientierter Unterricht in drei Phasen einteilen: eine *pre-task*-Phase, einen *task-cycle* und eine *language focus*-Phase. In der *pre-task*-Phase wird in das Thema eingeführt sowie die Kommunikationssituation und der damit verbundene *task* vorgestellt. Der *task-cycle* gliedert sich in die Unterphasen *task*, *planning* und *report*. In der *task*-Phase sollen die Schüler/innen den *task* in Einzel- oder Partnerarbeit bearbeiten, und zwar mit den Fremdsprachenkenntnissen, über die sie gerade verfügen. Es entsteht dadurch bereits relativ früh eine erste kurze Anwendungssituation, die dazu dient, sich in der Fremdsprache auszuprobieren. Im *planning* haben die Schüler/innen die Gelegenheit, den *task* nachzubereiten, indem sie ihn sprachlich und inhaltlich überarbeiten und für eine spätere Präsentation vor der Klasse proben. Während es in der *task*-Phase um die Flüssigkeit geht, wird im *planning* an der sprachlichen Korrektheit gearbeitet. Im *report* bekommen einige Schüler/innen die Gelegenheit, den *task* in der Klasse vorzuführen, was einer zweiten Anwendungssituation gleichkommt. Hier ist es die Aufgabe der Lehrkraft, eine möglichst taktvolle und positive Rückmeldung zu geben sowie die vorgestellten Ergebnisse zusammenzufassen. Die *report*-Phase kann auch als Realsituation im Kontakt mit Muttersprachlern gestaltet werden (*real-time conversation*), in Form einer direkten Kommunikation oder einer indirekten mit Hilfe neuer Medien (E-Mail oder Skype). Auf die *report*-Phase folgt ein *language focus*, bei dem die Aufmerksamkeit auf die im *report* beobachteten sprachlichen Fehler gelenkt und ggf. Übungen angeboten werden.

Leupold (2008), der am Modell von Willis kritisiert, dass die frühe Anwendungsphase die Schüler/innen überfordere, schlägt ein Unterrichtsmodell vor, das Zwischenschritte mit gestuften Anforderungen enthält, mit denen die Lernenden allmählich auf die Zielaufgabe vorbereitet werden. Sein Modell sieht eine Abfolge von Übung, „Lernaufgabe vom Typ 1" und „Lernaufgabe vom Typ 2" vor. Ziel der Übungen ist der sichere Umgang mit sprachlichen Strukturen sowie die gezielte Ausbildung bestimmter sprachlicher Fertigkeiten, die für die spätere Bewältigung der Lernaufgabe benötigt werden. Das in den Übungen angeeignete Wissen bildet eine Grundlage, auf die die Schüler/innen im weiteren Verlauf zurückgreifen können. Während die Übung außerhalb eines situativen Kontextes steht, werden die zuvor eingeübten sprachlichen Strukturen bei der Lernaufgabe vom Typ 1 in einen situativen Kontext eingebettet; gleichzeitig bleiben die Lerneraktivitäten noch relativ stark gelenkt. Die Lernaufgabe vom Typ 2, die die Endstufe in Leupolds Modell bildet, ist dadurch gekennzeichnet, dass das Anwendungsfeld inhaltlich geöffnet wird und die Schüler/innen die Möglichkeit bekommen, selbstständig in freier Form sprachlich zu agieren, wobei der Lösungsweg nicht vorgegeben ist. Am Ende dieses Aufgabentyps steht in der Regel eine Präsentation oder ein Produkt.

Im Folgenden gehen wir nach einem Überblick über die Unterrichtseinheit auf unsere drei Lernaufgaben ein, machen dabei den Bezug zum Bremer Bildungsplan deutlich, erläutern das methodische Vorgehen und analysieren das Potenzial der Lernaufgaben anhand der Kriterien von Caspari/Kleppin (2008).

3.3 Unterrichtseinheit mit drei Lernaufgaben

Die kompetenz- und aufgabenorientierte Unterrichtseinheit heißt „*Rédaction d'un guide touristique pour les jeunes*" und hatte die Erstellung eines Exkursionsführers für einen Schüleraustausch in der Partnerstadt zum Ziel. Als situativen Rahmen sollten sich die Schüler/innen eine Redaktion vorstellen, in der sie als Journalisten arbeiten. Von der „Chefredaktion" (wir Studentinnen und die Lehrkraft) erhielten sie den Auftrag, einen Exkursionsführer anzufertigen, der sich speziell an Jugendliche richtet. Dafür wurde der Klassenraum zum Redaktionsraum (*salle de rédaction*) umgewandelt, der benachbarte Computerraum zum Rechercheraum (*salle de recherche*). Die Unterrichtseinheit sah folgendes Szenario vor: In einem ersten Schritt sollten die Schüler/innen auf der Homepage der Partnerstadt nach Themen für den Exkursionsführer suchen, sich in Gruppen einem der Themen zuordnen und aus ausgewählten *websites* erste Informationen zu ihrem jeweiligen Thema entnehmen. In einem zweiten Schritt sollten sie ihre Suche erweitern, indem sie zum einen ein Telefongespräch mit einer Mitarbeiterin des Tourismusbüros führen, zum anderen eine E-Mail an eine weitere Einrichtung oder an einen Bewohner der Stadt schreiben. Der dritte Schritt sah vor, die Erfahrungen, ob sprachlicher, inhaltlicher oder methodischer Natur, in der Klasse zu reflektieren. Im vierten Schritt sollten die Schüler/innen die Informationen in Kleingruppen zusammentragen und die Texte zu den jeweiligen Themen schreiben, mit Bildern, Fotos usw. ausgestalten und ihr Ergebnis vor der Klasse präsentieren. Als Abschluss stellte die „Chefredaktion" aus den Einzeltexten den Exkursionsführer zusammen.

3.3.1 Lernaufgabe zur Förderung des Leseverstehens

Im Mittelpunkt der Lernaufgabe I („*Des textes authentiques? Pas de problème!*") standen Leseverstehensstrategien, die den Schülerinnen und Schülern ermöglichen sollten, trotz ihrer noch geringen Fremdsprachenkenntnisse authentische Texte global und selektiv zu verstehen.

Schwerpunktmäßig zielte sie auf die im Bremer Bildungsplan für die Sekundarschule Französisch/Spanisch als zweite Fremdsprache für diese kommunikative

Teilkompetenz festgeschriebene Könnens-Erwartung am Ende der Jahrgangsstufe 7/8, „einfachen, möglichst authentischen Materialien außerhalb ihres Lehrbuchs globale und spezifische Informationen entnehmen" zu können (Senator für Bildung und Wissenschaft der Freien Hansestadt Bremen 2006: 15).

Bei der Konzeption der Lernaufgabe war zu berücksichtigen, dass die Schüler/innen bis zu diesem Zeitpunkt, abgesehen von wenigen Ausnahmen, ausschließlich mit didaktisierten Lehrbuchtexten gearbeitet hatten, und im Umgang mit freien Arbeitsformen im Französischunterricht auf nur sehr geringe Vorerfahrungen zurückgreifen könnten. Bei der Konzeption lehnten wir uns an das Modell von Leupold (2008) an, wichen aber von der dreischrittigen Abfolge ab, da wir auf eine Übung verzichteten. Nach der Vorstellung der Zielaufgabe sah die Konzeption vor, einen Ausschnitt einer Homepage in einer begrenzten Zeit von einer Minute zu überfliegen und zu bestimmen, welche Textsorte vorliegt und um welches Thema es geht. Mit der Zeitbegrenzung sollte erreicht werden, dass keine Zeit bleibt, den Text Wort für Wort zu lesen, sondern die Strategie des orientierenden Leseverstehens anzuwenden. Die Aufgabe entspricht einer Lernaufgabe vom Typ 1 nach Leupold (2008), da ein situativer Rahmen gegeben, die Lerneraktivität jedoch noch relativ stark gelenkt ist. Nach einer Reflexionsphase auf Deutsch über die eingesetzten Strategien folgt eine weitere Lernaufgabe vom Typ 1, diesmal geht es um das selektive Leseverstehen. Fragegeleitet sollen die Schüler/innen aus dem Text bestimmte Informationen heraussuchen. In einer weiteren Aufgabe sollen sie sich mit dem Aufbau der Homepage des Tourismusbüros der Partnerstadt beschäftigen. Die letzte Aufgabe kann als Lernaufgabe vom Typ 2 nach Leupold (2008) gelten, da die Schüler/innen aufgefordert werden, selbstständig auf der Homepage des Tourismusbüros Themen zu suchen, die für sie relevant sind und in Form von Schlüsselwörtern zu notieren, um sie anschließend der Klasse vorzustellen.

3.3.2 *Lernaufgabe zur Förderung des Hörverstehens und Sprechens*

Bei der Lernaufgabe II („*Demander un renseignement. Une communication téléphonique*") ging es um das Führen eines Telefongesprächs mit dem Tourismusbüro, bei dem die Schüler/innen nach Informationen zu ihrem Thema fragen sollten (Anhang 1). Im Vordergrund stand die Förderung des Hörverstehens und des dialogischen Sprechens. Die Lernaufgabe zielte auf die im Bremer Bildungsplan festgeschriebenen Könnens-Erwartungen, „kurze Dialoge in deutlich gesprochener Sprache über geläufige Sachverhalte (zu) verstehen" sowie „einfache Fragen (zu) stellen und (zu) beantworten, sofern es sich um unmittelbar notwendige

Dinge und sehr vertraute Themen handelt" (Senator für Bildung und Wissenschaft der Freien Hansestadt Bremen 2006: 15).

Konzipiert wurde die Lernaufgabe nach dem Modell von Willis (1996: 38). In der *pre-task*-Phase sollten die Schüler/innen ihr Vorwissen zum Thema „Telefonieren" aktivieren und im Anschluss einer Weiterleitungsnachricht selektiv Informationen entnehmen. Die *task*-Phase war als Simulation eines Telefongesprächs in Partnerarbeit geplant, wobei einer die Rolle eines Mitarbeiters des Tourismusbüros übernehmen und der andere sich selbst spielen sollte. In der *planning*-Phase war vorgesehen, dass die Schülerpaare ihren Dialog inhaltlich und sprachlich überarbeiten und proben. Als Unterstützungsmaterial bekamen die Schülerpaare auf zwei Arbeitsblättern zum einen die Struktur eines solchen Telefongesprächs in Form eines „Handlungsgeländers", zum anderen eine Übung zu Redemitteln zum Ausdruck von Nichtverstehen oder der Bitte, langsamer zu sprechen. Die *report*-Phase sollte nicht wie üblich als Präsentation vor der Klasse stattfinden, sondern in diesem Fall als eine *real-time-conversation*, bei der die einzelnen Lerner ihre erworbenen Kenntnisse anwenden sollten, indem sie real mit dem Tourismusbüro telefonieren. Im *language focus* war geplant, die erfahrenen Schwierigkeiten zu analysieren und aufzuarbeiten.

3.3.3 Lernaufgabe zur Förderung des Schreibens

Ziel der Lernaufgabe III war das adressatengerechte Verfassen einer E-Mail auf Französisch, um Information zu einem bestimmten Thema zu erfragen. Sie zielt auf eine Könnens-Erwartung des für die Lerngruppe relevanten Bremer Bildungsplans ab, wonach die Schüler/innen am Ende der Jahrgangsstufe 7/8 „sehr einfache persönliche Briefe, Postkarten und E-Mails adressaten- und situationsgerecht verfassen" können sollen (Senator für Bildung und Wissenschaft der Freien Hansestadt Bremen 2006: 15).

Die Lernaufgabe wurde nach dem Modell von Leupold (2008) konzipiert. Der Lernaufgabenparcours begann mit einer Übung, bei der die Schüler/innen in einer authentischen französischen E-Mail die Struktur (Wer ist Sender, wer Empfänger?) erkennen und typische Redemittel (Gruß- und Abschiedsformeln) heraussuchen sollten. In der Lernaufgabe vom Typ 1 nach Leupold (2008) verlagerte sich der Schwerpunkt auf die inhaltliche Ebene. Die Schüler/innen fanden sich in ihren Themengruppen zusammen und sollten gelenkt durch drei Leitfragen überlegen und notieren, welche Informationen sie erfragen möchten, von wem sie die Informationen bekommen könnten und ob dazu eine formelle oder informelle E-Mail nötig ist. Im Anschluss war vorgesehen, dass die Gruppen im Computerraum in einer Lernaufgabe vom Typ 2 nach Leupold (2008) ihre E-Mail tippen und versenden (Anhang 2). Um alle Gruppenmitglieder in den Schreibprozess zu integrieren, sollten die Aufgaben innerhalb der Gruppe verteilt werden. Die Schüler/innen wurden dazu angeregt, den Schreibprozess innerhalb der Gruppe zu koordinieren und kleine Aufgaben untereinander aufzuteilen (Wer tippt, wer sucht die Adresse des Empfängers, wer hilft bei der Formulierung und Korrektur?).

3.3.4 Analyse der Kriterien für Lernaufgaben

Im Folgenden werden die drei Lernaufgaben daraufhin analysiert, inwiefern sie den Kriterien von Lernaufgaben nach Caspari/Kleppin (2008) entsprechen.

Alle drei Lernaufgaben (im Folgenden LA) zielen schwerpunktmäßig auf die Förderung einer Teilkompetenz (Kriterium 1): LA I fördert das Leseverstehen, LA II das Hörverstehen und Sprechen, LA III das Schreiben.

Sie lösen alle anspruchsvolle Lernprozesse aus (Kriterium 2): Beim Verstehen authentischer *websites* in LA I müssen adäquate Leseverstehens- und Worterkennungsstrategien angewendet werden; bei LA II erfordert die reale Gesprächssituation, Gesagtes zu verstehen und spontan darauf zu reagieren; bei LA III wird verlangt, schriftlich in einer neuen Textsorte Fragen adressatengerecht und verständlich zu formulieren.

Die LA sprechen die Lerner als soziale und ganzheitliche Individuen an (Kriterium 3), denn sie können als sie selbst agieren, wenn sie für sie relevante Themen aus der Homepage herausfiltern (LA I) und zu diesen Themen Informationen mündlich (LA II) bzw. schriftlich (LA III) erfragen.

In allen Lernaufgaben hat die sprachliche Form nur dienende Funktion. Es geht vorrangig um die inhaltliche Lösung von Kommunikationssituationen (Kriterium 4), die so ähnlich auch in der Realität vorkommen könnten (Kriterium 5), wie das Recherchieren auf einer Homepage (LA I), das Führen eines Telefongesprächs (LA II), das Schreiben einer formellen E-Mail (LA III).

Die Relevanz der Thematik (Kriterium 6) ist gegeben, da die LA in Zusammenhang mit einem Austausch stehen, an dem die Lerner in naher Zukunft teilnehmen werden.

Bei der Frage, ob die Aufgabestellung bedeutsam ist (Kriterium 7), muss zwischen den LA unterschieden werden. *Websites* nach Informationen abzusuchen und dabei Leseverstehensstrategien anzuwenden, ist eine Aufgabe, die die Lerner aus ihrem Alltag kennen (LA I); ein Telefongespräch zu führen, um Informationen zu bestimmten Themen zu erfragen, scheint im Zeitalter des Internet dagegen eher unüblich (LA II); eine schriftliche Anfrage per Mail ist wiederum als durchaus bedeutsam zu erachten und auf andere Themen übertragbar (LA III).

Den LA liegt authentisches, aktuelles Material zugrunde (Kriterium 8). In LA I ist es die offizielle Homepage der Partnerstadt; in LA III sind es E-Mails von Muttersprachlern, die als Analyseobjekt und Modell dienen; in LA II ist es die offizielle Telefonansage der Homepage des Tourismusbüros und die Gesprächsbeiträge des muttersprachlichen Mitarbeiters des Tourismusbüros beim realen Telefongespräch.

Bei der Frage, ob die LA dem Niveau der Lerner entsprechen (Kriterium 9), sind die ersten beiden LA kritisch zu sehen. Der Lernparcours sieht zwar eine Vorbereitung auf die zentrale LA vor, die auf das Niveau der Lerner abgestimmt ist; die Anforderungen der zentralen LA könnten einige Lerner aber überfordern. In LA I könnte dies an der hohen Anzahl unbekannter Wörter liegen, mit der die Lerner auf den authentischen Websites konfrontiert werden. Bei LA II scheint in der Vorbereitungsphase die Simulation des Telefongesprächs in Partnerarbeit durch die Unterstützungsmaßnahmen durchaus lösbar; der Schritt zur spontanen Anwendung in einer realen Sprechsituation am Telefon ohne visuelle Hilfen könnte sich für einige Lerner allerdings als zu groß erweisen. LA III scheint dagegen durch die schrittweise Heranführung und das Bereitstellen von Fertigformeln dem Niveau zu entsprechen, zumal es sich bei der freien Anwendung um die Teilkompetenz Schreiben handelt, bei der die Schüler/innen mehr Zeit haben als beim dialogischen Sprechen und der Rückgriff auf Hilfen erlaubt ist.

Alle drei LA sind schließlich produkt- bzw. ergebnisorientiert (Kriterium 10): Bei LA I stellen die Lerner ihre Rechercheergebnisse in der Klasse vor; bei LA II besteht das Ergebnis in einem erfolgreich in der Fremdsprache geführten Telefongespräch; bei LA III ist das Produkt eine in der Fremdsprache verfasste und abgeschickte E-Mail.

4. Empirische Untersuchung

Im Folgenden stellen wir ausgehend von der Forschungsfrage das forschungsmethodische Vorgehen sowie Ergebnisse in Form eines Fallbeispiels vor.

4.1 Forschungsfrage

Das Erkenntnisinteresse der Lehrkraft nach dem selbstdifferenzierenden Potenzial von Lernaufgaben wurde von unserem Team in folgender Forschungsfrage konkretisiert: Gestatten Lernaufgaben zur Förderung der Teilkompetenzen Leseverstehen, Hörverstehen und Sprechen sowie Schreiben den Schülerinnen und Schülern, auf ihrem jeweiligen Leistungsniveau zu arbeiten? Dahinter stand die Annahme, dass die Lernaufgabe wegen ihrer Offenheit den Schülerinnen und

Schülern, egal auf welchem Niveau sie sich befinden, die Möglichkeit bietet, sich in den jeweiligen Kompetenzen weiterzuentwickeln. Insofern ist die Forschungsfrage in folgendem Sinn zu verstehen: Konnten sich die Schüler/innen, ausgehend von ihrem selbst eingeschätzten Kompetenzniveau, bei den kommunikativen Kompetenzen durch die Bearbeitung von Lernaufgaben in diesen Kompetenzen aus ihrer Sicht verbessern?

4.2 Forschungsmethodisches Vorgehen

Die Forschungsfrage sollte mit Hilfe eines Selbsteinschätzungsbogens beantwortet werden, der zu Beginn des Projekts und nach der Bearbeitung der drei Lernaufgaben am Ende des Projekts von den Schülerinnen und Schülern ausgefüllt werden sollte. Einer gleichen Personengruppe wurde also das gleiche Instrument zu zwei verschiedenen Zeitpunkten vorgelegt. Beide Fragebögen waren standardisiert (vgl. Hagmüller 1979: 94) und in beiden wurde eine Selbstbeurteilung (vgl. Kallus 2010: 101) des Könnens-Niveaus hinsichtlich der kommunikativen Teilkompetenzen Leseverstehen, Hörverstehen, Sprechen und Schreiben erbeten. Ein Teil der Items orientierte sich an den Könnens-Beschreibungen des Gemeinsamen Europäischen Referenzrahmens (Europarat 2001) zu den jeweiligen Teilkompetenzen; der andere Teil bezog sich konkret auf die in der jeweiligen Lernaufgabe angezielten Könnens-Beschreibungen (Anhang 3). Beim Ankreuzen konnte zwischen vier Kategorien gewählt werden, die von „Das kann ich schon sehr gut!" über „Das kann ich gut!", „Das kann ich noch nicht so gut!" bis „Das kann ich noch gar nicht!" reichten.

Durch die Gegenüberstellung der Antworten im Vorher- und Nachher-Fragebogen bei den Items, die sich unmittelbar auf die Lernaufgabe beziehen, sollte ermittelt werden, wie der individuelle Kompetenzzuwachs nach Bearbeitung der Lernaufgabe seitens der Schüler/innen eingeschätzt wurde. Die Einschätzung des individuellen Kompetenzzuwachses sollte an der Differenz zwischen den Antwortkategorien abgelesen werden. Um die Differenz anschaulich darzustellen, wurden die Antworten ausgezählt und in eine *Excel*-Tabelle eingespeist. Daraus wurde eine Grafik erstellt, die einen Überblick über die Einschätzung der gesamten Klasse zu jedem Item vor und nach der Bearbeitung der Lernaufgaben gibt.

Unsere Annahme bestand darin, dass die Schüler/innen durch die Bearbeitung der Lernaufgabe in der jeweiligen Kompetenz nach ihrem subjektiven Eindruck gefördert wurden, und sie sich daher bei den auf die Lernaufgabe bezogenen *can-do-statements* ausgehend von ihrer jeweiligen Leistungseinschätzung nachher besser einschätzen als vorher. Das Ergebnis der Gesamtauswertung, in die alle Schülerantworten eingeflossen sind, widersprach jedoch bei einigen *can-do-statements* unserer Annahme. Bei Item 19 („Ich kann einfache Texte auf Französisch zu verschiedenen Themen im Wesentlichen verstehen, auch wenn ich nicht alle Wörter kenne") waren es im Vorher-Fragebogen die Hälfte der Lerner, die „Das kann ich schon sehr gut!" ankreuzten, im Nachher-Fragebogen waren es nur noch 38,5% (Anhang 4).

Dieses für uns kontra-intuitive Ergebnis veranlasste uns, die Einschätzungen einzelner Schülerinnen und Schüler genauer zu analysieren und nach den Gründen für die Veränderung in der Selbsteinschätzung zu suchen. Dazu war es nötig, die Datenerhebungsinstrumente zu erweitern. Wir entschieden uns für problemorientierte Einzelinterviews (Friebertshäuser 1997, Flick 2002) sowie die Auswertung unserer teilnehmenden Beobachtung während der Unterrichtseinheit (Kromrey 2006, Flick 2002) und von Videodaten, die ursprünglich dazu gedacht war, das Projekt als Ganzes zu dokumentieren. Die Auswahl fiel auf drei Lernende, bei denen wir Auffälligkeiten in den Fragebögen feststellten. Das Interview wurde als Einzelinterview durchgeführt und transkribiert. Die Auswertung erfolgte in Anlehnung an das „Pragmatische Mischmodell der qualitativen Inhaltsanalyse" von Meyer/Fichten (2009: 47), bei dem Sequenzen thematisch erfasst, paraphrasiert und kodiert werden. Von der Triangulation der unterschiedlichen Daten erhofften wir uns, vertiefte Erkenntnisse zu unserer Forschungsfrage zu gewinnen.

4.3 Darstellung der Ergebnisse

Bei der Darstellung der Ergebnisse beschränken wir uns aus Platzgründen auf eines der Fallbeispiele. Es geht um die 13-jährige Schülerin Lena[2], die von der Lehrkraft im Vorfeld der Untersuchung hinsichtlich des Leistungsniveaus als eher schwach eingestuft wurde.

Untersucht wurde, ob die Lernaufgaben zur Förderung der Teilkompetenzen Leseverstehen, Hörverstehen, Sprechen und Schreiben der Schülerin gestatteten, auf ihrem Niveau zu arbeiten. Die Darstellung beginnt mit den Ergebnissen der Selbsteinschätzung zu den jeweiligen Teilkompetenzen im Vorher- und Nachher-Fragebogen. Anschließend werden diese mit den Erkenntnissen aus dem Interview, der teilnehmenden Beobachtung und der Videografie trianguliert.

Im Bereich des Leseverstehens, das schwerpunktmäßig mit der Lernaufgabe I gefördert werden sollte, schätzte die Schülerin im Fragebogen bei den Items 16, 17, 18 und 21 ihr Kompetenzniveau vor und nach der Bearbeitung der Lernaufgabe gleich ein (Anhang 5). Das überrascht nicht, denn die mit diesen Items verbundenen Aspekte der Leseverstehens-Kompetenz waren nicht Gegenstand

2 Es handelt sich um ein Pseudonym.

der Lernaufgabe. Lediglich die Items 19, 22 und 23 beziehen sich konkret auf die Lernaufgabe. Und genau bei diesen war eine Veränderung in der Einschätzung festzustellen. Wie bereits erwähnt, vermuteten wir, dass durch die Bearbeitung der Lernaufgaben die jeweilige Kompetenz geübt wird und sich dementsprechend am Ende auch die Einschätzung in Richtung eines Kompetenzzuwachses verändert. Das Gegenteil war jedoch der Fall. Bei allen drei Items schätzte sich die Schülerin nach der Lernaufgabe schlechter ein als vorher. So kreuzte sie beispielsweise beim Item 19 „Ich kann einfache Texte auf Französisch zu verschiedenen Themen im Wesentlichen verstehen, auch wenn ich nicht alle Wörter kenne" im Vorher-Fragebogen „Das kann ich schon sehr gut!" an, im Nachher-Fragebogen dagegen „Das kann ich noch nicht so gut!"; das sind zwei Ausprägungsstufen niedriger.

Wie kann dieser Befund erklärt werden? Dazu sollen die Ergebnisse des Interviews, der teilnehmenden Beobachtung und der Videografie mit einbezogen werden. Durch die teilnehmende Beobachtung und die Videografie konnten wir beispielsweise rekonstruieren, dass die Schülerin – wie im Übrigen die anderen auch – mit der Zeitbegrenzung beim in der Lernaufgabe I geforderten orientierenden Leseverstehen überfordert zu sein schien, da sie einige Minuten benötigte, bis sie mit der Bearbeitung der Aufgabe begann, und dann versuchte, den Text wie gewohnt Wort für Wort zu verstehen. Auch bei der Arbeit mit den authentischen Internetseiten zu ihrem Thema hatte die Schülerin Schwierigkeiten. Im Interview betonte sie, dass die Textarbeit wegen zu vieler unbekannter Wörter zu schwierig gewesen sei und dass es ihr schwer gefallen sei, mit Hilfe von Wörterbüchern die Hauptaussage der Texte zu ermitteln:

> Schülerin: (…) und was ich auch nicht so gut fand: die Texte zu lesen, weil es war sehr schwer, weil da viel war, was wir nicht verstanden haben mit den Wörterbüchern, da war manchmal so viel Übersetzung (unverständlich), da wurden manchmal ganze Sätze übersetzt …also und das war auch ein bisschen schwer. (Zeile 8–12)

> Schülerin: (…) Wenn man jetzt ganz viele Wörter nicht versteht, wie es bei uns der Fall war, dass man auch nicht weiß, wie jedes Wort zu übersetzen, das wär viel zu anstrengend. Man weiß auch nicht, welche jetzt wichtig sind und welche unwichtig sind. Weil dann ist es mit'm Übersetzen auch schwerer, weil man kann ja auch viel herausfinden, wenn man nur ein paar Wörter kennt, aber manchmal waren diese paar Wörter auch zu wenig. Wie bei einem Text, den wir für unser [Name des Themas] hatten, den haben wir auch nicht genommen, dann haben wir uns einfach 'nen anderen gesucht, weil da waren einfach zu viel zu viele Wörter, die wir nicht kannten. (Zeile 83–91)

Die beiden Zitate zeigen, dass die Schülerin die Worterschließungsstrategie, aus einer begrenzten Anzahl bekannter Wörter den Inhalt eines Textes zu rekonstruieren, zwar kennt, die Texte aber zu wenige für sie bekannte Wörter enthielten, um diese Strategie anwenden zu können. Auch war für sie offensichtlich der Text zu komplex, um darin Schlüsselwörter auszumachen, deren Bedeutung mit Hilfe des Wörterbuchs hätte erschlossen werden können. Die Aussagen deuten darauf hin, dass die Schülerin mit den Anforderungen der Lernaufgabe überfordert war. Auch der Gesamtkontext scheint für diese Interpretation zu sprechen. Während der hier vorgestellten Unterrichtseinheit arbeiteten die Lerner erstmalig mit authentischen Texten außerhalb des Lehrbuchs und sollten diesen die wesentlichen Informationen entnehmen, wobei sie sich auch unbekannte Wörter erschließen mussten. Zuvor hatten die Schüler/innen im Unterricht mit didaktisierten Texten gearbeitet, die durch bekanntes Vokabular geprägt sind und in denen die wenigen neuen Wörter und Strukturen meist durch zusätzliche bildhafte Unterstützung eingeführt werden. Die Kompetenz, sich auch unbekannte Wörter zu erschließen, war somit zwar bereits „trainiert" worden, jedoch nicht unter den Bedingungen authentischer Texte. Die Anforderungen der Lernaufgabe waren daher für das Niveau der Schülerin offensichtlich zu hoch.

Gleichzeitig scheint der Schülerin bei der Bearbeitung der Lernaufgabe bewusst geworden zu sein, welche Anforderungen sich tatsächlich hinter dem Item verbergen, authentisches Material zu verstehen, und dass sie diese Anforderungen doch noch nicht so gut erfüllt, wie sie es ursprünglich dachte. Der Begriff „Text" scheint für sie eine neue Bedeutung gewonnen zu haben und wurde nicht mehr – wie es vor der Unterrichtseinheit der Fall war – in erster Linie mit Lehrbuchtexten assoziiert. Es ist zu vermuten, dass sie durch den Einsatz der authentischen Texte ihre Grenzen im Bereich des Leseverstehens erkannte. Dies könnte erklären, warum die Schülerin im Nachher-Fragebogen ein niedrigeres Kompetenzniveau als im Vorher-Fragebogen ankreuzte.

Aus dem zweiten Zitat wird aber auch deutlich, dass die Lernaufgabe den Lernern Texte mit unterschiedlichem Schwierigkeitsgrad zur Auswahl zur Verfügung stellte, und sich die Gruppe, in der die Schülerin arbeitete, selbstständig einen anderen, weniger komplexen Text aussuchte, der ihrem Niveau besser entsprach. Dies lässt vermuten, dass die Möglichkeit, sich Texte unterschiedlichen Schwierigkeitsgrads auszuwählen, der Schülerin letztendlich doch gestattete, ihrem Niveau entsprechend zu arbeiten.

Im Bereich des Hörverstehens und des Sprechens, die Schwerpunkt der zweiten Lernaufgaben waren, ergibt sich ein ähnliches Bild. Unmittelbar auf die Lernaufgabe beziehen sich beim Hörverstehen die Items 1 („Ich kann einem Telefongespräch auf Französisch bestimmte Informationen entnehmen") und 4 („Ich kann in einem Telefongespräch auf Französisch das Wesentliche verstehen"), beim Sprechen vor allem das Item 9 („Ich kann ein kurzes Telefongespräch auf Französisch führen"). Wie beim Leseverstehen schätzte sich die Schülerin auch bei diesen Items nach der Unterrichtseinheit schlechter als vorher ein (Anhang 5). Von Bedeutung ist hierbei, dass – wie die teilnehmende Beobachtung zeigte – die Gruppe, in der die Schülerin arbeitete, die einzige Gruppe war, die sich weigerte, das Telefonat in der Realsituation durchzuführen. Im Interview sagt die Schülerin diesbezüglich:

> Schülerin: (…) nicht so gut fand ich das Telefonat, was ich dann ja auch nicht gemacht hab und…
>
> Interviewerin: Und woran lag das, dass du es nicht mochtest?
>
> Schülerin (kopfschüttelnd und lächelnd): ähm…ich wollte auf gar keinen Fall telefonieren. Ich hatte Angst davor, und niemand wollte das von uns. Deswegen hat das auch niemand gemacht. (Zeile 3–8).
>
> Schülerin: (…) also generell ist auf Französisch sprechen ja…also wenn ich es für mich mache, fällt es mir nicht schwer, aber wenn ich mich mit jemandem unterhalten soll, dann fällt es mir doch schwer und auch in der Klasse ähm (…). (Zeile 49–52)

Das erste Zitat zeigt, dass die Schülerin Angst hatte, sich auf diese in der *report*-Phase durchgeführte reale Telefonsituation einzulassen. Die Anforderungen, die dabei an das Hörverstehen und das dialogische Sprechen gestellt waren, überforderten die Schülerin klar, sodass sie nicht auf ihrem Niveau arbeiten konnte. Auch wenn sie somit keine eigene Erfahrung mit dieser kommunikativen Situation sammeln konnte, ist zu vermuten, dass ihr durch die Konfrontation mit den Anforderungen der Realsituation erst bewusst wurde, was sich hinter der Kann-Beschreibung verbirgt. Dies könnte auch hier eine Erklärung dafür sein, dass sich die Schülerin im Nachher-Fragebogen schlechter einschätzte als im Vorher-Fragebogen.

Im Bereich des Schreibens sind die Ergebnisse dagegen anders. Im Vorher-Fragebogen hatte die Schülerin bei Item 26 („Ich kann Fragen auf Französisch stellen, z.B. in einem Brief oder einer E-Mail“), das sich unmittelbar auf die Lernaufgabe III bezieht, „Das kann ich noch nicht so gut!“ angekreuzt; im Nachher-Fragebogen schätzte sie ihre Kompetenz dagegen besser ein und setzte ihr Kreuz zwischen der ursprünglich angekreuzten und der Kategorie „Das kann ich gut!“ (Anhang 5). Das lässt vermuten, dass die Passung der Lernaufgabe hinsichtlich des Niveaus für die Schülerin adäquat war. Die Anforderungen entsprachen ihrem Leistungsniveau und sie konnte sich ihrer Meinung nach auch weiterentwickeln. Das bestätigt die Schülerin im Interview:

> Schülerin: (…) Also mir ist auch aufgefallen, dass ich in dieser Unterrichtseinheit viel besser selbst schreiben konnte als vorher. Äh ich weiß jetzt nicht, woran das lag, aber es ist mir einfach besser gelungen. Also ich kann sowieso am Computer besser schreiben

> als mit der Hand. Es war schon immer so, dass ich da mehr Wörter richtig hatte, richtig geschrieben habe. Schon in der Grundschule ist mir das aufgefallen und auch einfach besser schreiben kann. (Zeile 32–38)

Ein Grund, warum die Schülerin das Schreiben der E-Mail als leicht empfand, könnte auch die Sozialform der Partnerarbeit mit einer Freundin gewesen sein.

> Schülerin: Ahm das mit der E-Mail das war auch ganz lustig mit [Name der Mitschülerin] zusammen. Ich und [Name der Mitschülerin] können auch gut zusammenarbeiten. Deswegen finde ich es schade, dass wir in der neuen Tischgruppe nicht zusammensitzen. Also die E-Mail fand ich schade, weil ich keine zurückbekommen habe. (Zeile 42–45)

Allerdings stellt sich hier die Frage, inwiefern die Schülerin in der Partnerarbeit erkannt hat, welchen Anteil sie selbst und welchen ihre Lernpartnerin hatte. Das Zitat zeigt im Übrigen auch, dass die Schülerin das Kriterium der Authentizität, das in der Konzeption der Lernaufgabe durch das tatsächliche Absenden der E-Mail gestärkt wurde, als wichtig erachtet, was in ihrer Enttäuschung darüber zum Ausdruck, dass sie noch keine reale Antwort auf ihre E-Mail bekommen hat.

In Bezug auf die Forschungsfrage kann zusammenfassend festgestellt werden, dass Teile der Lernaufgabe I der Schülerin nicht gestatteten, entsprechend ihres Leistungsniveaus zu arbeiten, denn ihre Strategien, die sie bislang an didaktisierten Texten anwendete, reichten für die Rezeption authentischer Texte nicht aus. Die vorbereitenden Aufgaben zu Leseverstehenstrategien nutzte die Schülerin allerdings nicht, um alternative Strategien zu erlernen. Andererseits ermöglichte ihr die Auswahl von Texten unterschiedlicher Schwierigkeitsgrade, für ihre Gruppen einen Text auszusuchen, der ihrem Niveau entsprach und eine Weiterarbeit ermöglichte. Der Teil der Lernaufgabe II, bei dem spontanes Hörverstehen und Sprechen in einer Realsituation gefordert wurde, überforderte die Schülerin offensichtlich, daher weigerte sie sich, sich auf die Situation einzulassen. Die Aufgabe gestattete der Schülerin also nicht, auf ihrem Niveau zu arbeiten, weil die Mindestanforderungen an das Hörverstehen und spontane dialogische Sprechen zu hoch waren: Die in der *pre-task*-Phase durchgeführten Übungen zum globalen und selektiven Hörverstehen sowie das Simulieren des Telefongesprächs in Partnerarbeit in der *task*-Phase und das Üben von Redemitteln zur Verständnissicherung bei Nichtverstehen in der *planning*-Phase waren für die Schülerin offensichtlich nicht ausreichend, um genügend Sicherheit zu bekommen, sich auf die Realsituation einzulassen. Die Lernaufgaben III schien die Schülerin dagegen nicht zu überfordern; sie konnte auf ihrem Leistungsniveau arbeiten und hatte das Gefühl, dass sie sich dabei verbesserte.

4.4 Fazit

Das für uns kontra-intuitive Ergebnis, dass sich nach der Bearbeitung einer Lernaufgabe einige Schüler/innen in der mit ihr verbundenen Teilkompetenz schlechter einschätzten als vorher, veranlasste uns, bei einzelnen Lernern weitere Datenerhebungsinstrumente einzusetzen, um die Gründe für diese Veränderung in der Einschätzung herauszufinden. Das hier vorgestellte Fallbeispiel führte zu folgenden Erkenntnissen, die in Thesenform dargestellt werden:

1. Erst der Einsatz von Lernaufgaben im Unterricht führt dazu, dass sich die Schüler/innen überhaupt der Anforderungen bewusst werden, die mit einer Lernaufgabe tatsächlich verbunden sind, und somit besser einschätzen lernen, was sie schon können und wo sie noch Defizite haben.
2. Die Offenheit von Lernaufgaben ermöglicht individuelle Zugänge der Bearbeitung, die es den Schülerinnen und Schülern erlaubt, die Lernaufgaben entsprechend ihres Leistungsniveaus zu bearbeiten; allerdings erfordern Lernaufgaben ein Mindestniveau, das nicht unterschritten werden darf, damit die Aufgabe überhaupt angegangen werden kann.
3. Das Kriterium der Materialauthentizität erfordert es, bei der Konzeption eines Lernaufgabenparcours' Übungen zur Förderung methodischer Kompetenzen, wie beispielsweise die Bewusstmachung und Anwendung geeigneter Lese- bzw. Hörverstehensstrategien, vorzusehen.

Abschließend wollen wir ein Fazit hinsichtlich des Aktionsforschungsprojekts und des Konzepts der „Lernaufgabe" ziehen.

Was den Forschungsteil unseres Aktionsforschungsprojekts angeht, ist zu sagen, dass durch das kontra-intuitive Ergebnis beim Vergleich des Vorher- mit dem Nachher-Fragebogen unser Ehrgeiz als Forscherinnen geweckt wurde. Wir haben daraufhin versucht, weitere Zugänge zu unserem Forschungsgegenstand zu finden, an die wir zuvor nicht gedacht hatten. Die Auswertung der Interviews und die Rekonstruktion der teilnehmenden Beobachtung erhellten die Einschätzung der Lernaufgaben seitens der ausgewählten Schüler/innen sowie ihren Umgang mit den Lernaufgaben. Die Erweiterung der Datenerhebungsmethode zur Beantwortung der Forschungsfrage war im Nachhinein aus unserer Sicht zielführend. Bei erneuter Durchführung empfiehlt es sich allerdings, die Datenerhebung insofern systematischer zu gestalten, als von vorneherein der Fokus auf einzelne Lernende gelegt wird und diese dann in allen Phasen der Lernaufgabenbearbeitung videografiert und zu diesen Phasen befragt werden.

Was unterrichtspraktische Konsequenzen angeht, so schlagen wir vor, dass bei einem erstmaligen Einsatz von Lernaufgaben in einer Klasse, die zuvor vorwiegend lehrbuchorientierten Unterricht erfahren hat, zunächst weniger komplexe Lernaufgaben zu verwenden, damit sich die Schüler/innen, aber auch die Lehrkraft, an die neue Art zu arbeiten gewöhnen können. Auf die Konfrontation mit authentischen Materialien sollte dabei jedoch nicht verzichtet werden. Denn nur so kann es gelingen, allmählich die Angst vor authentischen Materialien abzubauen und geeignete Strategien zum Umgang mit ihnen zu erlernen. Bei der Frage, ob Lernaufgaben nach dem Modell von Willis oder Leupold umgesetzt werden sollen, ist unseres Erachtens Folgendes zu berücksichtigen: Sind die Schüler/innen noch nicht besonders selbstständig und benötigen viel Zeit, scheint sich eher das Modell von Leupold zu eignen, da hier in kleinen Schritten die Anforderungen erhöht werden; andere Schüler/innen scheint jedoch gerade das Vorgehen nach dem Modell von Willis zu motivieren, und zwar durch die damit verbundene Herausforderung, die eigenen Kompetenzen bereits zu Beginn der Lernaufgabe unter Beweis stellen zu müssen und im Nachhinein daran weiterzuarbeiten.

5. Bibliografie

Bausch, Karl-Richard / Burwitz-Melzer, Eva / Königs, Frank G. / Krumm, Hans-Jürgen (Hrsg.) (2006). *Aufgabenorientierung als Aufgabe. Arbeitspapiere der 26. Frühjahrskonferenz zur Erforschung des Fremdsprachenunterrichts*. Tübingen: Narr.

Bechtel, Mark (2015a) (Hrsg.). *Fördern durch Aufgabenorientierung. Bremer Schulbegleitforschung zu Lernaufgaben im Französisch- und Spanischunterricht der Sekundarstufe I*. Frankfurt a.M. u.a.: Lang.

Bechtel, Mark (2015b). Das Bremer Schulbegleitforschungsnetzwerk „Fördern durch Aufgabenorientierung“: Ziele – Struktur – Verlauf. In: Ders. (Hrsg.). 17–41.

Bechtel, Mark (2015c). Ein Lehrerbildungskonzept zur Entwicklung, Erprobung und Erforschung von Lernaufgaben im Französisch- und Spanischunterricht. In: Ders. (Hrsg.). 83–118.

Carstens, Ralph (2005). Engaging Learners in Meaning-Focused Language Use. *Praxis Fremdsprachenunterricht* 2/4: 7–12.

Caspari, Daniela / Kleppin, Karin (2008). Lernaufgaben: Kriterien und Beispiele. In: Tesch, Bernd / Leupold, Eynar / Köller, Olaf (Hrsg.). *Bildungsstandards Französisch: konkret. Sekundarstufe I: Grundlagen, Aufgabenbeispiele und Unterrichtsanregungen*. Berlin: Cornelsen. 88–148.

Caspari, Daniela / Holzbrecher, Alfred (im Druck). Individualisierung und Differenzierung im kompetenzorientierten Französischunterricht. In: Küster, Lutz

(Hrsg.). *Individualisierung im Französischunterricht. Mit digitalen Medien differenziert unterrichten*. Seelze: Klett/Kallmeyer.

Europarat (2001). *Gemeinsamer Europäischer Referenzrahmen für Sprachen: lernen, lehren, beurteilen*. Berlin: Langenscheidt.

Fichten, Wolfgang (2010). *Kategorienbildung im Kontext qualitativer Inhaltsanalyse*. Handout verteilt im Rahmen des Workshops „Qualitative Inhaltsanalyse“ am 17.01.2010.

Flick, Uwe (Hrsg.) (2002). *Qualitative Sozialforschung: ein Handbuch*. Reinbek: Rowohlt.

Friebertshäuser, Barbara (1997). Interview-Techniken – ein Überblick. In: Friebertshäuser, Barbara / Prengel, Annedore (Hrsg.). *Handbuch qualitative Forschungsmethoden in der Erziehungswissenschaft*. Weinheim: Juventa-Verlag. 371–395.

Gruber, Friederike / Grunwald, Bernd / Theinert, Kerstin (2005). *Tous ensemble 1. Schülerband*. Stuttgart: Klett.

Hagmüller, Peter (1979). *Empirische Forschungsmethoden. Eine Einführung für pädagogische und soziale Berufe*. München: Kösel.

Hallet, Wolfgang (2011). *Lernen fördern: Englisch. Kompetenzorientierter Unterricht in der Sekundarstufe I*. Seelze-Velber: Klett/Kallmeyer.

Hu, Adelheid / Leupold, Eynar (2008). Kompetenzorientierung und Französischunterricht. In: Tesch, Bernd / Leupold, Eynar / Köller, Olaf (Hrsg.). *Bildungsstandards Französisch: konkret. Sekundarstufe I: Grundlagen, Aufgabenbeispiele und Unterrichtsanregungen*. Berlin: Cornelsen. 51–85.

Janhsen, Antje / Moller, Jenny / Trandafir, Alina (2010a). *Rédaction d'un guide touristique de Tours pour les jeunes. Unterrichtsvorschlag zum aufgaben- und kompetenzorientierten Unterricht*. Wissenschaftliche Hausarbeit, erstellt im Rahmen des Seminars „Diagnose und Förderung kommunikativer, interkultureller und methodischer Kompetenzen im Fremdsprachenunterricht“, WiSe 2009/10, Universität Bremen, 30.3.2010.

Janhsen, Antje / Moller, Jenny / Trandafir, Alina (2010b). *Forschungsbericht zur aufgaben- und kompetenzorientierten Unterrichtseinheit « Rédaction d'un guide touristique de Tours pour les jeunes »*. Wissenschaftliche Hausarbeit, erstellt im Rahmen des Seminars „Implementierung von Bildungsstandards im Französisch- und Spanischunterricht der Sekundarstufe I“, SoSe 2010, Universität Bremen, 15.10.2010.

Kallus, K. Wolfgang (2010). *Erstellung von Fragebögen*. Wien: Facultas Verlags- und Buchhandels AG.

Kromrey, Helmut (2006). *Empirische Sozialforschung*, 11. Auflage. Stuttgart: Lucius & Lucius Verlagsgesellschaft.

Küster, Lutz (Hrsg.) (im Druck). *Individualisierung im Französischunterricht. Mit digitalen Medien differenziert unterrichten.* Seelze: Klett/Kallmeyer.

Kuty, Margitta (2009). Individualisieren im kompetenzorientierten Englischunterricht. In: Hallet, Wolfgang / Krämer, Ulrich (Hrsg.). *Kompetenzaufgaben im Englischunterricht. Grundlagen und Unterrichtsbeispiele.* Seelze-Velber: Klett/Kallmeyer. 45–55.

Leupold, Eynar (2007). *Kompetenzentwicklung im Französischunterricht. Standards umsetzen – Persönlichkeit bilden.* Seelze-Velber: Klett/Kallmeyer.

Leupold, Eynar (2008). A chaque cours suffit sa tâche? Bedeutung und Konzeption von Lernaufgaben. *Der fremdsprachliche Unterricht Französisch* 42/96: 2–9.

Meyer, Hilbert / Fichten, Wolfgang (2009). *Einführung in die schulische Aktionsforschung. Ziele, Verfahren und Ergebnisse eines BLK-Modellversuchs.* Oldenburg: Didaktisches Zentrum.

Mertens, Jürgen (2010). Aufgabenorientiertes Lernen. In: Surkamp, Carola (Hrsg.). *Metzler Lexikon Fremdsprachendidaktik.* Ansätze – Methoden – Grundbegriffe. Stuttgart. 7–9.

Müller-Hartmann, Andreas / Schocker-v. Ditfurth (Hrsg.) (2005). *Aufgabenorientierung im Fremdsprachenunterricht. Task-based Language Learning and Teaching.* Tübingen: Narr Francke.

Senator für Bildung und Wissenschaft der Freien Hansestadt Bremen (Hrsg.) (2006). *Französisch / Spanisch als 2. Fremdsprache – Bildungsplan für die Sekundarschule – Jahrgangsstufe 6–10.* Bremen. In: http://www.lis.bremen.de/sixcms/media.php/13/06-12-06_frz-spa_gs.pdf, (letzter Zugriff 15.9.2015).

Trautmann, Matthias / Wischer, Beate (2011). Der Vielfalt mit Vielfalt begegnen. Differenzieren und Individualisieren als Aufgabe und Problem – eine skeptische Analyse. Praxis Schule 21/1: 1–7.

Willis, Jane (1996). *A framework for Task-Based Learning.* Harlow: Addison Wesley Longman.

Anhang 1: Auszug aus den Materialien zu Lernaufgabe II

Fiche de travail 2/ AB2: ..::TÉLÉPHONER À L'OFFICE DE TOURISME::..

TASK :

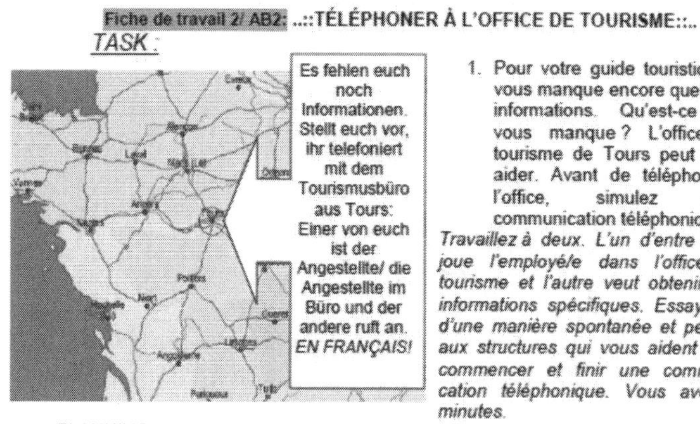

Es fehlen euch noch Informationen. Stellt euch vor, ihr telefoniert mit dem Tourismusbüro aus Tours: Einer von euch ist der Angestellte/ die Angestellte im Büro und der andere ruft an. *EN FRANÇAIS!*

1. Pour votre guide touristique il vous manque encore quelques informations. Qu'est-ce qui vous manque ? L'office de tourisme de Tours peut vous aider. Avant de téléphoner à l'office, simulez cette communication téléphonique.

Travaillez à deux. L'un d'entre vous joue l'employé/e dans l'office de tourisme et l'autre veut obtenir des informations spécifiques. Essayez-le d'une manière spontanée et pensez aux structures qui vous aident pour commencer et finir une communication téléphonique. Vous avez 7 minutes.

PLANNING :

Überarbeitet euer Telefongespräch, damit ihr anschließend mit einem Angestellten aus dem Tourismusbüro sprechen könnt, um Informationen über Tours zu erhalten. Die Einteilung hilft euch.

2. Après cette communication française, vous avez peut-être remarqué que la conversation en français vous a posé encore quelques difficultés.

Pour améliorer votre conversation et pour être prêt à téléphoner avec Tours, avec des vrais Français, vous pouvez travailler sur la conversation. Planifiez-la pour réaliser la conversation encore une fois. Travaillez à deux. Vous avez 20 minutes.

I. INTRODUCTION:

Présentez- vous ! Pourquoi est-ce que vous téléphonez à l'office de tourisme ?

L'office de tourisme (Das Büro begrüßt euch kurz.):

____

____

____

Nous disons (Ihr begrüßt das Büro, stellt euch kurz vor (Name, Alter, Klasse...) und berichtet, aus welchem Grund ihr anruft.):

____

____

____

____

____

____

L'office de tourisme (Das Büro möchte euch gerne weiterhelfen.):

____

____

____

Anhang 2: Auszug aus den Materialien zu Lernaufgabe III

Fiche de travail 2

Travail en groupe

a) Dans vos groupes, réfléchissez comment[50] écrire un courriel et demander des renseignements[51] sur votre sujet. Les questions ci-dessous peuvent vous aider à mieux structurer votre courriel. Répondez par écrit[52] (*5–10 minutes*).

0 Quels[53] renseignements voulez-vous obtenir[54] ?

____

____

____

0 A Tours, qui[55] peut vous donner ces renseignements?

____

____

____

0 Quelles formules[56] utiliser pour commencer et terminer votre courriel?

____

____

b) Dans quelques minutes votre groupe va envoyer un courriel[57] à Tours. Pour travailler plus vite répartissez les tâches[58] et notez qui fait quoi[59] (*3 minutes*).

________________________ va taper le courriel à l'ordinateur[60]

________________ va chercher l'adresse électronique[61] du destinataire

______________ et ______________ vont aider[62] à écrire le courriel

50 comment ~ wie
51 demander des renseignements ~ Informationen erfragen
52 par écrit ~ schriftlich
53 quel/ quelle/ quels/ quelles ~ welche
54 obtenir des renseignements ~ Informationen bekommen/ erhalten
55 qui ~ wer
56 une formule ~ hier : eine Grußformel
57 envoyer un courriel ~ eine E-Mail senden
58 répartir les tâches~ die Aufgaben aufteilen
59 qui fait quoi ~ wer macht was
60 taper quelque chose à l'ordinateur ~ etwas am Computer tippen
61 chercher l'adresse électronique ~ die E-Mail-Adresse suchen
62 aider quelqu'un à faire quelque chose ~ jemandem helfen etwas zu tun

Anhang 3: Vorher-Fragebogen

Liebe Schülerinnen und Schüler,

wir [Namen der Verfasserinnen des Beitrags] sind Studentinnen der Universität Bremen und wollen gemeinsam mit [Name der Lehrkraft] den Französischunterricht erforschen. Deshalb möchten wir euch einige Fragen stellen, die uns dabei helfen, zu sehen wie ihr den Französischunterricht momentan einschätzt.

- Eure Antworten sind selbstverständlich anonym und haben keinen Einfluss auf eure Lernentwicklungsberichte.

Vielen Dank für eure Hilfe!

Dies bedeuten die Zeichen:	
++	= **Das kann ich schon sehr gut!**
+	= **Das kann ich gut!**
-	= **Das kann ich noch nicht so gut!**
--	= **Das kann ich noch gar nicht!**

Hören	++	+	-	--
1. Ich kann einem Telefongespräch auf Französisch bestimmte Informationen entnehmen.				
2. Ich kann Arbeitsanweisungen auf Französisch verstehen.				
3. Ich kann kurze Gespräche auf Französisch verstehen, wenn sie langsam und deutlich gesprochen und von Bildern unterstützt werden, auch wenn ich nicht alle Wörter verstehe.				
4. Ich kann in einem Telefongespräch auf Französisch das Wesentliche verstehen.				
5. Ich kann das Thema eines einfachen Vortrags in vertrauter Umgebung verstehen.				
6. Ich kann Redewendungen, die im französischen typisch sind, in einem französischen Telefongespräch erkennen.				
7. Ich kann verstehen, wenn andere sich selbst auf Französisch vorstellen.				
8. Ich kann verstehen, wenn mir jemand auf Französisch sagt, wie ich an einen bestimmten Ort komme.				

Sprechen	++	+	-	--
9. Ich kann ein kurzes Telefongespräch auf Französisch führen.				
10. Ich kann jemanden auf Französisch begrüßen und verabschieden				
11. Ich kann mich in kurzen und einfachen Sätzen oder mit einzelnen Worten auf Französisch zu bekannten Themen in verständlicher Sprache äußern.				
12. Ich kann einem Menschen auf Französisch Fragen stellen, um bestimmte Informationen zu erhalten.				
13. Ich kann mich auf Französisch vorstellen.				
14. Ich kann auf Französisch sagen, wenn ich etwas nicht verstanden habe.				
15. Ich kann über meine Hobbys auf Französisch berichten.				
Lesen	++	+	-	--
16. Ich kann herausfinden, worum es auf französischen Plakaten, Prospekten etc. geht.				
17. Ich kann Briefe, Postkarten, kurze E-mails auf Französisch verstehen.				
18. Ich kann schriftliche Arbeitsaufträge auf Französisch verstehen.				
19. Ich kann einfach Texte auf Französisch zu verschiedenen Themen im Wesentlichen verstehen, auch wenn ich nicht alle Wörter kenne.				
20. Ich kann in verschiedenen Texten (Internetseite etc.) auf Französisch Informationen finden, die ich suche.				
21. Ich kann kurze Texte über bestimmte Themen, wie z. B. das Freizeitangebot in einer französischen Stadt, im Wesentlichen verstehen.				
22. Ich kann mir unbekannte Wörter aus einem französischen Text erschließen.				
23. Ich kann einfachen französischen Materialien auch außerhalb des Lehrbuches spezifische Informationen entnehmen.				

Schreiben	++	+	-	--
24. Ich kann kurze und einfache Texte zu bekannten Themen auf Französisch schreiben.				
25. Ich kann einen kurzen Text über mich schreiben.				
26. Ich kann Fragen auf Französisch stellen (z. B. in einem Brief oder einer E-Mail).				
27. Ich kann kurze Texte auf Französisch über Freizeitaktivitäten, Vorlieben, Abneigungen schreiben.				
28. Ich kann Orte und Personen aus meiner Umgebung oder fremder Umgebung in einem kurzen Text auf Französisch beschreiben.				
29. Ich kann einfache kurze Texte auf Französisch über Gelesenes schreiben.				

30. Was ich noch unbedingt loswerden möchte (Was macht mir Spaß am Französischunterricht? Wo habe ich noch besondere Schwierigkeiten?) :

____

____

Anhang 4: Auszug aus der Auswertung der Vorher- und Nachher-Fragebögen für Item 19 (Gesamtdarstellung der Klasse)

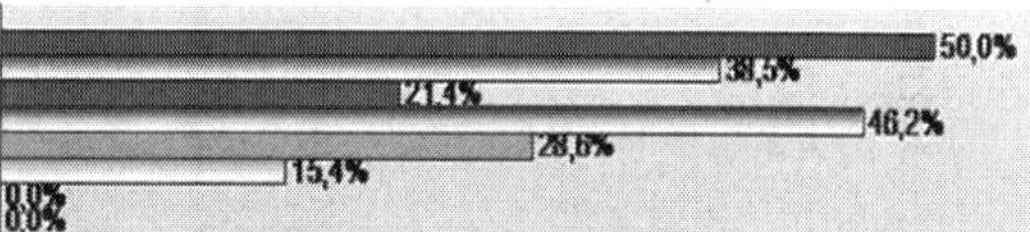

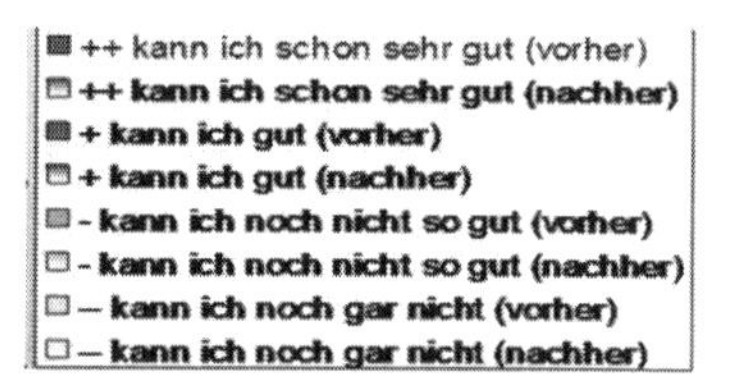

Anhang 5: Vergleich der Selbsteinschätzung des Kompetenzniveaus im Vorher-Fragebogen und im Nachher-Fragebogen bei Schülerin Lena

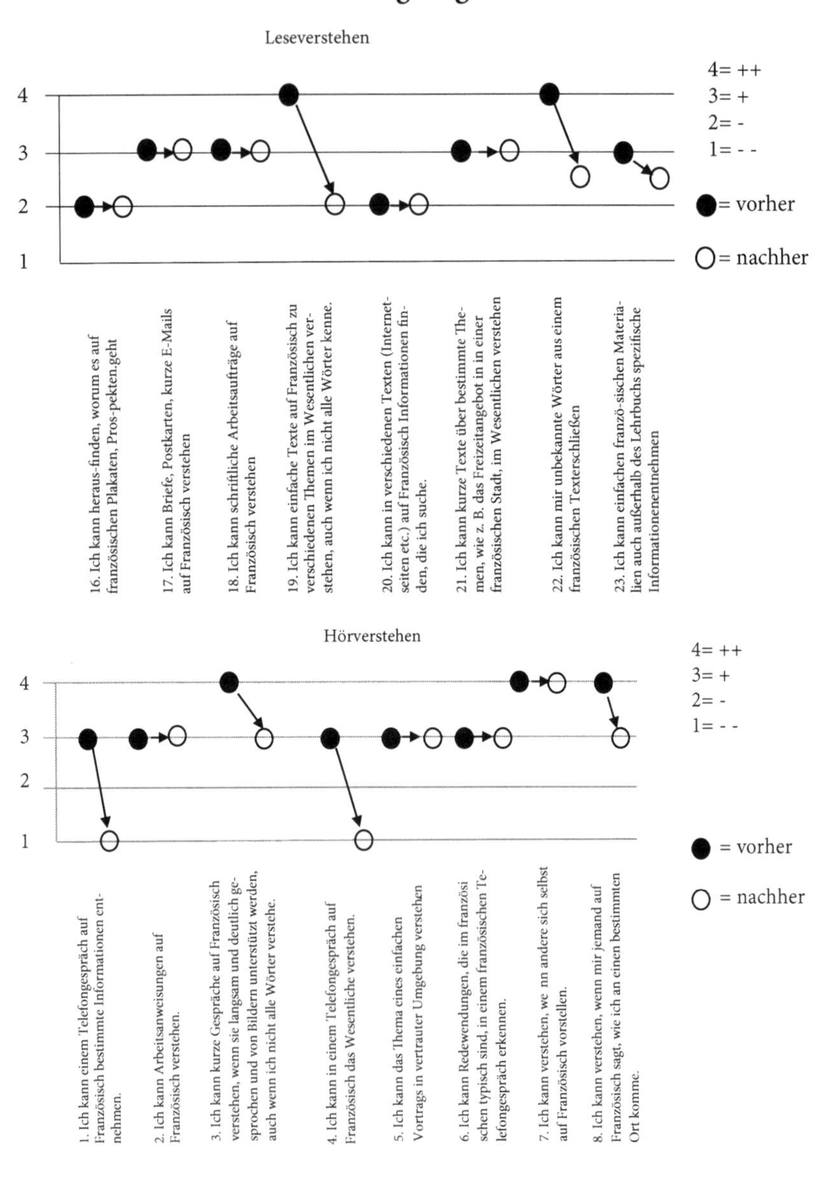

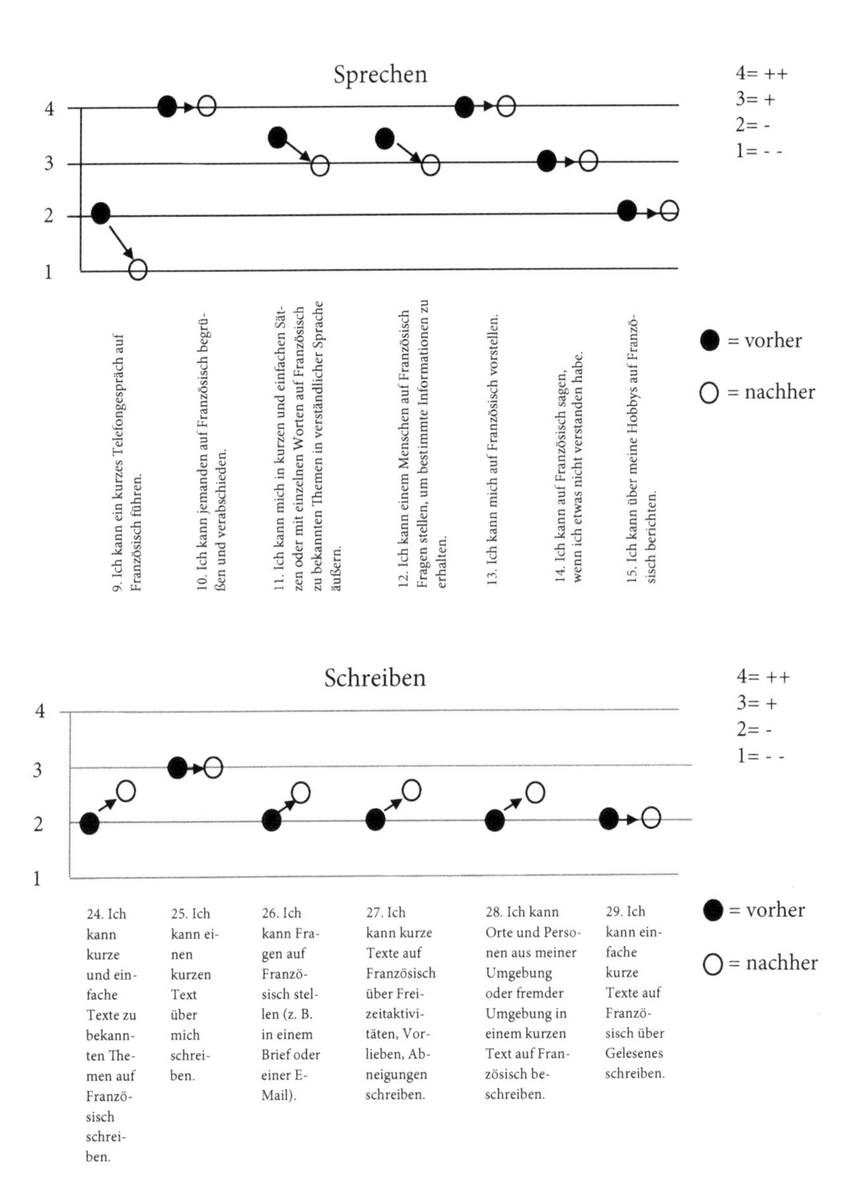

Sprechen
4= ++
3= +
2= -
1= - -
4
3
2
1
9. Ich kann ein kurzes Telefongespräch auf Französisch führen.
10. Ich kann jemanden auf Französisch begrüßen und verabschieden.
11. Ich kann mich in kurzen und einfachen Sätzen oder mit einzelnen Worten auf Französisch zu bekannten Themen in verständlicher Sprache äußern.
12. Ich kann einem Menschen auf Französisch Fragen stellen, um bestimmte Informationen zu erhalten.
13. Ich kann mich auf Französisch vorstellen.
14. Ich kann auf Französisch sagen, wenn ich etwas nicht verstanden habe.
15. Ich kann über meine Hobbys auf Französisch berichten.
= vorher
= nachher
Schreiben
4= ++
3= +
2= -
1= - -
4
3
2
1
24. Ich kann kurze und einfache Texte zu bekannten Themen auf Französisch schreiben.
25. Ich kann einen kurzen Text über mich schreiben.
26. Ich kann Fragen auf Französisch stellen (z. B. in einem Brief oder einer E-Mail).
27. Ich kann kurze Texte auf Französisch über Freizeitaktivitäten, Vorlieben, Abneigungen schreiben.
28. Ich kann Orte und Personen aus meiner Umgebung oder fremder Umgebung in einem kurzen Text auf Französisch beschreiben.
29. Ich kann einfache kurze Texte auf Französisch über Gelesenes schreiben.
= vorher
= nachher

Annika Aulf

Presentar tu receta preferida. Konzeption und Umsetzung einer kompetenzorientierten Lernaufgabe

1. Einleitung

Seit der Einführung der Bildungsstandards sind die Konzepte der Kompetenzorientierung und Aufgabenorientierung in aller Munde. Der Schritt von der Wissenschaft in die Praxis ist jedoch noch nicht getan, und viele Praktiker beobachten die Euphorie der Theoretiker eher skeptisch. Das Bremer Schulbegleitforschungsnetzwerk „Fördern durch Aufgabenorientierung" (2008–2011) hat den Versuch unternommen, in Zusammenarbeit mit Lehrkräften und Studierenden, die beiden Konzepte in die Klassenzimmer zu tragen (Bechtel 2015b in diesem Band). Es geht sowohl um die Umsetzung der Konzepte in der Form, dass kompetenzorientierte Lernaufgaben entwickelt und im Unterricht erprobt werden, als auch um die Erforschung und Reflexion des Einsatzes von Lernaufgaben im Unterricht. Nach dem Prinzip der „Oldenburger Teamforschung" (Fichten et al. 2002) wurden im Wintersemester 2009/10 Aktionsforschungsprojekte angeleitet, die von Teams aus einer Lehrkraft und Studierenden durchgeführt wurden (vgl. Bechtel 2015c in diesem Band).

Der vorliegende Beitrag stellt eines dieser Aktionsforschungsprojekte vor. Unser Team, bestehend aus einer Lehrkraft, einer Studentin und einem Studenten, hatte sich vorgenommen, im Rahmen der von uns für eine 8. Klasse mit Spanisch als dritter Fremdsprache konzipierten Unterrichtseinheit „*Preparar una tortilla*" und insbesondere der zentralen Lernaufgabe „*Presentar tu receta preferida*" die kommunikative Teilkompetenz Sprechen unter dem Aspekt der Heterogenität der Lerngruppe zu untersuchen. Die Forschungsfrage lautete: Inwiefern können kompetenzorientierte Aufgaben auch leistungsschwächere Schüler/innen zum Sprechen aktivieren? Die Forschungsfrage sollte mithilfe von teilnehmender Beobachtung und einer Schülerbefragung beantwortet werden. Aufgrund von situativen Veränderungen in der praktischen Durchführung der Lernaufgabe, die den Fokus auf die Kompetenz Sprechen nicht mehr zuließen, änderte sich auch die Forschungsfrage. Der Fokus verlegte sich auf die Frage, inwiefern die Phasierung der Unterrichtseinheit und vor allem die Verdeutlichung derselben gegenüber den Schülerinnen und Schülern zur Motivation der Lerner beiträgt.

Der Beitrag bewegt sich zwischen Forschungsbericht, Unterrichtsentwurf und Umsetzungsreflexion einer kompetenzorientierten Lernaufgabe, da sich die unterschiedlichen Komponenten stark beeinflusst und bedingt haben. So wird, nach der kurzen Erörterung der Konzepte der Kompetenzorientierung und Aufgabenorientierung, zunächst die Lernaufgabe in Konzeption und Durchführung dargestellt und anschließend die empirische Untersuchung vorgestellt.

2. Kompetenzorientierung

Mit der Einführung der Bildungsstandards für die erste Fremdsprache Englisch/Französisch (KMK 2004), die die zu erreichenden Kompetenzen für den mittleren Bildungsabschluss festlegen, ist das Konzept der Kompetenzorientierung auf bildungspolitischer Ebene fest verankert. Es findet sich auch in den neueren Fassungen der länderspezifischen Lehrpläne wieder (vgl. Leupold 2007: 81ff.) wie beispielsweise im Bremer Bildungsplan für Französisch/Spanisch als dritte Fremdsprache (Senatorin für Bildung und Wissenschaft der Freien Hansestadt Bremen 2007). Zur Implementierung der Bildungsstandards in der Praxis wurde zudem das Institut zur Qualitätsentwicklung im Bildungswesen (IQB) gegründet, wo für den Fremdsprachenunterricht Französisch neben Testaufgaben eine Sammlung kompetenzorientierter Lernaufgaben entwickelt wurde (Tesch/Leupold/Köller 2008, vgl. Hu 2008: 164). Trotzdem erweist sich die Übernahme der Bildungsstandards in die tägliche Unterrichtspraxis als problematisch und wird eher als eine „Reform von oben" wahrgenommen und nicht als eine tatsächliche Reform des Unterrichts durch Praktiker (vgl. Tesch 2007: 9).

Dem Konzept der Kompetenzorientierung, wie es in den Bildungsstandards zunächst theoretisch vertreten wird, liegt ein weiter Kompetenzbegriff zugrunde. In diesem Zusammenhang wird in der Regel die Definition von Weinert (2001: 27) herangezogen[1], welche Kompetenzen erfasst als

> (...) die bei Individuen verfügbaren oder von ihnen erlernbaren kognitiven Fähigkeiten und Fertigkeiten, bestimmte Probleme zu lösen, sowie die damit verbundenen motivationalen, volitionalen und sozialen Bereitschaften und Fähigkeiten, die Problemlösungen in variablen Situationen erfolgreich und verantwortungsvoll nutzen zu können.

---

1 Ein solcher Kompetenzbegriff, wie er von Weinert formuliert wird, wird in der Klieme-Expertise empfohlen und offiziell auch übernommen; in den konkreten Kompetenzbeschreibungen darf die tatsächliche Umsetzung jedoch angezweifelt werden. Vor allem der Aspekt der Bereitschaften und motivationalen Haltungen fällt meistens der Überprüfbarkeit um Opfer.

Auf das Fremdsprachenlernen bezogen, wird in den Bildungsstandards vornehmlich die fremdsprachliche Kommunikationskompetenz fokussiert, die nach Nieweler (2007: 4) konkretisiert werden könnte als

> (...) Bewältigung kommunikativer Situationen, das Verständnis unterschiedlicher Textarten, das Verfassen adressatengerechter Texte, der Aufbau grammatischer Strukturen und deren Korrektur sowie schließlich die offene Auseinandersetzung mit fremden Kulturen.

Die hier implizierte Komplexität macht deutlich, dass bei der fremdsprachlichen Kommunikationskompetenz rein deklaratives Wissen nicht ausreicht; der Fokus liegt vielmehr auf mehrdimensionalen Fähigkeiten und Fertigkeiten, welche prozedural einsetzbar sein müssen, um Kommunikationssituationen zu bewältigen und Kommunikationsprobleme zu lösen. An dieser Stelle scheint auch die Notwendigkeit eines Umdenkens von der Input-Orientierung zur Output-Orientierung logisch. Mit Input-Orientierung ist hier gemeint, dass Lehrpläne sich bisher vorrangig an zu vermittelnden Inhalten orientiert haben; Output-Orientierung hingegen fokussiert das Ergebnis, die erreichte Kompetenzstufe (vgl. Hu 2008: 174). Der Anspruch der Überprüfbarkeit steht einer solchen angestrebten Komplexität jedoch im Wege, da Testaufgaben so konzipiert sein müssen, dass sie ein klares, bewertbares Ergebnis haben. Dieser Anspruch schließt natürlich nicht aus, dass im Unterricht auch komplexere Aufgaben wie die weiter unten dargestellte Lernaufgabe gestellt werden können. Die Betonung der Testbarkeit von Kompetenzen und die Entwicklung standardisierter Tests bringt jedoch die Gefahr des *teaching to the test* mit sich, was bedeutet, dass nur noch oder verstärkt Testaufgabenformate im Unterricht geübt werden, um die Schüler/innen möglichst gut auf die Tests vorzubereiten. Dies birgt auch die Gefahr der Verengung auf solche Kompetenzen, die leicht testbar sind, was zu einer Vernachlässigung der schwer oder gar nicht testbaren Kompetenzen wie beispielsweise der interkulturellen Kompetenz im Unterricht führen könnte (vgl. Hu 2005, Bredella 2006).

Als methodische Umsetzungsmöglichkeit wird häufig das Prinzip der Aufgabenorientierung gesehen, welches ursprünglich aus der Erwachsenenbildung stammt und sich zum einen an möglichen Kommunikationssituationen außerhalb des Klassenzimmers orientiert und zum anderen das Konzept der Aufgabe in den Mittelpunkt des Unterrichts rückt.

Ellis (2003: 3) definiert eine Aufgabe (*task*) in Abgrenzung zur Übung (*exercise*), welche auf die Einübung bestimmter sprachlicher Strukturen abzielt, und stellt für sie folgende Kriterien auf: Der Fokus muss auf dem Inhalt der sprachlichen Äußerung liegen; sie muss eine realitätsähnliche Sprachverwendung beinhalten, eine der vier Fertigkeiten (Sprechen, Schreiben, Lese- und Hörverstehen) ansprechen, kognitiv anspruchsvolle Prozesse (wie Ordnen, Klassifizieren, Bewerten,

Auswählen, etc.) in Gang setzen und an einem kommunikativen inhaltsbezogenen Ergebnis bzw. Produkt orientiert sein. Caspari/Kleppin (2008) greifen die von Ellis aufgestellten Merkmale eines *task* auf und verbinden sie im Format der Lernaufgabe mit den Anforderungen des Prinzips der Kompetenzorientierung. Lernaufgaben sind nach Caspari/Kleppin (2008: 137–140) durch folgende Merkmale gekennzeichnet (vgl. auch Bechtel 2011: 30): Sie fördern kommunikative, methodische und interkulturelle Kompetenzen, welche isoliert (nur eine Kompetenz pro Aufgabe) oder auch integriert (mehrere Kompetenzen in einer Aufgabe) angesprochen werden können (Kriterium 1); sie lösen unterschiedliche Lernprozesse aus, die kognitiver, emotionaler oder auch kreativer Natur sein können (Kriterium 2); sie sprechen die Schüler/innen als ganzheitliche und soziale Individuen an (Kriterium 3); der Fokus liegt primär auf der inhaltlichen Ebene, was bedeutet, dass sich die Schüler/innen nur sekundär mit den vorkommenden sprachlichen Phänomenen beschäftigen, welchen in der Kommunikationssituation eine dienende Funktion zuzuordnen ist (Kriterium 4); sie stoßen authentische Formen von Kommunikation an, die so ähnlich auch in der realen Welt vorkommen könnten (Kriterium 5); die Thematik ist für die Schüler/innen relevant, das heißt, sie berücksichtigen ihre Lebenswelt (Kriterium 6); die Aufgabenstellung ist für die Schüler/innen sinnvoll und bedeutsam (Kriterium 7); das verwendete Material ist authentisch und aktuell (Kriterium 8); sie entsprechen dem Lernniveau der Schüler/innen (Kriterium 9) und schließlich sie sind auf ein Ergebnis oder Produkt hin orientiert (Kriterium 10).

Hinsichtlich der Frage, wie Lernaufgaben in den Unterricht eingebettet werden sollen, gibt es unterschiedliche Modelle. Da in der vorliegenden Lernaufgabe mit dem Phasierungsmodell von Willis (1996: 38) gearbeitet wurde, soll dieses hier in aller Kürze vorgestellt werden. In Willis' Modell werden drei Phasen unterschieden: *pre-task*, *task cycle* und *language focus*. Die *pre-task*-Phase dient der Einführung des Themas wie auch der Einstimmung auf den *task*. Sie bietet Raum für eine eventuelle lexikalische Vorentlastung und die Aktivierung des Vorwissens der Schüler/innen. Weiterhin wird der Arbeitsplan des *task* verdeutlicht (vgl. Willis 1996: 44). Der nun folgende *task cycle* ist der Kern des Phasenmodells und wird wiederum in drei Phasen unterteilt: Die *task*-Phase dient der Bearbeitung des *task* und bietet den Lernenden Raum, ohne Einmischung des Lehrenden die Fremdsprache zum Aushandeln der Inhalte zu verwenden. In der zweiten Phase, dem *planning*, wird der *task* sprachlich und inhaltlich nachbereitet, während die *report*-Phase dazu dient, die erarbeiteten Ergebnisse vor der Klasse zu präsentieren. In der letzten Phase, dem *language focus*, geht es um die Bewusstmachung der neu erlernten grammatischen und lexikalischen Strukturen in der Gesamtgruppe und ein bedarfsorientiertes Üben derselben.

In der hier konzipierten Lernaufgabe stand die Kompetenz des Sprechens im Mittelpunkt. Von besonderer Bedeutung ist in diesem Zusammenhang die Komplexität dieser Kompetenz. Beim Sprechen in der Fremdsprache gehen multidimensionale Prozesse auf der sprachlichen Ebene (phonologisch, grammatisch, semantisch, textuell, sozio- und pragmalinguistisch) und der Wissensebene der Lernenden (Weltwissen, sprachliches Wissen) vor sich, wobei sowohl Lern- als auch Kommunikationsstrategien angewendet werden müssen. Merkmale der mündlichen Performanz, welche durch Lernaufgaben gefördert werden sollten, sind Korrektheit, Flüssigkeit, Kohärenz und Funktionalität (vgl. Nold/De Jong 2007: 245 ff.).

3. Konzeption und Durchführung einer die Sprechkompetenz fördernden Lernaufgabe

Im Folgenden wird die Planung und Umsetzung der Lernaufgabe vor dem erläuterten theoretischen Hintergrund dargestellt.

3.1 Konzeption der Lernaufgabe

Die Lernaufgabe „*Presentar tu receta preferida*“ wurde für den Spanischunterricht der 8. Klasse eines Bremer Gymnasiums konzipiert. Die Lerngruppe setzte sich aus 22 Schülerinnen und Schülern (10 Mädchen und 12 Jungen) zusammen, die zu Beginn des Schuljahres mit Spanisch als dritter Fremdsprache begonnen hatten. Die Lerngruppe zeigte schon nach der Hälfte des ersten Lernjahres deutlich eine Heterogenität bezüglich des Leistungsniveaus, welches gemäß des Bremer Bildungsplans für Französisch/Spanisch als dritte Fremdsprache bei A1 liegen sollte (vgl. Senatorin für Bildung und Wissenschaft der Freien Hansestadt Bremen 2007).

3.1.1 Einbettung in eine Rahmengeschichte

Die Lernaufgabe ist eingebettet in die Unterrichtseinheit „*Preparar una tortilla*“, die das Thema „Kochen“ in den Mittelpunkt stellt und die in die tatsächliche Zubereitung einer Tortilla mündet. Hierfür sollen im Laufe der Unterrichtseinheit die benötigten sprachlichen Mittel anhand verschiedener Kommunikationssituationen erarbeitet werden, so dass die Schüler/innen sich beim abschließenden Tortilla-Backen in der Kochsituation auf Spanisch verständigen können. Die Unterrichtseinheit wird durch eine Checkliste begleitet, welche die Schüler/innen zu

Beginn entwickeln. Die Leitfrage hierbei ist, was man genau tun muss, um eine Tortilla backen zu können (Suchen des Rezeptes, die Auswahl der Lebensmittel, die Einkaufsliste, Einkaufen, Vorbereiten, usw.). Die einzelnen Punkte sollen auf einer Stellwand festgehalten werden, die in jeder Unterrichtsstunde im Klassenraum steht. Diese soll als Orientierungshilfe für die Schüler/innen dienen, an welcher Stelle sie sich gerade befinden, welche Schritte noch auf sie zukommen und welche sie schon geschafft haben. Zudem soll die themengebundene Zielgerichtetheit der einzelnen Übungen und Aufgaben so unterstrichen werden.

3.1.2 Bezug zum Bremer Bildungsplan

Die Lernaufgabe zielt auf die „Entwicklung der Sprechfähigkeit zur Bewältigung von Kommunikationssituationen im Alltag", so wie es im Bremer Bildungsplan für das Gymnasium Französisch/Spanisch als dritte Fremdsprache unter „Aufgaben und Ziele" für die Jahrgangsstufe 8 gefordert wird (Senatorin für Bildung und Wissenschaft der Freien Hansestadt Bremen 2007: 9). Zum einen stellt das Wiedergeben eines Rezepts, um das es in der Lernaufgabe geht, eine klassische Kommunikationssituation dar, die den Schülerrinnen und Schülern geläufig ist und mit der sie bei einem Austausch in einer Gastfamilie durchaus konfrontiert werden können. Zum anderen wird die Kompetenz des monologischen und dialogischen Sprechens dadurch gefördert, dass die Schüler/innen ihr Lieblingsrezept auf Spanisch einem Mitschüler/einer Mitschülerin vorstellen und den Kochvorgang mündlich beschreiben bzw. kommentieren sollen. Die entsprechenden *can-do-statements* des Bremer Bildungsplans, auf die mit der Lernaufgaben Bezug genommen wird, lauten: Die Schüler/innen können „in Gesprächen und Diskussionen kurz zu den Standpunkten anderer Stellung nehmen und höflich Überzeugungen und Meinungen, Zustimmungen und Ablehnungen ausdrücken und begründen" bzw. „eine vorbereitete Präsentation zu einem vertrauten Thema vortragen, wobei die Hauptpunkte hinreichend präzise erläutert werden" (Senatorin für Bildung und Wissenschaft der Freien Hansestadt Bremen 2007: 14).

3.1.3 Methodische Überlegungen

Die Lernaufgabe wurde nach dem aufgabenbasierten Unterrichtsmodell von Willis (1996: 38) entwickelt, weshalb bei der Darstellung der methodischen Überlegungen auf die von Willis verwendeten Begriffe für die einzelnen Phasen zurückgegriffen wird (vgl. Anhang 1).

Die Lernaufgabe wird durch eine Hausaufgabe eingeleitet. Die Schüler/innen sollen sich überlegen, welches ihr Lieblingsgericht ist und das dazugehörige Rezept von zu Hause mitbringen. Es soll in der Lernaufgabe nicht einfach darum gehen, irgendein Rezept zu präsentieren, sondern darum, sich persönlich mit dem Thema „Kochen“ zu beschäftigen. Durch das Lieblingsrezept soll ein persönlicher Bezug zum Thema hergestellt werden.

Die *pre-task*-Phase enthält drei *pre-tasks*. Der erste *pre-task* dient vor allem der Reaktivierung des Vorwissens. In einer der vorangegangenen Unterrichtsstunden wurde der strukturelle Aufbau anhand eines spanischen Kochrezeptes erarbeitet. Die Schüler/innen kennen die einzelnen Komponenten der Textsorte „Kochrezept“ (Lebensmittel, Mengenangaben, benötigte Küchengeräte, Handlungsanweisungen, usw.) und sollen dieses Wissen nun nach dem Modell des *think-pair-share* aktivieren. Sie sollen zunächst kurz allein nachdenken, sich dann mit einem Partner austauschen, bevor die Ergebnisse im Plenum zusammengetragen werden. Der zweite *pre-task* dient der Vorentlastung hinsichtlich des in der Lernaufgabe benötigten Vokabulars, da nicht davon auszugehen ist, dass sich die von den Schülerinnen und Schülern mitgebrachten Rezepte hinsichtlich der benötigten Zutaten mit den zuvor im Unterricht erarbeiteten Lebensmitteln decken. Die Schüler/innen sollen deshalb auf dem Arbeitsblatt 1 (Anhang 2) die für ihr Lieblingsrezept benötigten Zutaten auf Spanisch eintragen. Sie können hierfür ein Wörterbuch verwenden. Dieser *pre-task* entspricht in gewisser Weise nicht der Idee einer relativ unvorbereiteten Simulation des *task* zu Beginn des *task-cycle*, da sich die Schüler/innen hier Teile davon bereits im Voraus gezielt erarbeiten. Angesichts des Sprachniveaus der achten Klasse im ersten Lernjahr ist dieses Vorgehen jedoch zu rechtfertigen. Zudem kann eine solch individuelle und unvorhersehbare Aufgabe schwer im Plenum vorentlastet werden, da jede Schülerin bzw. jeder Schüler ein anderes Rezept mitbringt und somit unterschiedliche lexikalische Bedürfnisse entstehen. Die Schüler/innen sollen auf dem Arbeitsblatt 1 nur Zutaten und Mengenangaben eintragen, keine Handlungsanweisungen, weil sie dies im *task* dann spontan tun sollen. Im dritten *pre-task* geht es darum, sich in Partnerarbeit gegenseitig das jeweilige Lieblingsrezept mit den benötigten Zutaten, Mengen, Utensilien und Handlungen vorzustellen (monologisches Sprechen), um sich im Anschluss für die Weiterarbeit auf ein Rezept zu einigen.

In der *task*-Phase sollen die Schülerpaare die Vorstellung des Rezepts, für das sie sich entschieden haben, in Partnerarbeit in Form einer Kochshow simulieren, wobei der eine den Koch spielt, der das Rezept erklärt und sein Vorgehen beschreibt, während der andere das Vorgehen kommentiert und Nachfragen stellt. Die Schülerpaare sollen dabei frei sprechen und ihren Dialog gestisch und mimisch unterstützen. Die sich anschließende *planning*-Phase dient den Schülerpaaren dazu, ihren mündlichen Dialog Revue passieren zu lassen, sprachlich und inhaltlich zu überarbeiten und für eine spätere Präsentation vor der Klasse einzuüben. Dabei stehen ihnen Kochutensilien wie Töpfe, Pfannen, Schüsseln, usw. zur Verfügung, die sie pantomimisch in ihren Dialog einbinden sollen. Die Schüler/innen sollen während der *task*-Phase spontan sprechen und dabei erkennen, welche sprachlichen Mittel ihnen noch fehlen. Diese können sie sich dann in der *planning*-Phase bedarfsorientiert erarbeiten. Dadurch, dass der Dialog anschließend vor der Klasse präsentiert werden soll, wird davon ausgegangen, dass sich bei den Schülerinnen und Schülern ein natürliches Bedürfnis nach grammatischer und lexikalischer Korrektheit einstellt. Die Rolle der Lehrkraft ist in dieser Phase eine beratende und unterstützende. In der *report*-Phase spielen einige Schülerpaare ihren überarbeiteten und eingeübten Dialog frei vor der Klasse vor. Um die Mitschüler/innen einzubinden und zu aktivieren, bekommen diese Höraufträge, mit denen die Zutaten des Gerichts und die dazugehörigen Mengenangaben herausgehört werden sollen.

Da die von den Schülerinnen und Schülern erarbeiteten neuen sprachlichen Mittel vermutlich sehr unterschiedlich sind, sollten in der die Lernaufgabe abschließenden *language-focus*-Phase diejenigen Vokabeln und Wendungen gesichert werden, welche von allgemeinem Interesse für das Handlungsfeld „Rezept vorstellen" sind. Diese sollen an der Tafel zusammengetragen und so für alle verfügbar gemacht werden.

3.1.4 Kriteriengeleitete Analyse zur Qualität der Lernaufgabe

Im Folgenden wird die Lernaufgabe nach den Kriterien für Lernaufgaben von Caspari/Kleppin (2008) analysiert.

Die Lernaufgabe erfüllt das Kriterium 1, da sie auf die Förderung einer Kompetenz zielt, hier die Teilkompetenz des Sprechens, denn die Schüler/innen sollen in der *task*-Phase spontan und frei und in der *report*-Phase vorbereitet und frei auf Spanisch sprechen. Darüber hinaus werden im *pre-task* 2 und der *planning*-Phase die methodische Kompetenz durch die Verwendung des Wörterbuches angesprochen und in der *report*-Phase die Teilkompetenz des selektiven Hörverstehens, da bestimmte Informationen aus den Rezeptpräsentationen herausgehört werden sollen. Die Lernaufgabe löst anspruchsvolle Lernprozesse aus (Kriterium 2): auf kognitiver Ebene, da die Schüler/innen die Informationen aus ihrem mitgebrachten Rezept neu ordnen und dabei die zuvor gelernten sprachlichen Mittel in einem neuen Kontext anwenden, und auf kreativer Ebene, da die Schülerpaare in der sprachlichen und inhaltlichen Umsetzung des Koch-Show-Dialogs recht frei sind, die Interaktion eigenständig gestalten sowie mimisch, gestisch und mit den ihnen zur Verfügung gestellten Requisiten auch pantomimisch untermalen können. Mit der Lernaufgabe werden die Schüler/innen als soziale und ganzheitliche

Individuen angesprochen (Kriterium 3), denn sie sollen nicht irgendein Rezept präsentieren, sondern ihr Lieblingsrezept, und bringen somit ihre eigenen Essgewohnheiten und Geschmäcker ein; die soziale Komponente spiegelt sich in der Partnerarbeit wider, bei der sich die Schülerpaare auf ein Rezept einigen und bei der Simulation der Koch-Show kooperieren müssen. Das Kriterium 4 ist insofern erfüllt, als die Bewältigung des *task* nicht der Einübung vorher definierter sprachlicher Formen dient, sondern der Fokus auf der inhaltlichen Ausgestaltung des Dialoges liegt. Die Lernaufgabe stößt eine authentische Sprachverwendung an (Kriterium 5), denn das Erklären eines Kochvorganges ist eine authentische Kommunikationssituation, wie sie die Schüler/innen durchaus in der realen Welt erleben könnten (beispielsweise das Zubereiten eines landestypischen Gerichts während eines Schüleraustauschs). Was die Relevanz der Thematik für die Schüler/innen angeht (Kriterium 6), so ist das Vorstellen von Rezepten in einer 8. Klasse vielleicht nicht von höchster Wichtigkeit, durch den Einbezug des Lieblingsrezeptes kann jedoch vermutlich eine höhere Schülerrelevanz geschaffen werden. Kriterium 7 fragt danach, ob die Aufgabenstellung für die Schüler/innen sinnvoll und bedeutsam ist. Dieses Kriterium ist m.E. vor allem dadurch erfüllt, dass zum einen in der Simulation der Koch-Show für die Schüler/innen Rollen vorgesehen sind, mit denen sie sich identifizieren können, zum anderen die Simulation einen „Probelauf" für das am Ende der Unterrichtseinheit vorgesehene gemeinsame Kochen darstellt, d.h. die Schüler/innen werden durch die Lernaufgabe in eine ähnliche Kommunikationssituation versetzt und sollen die Kommunikationskompetenz trainieren, die sie später real brauchen werden. Bei Kriterium 8 geht es um die Authentizität und Aktualität des Materials. Da abgesehen von dem mitgebrachten Rezept auf Deutsch kein Material benötigt wird, kann über dieses Kriterium keine Aussage gemacht werden. Die Lernaufgabe entspricht dem Niveau der Schüler/innen (Kriterium 9), da sie vor allem sprachliche und kommunikative Komponenten aufgreift, die den Schülerinnen und Schülern bereits aus der Unterrichtseinheit oder aus dem vorangegangenen Unterricht geläufig sind. Die offene Aufgabenstellung ermöglicht es zudem, die Aufgabe je nach Leistungsvermögen zu lösen. Weder der Umfang noch die sprachlichen Mittel sind vorgegeben, so dass die Schüler/innen frei sind, die Aufgabe auf ihrem jeweiligen Sprachniveau zu bearbeiten. Das letzte Kriterium fragt nach der Produkt- bzw. Ergebnisorientierung (Kriterium 10). Dieses Kriterium kann als erfüllt gelten, da die Lernaufgabe auf eine von den Schülerinnen und Schülern erarbeitete mündliche Präsentation eines Koch-Show-Dialogs hinausläuft.

3.2 Durchführung der Lernaufgabe

Im Folgenden wird die Umsetzung der Lernaufgabe beschrieben, wozu zuerst die Lerngruppe und das Lernumfeld dargestellt und anschließend der tatsächliche Verlauf der Lernaufgabe mit der Konzeption verglichen wird.

3.2.1 Angaben zur Lerngruppe

Der Spanischunterricht fand montags in der siebten und achten Stunde und donnerstags in der ersten und zweiten Stunde statt. Dies führte dazu, dass die Lernbedingungen in den beiden Unterrichtsblöcken sehr unterschiedlich waren. Während die Schüler/innen donnerstags sehr aufnahmefähig waren und sich stark beteiligten, waren sie montags eher unkonzentriert, und in der Klasse war eine große Unruhe festzustellen.

Die Unterrichtseinheit erstreckte sich über insgesamt sechs Doppelstunden innerhalb von drei Wochen. Die Lernaufgabe wurde in der dritten und vierten Doppelstunde durchgeführt.

3.2.2 Durchführung der Lernaufgabe

Da die Lehrkraft vergessen hatte, den Schülerinnen und Schülern die geplante Hausaufgabe aufzugeben, das Rezept ihres Lieblingsgerichtes mitzubringen, wurde der Beginn der Stunde in einen Computerraum verlegt, wo sie aus dem Internet passende Rezepte auf Deutsch suchen sollten. Der *ad hoc*-Arbeitsauftrag lautete hierbei, dass sie sich lediglich die Zutaten des Gerichtes und die dazugehörigen Mengenangaben notieren sollten. Die Internetrecherche dauerte länger als die von der Lehrkraft eingeplanten 10 Minuten, da viele Schüler/innen sich zunächst Gedanken über ihr Lieblingsgericht machen mussten, und sich bei der anschließenden Suche herausstellte, dass eine Vielzahl verschiedener Rezepte für die alltagssprachlichen Bezeichnungen der Gerichte (wie z.B. bei „Nudelauflauf") verfügbar waren. Da fast die gesamte erste Unterrichtsstunde mit der Internetrecherche und der anschließenden Rückkehr in den Klassenraum verging, wurden die beiden geplanten *pre-tasks* gestrichen. Die Schüler/innen begannen direkt mit der Partnerarbeit, wobei jedoch auch hier die geplante Phasierung verworfen wurde. Die *ad hoc*-Arbeitsanweisung lautete nun, sich in Partnerarbeit für ein Gericht zu entscheiden und dann einen Dialog in Form einer Koch-Show schriftlich auszuarbeiten. Das eigentliche Ziel, die mündliche Sprechkompetenz zu fördern, wurde durch diese *ad-hoc*-Entscheidung der Lehrkraft also fast gänzlich zurückgestellt, abgesehen von der mündlichen Präsentation des Dialoges, wobei hier nicht mehr von freiem Sprechen ausgegangen werden kann.

Die Zusammenlegung der Phasen schien nicht nur bei den Hospitierenden, sondern auch bei den Schülerinnen und Schülern Verwirrung zu stiften, da ihnen der Arbeitsauftrag nicht klar war. Nach einer neuen Erklärung seitens der Lehrkraft begannen die Schüler/innen schließlich damit, den Dialog schriftlich auszuarbeiten. Für den *task-cycle* nach Willis (1996) bedeutet dies, dass sowohl die *pre-task*-Phase als auch die *task*-Phase in der unterrichtlichen Umsetzung der Lernaufgabe wegfielen, was gleichsam bedeutete, dass es in der Lernaufgabe keine spontane Sprachverwendung mehr gab. Die ganze Aufgabe bestand nunmehr aus der *planning*-Phase, die die gesamte zweite Unterrichtsstunde andauerte und ggf. zu Hause fortgeführt werden sollte. Was die Rolle der Lehrkraft angeht, wurde sie so ausgefüllt, wie im *task-cycle* vorgesehen, also beratend und unterstützend. Zudem wurden bereits während dieser Phase wichtiges Vokabular und für die Beschreibung des Kochvorgangs nützliche Redewendungen an der Tafel festgehalten und so für alle Schüler/innen kenntlich gemacht. Auf diese Weise wurde die vorgesehene Funktion der *language-focus*-Phase gleichsam vorgezogen.

Zu Beginn der nächsten Doppelstunde bekamen die Schüler/innen Zeit, ihren Dialog zu üben und dabei die von uns mitgebrachten Kochutensilien in ihre Präsentation mit einzubeziehen. Für diese Phase waren von der Lehrkraft etwa 20 Minuten eingeplant. Sie dauerte jedoch fast die gesamte erste Unterrichtsstunde, da es noch viele Fragen zur sprachlichen Umsetzung seitens der Schüler/innen gab. Hierbei wurde deutlich, dass sich bei den Schülerinnen und Schülern tatsächlich ein natürliches Bedürfnis nach Korrektheit einstellte, weil sie ihr Ergebnis am Ende präsentieren sollten. Dies wurde noch dadurch verstärkt, dass die Lehrkraft ankündigte, die Präsentationen wie bei einer echten Kochshow filmen zu wollen.

In der zweiten Unterrichtsstunde präsentierten die Schüler/innen ihre Dialoge, wobei sie gefilmt wurden. Die meisten lasen ihre Dialoge jedoch ab. Bei den Präsentationen wurde die Heterogenität der Klasse in Bezug auf ihre Leistungsfähigkeit deutlich. Einige leistungsstärkere Schüler/innen hatten Dialoge ausgearbeitet, in denen sie in Interaktion traten, und die über die reine Beschreibung des Kochvorganges hinausgingen; eher leistungsschwächere Schüler/innen blieben hingegen bei einer reinen Darstellung des Rezeptes.

3.2.3 Reflexion der unterrichtlichen Umsetzung der Lernaufgabe

Vergleicht man die Konzeption der Lernaufgabe mit ihrer Umsetzung im Unterricht anhand der Kriterien für Lernaufgaben, so wird deutlich, dass es vor allem zu einer Verschiebung hinsichtlich der zu förderenden Kompetenzen kam. Im Gegensatz zur Konzeption wurde bei der Durchführung eher die Schreibkompetenz gefördert und weniger die Sprechkompetenz.

Darüber hinaus muss das Ergebnis der Analyse zur Konzeption der Lernaufgabe (*task as workplan*) im Lichte der Durchführung hinsichtlich des Kriteriums der authentischen Sprachverwendung neu betrachtet werden. Der Kommunikationsgegenstand hat sich zwar nicht verändert, doch ist die Kommunikation durch die vorausgehende Verschriftlichung nicht mehr spontan und auch weniger authentisch.

Des Weiteren liegt in der fehlenden Phasierung der Lernaufgabe der größte Unterschied zwischen Konzeption und unterrichtlicher Umsetzung. Dies begann bei der fehlenden Hausaufgabe, was eine Recherchearbeit im Internet nötig machte. Die meisten Schüler/innen waren zwar geübt im Umgang mit dem Internet; trotzdem wäre eine Vorbereitung dieser Phase nötig gewesen, in der die Schüler/innen auch Zeit zur Verfügung gestanden hätte, sich Gedanken über ihr Lieblingsrezept zu machen. Bei der Bearbeitung der Aufgabe wurde darüber hinaus deutlich, dass den Schülerinnen und Schülern die *pre-task*-Phasen fehlten, insbesondere die zweite, in denen sie als Vorarbeit die Zutaten und Mengenangaben in das Arbeitsblatt 1 eintragen sollten. Dies im Zusammenhang mit der Zusammenlegung der *task*-Phase und des *planning* führte dazu, dass alle Teile der Lernaufgabe gleichzeitig bearbeitet werden mussten. Dabei zeigte sich auch, dass den Schülerinnen und Schülern nicht klar war, wann sie welchen Schritt tun sollten, was auch dazu führte, dass eigentlich alles auf Deutsch besprochen und nur der Dialog schriftlich auf Spanisch festgehalten wurde (die Erarbeitung desselben fand ebenfalls auf Deutsch statt). Eine spontane Sprachverwendung fand somit nicht statt. Nach dem Konzept von Willis (1996) kann hier im engeren Sinne nicht mehr von einer kompetenzorientierten Aufgabe gesprochen werden, auch wenn die Aufgabe weiterhin den meisten Kriterien entspricht. Im Grunde genommen trainiert sie jedoch keine Kompetenz mehr richtig, da die Verschriftlichung des Dialogs die Sprechkompetenz zurückstellt, gleichzeitig die Schreibkompetenz jedoch auch nicht konsequent gefördert wird, da das Produkt („Rezept erklären") mündlich sein und das Geschriebene dabei so wenig wie möglich einbezogen werden sollte.

Trotzdem ist festzuhalten, dass die Aufgabe ihren Sinn in der Unterrichtseinheit als Ganzes erfüllt hat. Sie war letztendlich dazu gedacht, die Schüler/innen vor der realen Kochsituation in eine ähnliche Kommunikationssituation zu bringen, in der sie jemandem erklären sollen, wie ein bestimmtes Rezept umgesetzt wird. Dies ist mit der Aufgabe erreicht worden, und aus der Bearbeitung heraus haben sich viele sprachliche Bedürfnisse der Schüler/innen ergeben. Zudem wurden sie dafür sensibilisiert, welche sprachlichen Mittel sie noch benötigen, um in der realen Kommunikationssituation bestehen zu können.

4. Empirische Untersuchung

Wie in der Einleitung erläutert, wurde die Durchführung der Unterrichtseinheit im Rahmen des Aktionsforschungsprojekts mit einer empirischen Untersuchung verknüpft. Da die zentrale Lernaufgabe der Unterrichtseinheit insbesondere auf die Teilkompetenz Sprechen abzielte, orientierte sich auch unsere Forschungsfrage an dieser. Sie lautete wie bereits erwähnt: Inwiefern können kompetenzorientierte Aufgaben auch leistungsschwächere Schüler/innen zum Sprechen aktivieren?

Diese Fragestellung schien im Hinblick auf die Lerngruppe äußerst interessant, da sich schon nach dem ersten halben Lernjahr deutliche Unterschiede hinsichtlich des Leistungsniveaus zwischen den Schülerinnen und Schülern ausmachen ließen, und einige besonders leistungsschwache Schüler/innen sich bereits aus dem Unterrichtsgeschehen zurückgezogen hatten. Zur Beantwortung der Forschungsfrage war ursprünglich ein kombiniertes Vorgehen geplant. Während des Unterrichts sollte ein Beobachtungsbogen eingesetzt werden, mit dem insbesondere leistungsschwächere Schüler/innen und ihr Verhalten bei der Bearbeitung der Lernaufgabe beobachtet werden sollten. Im Anschluss an die Unterrichtseinheit sollten fünf Schüler/innen zur Unterrichtseinheit im Allgemeinen und der zentralen Lernaufgabe im Besonderen interviewt werden. Wir wählten diese beiden Forschungsmethoden aus, um sowohl eine Fremdwahrnehmung der Schüler/innen von außen (Beobachtung) als auch ihre Eigenwahrnehmung (Interviews) berücksichtigen zu können.

Wie aus dem Vergleich zwischen Konzeption und unterrichtlicher Umsetzung der Lernaufgabe hervorgeht, wurde die Teilkompetenz Sprechen jedoch nur in der *report*-Phase der Lernaufgabe trainiert; und in dieser Phase kann auch nicht wirklich von freiem Sprechen die Rede sein; vielmehr handelte es sich um „abgelesenes" Sprechen.

Aus diesem Grunde wurde die vorgesehene Forschungsfrage hinfällig, und auch der Forschungsprozess konnte nicht wie geplant durchgeführt werden. Die vorgesehene Untersuchung konnte in der geplanten Form schlicht nicht stattfinden, da die von uns erarbeiteten Beobachtungsbögen nicht zu der tatsächlichen unterrichtlichen Umsetzung der Lernaufgabe passten.

Wir studentische Teammitglieder entschieden uns, die Interviews dennoch durchzuführen, jedoch mit einem anderen Frageschwerpunkt. Der Aspekt der Strukturierung der Unterrichtseinheit, in die die Schüler/innen durch die einleitende Aufgabe der Erarbeitung der zur Kochvorbereitung nötigen Schritte miteinbezogen wurden, erschien uns besonders gelungen. Das hierbei entstandene Schaubild mit den in der Unterrichtseinheit zu erlernenden und zu erledigenden Schritten wurde während der Unterrichtseinheit immer wieder hervorgeholt, um als eine Art „Checkliste" Lernschritte abzuhaken oder zu neuen Aufgaben hinzuführen. Wir wählten als neuen Forschungsschwerpunkt die Frage nach der Wirkung der den Schülerinnen und Schülern verdeutlichten Strukturierung des Arbeitsprozesses. Interessant erschien uns darüber hinaus die Frage, welchen Einfluss die von Anfang an in Aussicht gestellte Aktion des Tortilla-Backens mit der gesamten Lerngruppe im Unterricht auf die Motivation der Lerner hatte. Die geänderte Forschungsfrage lautete nunmehr: Inwieweit fördert eine sinnvolle Strukturierung, die auf ein konkretes Erlebnis hinführt, die Lernmotivation der Schüler/innen?

4.1 Datenerhebung und -aufbereitung

Als Datenerhebungsmethode wurde das problemzentrierte, leitfadengestützte Interview gewählt. Der Leitfaden unterteilte sich, wie von Fichten et al. (2008: 53) vorgeschlagen, in vier Phasen: eine kurze Einführungsphase, in der der Kontext noch einmal kurz aufgegriffen und in Erinnerung gerufen wird (in diesem Fall ein kurzes Rekapitulieren der Unterrichtseinheit), dann eine zweite Phase, in der eher offene Fragen gestellt werden (Wie hat dir die Unterrichtseinheit allgemein gefallen?), eine dritte Phase, in der auf die Antworten des Interviewten zurückgegriffen wird (Was genau meinst du damit? Kannst du das erklären?) und eine vierte Phase, in der konkret nach bestimmten Phasen der Unterrichtseinheit gefragt wird.

Bei der Mikroplanung des Interviewleitfadens wurden die Interviewfragen so angeordnet, wie in der Leitfadenkonstruktion von Langer (2001: 25f.) vorgeschlagen, also vom Allgemeinen zum Spezifischen. Eher offene und eher geschlossene Fragen sollen sich ergänzen und so gegenseitig vertiefen. In einer Abschlussfrage wird dem Befragten die Möglichkeit gegeben, aus seiner Sicht vernachlässigte Aspekte anzusprechen.

Die Fragen des Leitfadens wurden so konzipiert, dass die Reihenfolge nicht unbedingt eingehalten werden musste, sondern variabel eingesetzt werden konnte, je nachdem, was der Interviewpartner äußert. Sie dienten vor allem als Orientierungshilfe, wichtige Punkte nicht zu vergessen.

Die Schülerinterviews wurden im Anschluss an die Unterrichtseinheit mit fünf Schüler/innen durchgeführt. Ursprünglich geplant war ein Interviewtermin direkt im Anschluss an die letzte Unterrichtsstunde. Durch Unterrichtsausfall konnten die Interviews schließlich erst zwei Wochen nach Abschluss der Unterrichtseinheit durchgeführt werden, und zwar in zwei separaten Räumen mit je einem Interviewer/einer Interviewerin und einem Schüler/einer Schülerin. Im Anschluss wurden die Interviews transkribiert.

4.2 Datenauswertung

Die Leitfrage zur Auswertung der Schülerinterviews geht von Kriterium 7 (Sinnhaftigkeit und Bedeutsamkeit der Aufgabenstellung für die Lerner) des Kriterienkataloges für Lernaufgaben nach Caspari/Kleppin (2008) aus. Im vorangehenden Kapitel wurde die Sinnhaftigkeit der Lernaufgabe vor allem durch das übergeordnete Ziel des realen Tortilla-Backens betont. In der Auswertung der Interviews wird nun untersucht, inwieweit diese Zielgerichtetheit auf eine reale Aktion hin (in diesem Fall das Kochen) Einfluss auf die Motivation der Schüler/innen hatte. Hierbei soll sowohl die Ankündigung des Tortillabackens zu Beginn der Unterrichtseinheit als auch die Präsenz der „Checkliste" im Unterricht, die als ständiger Verweis auf das Ziel zu verstehen ist, berücksichtigt werden.

Wie bereits erwähnt, wurden insgesamt fünf Interviews durchgeführt. Im vorliegenden Beitrag werde ich mich auf zwei Interviews beschränken.

4.3 Ergebnisse

Hinsichtlich der Motivation durch die anfängliche Ankündigung des Tortillabackens am Ende der Unterrichtseinheit gaben beide Befragten an, dass diese Aussicht sie in gewisser Weise motiviert hätte. Interviewpartner 1 gibt an, dass insbesondere die Aussicht, dies gemeinsam mit den Mitschüler/innen zu tun, ihn sehr motiviert habe, mehr noch als die Aussicht, die Tortilla später essen zu können. Für ihn steht also das soziale Erleben im Vordergrund.

> Das Essen das weiß ich jetzt gar nicht so was mich persönlich jetzt motiviert hat. Ich fand äh es motivierend, dass wir halt zusammen die backen können und da dacht ich einfach, dass das sicherlich Spaß machen wird. Da hab ich mich halt drauf gefreut. (Interviewpartner 1, 2:01–2:16)

Er betont während des Interviews auch öfter, dass gerade diese Themengebundenheit, die letztendlich auf ein Erlebnis hinführte, auf welches er sich freue, es ihm leicht gemacht habe, sich Vokabular einzuprägen.

Interviewpartnerin 2 schätzt das Tortilla-Backen weniger auf der sozialen Ebene als ein Erlebnis im Unterricht ein, sondern eher als Bewährungsprobe der erworbenen Sprachkompetenz. Der Prozesscharakter der Unterrichtseinheit ist hier sehr klar angekommen und hat auch zu einer Motivation geführt, die sprachlichen Mittel in der Anwendungssituation verfügbar zu haben.

> (...) das (Tortilla-Backen; Anm.d.Verf.) war ja eigentlich noch so ne Selbstkontrolle, wie man das jetzt alles verstanden hat, was man in den letzten Wochen gelernt hat. (Interviewpartnerin 2, 1:03–1:16)

> (…) ja ’n bisschen schon (hat es motiviert; Anm.d.Verf.), weil man hat sich halt auch darauf gefreut, dass man halt am Ende auch einzusetzen kann, was man gelernt hat. (Interviewpartnerin 2, 1:42–1:54)

Die praktische Umsetzung am Ende gibt dem Lernen des Vokabulars und dem Trainieren der kommunikativen Kompetenz also einen Sinn, weil das Gelernte real umgesetzt werden kann.

Ähnlich prozesshaft wird auch die „Checkliste“ von Interviewpartnerin 2 wahrgenommen:

> (…) man hat sich ja als wir das am Anfang aufgeschrieben haben, hat man ja das selber noch mal erarbeitet, jeden einzelnen Punkt und ja mir hat’s eigentlich schon geholfen. (Interviewpartnerin 2, 2:26–2:37)

Die gemeinsame Erarbeitung der einzelnen Schritte bis zum erfolgreichen Zubereiten der Tortilla hat die Sinnhaftigkeit dieser Schritte erfolgreich unterstrichen.

Von Interviewpartner 1 wurde die „Checkliste“ hingegen weniger als strukturierender Teil des Unterrichts wahrgenommen, sondern vielmehr als Vokabellernhilfe für eine eventuell folgende Klassenarbeit.

> Das (die „Checkliste“; Anm.d.Verf.) ist gut natürlich weil auch für ’ne Arbeit wenn wir die dann noch darüber schreiben, kann man sich das dann noch mal themenorientiert besser ansehen, was man da halt einzeln gemacht hat. (Interviewpartner 1, 3:16–3:23)

Die eigentliche Idee der „Checkliste“, nämlich das Ziel des Tortilla-Backens im Klassenzimmer auch während der restlichen Unterrichtsphasen präsent zu halten und die einzelnen Aufgaben und Übungen zum Thema „Kochen“ als Teile des Gesamtprozesses deutlich zu machen, ist hier nicht wahrgenommen worden.

Die Situation des Kochens am Ende, die als realer und authentischer Abschluss der Unterrichtseinheit geplant war, wurde scheinbar in diesem Fall durch das Filmen des Prozesses stark gestört. Dadurch, dass jeweils einzelne Schritte aufgenommen werden sollten und die Schüler/innen dann ihre Handlung auf Spanisch kommentieren sollten, anstatt den Prozess als ganzen aufzunehmen, verzögerte sich der Ablauf des Vorganges, und die einzelnen Schritte waren nicht mehr authentisch verbunden. Interviewpartner 1 beschreibt die Situation folgendermaßen:

> (…) Wir wussten halt nich so richtig, was wir dazu alles sagen sollten - weil so viel gab’s dazu jetzt nicht zu sagen, wenn man jetzt Kartoffeln in ’ne Schüssel reinmachen soll und dann noch Eier dazupacken soll - das war’s ja eigentlich schon und deshalb war’s ’n bisschen wenig zu sagen aber naja…(Interviewpartner 1, 7:26–7:38)

In dieser Aussage wird deutlich, dass es für ihn eigentlich nur um das Sprechen um des Sprechens willen ging, weil er gefilmt wurde, und nicht um das Sprechen in einer authentischen Situation, in der er sich mit seinen Gruppenpartnern über den Kochvorgang austauschen muss. Die eigentlich authentische Kommunikationssituation wurde durch das Filmen sozusagen ‚ent-authentisiert'.

Beide Interviewpartner betonen jedoch auch, dass der praktische Anteil am Ende und dessen Ankündigung zu Beginn eigentlich der einzige Unterschied der Unterrichtseinheit im Vergleich zu dem Unterricht war, wie er sonst stattfindet.

4.4 Reflexion des Forschungsprozesses

Wie aus der Beschreibung sowohl der Durchführung der Lernaufgabe im Unterricht als auch der damit verbundenen empirischen Unterschung hervorgeht, konnte das Forschungsprojekt nicht kohärent ablaufen und die ursprüngliche Forschungsfrage nicht beantwortet werden. Daraus ergab sich die Notwendigkeit, sich mitten im Forschungsprozess neu zu orientieren und nachträglich eine neue, zur durchgeführten Unterrichtseinheit passende Forschungsfrage zu entwickeln. Dies wurde insbesondere dadurch schwierig, dass der durchgeführte Unterricht nicht stimmig in das Konzept der Kompetenzorientierung einzuordnen war. So lief unser Forschungsprozess gewissermaßen genau spiegelverkehrt ab, denn die Entwicklung der Forschungsfrage stand ganz am Schluss. Da auch die vorbereiteten Beobachtungsbögen nicht zum Einsatz kommen konnten, mussten wir forschende Teammitglieder aus unserer Erinnerung heraus einen besonders interessanten Aspekt herausarbeiten, aus dem wir die neue Forschungsfrage entwickeln konnten. Wir entschlossen uns deshalb, nicht nur die ursprünglich in den Fokus gerückte Lernaufgabe, sondern die gesamte Unterrichtseinheit zu berücksichtigen.

Der nun veränderte thematische Fokus führte jedoch auch dazu, dass es nicht mehr um Kompetenzorientierung ging, denn die Phasierung von Aufgaben und Lernprozessen ist kein grundsätzlicher Teil dieses eher auf der Metaebene angesiedelten Konzepts, sondern ein wichtiger Teil der Aufgabenorientierung. Durch den wenig linearen Forschungsprozess mussten wir zudem leider auf die Außenperspektive, also die Beobachtung der Schüler/innen mithilfe eines Beobachtungsbogens verzichten und konnten so lediglich die Innenperspektive der Lerner in die Auswertung miteinbeziehen.

Positiv war für mich in der Rückschau die Teilnahme an diesem Aktionsforschungsprojekt in folgender Hinsicht. Zunächst einmal hat es mich für mögliche Schwierigkeiten eines Forschungsprozesses sensibilisiert, insbesondere im Bereich der Organisation und Absprache im Team, aber auch hinsichtlich der Entwicklung der Evaluationsinstrumente und der Bedeutung einer intensiven Auseinandersetzung mit der Forschungsfrage. Darüber hinaus hat sich für mich gezeigt, dass sich mir das Konzept der Kompetenz- und Aufgabenorientierung in der praktischen

Auseinandersetzung noch deutlicher erschlossen hat. Des Weiteren erscheint mir die Abänderung des Verlaufs der Lernaufgabe durch die *ad-hoc*-Entscheidungen der Lehrkraft als eine wichtige Erkenntnis. Auch wenn diese Abänderung unseren geplanten Forschungsprozess durcheinandergebracht hat, würde ich dieses Vorgehen trotzdem nicht als grundsätzlich negativ bewerten. Es gibt vielmehr Denkanstöße für die noch immer problematische Implementierung von Lernaufgaben in der Praxis. Auf theoretischer Ebene mögen die Konzepte der Kompetenz- und Aufgabenorientierung schlüssig und auch neuartig wirken, doch wie lassen sich diese in die schon bestehende Unterrichtspraxis sinnvoll integrieren?

Hinsichtlich der ursprünglichen Forschungsfrage, welche die Teilkompetenz Sprechen im Zusammenhang mit Binnendifferenzierung aufgreifen wollte, sehe ich weiterhin ein großes Forschungsdesiderat. Diese Frage greift insbesondere das Kriterium der Offenheit der Aufgabenstellung auf, die es den Schülerinnen und Schülern ermöglichen sollte, die Lernaufgabe auf ihrem individuellen Niveau zu bearbeiten. Bei einem neuen Versuch, diesen Aspekt einer Lernaufgabe in der Praxis zu untersuchen, müsste man gründlicher und auch strukturierter vorgehen. Vor allem sollte der Fokus dabei nicht, wie in unserer ursprünglichen Forschungsfrage geschehen, ausschließlich auf den leistungsschwächeren Schülerinnen und Schülern liegen, sondern alle Leistungsniveaus berücksichtigen. Zudem müsste ein Evaluationsinstrument entwickelt werden, um die Schüler/innen in ebendiese Niveaustufen einzuteilen, welches über die bloßen schriftlichen Benotungen und die subjektive Bewertung der mündlichen Leistungen seitens der Lehrkraft hinausgeht. Auch die Evaluationsinstrumente, insbesondere der Beobachtungsbogen, müssten weiter ausgearbeitet und mit genaueren Beobachtungskriterien ausgestattet werden.

5. Fazit

Aus der Umsetzung und der Auswertung der kompetenzorientierten Lernaufgabe lassen sich zwei Schlüsse ziehen. Zum einen wird es vermutlich noch ein langer Weg sein, bis die Implementierung der Konzepte der Kompetenzorientierung und Aufgabenorientierung in die Praxis abgeschlossen ist. Das Schulbegleitforschungsnetzwerk „Fördern durch Aufgabenorientierung" hat hier einen ersten Schritt getan. Doch das Umdenken von der Input- zur Outputorientierung ist erst in Teilen in der Schulrealität angekommen. Gerade in der unterrichtlichen Umsetzung der Lernaufgabe hat sich gezeigt, dass der Unterricht sehr lehrerzentriert verlief und besonders die Phase der spontanen Sprachverwendung, in der die Schüler/innen nur mit den ihnen bereits zur Verfügung stehenden sprachlichen Mitteln eine neue Kommunikationssituation bewältigen sollten, als sehr ungewohnt empfunden und letztlich auch nicht durchgeführt wurde. Dies liegt vermutlich daran, dass die Kontrolle über die Verwendung bestimmter sprachlicher Mittel und grammatischer Elemente in dieser Phase nicht gesichert werden kann und auch im weiteren Verlauf die Bedürfnisse und Sprachverwendungen sehr individuell sind. Hier zeigt sich meines Erachtens u.a. die Problematik der Umorientierung von Grammatik als Unterrichtsgegenstand hin zu Grammatik als lediglich dienendem Element der Kommunikationskompetenz. Gerade in Lerngruppen, die erst seit kurzem Spanisch lernen, kommt hier die Befürchtung hinzu, die Schüler/innen mit einer solch offenen Aufgabenstellung zu überfordern.

In der Auswertung der Unterrichtseinheit hat sich zum anderen jedoch deutlich gezeigt, dass die Motivation der Schüler/innen gerade dadurch gesteigert wurde, nicht zentral grammatische Phänomene zu bearbeiten, sondern themengebunden auf ein Kommunikationsziel hinzuarbeiten, welches sie in der realen Welt so ähnlich erleben könnten und bei dem sie die ihnen zur Disposition stehenden sprachlichen Mittel verwenden können. Wenn ihnen der Kommunikationskontext klar ist, in dem sie handeln, wird der Fremdsprachenunterricht mit Sinn gefüllt und bietet die Möglichkeit, sich von der rein institutionellen Lernverpflichtung zu lösen.

Auch wenn die Neuorientierung des Unterrichts an den Prinzipien der Kompetenz- und Aufgabenorientierung noch ein langer Prozess sein wird, so denke ich, dass dies auch von den Schülerinnen und Schülern mitgetragen und begrüßt wird.

6. Bibliografie

Bechtel, Mark (2011). Lernaufgaben für einen kompetenzorientierten Französischunterricht in der Sekundarstufe I. *Französisch heute* 42/1: 25–34.

Bechtel, Mark (2015a) (Hrsg.). *Fördern durch Aufgabenorientierung. Bremer Schulbegleitforschung zu Lernaufgaben im Französisch- und Spanischunterricht der Sekundarstufe I.* Frankfurt a.M. u.a.: Lang.

Bechtel, Mark (2015b). Das Bremer Schulbegleitforschungsnetzwerk „Fördern durch Aufgabenorientierung“: Ziele – Struktur – Verlauf. In: Ders. (Hrsg.). 17–41.

Bechtel, Mark (2015c). Ein Lehrerbildungskonzept zur Entwicklung, Erprobung und Erforschung von Lernaufgaben im Französisch- und Spanischunterricht. In: Ders. (Hrsg.). 83–118.

Bredella, Lothar (2006). Bildungsstandards und ihre Umsetzung. In: Timm, Johannes-Peter (Hrsg.): *Fremdsprachenlernen und Fremdsprachenforschung: Kompetenzen, Standards, Lernformen, Evaluation.* Festschrift für Helmut Johannes Vollmer. Tübingen: Narr. 105–122.

Caspari, Daniela / Kleppin, Karin (2008). Lernaufgaben: Kriterien und Beispiele. In: Tesch, Bernd / Leupold, Eynar / Köller, Olaf (Hrsg.). *Bildungsstandards Französisch: konkret*. Berlin: Cornelsen. 88–148.

Ellis, Rod (2003). *Task-based language learning and teaching*. Oxford et al.: Oxford University Press.

Fichten, Wolfgang / Wagener, Uta / Gebken, Ulf / Beer, Tim / Junghans, Carola / Meyer, Hilbert (2008). *Methoden-Reader zur Oldenburger Teamforschung*. Oldenburg: Druckzentrum der Karl von Ossietzky Universität.

Fichten, Wolfgang / Gebken, Ulf / Meyer, Hilbert / Junghans, Carola (2002). *Einführung in die Oldenburger Teamforschung*. Oldenburger Vordrucke Nr. 451. Oldenburg: Didaktisches Zentrum.

Hu, Adelheid (2005). Überlegungen zur Einführung der Bildungsstandards aus der Perspektive sprachlichen Lehrens und Lernens. In: Bausch, Karl-Richard / Burwitz-Melzer, Eva / Königs, Frank G. / Krumm, Hans-Jürgen (Hrsg). *Bildungsstandards für den Fremdsprachenunterricht auf dem Prüfstand*. Arbeitspapiere der 25. Frühjahrskonferenz zur Erforschung des Fremdsprachenunterrichts. Tübingen: Narr. 123–131.

Hu, Adelheid (Koord.) (2008). Kompetenzorientierung, Bildungsstandards und fremdsprachliches Lernen- Herausforderungen an die Fremdsprachenforschung. Positionspapier von Vorstand und Beirat der DGFF Oktober 2008. *Zeitschrift für Fremdsprachenforschung* 19/2: 163–186.

KMK, Sekretariat der Ständigen Konferenz der Kultusminister der Länder in der Bundesrepublik Deutschland (Hrsg.) (2004). *Bildungsstandards für die erste Fremdsprache (Englisch/Französisch) für den Mittleren Schulabschluss*. Beschluss vom 4.12.2003. München/Neuwied: Luchterhand.

Langer, Roman (2001). Interviews durchführen und auswerten. *Pädagogik, Thema: Praxishilfe Evaluation* 53/11: 25–27.

Leupold, Eynar (2007): *Kompetenzentwicklung im Französischunterricht. Standards umsetzen – Persönlichkeit bilden*. Seelze-Velber: Klett/Kallmeyer.

Nieweler, Andreas (2007). Bildungsstandards- eine Rundum-Sanierung für den Französischunterricht? *Der fremdsprachliche Unterricht Französisch* 41/88: 2–7.

Nold, Günter / De Jong, John H.A.L. (2007). Sprechen. In: Beck, Bärbel / Klieme, Eckhard (Hrsg.). *Sprachliche Kompetenzen: Konzepte und Messung. DESI-Studie (Deutsch Englisch Schülerleistungen International)*. Weinheim et al.: Beltz. 245–255.

Senatorin für Bildung und Wissenschaft der Hansestadt Bremen (2007). *Französisch/Spanisch als dritte Fremdsprache, Bildungsplan für das Gymnasium Klasse 8–10*. Bremen: Landesinstitut für Schule.

Tesch, Bernd (2007). Bildungsstandards: die Kastanien im Feuer. Bedingungen gelingender Implementation. *Der fremdsprachliche Unterricht Französisch* 41/88: 8–13.

Tesch, Bernd / Leupold, Eynar / Köller, Olaf (Hrsg.) (2008). *Bildungsstandards Französisch: konkret. Sekundarstufe I: Grundlagen, Aufgabenbeispiele und Unterrichtsanregungen.* Berlin: Cornelsen Scriptor.

Weinert, Franz E. (2001). Vergleichende Leistungsmessung in Schulen - eine umstrittene Selbstverständlichkeit. In: Weinert, Franz E. (Hrsg.). *Leistungsmessung in Schulen.* Weinheim / Basel: Beltz. 17–31.

Willis, Jane (1996). *A framework for task-based learning.* Harlow: Longman.

Anhang 1

Schülermaterial

Pre-Task 1

¿Qué partes de una receta de cocina conoces? Primero, piensa solo durante 3 minutos. Después habla con tu compañero sobre tus resultados.

Welche Teile von einem Rezept kennst du? Denke zuerst 3 Minuten lang alleine darüber nach und teile deine Ergebnisse dann mit deinem Nachbarn.

Pre-Task 2

Escribe los ingredientes y cantidades que necesitas para tu receta preferida en la hoja. Si te falta una palabra puedes utilizar el dicionario. Tienes 10 minutos.

Schreibe die Zutaten und Mengen, die du brauchst, um dein Lieblingsrezept zuzubereiten auf das Arbeitsblatt. Wenn dir ein Wort fehlt, kannst du das Wörterbuch benutzen. Du hast 10 Minuten Zeit.

Pre-Task 3

- A) Ahora, presenta tu receta preferida a tu compañero.
  Stelle dein Lieblingsrezept deinem Nachbarn vor.
- B) Después decidid qué receta queréis presentar a todo el grupo.
  Tenéis 10 minutos.

Entscheidet euch, welches Rezept ihr der ganzen Gruppe vorstellen möchtet. Ihr habt 10 Minuten Zeit.

Task 1

- A) Vais a presentar la receta como en un programa de cocina. Uno va a ser el cocinero, otro el presentador. Tenéis 7 minutos para hacerlo en pareja.

Después tenéis 25 minutos para elaborar el diálogo entre el cocinero y el presentador en el que váis a explicar cómo preparareis el plato. Utilizad los utensilios que están en la aula.

Ihr werdet das Rezept wie in einer Kochshow präsentieren. Einer wird der Koch sein und einer der Moderator. Ihr habt zehn Minuten Zeit, das ein erstes Mal zu machen.

Dann habt ihr 25 Minuten Zeit, den Dialog zwischen Koch und Moderator genauer zu erarbeiten, in dem ihr erklärt, wie ihr die Mahlzeit zubereitet. Benutzt dabei die Küchenutensilien, die euch im Klassenraum zur Verfügung stehen.

- B) Presentad vuestro diálogo al grupo como si estuvierais en un programa de cocina. Utilizad los utensilios que hay para mantener el diálogo.

Cuando escuchéis los diálogos de vuestros compañeros, intentad comprender cómo se llama el plato y qué ingredientes se necesitan para prepararlo. Podéis tomar notas.

Präsentiert euren Dialog vor der Klasse, als wenn ihr in einer Kochshow auftreten würdet. Benutzt die Küchenutensilien, um euren Dialog pantomimisch zu unterstreichen.

Während ihr den Dialogen der anderen Schüler und Schülerinnen zuhört, versucht, den Namen des Gerichtes und die Zutaten, die für die Zubereitung benötigt werden, herauszuhören. Ihr könnt euch Notizen machen.

Arbeitsblatt 1

Escribe los ingredientes y cantidades que necesitas para tu receta preferida en la hoja. Si te falta una palabra puedes utilizar el dicionario. Tienes 10 minutos.

Schreibe die Zutaten und Mengen, die du brauchst, um dein Lieblingsrezept zuzubereiten auf das Arbeitsblatt. Wenn dir ein Wort fehlt, kannst du das Wörterbuch benutzen. Du hast 10 Minuten Zeit.

MI RECETA PREFERIDA

CANTIDAD	INGREDIENTE

Anhang 2

Interviewleitfaden „Tortillabacken“:

1) X (Name der Lehrkraft) hat ja im Januar und Februar mit euch eine Unterrichtseinheit zum Thema „preparar una tortilla“ gemacht und sie ist jetzt beendet. Und wir möchten gerne wissen, wie dir die Einheit gefallen hat.
   - Was war anders als sonst?
   - Was hat dir daran gefallen?
   - Warum?
2) Als am Anfang angekündigt wurde, dass am Ende der Unterrichtseinheit eine Tortilla gebacken werden soll, hat dich das besonders motiviert?
   Oder eher nicht? Inwiefern? Warum?
3) Es gab da doch eine Checkliste zum Tortillabacken. Hat dir das geholfen oder eher nicht?
   Was fandest Du daran genau (nicht) gut?
   Warum?
4) Beim Tortillabacken solltet ihr ja Spanisch sprechen. So wurde es am Anfang angekündigt. Hat dich das motiviert, sich mit den dafür nötigen Vokabeln und der Grammatik zu beschäftigen, sie zu üben?
   -Was genau fandest du gut daran?
   -Warum?
5) Hat es dir dann Spaß gemacht, dein Lieblingsrezept auf Spanisch vor der Klasse zu präsentieren?
   Wenn JA/Nein: Warum? Was genau hat dir daran (nicht) gefallen?
   Hat dir an Grammatik oder Vokabeln deiner Meinung nach etwas gefehlt?
   Warst du mit deinem (Sprech-)Ergebnis beim Tortillabacken zufrieden?
   Inwiefern?
   Warum?
6) Abschließend würden wir von dir gerne wissen, was du noch sagen möchtest, weil wir uns für alles interessieren, was du zu sagen hast.

Julia Baumbach / Alexej Schlotfeldt / Ann-Marikje Stenzel

Wie lernwirksam schätzen Schüler/innen die Erarbeitung von Wortschatz im Rahmen kompetenzorientierter Lernaufgaben ein?

1. Einleitung

Im Rahmen des Bremer Schulbegleitforschungsnetzwerks „Fördern durch Aufgabenorientierung" (vgl. Bechtel 2015b in diesem Band) führte unser Team, bestehend aus zwei Studentinnen und einem Studenten des Studiengangs *Master of Education* Französisch der Universität Bremen sowie einer Französischlehrkraft, im Wintersemester 2009/10 und Sommersemester 2010 ein Aktionsforschungsprojekt durch. Es beinhaltete ein Unterrichtsprojekt zum Einsatz von Lernaufgaben (Baumbach/Schlotfeldt/Stenzel 2010a), das mit einer empirischen Untersuchung verbunden war (Baumbach/Schlotfeldt/Stenzel 2010b), bei der es um die Frage ging, wie lernwirksam die Schüler/innen einer 8. Klasse mit Französisch als zweiter Fremdsprache die Erarbeitung von Wortschatz im Rahmen von Lernaufgaben einschätzen.

Im vorliegenden Beitrag erläutern wir zunächst die Ausgangslage, das Erkenntnisinteresse und die Forschungsfrage. Einleitend gehen wir auf die Fokussierung sprachlicher Mittel im aufgabenorientierten Unterrichtsmodell von Willis (1996) ein, das wir bei der Entwicklung unserer Unterrichtseinheit zugrunde legten. Im Anschluss geben wir einen Überblick über die von uns entwickelte Unterrichtseinheit und erläutern die Konzeption und Durchführung von drei Lernaufgaben, in denen Wortschatzarbeit in unterschiedlicher Art und Weise integriert wurde. Bei der Darstellung der empirischen Untersuchung skizzieren wir ausgehend von der Forschungsfrage das Vorgehen bei der Datenerhebung, -aufbereitung und -auswertung und stellen die zentralen Ergebnisse vor.

2. Ausgangslage und Erkenntnisinteresse

In den Bildungsstandards für die erste Fremdsprache Englisch/Französisch wird Wortschatz neben Grammatik, Aussprache und Orthografie zu den sprachlichen Mitteln gerechnet, über die Schüler/innen entsprechend des angestrebten Kompetenzniveaus verfügen müssen, um rezeptiv und produktiv kommunikativ handeln zu können (KMK 2004: 14). Sprachliche Mittel haben gemäß der

Bildungsstandards eine „dienende Funktion". Das entspricht der aktuellen fremdsprachendidaktischen Diskussion (Hu/Leupold 2008: 77, Schumann 2009: 202) und bedeutet, dass die sprachlichen Mittel kein Selbstzweck im Fremdsprachenunterricht sind, sondern einem kommunikativen Zweck dienen müssen. Den Schülerinnen und Schülern muss also bewusst gemacht werden, welchen Nutzen die sprachlichen Mittel für die Bewältigung von Kommunikationssituationen haben.

Mit Hilfe von komplexen, inhaltsorientierten Lernaufgaben, so wie sie beispielsweise vom Institut für Qualitätssicherung in der Bildung (IQB) für den Französischunterricht vorgelegt wurden, sollen die in den Bildungsstandards bzw. länderspezifischen Lehrplänen festgeschriebenen Kompetenzen im Unterricht gefördert werden (Tesch/Leupold/Köller 2008). Im Schülermaterial zu den Lernaufgaben des IQB für den Französischunterricht wird jedoch auf vorbereitende Übungen zu Wortschatz und Grammatik verzichtet, so dass hier unbestimmt bleibt, wie die sprachlichen Mittel konzeptuell in die Lernaufgaben integriert werden sollen.

Die Frage nach dem Ort der sprachlichen Mittel bei der Bearbeitung von Lernaufgaben war der Ausgangspunkt für das hier vorliegende Aktionsforschungsprojekt. Die am Projekt beteiligte Lehrkraft, die in einer 8. Klasse einer Sekundarschule Französisch als zweite Fremdsprache unterrichtete, beschäftigte die Frage, wo und wie in einem den Anforderungen des Bremer Bildungsplans für Französisch/Spanisch als zweite Fremdsprache (Senator für Bildung und Wissenschaft der Freien Hansestadt Bremen 2006) entsprechenden Unterricht die sprachlichen Mittel mit Hilfe von Lernaufgaben effektiv gelernt werden können. Die Lehrkraft hatte den Eindruck, dass mit dem Konzept der Lernaufgabe eher eine Vernachlässigung der Wortschatz- und Grammatikarbeit einhergehe als deren Förderung. Diese Frage war auch für uns Studierende von Interesse. Das Erkenntnisinteresse war somit auf die subjektiv empfundene Lernwirksamkeit der Erarbeitung von Wortschatz im Rahmen von Lernaufgaben gerichtet. Die Forschungsfrage lautete: Wie lernwirksam empfinden die Schüler/innen die unterschiedliche Art und Weise der Erarbeitung von Wortschatz im Rahmen einer Lernaufgabe?

3. *Language Focus* im aufgabenorientierten Ansatz

Der Ansatz der Aufgabenorientierung (vgl. Ellis 2003, Müller-Hartmann/Schocker v. Ditfurth 2005) wird herangezogen, um die Bildungsstandards didaktisch-methodisch im Unterricht umzusetzen (vgl. Leupold 2007, Caspari 2009). Im Zentrum des Ansatzes stehen Lernaufgaben (Caspari/Kleppin 2008) bzw.

tasks (Ellis 2003); damit sind komplexe, kommunikative und inhaltsorientierte Aufgaben gemeint, die die Lerner im Unterricht lösen sollen, wobei sie die damit verbundenen Teilkompetenzen auszubauen versuchen (vgl. Mertens 2010, vgl. Bechtel 2015c in diesem Band). Nach Ellis (2003: 9f.) ist eine Lernaufgabe durch folgende sechs Merkmale gekennzeichnet. Sie enthält 1. einen Arbeitsplan, aus dem klar erkennbar ist, was zu tun ist und zu welchem Zweck, 2. liegt der Schwerpunkt auf dem Inhalt nicht auf dem Einüben einer bestimmten sprachlichen Form, 3. erfordert sie eine realitätsbezogene Sprachverwendung, 4. muss mit ihr mindestens eine der vier kommunikativen Fertigkeiten trainiert werden, 5. löst sie kognitiv anspruchsvolle Prozesse aus, und 6. hat sie ein klar definiertes kommunikatives Ergebnis oder Produkt.

Bei der Frage, wie *tasks* in den Unterrichtszusammenhang eingebettet werden können, kann auf das als *task based language learning* (TBL) bekannte Modell von Willis (1996) zurückgegriffen werden. Auch für uns bot das Modell von Willis eine gute Grundlage, um theoriegeleitet eine Unterrichtseinheit zu entwickeln, die sowohl den Anforderungen des Bremer Bildungsplans im Französischunterricht genügt als auch die für unsere Forschungsfrage relevante Integration von Wortschatzarbeit erlaubt. Im Modell von Willis (1996: 38) wird zwischen drei Unterrichtsphasen unterschieden: *pre-task*, *task-cycle* (unterteilt wiederum in eine *task-*, *planning-* und *report-*Phase) und *language focus*. Das Modell stellt das übliche *ppp*-Unterrichtsschema (*presentation*, *practice*, *production*), nach dem neue sprachliche Formen eingeführt (*presentation*), geübt (*practice*) und schließlich angewendet werden (*production*), auf den Kopf. Denn nach einer Hinführung (*pre-task*) werden die Lerner sogleich mit einer Anwendungsphase konfrontiert, indem sie versuchen sollen, die kommunikative Situation des *task* zu lösen, und zwar mit den sprachlichen Mitteln, die ihnen gerade zur Verfügung stehen (*task*-Phase). Daran schließt sich eine Nachbereitung an, in der an der sprachlichen Korrektheit und inhaltlichen Angemessenheit des *task* gearbeitet wird. Diese mündet in eine zweite Anwendungsphase, bei der einige Lerner den *task* im Plenum vorstellen (*report*-Phase). Erst am Ende findet im *language focus* eine Beschäftigung mit sprachlichen Formen statt, die sich im *task-cycle* als problematisch herausgestellt haben. Das bedeutet, dass die Bewusstmachung sprachlicher Formen (*analysis*) und deren Einübung (*practice*) der inhaltlichen Bearbeitung des *task* nachgelagert sind.

Während bei Willis (1996: 38, 101) der *language focus* am Ende der Unterrichtseinheit steht, sehen andere Vertreter des aufgabenorientierten Ansatzes, wie beispielsweise Ellis (2003: 260) oder Carstens (2005) in allen Phasen des *TBL*-Modells sinnvolle Möglichkeiten für den Einschub eines *language focus*. Im Sinne einer Flexibilisierung des Modells von Willis haben wir drei der Lernaufgaben unserer Unterrichtseinheit so konzipiert, dass ein Fokus auf sprachliche Mittel (hier neue Vokabeln) an unterschiedlichen Stellen im Unterrichtsverlauf integriert wurde. Die Modifikation war insofern nötig, als nur so untersucht werden konnte, wie die Schüler/innen die Lernwirksamkeit der Erarbeitung neuer Vokabeln im Rahmen einer Lernaufgabe einschätzen.

4. Empirische Untersuchung

Nach einer ersten Hospitation in der Klasse und der Formulierung der Forschungsfrage entwickelten wir in Absprache mit der Lehrkraft und flankiert durch ein fachdidaktisches Seminar zur Kompetenz- und Aufgabenorientierung eine Unterrichtseinheit, die Lernaufgaben enthielt, in die gezielte Wortschatzarbeit integriert war. Es handelte sich um eine 8. Klasse einer Sekundarschule mit Französisch als zweiter Fremdsprache ab Klasse 6. Die Unterrichtseinheit wurde von der Lehrkraft durchgeführt und erstreckte sich, unterbrochen durch einen Frankreichaustausch der Lerngruppe und einen Elternsprechtag, über ca. vier Wochen.

4.1 Überblick über die Unterrichtseinheit

Um die einzelnen Lernaufgaben der Unterrichtseinheit in einen sinnvollen kommunikativen Zusammenhang zu bringen, wurden sie in eine virtuelle Reise nach Frankreich integriert. Die Schüler/innen sollten sich vorstellen, dass sie sich auf einer Klassenfahrt zu ihrer Partnerschule in Frankreich befinden, auf der sie mit einer Reihe von Kommunikationssituationen konfrontiert werden, die es zu bewältigen gilt.

Als Vorbereitung auf die Klassenfahrt sollen sie in einer ersten Lernaufgabe ihre Erwartungen und Wünsche sowie ihre Sorgen und Ängste äußern. Die virtuelle Anreise erfolgt mit dem Zug, bei der die Lerner mit folgender Situation konfrontiert werden: Im Zug fällt ihnen auf, dass sie nicht genau wissen, wie sie vom Hauptbahnhof zu ihrem Treffpunkt kommen sollen; sie sprechen daraufhin einen französischen Mitreisenden an, den sie aber nicht verstehen, woraufhin dieser eine Wegskizze anfertigt und den Weg auf Französisch aufschreibt. Die zweite Lernaufgabe besteht darin, die schriftliche Wegbeschreibung zu verstehen. Nachdem die Lerner vor Ort zum Treffpunkt gefunden haben, suchen sie gemeinsam mit ihren Austauschpartnern nach einem Restaurant und trainieren dabei, nach dem Weg zu fragen, eine Wegbeschreibung zu verstehen und selbst einen Weg zu beschreiben. Die dritte Lernaufgabe ist mit der Situation verbunden, dass die Gastfamilie am Wochenende einen Ausflug machen und wissen möchte, welche Aktivitäten und Sehenswürdigkeiten den/die Austauschschüler/in interessieren würden. Die Aufgabe besteht darin, im Internet zu recherchieren, welche Aktivitäten und Sehenswürdigkeiten für die Lerner von Interesse sein könnten. Darüber hinaus haben beide Austauschklassen einen gemeinsamen Ausflug geplant, für den mehrere Schülergruppen in der vierten Lernaufgabe eine Internetrecherche durchführen und die Ergebnisse in einem Text für einen „*Guide touristique pour les jeunes*" zusammenfassen sollen. Die fünfte und letzte Lernaufgabe besteht darin, eine Beratungssituation im Tourismusbüro der Stadt der Partnerschule zu simulieren. Die Lerner sollen in der Rolle eines Austauschschülers/einer Austauschschülerin nach Freizeitaktivitäten und Sehenswürdigkeiten für Jugendliche fragen bzw. in der Rolle eines Angestellten/einer Anstellten eines Touristenbüros auf der Grundlage des zuvor erstellten *Guide* mögliche Freizeitaktivitäten vorstellen.

4.2 Konzeption und Durchführung von Lernaufgaben mit integrierter Wortschatzarbeit

Im Zusammenhang mit der Forschungsfrage sind die Lernaufgaben 1, 2 und 4 von besonderem Interesse, da in ihnen Wortschatzarbeit integriert wurde. Im Folgenden werden die Konzeption dieser Lernaufgaben und deren Durchführung dargestellt. Dabei soll deutlich werden, zur Förderung welcher Teilkompetenzen sie von der Konzeption her dienen sollten, inwieweit sie den Kriterien für Lernaufgaben entsprechen, wie Wortschatzarbeit in sie integriert wurde und wie sie letztendlich von der Lehrkraft im Unterricht umgesetzt wurden.

4.2.1 Lernaufgabe 1

Mit der Lernaufgabe 1 („Erwartungen und Befürchtungen") sollte der Forschungsfrage nachgegangen werden, wie hilfreich die Beschäftigung mit Wortschatz *vor* der Bearbeitung von Lernaufgaben von den Lernern eingeschätzt wird. Bei dem *task* geht es darum, dass sich die Lerner in der Vorbereitung auf den bevorstehenden Frankreichaufenthalt in Gastfamilien über mögliche Wünsche und Erwartungen austauschen. Anstatt nach einer *pre-task*-Phase, in der die Lehrkraft mit Hilfe einer Frankreichkarte an den Austausch erinnern und den Inhalt des *task* vorstellt, mit dem *task* zu beginnen, sollte eine *language-focus*-Phase eingeschoben werden, bei der den Lernern eine Wortschatzliste zu Wünschen und Erwartungen ausgeteilt und mit ihnen besprochen wird (Anhang 1). Im Anschluss an den *task*, der mündlich in Partnerarbeit gelöst werden soll, geht es in der *planning*-Phase darum, die Ergebnisse möglichst fehlerfrei auf Kärtchen zu schreiben, die dann in der *report*-Phase von einigen Schülerpaaren im Plenum präsentiert werden. Beim sich anschließenden Thema „Sorgen und Ängste“ war das gleiche Vorgehen geplant.

Es handelt sich um eine kompetenzorientierte Lernaufgabe, die auf die Förderung des Hörverstehens und des dialogischen Sprechens ausgerichtet ist, für die im Bremer Bildungsplan für Französisch/Spanisch als zweite Fremdsprache für die Sekundarschule am Ende der Jahrgangsstufe 7/8 folgende Kompetenzanforderungen festgeschrieben sind (Senator für Bildung und Wissenschaft der Freien Hansestadt Bremen 2006: 17): Die Schüler/innen können „kurze Gespräche führen, die ihren Erfahrungshorizont betreffen (…), in vertrauten Zusammenhängen Meinungen und Gefühle ausdrücken und auf Gefühlsäußerungen anderer reagieren (…), vertraute Wörter und Sätze sowie Redewendungen und Ausdrücke verstehen, die sich auf sie selbst (…) oder auf konkrete Dinge in ihrer Umwelt beziehen.“ Aufgabenorientiert ist die Lernaufgabe insofern, als die Kriterien von Ellis (2003: 9f.) erfüllt werden. Es liegt ein Arbeitsplan vor, bei dem die kommunikative Situation klar bestimmt ist, ebenso die einzelnen Schritte und das gewünschte Produkt. Auch das Kriterium der Authentizität hinsichtlich der simulierten Situation kann als erfüllt gelten, da die Klassenfahrt tatsächlich bevorstand, und es daher realistisch erscheint, dass sich die Lerner mit den französischen Lehrkräften oder Austauschpartnern in Frankreich über ihre diesbezüglichen Erwartungen und Befürchtungen austauschen. Inhaltsorientiert ist die Lernaufgabe insofern, als nicht das Üben eines bestimmten grammatikalischen Phänomens oder eines bestimmten Wortschatzes im Mittelpunkt steht, sondern die inhaltliche Auseinandersetzung mit dem Thema. Die Lerner sollen ihr eigenes Empfinden beschreiben und begründen, womit das Kriterium des kognitiven Anspruchs hinreichend erfüllt ist. Mit der Lernaufgabe wird mindestens eine kommunikative Fertigkeit gefördert, nämlich das dialogische Sprechen bzw. das Hörverstehen. Schließlich ist auch das Kriterium der Produkt- bzw. Ergebnisorientierung erfüllt, da am Ende Erwartungen und Befürchtungen zusammenfassend anhand von Kärtchen dargestellt werden müssen.

Bei der Hospitation der Durchführung der Lernaufgabe fiel uns studentischen Teammitgliedern auf, dass die Lehrkraft in einigen Punkten von der Planung der Lernaufgabe abwich. Anstatt nach der *pre-task*-Phase sofort die *language-focus*-Phase einzuschieben und die Wortschatzliste auszuteilen, ließ die Lehrkraft die Schüler/innen zunächst ohne den neuen Wortschatz arbeiten. Diese gingen nach dem *pre-task* also direkt zum *task* über. Der *task* wurde jedoch von der Lehrkraft nach einer gewissen Zeit unterbrochen, da die Lerner nach Vokabeln fragten, um den *task* zu lösen. Daraufhin verteilte die Lehrkraft eine vorbereitete Wörterliste und konjugierte mit den Lernern das regelmäßige Verb „*souhaiter*“

an der Tafel. Im Anschluss wurde die *task*-Phase fortgesetzt. Dabei zeigte sich, dass die Lerner nicht dialogisch miteinander sprachen, sondern die Wünsche und Erwartungen dem Partner monologisch vortrugen. Damit konnte das Lernziel des dialogischen Sprechens während des *task* nicht erreicht werden. In der *planning*-Phase korrigierten sich die Schüler/innen gegenseitig und versuchten, lexikalisch und grammatikalisch korrekt ihre Wünsche und Erwartungen auf die Kärtchen zu schreiben. Die anschließende *report*-Phase wurde seitens der Lehrkraft stark ausgedehnt, da alle Gruppen, anstatt wie geplant einige wenige, ihre Ergebnisse präsentierten. Dabei korrigierte die Lehrkraft nicht direkt die sprachlichen Fehler, da der Inhalt der Präsentation im Fokus stand. Erst anschließend thematisierte die Lehrkraft die Fehler aus der Präsentation; sie schob hier also eine *language-focus*-Phase ein.

Bei der Bearbeitung des Themas „Sorgen und Ängste" verteilte die Lehrkraft die Wortschatzübersicht direkt nach der *pre-task*-Phase. Damit gingen die Lerner diesmal, wie ursprünglich vorgesehen, direkt nach dem *pre-task* zur *language-focus*-Phase über und befassten sich mit dem Vokabular, bevor sie den eigentlichen *task* bearbeiteten. Wie zuvor fand während des *task* das Sprechen monologisch statt; ein Dialog entwickelte sich auch hier nicht. In der anschließenden *planning*-Phase schrieben die Lerner ihre Ängste und Sorgen wieder auf Kärtchen und korrigierten sich gegenseitig im Hinblick auf Aussprache, Rechtschreibung und Satzbau. Die anschließende *report*-Phase fiel wegen Zeitmangels aus und wurde auch in der darauffolgenden Stunde nicht nachgeholt, da die Lehrkraft die eingesammelten Kärtchen zu Hause durchsah, die zentralen Inhalte mithilfe der Kärtchen in der anschließenden Stunde an die Tafel heftete und diese selbst nannte.

4.2.2 Lernaufgabe 2

Die Lernaufgabe 2 („Wegbeschreibung") war von der Konzeption her so angelegt, dass nicht *vor* sondern *während* der Bearbeitung des *task* eine Übung zum Wortschatz integriert wurde. Anhand der Wegskizze und der schriftlichen Wegbeschreibung sollten die Lerner nicht nur den Weg verstehen, sondern sie sollten sich gleichzeitig selbstständig aus dem Material die Bedeutung der Richtungsangaben (*à gauche, à droite, tout droit* usw.) erschließen, auf dem Arbeitsblatt notieren und als Sicherung ins Deutsche übersetzen (Anhang 2). In der sich anschließenden *planning*-Phase sollten sich die Lerner in Partnerarbeit überlegen, wie sie das relevante Vokabular erschlossen haben, und die Übersetzung miteinander vergleichen. Nach der Präsentation der Ergebnisse in der *report*-Phase war geplant, dass die Lehrkraft in einer *language-focus*-Phase die neuen Vokabeln zu Richtungsangaben an der Tafel festhält.

Die Lernaufgabe 2 ist insofern kompetenzorientiert, als sie auf die Förderung der kommunikativen Teilkompetenz des Leseverstehens abzielt. Die Lerner müssen die schriftliche, authentische Wegbeschreibung mit Hilfe der Zeichnung zunächst global verstehen und anschließend das relevante neue Vokabular zur Wegbeschreibung herausfiltern und seine Bedeutung verstehen, so wie es der entsprechende Bremer Bildungsplan für Französisch/Spanisch als zweite Fremdsprache für Klasse 7/8 fordert (Senator für Bildung und Wissenschaft der Freien Hansestadt Bremen 2006: 15). Hier heißt es u.a.: Die Schüler/innen können „einfachen, möglichst authentischen Materialien außerhalb ihres Lehrbuchs globale und spezifische Informationen entnehmen".

Aufgabenorientiert ist die Lernaufgabe insofern, als ein Arbeitsplan vorliegt, der Hinweise zur kommunikativen Situation, den einzelnen Schritten und zum erwarteten Ergebnis enthält. Das Kriterium der Inhaltsorientierung ist erfüllt; es ist aber auch festzustellen, dass es hier neben dem Inhalt gleichrangig um die sprachliche Form geht, da die Lerner den Wortschatz zum Thema aus dem Text erschließen müssen. Das Material der Wegbeschreibung ist authentisch und die Situation durchaus realitätsnah. Der kognitive Anspruch liegt darin, die Wegskizze und die Wegbeschreibung in Beziehung zu setzen und daraus selbstständig den Weg zu finden sowie die Bedeutung der Richtungsangaben zu erschließen. Schließlich ist die Aufgabe ergebnisorientiert, da die Lerner darauf hinarbeiten, den Treffpunkt auf dem Stadtplan zu finden.

Bei der Hospitation der Durchführung der Lernaufgabe im Unterricht konnte Folgendes beobachtet werden. Nachdem die Lehrkraft die Rahmenhandlung in Erinnerung gerufen und die schriftliche Wegbeschreibung mit Skizze verteilt hatte, lasen sich die Schüler/innen in der *task*-Phase die Wegbeschreibung durch, erschlossen sich mit Hilfe der Wegskizze und der Wegbeschreibung das relevante Vokabular und notierten die deutsche Übersetzung. Daran schloss sich, wie geplant, eine *planning*-Phase an, in der die Schüler/innen ihre Ergebnisse verglichen, um in der darauf folgenden *report*-Phase die Ergebnisse zu präsentieren. Das Vokabular wurde im Anschluss im Plenum in einer *language-focus*-Phase besprochen und von der Lehrkraft in einer Tabelle an der Tafel mit einer deutsch-französischen Übersetzung als Ergebnis festgehalten.

4.2.3 Lernaufgabe 4

Bei der Lernaufgabe 4 („Internetrecherche") geht es darum, dass als Vorarbeit zur Erstellung des *Guide* die Schüler/innen in Gruppenarbeit zu ausgewählten Unterthemen Informationen über die Stadt und die Region im Internet recherchieren, diese nach Relevanz und Interesse für Jugendliche filtern und daraus eine

Seite für den *Guide* zusammenstellen sollen. In Bezug auf unsere Forschungsfrage wurde die Lernaufgabe zur Internetrecherche so konzipiert, dass die Lerner sie *ohne* lexikalische Vorentlastung einzelner Internetseiten bewältigen sollten. Die Frage dabei war, wie die Lerner mit dem Umstand, auf den Internetseiten mit einer großen Menge an unbekannten Wörtern konfrontiert zu werden, umgehen, und ob sie die offene Lernaufgabe dazu nutzen, sich neues Vokabular anzueignen. Während der *task*-Phase sollten die einzelnen Gruppen die Internetrecherche im PC-Raum an Computern durchführen. In der *planning*-Phase sollte jede Gruppe ihre Rechercheergebnisse zusammenstellen und auf Französisch einen Text für den *Guide* schreiben. Darüber hinaus sollten sie im Hinblick auf die letzte Lernaufgabe mögliche Fragen und Antworten für die Simulation eines Beratungsgesprächs im *office de tourisme* notieren, das sie in der letzten Lernaufgabe simulieren sollten.

Auch bei Lernaufgabe 4 handelt es sich um eine kompetenzorientierte Lernaufgabe. Wie Lernaufgabe 2 zielt sie auf die Förderung der im Bremer Bildungsplan für Französisch/Spanisch als zweite Fremdsprache für Klasse 7/8 festgeschriebenen Kompetenz, „einfachen, möglichst authentischen Materialien außerhalb ihres Lehrbuchs globale und spezifische Informationen [zu] entnehmen" (Senator für Bildung und Wissenschaft der Freien Hansestadt Bremen 2006: 15). Die authentischen Materialien sind in diesem Falle die aktuellen, fremdsprachigen Internetseiten über die Partnerstadt und die umliegende Region, bei denen in einem ersten Schritt diejenigen herausgesucht werden müssen, die für das Thema relevant sind (globales Leseverstehen), um in einem zweiten Schritt für Jugendliche relevante Informationen herauszusuchen (selektives Leseverstehen). Darüber hinaus zielt die Lernaufgabe durch die Verschriftlichung der Rechercheergebnisse für den *Guide* auf die Förderung des Schreibens, so wie es im Bremer Bildungsplan als Anforderungen für Ende der 8. Klasse gefordert ist (Senator für Bildung und Wissenschaft der Freien Hansestadt Bremen 2006: 15): Die Schüler/innen können „mit Hilfe von Vorgaben sehr kurze eigene Texte (...) schreiben und gestalten".

Aufgabenorientiert ist der *task* insofern, als ein Arbeitsplan existiert, der die kommunikative Situation, die einzelnen Schritte und das erwartete Ergebnis beinhaltet. Das Kriterium der Authentizität ist erfüllt, da die Schüler/innen mit aktuellen, nicht vereinfachten Internetseiten konfrontiert werden. Die Aufgabe ist inhaltsorientiert, weil bei der Recherche und dem Verfassen der Texte der Inhalt im Vordergrund steht, nicht aber die Verwendung bestimmter sprachlicher Mittel. Das Kriterium der Förderung kommunikativer Fertigkeiten wird durch die Fokussierung auf das Leseverstehen und das Schreiben erfüllt. Die Lernaufgabe hat einen gewissen kognitiven Anspruch, da die Lerner sowohl überlegen müssen, auf welchen Internetseiten sie recherchieren müssen, um die gewünschten Informationen herauszufinden, als auch selbstständig entscheiden müssen, welche Informationen sie als wichtig einstufen und welche nicht. Die Aufgabe ist produktorientiert, weil die recherchierten Informationen in einem Text für einen Reiseführer für Jugendliche adressatengerecht dargestellt werden soll.

Die Durchführung der Lernaufgabe 4 im Unterricht war dadurch bestimmt, dass die Internetrecherche aufgrund eines Elternsprechtages in eine Einzelstunde verschoben werden musste, was den zeitlichen Rahmen deutlich einschränkte. Nachdem die Lehrkraft an die kommunikative Situation erinnert und die Aufgabenstellung erläutert hatte, begannen die Gruppen mit der Internetrecherche. Bei der Hospitation fiel uns auf, dass die Lerner anders als erwartet während der Recherchephase nicht bestrebt waren, sich selbst Gedanken darüber zu machen, wie sie am besten hilfreiche Internetseiten herausfinden könnten. Die Lehrkraft nannte den Lernern daraufhin einige ausgewählte Internetseiten, was dazu führte, dass die Lerner nicht mehr versuchten, nach anderen Seiten als den vorgegebenen zu suchen. Eine weitere Schwierigkeit ergab sich daraus, dass der vorangegangene *task*, der darin bestand, ein Raster für eine Musterseite des *Guide* zu erstellen, bereits eine Woche zurück lag und dort nicht von allen Gruppen abgeschlossen wurde. Durch diesen Umstand fehlte einigen Gruppen ein sinnvoller Rechercheansatz, so beispielsweise nach welcher Art Informationen sie eigentlich suchen sollten. Auch hier erfolgte eine Unterstützung seitens der Lehrkraft, was den kognitiven Anspruch der Lernaufgabe jedoch deutlich verringerte. Während des Unterrichts konnte die Recherche nicht abgeschlossen werden, so dass die Lehrkraft die Hausaufgabe erteilte, sie über die Ferien zu Ende zu führen.

Zusammenfassend kann gesagt werden, dass die Konzeption der drei Lernaufgaben vorsah, auf unterschiedliche Art und Weise Wortschatzarbeit zu integrieren. Bei Lernaufgabe 1 wurden für den *task* relevante Vokabeln in einer Wörterliste *vor* der Bearbeitung des *task* an die Lerner ausgeteilt und besprochen (Verfahren 1); bei Lernaufgabe 2 mussten die Lerner *während* der *task*-Phase neben der inhaltlichen Bearbeitung die Bedeutung von Vokabel zu Richtungsangaben selbstständig erschließen (Verfahren 2); bei Lernaufgabe 4 gab es weder eine lexikalische Vorentlastung noch eine in den *task* integrierte Übung zum Wortschatz (Verfahren 3). Die Konzeption und Durchführung dieser Lernaufgaben war die Basis für die empirische Untersuchung, die nun näher erläutert wird.

5. Empirische Untersuchung

Wie bereits erwähnt, war das Erkenntnisinteresse des Aktionsforschungsprojekts auf die subjektiv empfundene Lernwirksamkeit der Erarbeitung von Wortschatz im

Rahmen von kompetenzorientierten Lernaufgaben gerichtet. Die Forschungsfrage lautete: Wie lernwirksam empfanden die Schüler/innen die unterschiedliche Art und Weise der Erarbeitung von Wortschatz bei den Lernaufgaben 1, 2 und 4?

Mit „Lernwirksamkeit" ist hier die Qualität des subjektiv empfundenen Lernzuwachses seitens der Lerner im Bereich des Wortschatzes gemeint. Unter „Erarbeitung von Wortschatz" verstehen wir den Prozess des Erwerbs neuer Wörter in der Fremdsprache im unterrichtlichen Kontext. Die „unterschiedliche Art und Weise" bezieht sich auf die drei Verfahren, durch die an unterschiedlichen Orten des Phasierungsmodells von Willis die Erarbeitung von Wortschatz integriert wurde.

5.1 Datenerhebungsmethode

Da unsere Fragestellung auf die Erfassung einer subjektiven Einschätzung abzielte, erschien uns die Wahl eines qualitativen Ansatzes angemessen. Zur Erhebung der Daten wählten wir die Methode der Befragung mit Hilfe eines Leitfadeninterviews, da sie den Vorteil bietet, dass „in der relativ offenen Gestaltung der Interviewsituation die Sichtweisen des befragten Subjekts eher zur Geltung kommen als in standardisierten Interviews oder Fragebögen" (Flick 2007: 194). Das Leitfadeninterview war semi-strukturiert, da es sowohl auf unsere Forschungsfrage abzielende Fragen enthielt als auch den Lernern Freiraum zu persönlichen Äußerungen geben sollte. Der Begriff „Wortschatz" wurde im Fragebogen durch „Vokabeln" ersetzt, da dies aus Sicht der Lehrkraft eher dem Sprachgebrauch von Schülerinnen und Schülern entspricht. Es wurde nicht direkt nach „Lernwirksamkeit" gefragt, sondern danach, ob und wenn ja inwiefern das Aufgabendesign den Lernern beim Vokabelerwerb geholfen habe.

Zu Beginn des Interviews wurde das Forschungsprojekt kurz vorgestellt und Fragen zur Person und den Lieblingsfächern gestellt. Im Anschluss ging es gezielt um Fragen zu den drei Lernaufgaben. Für alle drei Lernaufgaben folgten die Fragen dem gleichen Schema (Anhang 3). Exemplarisch seien die Fragen zur Lernaufgabe 1 hier aufgeführt: „Wie fandst du es, als du in der ersten Aufgabe zu „Wünsche und Sorgen äußern" die Vokabeln gleich zu Beginn der Aufgabe bekommen hast? Hat dir das geholfen? Inwiefern hat dir das geholfen? Hast du sie dir gut merken können?" In der Abschlussfrage sollte den Schülerinnen und Schülern darüber hinaus die Möglichkeit gegeben werden, die drei Verfahren hinsichtlich der subjektiv empfundenen Wirksamkeit miteinander zu vergleichen.

5.2 Datenerhebung und -aufbereitung

Geplant war, acht Schüler/innen zu interviewen, wobei jedes der vier Teammitglieder zwei Interviews übernehmen sollte. Da es allerdings zu einem zeitlichen Engpass seitens der Lehrkraft kam, konnten insgesamt nur sechs Interviews durchgeführt werden. Dabei handelte es sich um drei Jungen und drei Mädchen, die die Lehrkraft nach unterschiedlichen Leistungsniveaus auswählte: zwei leistungsstarke (S3, S5), zwei leistungsschwache (S4, S6) und zwei mit mittlerem Leistungsniveau (S1, S2)[1]. Die Interviews fanden während der Unterrichtszeit in einem angrenzenden, leeren Klassenraum statt. Damit sich die Schüler/innen besser an die Lernaufgaben, auf die die Fragen abzielten, erinnern konnten, wurde das Material der Unterrichtseinheit vor dem Interviewpartner auf dem Tisch ausgebreitet. Die Interviews wurden mithilfe eines Audiogeräts aufgenommen. Bei den ersten beiden Interviews nahm das Audiogerät die Interviews allerdings nicht auf, so dass die Interviews wiederholt werden mussten. Die Interviews wurden transkribiert und anonymisiert.[2]

5.3 Datenauswertungsmethode

Zur Auswertung der verbalen Daten griffen wir auf das von Wolfgang Fichten entwickelte „Pragmatische Mischmodell der qualitativen Inhaltsanalyse" zurück (Meyer/Fichten 2009: 47). Der erste Schritt ist durch die Festlegung des Textkorpus gekennzeichnet, in unserem Fall durch die Interviews. Im zweiten Schritt wird das Textkorpus daraufhin untersucht, welche Teile unbrauchbar sind, weil Interviewpassagen beispielsweise akustisch unverständlich oder inhaltlich für die Forschungsfrage nicht relevant sind. Das so zusammen gestellte Textkorpus wird nun in mehreren Schritten analysiert. Zunächst wird der Text sequenziert, d.h. in Sinneinheiten unterteilt, denen eine inhaltliche Überschrift gegeben wird. Anschließend wird die Sequenz paraphrasiert, d.h. der Inhalt der Sequenz wird knapp, aber textnah zusammengefasst. Danach erfolgt die Kodierung, bei der abstrakte Kategorien gebildet werden, die die Paraphrase näher bestimmen. Man könnte sie als in der Paraphrase vorkommende abstrakte Konzepte beschreiben, die in der Sequenz angelegt sind. Hierbei ist es möglich, die Kategorien vor oder während der Analyse festzulegen. Dies entspricht dem von Altrichter/Posch (1998: 174) dargestellten Verfahren, beim dem sowohl mit induktiven,

---

1 Im Folgenden wird „Schüler/in" mit „S" abgekürzt. Bei der Auswahl nach den drei Leistungsniveaus orientierte sich die Lehrkraft an der Französisch-Note.

2 Die Transkriptionskonvention ist Anhang 4 zu entnehmen.

aus dem Textkorpus sich ergebenden Kategorien, als auch mit deduktiven, aus einer Theorie abgeleiteten Kategorien gearbeitet wird. Im nächsten Schritt erfolgt die inhaltliche Zusammenfassung, bei der anhand der Kategorien ein knappes Resümee mit den zentralen Textaussagen der Befragten zusammengestellt wird.

5.4 Ergebnisse

Zur Ergebnisdarstellung werden die einzelnen Verfahren der Integration von Wortschatzarbeit in Lernaufgaben gesondert betrachtet und dabei die Einschätzungen der interviewten Schüler/innen gegenübergestellt.

5.4.1 Bearbeiten einer Vokabelliste vor dem task

Bei Lernaufgabe 1 hatten die Schüler/innen vor der Bearbeitung des *task* relevantes Vokabular erhalten und besprochen, welches sie zur Lösung des *task* benötigen (Verfahren 1).

Das Hineinreichen von Vokabular vor der *task*-Phase wird von S2 (mittleres Leistungsniveau) als hilfreich eingeschätzt:

> Also ich fand das ganz gut und die Ausdrücke, (!) die (!) braucht man (-) natürlich und (-) ich (!) denke (!), wenn man da in eine Pflegefamilie kommt, oder so, fragen sie auch Sachen, was einem gefällt und wovor man Angst hat und das kann man da schon gut gebrauchen. (Transkript S2: 4–12)[3]

S2 nennt ein Beispiel für den Anwendungskontext des Vokabulars, was wir dahingehend interpretieren, dass das Vokabular als praxisrelevant für den Schüleraustausch erachtet wird. Darüber hinaus scheint für S2 dieses Verfahren den Wortschatz zu erweitern und dazu beizutragen, über die Basisredemittel hinauszugehen und sich flüssiger, facettenreicher und präzisier auszudrücken:

> Ähm (–) ja einfach um um sich besser ausdrücken zu können und (-) ähm nicht (-)„ich liebe",„ich mag" sondern auch äh (-) andere Sachen, wo man Angst vor hat, oder (-) was einen abstößt oder (-) was man sonst so nicht hätte. (Transkript S2: 25–32).

Auch S1 (mittleres Leistungsniveau) schätzt den frühen Erhalt der Vokabeln als „in Ordnung" (Transkript S1: 12) ein. Mit den vorher erhaltenen sprachlichen Mitteln erscheint S1 die Bearbeitung des *task* als leicht. Dies liegt nicht zuletzt daran, dass für S1 viele Vokabeln bereits bekannt waren und nicht als sonderlich schwer betrachtet werden. Auf die Frage hin, inwiefern das frühe Hineinreichen des Vokabulars geholfen habe, meint S1:

3 Die Ziffern verweisen auf die Zeilen im Transkript.

> Ja, dann konnte man sich das schon mal besser merken. (Transkript S1: 16–17)

> Ja (!), dass man sich einfach schon mal direkt denken kann (-), was man für Wünsche hat und dann auch schon, dass jedem jeder Äußerung zuordnen kann. (Transkript S1: 21–25)

Die Positionierung der Wortschatzarbeit vor dem *task* war für S1 hilfreich, da weniger überlegt werden musste, was die Vokabeln bedeuten, und man sie direkt anwenden konnte. Daraus lässt sich ableiten, dass ein intensives Vorbereiten auf die Aufgabe möglich war, welches sich so gestaltete, dass man sich Gedanken über die eigenen Wünsche machen und sich anhand der vorgegebenen Begriffe genau die Äußerung aussuchen konnte, mit der man seinen Wunsch am besten ausdrücken konnte. Es ist anzunehmen, dass die Aussagen im *task* dadurch präziser formuliert wurden und das gegenseitige Vorstellen der Wünsche und Sorgen flüssiger verlaufen ist. Um dies zu überprüfen, bedürfte es der Analyse der Schülerinteraktion während der *task*-Phase anhand von Audio- oder Videomitschnitten.

Für S4 (leistungsschwach) war es ebenfalls hilfreich, die neuen Vokabeln als *chunks* gleich zu Beginn zu bekommen. Dadurch sei es einfacher gewesen, Sätze zu bilden, da die ‚Bausteine' direkt vorlagen und nicht erst herausgesucht werden mussten.

> S4: Ja klar, wenn ich dann die Vokabeln eigentlich schon kann, dann ist es natürlich einfacher das xxx die Sätze zu bilden.

> Interviewer: Und wenn wir dir die quasi später eingereicht hätten, wie hättest du das gefunden?

> S4: Später bringt das einem ja nicht so viel. Wenn man die am Anfang kriegt, (-) dann lernt man die auch schon ein bisschen besser, … wenn man mit denen arbeitet (Transkript S4: 54–65)

Positiv äußerte sich auch S6 (leistungsschwach) zu dieser Platzierung der Wortschatzarbeit. Die Vokabeln vor der eigentlichen Aufgabe zu erhalten, sei hilfreich, da während der Bearbeitung der Aufgabe auf sie zurückgegriffen werden könne. Von S6 werden sie scheinbar als eine Art Hilfsgerüst empfunden, an dem man sich ‚entlang hangeln' könne.

> (–) Ja wenn man das am Anfang kriegt, finde ich das natürlich besser, dann kann man ab und zu noch drauf gucken. Besser als wenn ich die erst am Ende kriege. (-) Ja. (Transkript S6: 18–23)

Insgesamt als sinnvoll empfindet S5 (leistungsstark) die erste Lernaufgabe, da sie im direkten Bezug zu dem anstehenden Austausch mit Frankreich stehe. Hinsichtlich der Platzierung der neuen Vokabeln in einer vorgezogenen *language-focus*-Phase ist die Äußerung von S5 dahingehend zu interpretieren, dass sie geholfen habe, die Lernaufgabe sprachlich zu lösen.

> Ja, gut, weil ich dann gleich so wusste, worum es geht und so und musste ja auch damit sagen halt, was man sich vorstellt unter X und dem Austausch. Und ja, wenn man die nicht gehabt hätte, hätte das irgendwie nicht geklappt. Dann wär das merkwürdig. (Transkript S5: 3–11)

Zusammenfassend kann man sagen, dass die Befragten, gleich welchem Leistungsniveau sie zuzuordnen sind, das Verfahren, vor der Bearbeitung der Lernaufgabe relevantes Vokabular an die Hand zu bekommen und zu besprechen, als lernwirksam empfunden haben.

5.4.2 Neue Vokabeln aus dem Kontext erschließen

Lernaufgabe 2 war so angelegt, dass der Wortschatz zur Wegebeschreibung während der *task*-Phase selbstständig von den Schülerinnen und Schülern erarbeitet werden musste (Verfahren 2).

Für die meisten der befragten Schüler/innen erschien die Lernaufgabe 2 schwieriger als die Lernaufgabe 1 bzw. als vergleichbare Aufgaben aus dem Schulbuch. S1 (mittleres Leistungsniveau) äußert sich dazu wie folgt:

> Also da hatten wir eigentlich (-) ziemlich viele Leute Probleme mit, weil das (-) nur son bisschen war also so anders gemeint war manchmal als das da drin stand im Buch (-) und das war ein bisschen verwirrend am Anfang. (Transkript S1: 30–36)

Als Grund wird angegeben, dass diese Art der Erarbeitung von Vokabeln bisher unbekannt gewesen sei und auch von dem sonstigen Lernweg im Unterricht mit dem Lehrbuch abwich, was anfänglich zu Verunsicherung geführt habe. Das In-Beziehung-Setzen von schriftlicher Wegbeschreibung mit einer Wegskizze bei einem bekannten Ziel schätzt S1 als wenig hilfreich ein, um sich das Vokabular zu erschließen; diese Vorgehensweise scheint S1 sogar zu überfordern:

> Ja (!) (-) also auch die vielen neuen Wörter und (-) dass man irgendwie dann immer nie wusste, wie das mit dem Weg weitergeht und wann die dann so (–) keine Ahnung (-) wann die dann noch so reden. (Transkript S1: 39–45).

Ungewohnt für S1 ist auch der Umgang mit einem Merkmal authentischen Materials, im vorliegenden Fall mit der Handschrift, die bei der Wegbeschreibung entziffert werden musste:

> Ja, das war irgendwie verwirrend mit dem Weg dann und dann (-) das dass so komisch auch geschrieben war (-), ich weiß auch nicht, weil wir das vorher auch noch nie gemacht hatten (...). (Transkript S1: 56–61)

Auch S4 (leistungsschwach) weist darauf hin, dass eine Aufgabe, bei der die Vokabeln nicht vorgegeben seien, sondern selbst erarbeitet werden müssten, schwerer sei. Die Lernaufgabe zur Wegbeschreibung bereitet S4 anfangs Probleme, da der neue Wortschatz nicht sofort entschlüsselt werden konnte:

> Ja (-) natürlich war das komplizierter und (-) zum Beispiel ...ähm da kamen ja Wörter vor wie Kreuzung glaub ich und so was und dann ... die konnte ich dann nicht und wenn man Wegbeschreibung können kann und nicht weiß, was ne Kreuzung ist und das ist natürlich ein bisschen komisch. (Transkript S4: 92–101).

Allerdings schätzen die meistens der befragten Schüler/innen das hierbei verwendete Verfahren im Vergleich zu den anderen Verfahren als am lernwirksamsten ein. Dabei scheinen die von den Schülerinnen und Schülern eingesetzten Lösungsstrategien eine wichtige Rolle zu spielen.

Für S2 (mittleres Leistungsniveau) war der authentische Text zwar schwer; doch konnte die Bedeutung der Richtungsangaben aus dem Kontext erschlossen und die Aufgabe inhaltlich gelöst werden:

> Ähm (-) also (-) man hat es schon verstanden so (-) der Text war natürlich schwierig, aber man (-) man hat hingefunden und die Vokabeln, die man am Anfang nicht (!) wusste, haben sich dann zum Schluss aus dem Zusammenhang ergeben. (-) Und ich denke, dass man das auch braucht, (-) wenn man in Paris oder in Bordeaux ist. (Transkript S2: 38–48)

Beim Einsatz dieser Worterschließungsstrategie hat es S2 zudem geholfen, zunächst ein globales Verständnis des Textes aufzubauen und dann zu einem selektiven Verständnis vorzudringen:

> Also ähhmm (-) da war ja (-) der der Text, dann (-) nach links, nach rechts, dann überqueren wir das und ähm, (-) wenn man (-) neu ist und so was braucht, (-) dann (-) dann ist es halt wichtig, fragen zu können und dann auch die Antwort zu verstehen. (-) Und ähm das hat sich halt aus dem Text ergeben, dass man manche Sachen nicht (!) wusste. Aber wenn man weiter gelesen hat, dann stand ja auch wieder der Ausgangspunkt oder so was in der Art, dann kam das wieder vor (-), und dann konnte man sich das denken, wie das gemeint wurde. (-) Aber letztendlich sind wir alle da angekommen (-), wo (-) wo wir auch ankommen sollten. (Transkript S2: 53–72)

Motivierend für S2 war dabei, dass die Anwendung der Strategie zur korrekten Bewältigung der Aufgabe und somit zu einem Erfolgserlebnis geführt hat:

> (...) der Zusammenhang das passte einfach, weil man ist man ist ja angekommen und das ist eine Bestätigung (-), dass man das irgendwie verstanden hat (...). (Transkript S2: 153–159)

Auch S3 (leistungsstark), dem die meisten Vokabeln zum Thema bereits bekannt waren, setzt bei den unbekannten Wörtern als Strategie das Erschließen aus dem Kontext ein:

> Ja, also die meisten Vokabeln hatten wir ja schon, und sonst musste man sich das einfach nur so dazu denken, was das halt so heißen soll und so (-) ja, das war ganz gut. (Transkript S3: 30–35).

Neben dem positiven Effekt des Verfahrens, sich selbstständig die unbekannten Wörter aus dem Kontext zu erschließen, wird von einigen allerdings kritisiert, dass eine geordnete schriftliche Sicherung der neu gelernten Vokabeln fehlte. In diesem Sinne äußerte sich S5 (leistungsstark):

> Ja, ähm, also mit diesem Zettel fand ich das gut, weil man das halt selber raussuchen musste und es hat auch Spaß gemacht – eigentlich – und man hat es schneller gelernt, nur danach hätte man halt so eine angeordnete Tabelle kriegen können, wo das dann halt noch mal drin steht und nicht so unordentlich, wie wir das dann aufgeschrieben hatten. Das mit dem Vokabeln raussuchen fand ich eigentlich gut, aber danach haben wir das nicht in eine Tabelle aufgeschrieben, das war irgendwie unübersichtlich. Und dann stand da unten links und dann da unten rechts und dann wieder nach rechts und das war alles blöd. Und wenn man das halt irgendwie gleich, also die [Name der Lehrkraft] das so aufgeschrieben hätte, dann so richtig sortiert hätte, dann wäre das besser gewesen. (Transkript S5: 15–38)

Ähnlich argumentiert S3 (leistungsstark). Die Einbettung der neuen Vokabeln in einen (kommunikativen) Kontext wird positiv erwähnt; gleichzeitig sei aber eine nachgelagerte Sicherung des Vokabulars in Form einer Vokabelliste insbesondere zur Festigung hilfreich:

> Weiß nicht weil auf einer Liste wiederholt man sie öfters, aber so hat man sie im Zusammenhang gleich. (Transkript S3: 52–55).

Die Äußerung von S6 (leistungsschwach) geht in eine ähnliche Richtung, wobei vor allem der Aspekt der Hilfe bei der produktiven Anwendung angesprochen wird:

> Das fand ich halt nicht so gut, das wär besser, wenn die so wie da (gemeint ist hier unter die Wegskizze, Vf. des Beitrags) noch mal hintergeheftet werden oder so oder ein kleines Kästchen da unten – dass man da noch mal kurz gucken kann, was rechts links heißt und so. (Transkript S6: 54–60)

Zusammenfassend kann festgehalten werden, dass das Verfahren 2, sich während der inhaltlichen Bearbeitung einer Lernaufgabe gezielt neue Vokabeln selbst aus dem Kontext zu erschließen, von den meisten der befragten Schüler/innen als sehr lernwirksam eingeschätzt wurde.

5.4.3 Internetrecherche ohne Vorgaben zur Erarbeitung von Wortschatz

Bei Lernaufgabe 4 gab es keinerlei Vorgaben seitens der Lehrkraft zur Wortschatzarbeit (Verfahren 3). Die Analyse zeigt, dass die Lerner zwei zentrale Erschließungsstrategien einsetzen, welche unterschiedliche Auswirkungen auf den Wortschatzerwerb zu haben scheinen.

Die erste Strategie besteht darin, das Fehlen einer lexikalischen Vorentlastung dergestalt zu kompensieren, dass Unverstandenes überlesen, der Fokus auf ein selektives Leseverstehen gelegt und die Verbindung zwischen Text und Bild zum Verstehen genutzt wird. Dies ist beispielsweise bei S2 (mittleres Leistungsniveau) der Fall:

> Ich geh eigentlich nicht auf französische Seiten oder bei Wikipedia oder andere. Und ähm darum war das etwas schwer (!) zu beantworten; (-) ähm ein paar hätten wir kriegen können, so 'n paar Schlagwörter, die wichtigsten, aber eigentlich hat man das schon hinbekommen (-) also (-) man wusste ja wenn man Sehenswürdigkeiten gesucht hat, dann dann standen die ja da mit 'nem kleinen Text, und das hat man eigentlich schon verstanden, was das ist, was man da machen kann und äh (-) wofür das gut ist und (-) ja das das haben wir eigentlich verstanden, darum (-) finde ich das jetzt nicht so (-) so unbedingt notwendig, alle Vokabeln zu bekommen. (Transkript S2: 77–97)

> (-) Ähm einfach durch den Zusammenhang also, wenn ich etwas nicht verstanden hab, hab ich weiter gelesen oder vielleicht den Satz besser verstanden und (-) dann war da ja auch noch ein Bild, und wenn da so eine Bildbeschreibung war, konnte man das auch nachvollziehen, (-) aber eigentlich (-) man versteht ja das Grobe und Ganze, (-) jeden Satz konnte ich nicht übersetzen aber (-) gut. (Transkript S2: 102–114)

Auch S1 (mittleres Leistungsniveau) setzt bei der Internetrecherche erfolgreich Leseverstehensstrategien ein, hier globales Leseverstehen:

> (-) Also ich fand das in Ordnung, weil man auch meistens aus dem Zusammenhang schon verstanden hat, (-) also es war nicht so schwierig fand ich jetzt. (Transkript S1: 70–74)

> Naja, weil da da waren ja auch Bilder bei und das konnte man sich meistens auch schon vorstellen, was da steht (-), und das war dann auch meistens so. (Transkript S1: 79–83)

Die Anwendung dieser Strategien ermöglicht ein ausreichendes inhaltliches Verstehen der Texte und kommt ohne eine bewusste Fokussierung unbekannter Wörter aus.

Die andere Strategie besteht darin, auf Online-Übersetzungsprogramme zurückzugreifen. Sie wird von vier der sechs Befragten als Hilfsstrategie angegeben. Mit Hilfe eines Online-Übersetzungsprogramms lässt sich beispielsweise S5 (leistungsstark) eine französische Internetseite ins Deutsche übersetzen und führt erst danach die Selektion der Informationen nach Relevanz durch.

> Also ich hab das halt auf einer französischen Website gefunden, dann durch den Übersetzer gejagt - und das Deutsche – habe ich dann halt geguckt, was beim Deutschen wichtig ist, und was wichtig ist, habe dann halt selber in Französisch versucht hinzuschreiben, und Wörter, die ich nicht kannte, halt bei LEO versucht zu übersetzen, und dann habe ich das am Ende, so wie ich es jetzt halt hatte, den Satz nochmal beim Übersetzer durchgehauen und geguckt, ob ich das annähernd richtig hab. So ungefähr. (Transkript S5: 41–56)

Nachdem die wichtigsten Informationen ausgewählt wurden, schrieb S5 selbstständig einen Text auf Französisch, wobei Wörter, deren französische Entsprechung S5 nicht wusste, in ein Online-Wörterbuch eingegeben wurden. Durch dieses Vorgehen kommt es zu einer bedarfsorientierten Fokussierung auf bislang unbekannte Wörter, deren französische Entsprechung sich S5 selbstständig mit Hilfe eines Wörterbuchs erarbeitet.

Auch S3 (leistungsstark) lässt ganze Internetseiten von einem Online-Übersetzungsprogramm übersetzen bzw. greift auf ein Online-Wörterbuch zurück, wenn nur einzelne Wörter nicht verstanden wurden, und formuliert wie S5 in einem zweiten Schritt das Verstandene mit eigenen Worten in der Fremdsprache, wobei S5 anders als S3 hierbei mit dem bisher vorhandenen Wortschatz arbeitet.

> S3: Also ich hab sie von einem Vokabelübersetzer übersetzen lassen im Internet. (lacht)
>
> I: Die ganze Seite oder nur einzelne Wörter?
>
> S3: Ähm (-) kommt drauf an, wenn ich einzelne Wörter nicht verstanden habe, so paar Verben oder so was, (-) dann hab ich nur die übersetzt, und sonst hab ich das ganze übersetzt (-) und dann das so umgeschrieben mit den Vokabeln, die ich halt schon hab. (Transkript S3: 93–105)

Auf die Frage, bei welcher Lernaufgabe S3 am meisten Vokabeln gelernt habe, antwortet S3, dass dies bei der Internetrecherche der Fall gewesen sei:

> Ich glaube (–) bei dieser Recherchierung im Internet (-) ja, weil da habe ich mehrere Sachen übersetzt, und dann (-) hab ich halt mehr ... weiß ich jetzt halt mehr Wörter, weil (-) ich auf mehr Wörter gestoßen bin. (Transkript S3: 193–199)

Das Zitat zeigt, dass S3 bei der Recherche auf französischsprachigen Internetseiten auf viele unbekannte Vokabeln stößt, die S3 zur Bewältigung der gestellten Aufgabe für sich übersetzen muss. Dadurch befasst sich S3 mit dem im Vergleich zu den anderen Lernaufgaben größten Umfang an neuen Wörtern. Es ist anzunehmen, dass durch das Übersetzen die Aufmerksamkeit auf bestimmte Wörter fokussiert wird, was das Behalten von Form und Bedeutung fördert.

Auf zwei unterschiedliche Strategien zur Wortschatzerschließung greift S4 (leistungsschwach) zurück. Zum einen nutzt S4 den Kontext, um daraus die Bedeutung eines unbekannten Wortes zu erschließen:

> Ich hab dann einfach (-) versucht aus dem Zusammenhang also (-) die Wörter, die ich verstanden habe, hab ich dann so (-) na angesehen und dann versucht, mir daraus was zusammenzureimen. (Transkript S4: 150–155)

Zum anderen hat sich S4 die Bedeutung einiger unbekannter Wörter mit Hilfe eines Online-Wörterbuchs erschlossen:

> Einzelne Wörter, also (-) [Name der Lehrkraft] sagt ja auch oft, dass wenn wir (-) also ganze Sätze rein…eingeben, dann kommt was ganz Falsches raus und dann hab ich so 'n paar einzelne Wörter eingegeben. (Transkript S4: 159–165)

Dabei wird deutlich, dass es sich um eine Strategie handelt, die S4 auf Anraten der Lehrkraft eingesetzt hat. S4 ist also informiert über das Problem, das u.a. mit der Benutzung von Online-Übersetzungsprogrammen verbunden ist, nämlich, dass es nicht sinnvoll ist, direkt ganze Sätze übersetzen zu lassen.

Die Lernaufgabe 4 wurde von vier der sechs befragten Schüler/innen und damit am zweithäufigsten bei der Frage genannt, bei welchen Lernaufgaben sie am besten neue Vokabeln gelernt hätten (vgl. S2: 197–213, S3: 193–199, S4: 241–251, S6: 162).

Für S2 (mittleres Leistungsniveau) war ausschlaggebend, dass die unbekannten Wörter dabei anders präsentiert waren als bei der Arbeit mit dem Lehrbuch:

> (…) das waren halt Texte, die uns unbekannt waren und die nicht… in dem Lehrwerk haben wir einen Text(-) und dann ist (-) eigentlich schon vorprogrammiert die Grammatik und parallel dann das Heft, wo dann alles zu steht, und dann vergisst man halt ganz schnell wieder, weil das nur für diesen Text galt (…), und da war das halt alles drin gemischt und dann (-) hat man hat man das besser verstanden (–) hat man gesehen, wozu man das braucht, und andere, die wir vielleicht früher hatten, wiederholt wurden, und ich denke, da hat man das am besten verstanden(…). (Transkript S2: 220–239)

Motivierend für S2 war, dass die Texte nicht didaktisiert waren, sondern authentisches französischsprachiges Material darstellten, das damit einen höheren Anspruch an die Lernenden stellte.

Auch von S6 wurde die Internetrecherche als „sehr gut" eingeschätzt (Transkript S6: 74). Was den Umgang mit den unbekannten Vokabeln angeht, schaute S6 in einem Online-Übersetzer nach (Transkript S6: 101, 104), wobei sich dabei ein Lerneffekt einstellte (Transkript S6: 106). Als Sicherung druckte sich S6 die neuen Vokabeln aus und heftete sie ab (Transkript S6: 109–111).

Zusammenfassend kann festgestellt werden, dass die Internetrecherche von den befragten Schülerinnen und Schülern hinsichtlich des Wortschatzerwerbs als lerneffektiv betrachtet wird, wenn es dabei zu einer selbstgesteuerten Beschäftigung mit unbekannten Wörtern kommt. Als positiv werden von einigen Schülerinnen und Schülern die Konfrontation mit authentischem Material und eine höhere Frequenz an neuen Wörtern angesehen.

6. Fazit

Bei der Frage, wie lernwirksam die sechs Schüler/innen die unterschiedliche Art und Weise der Integration von Wortschatzarbeit innerhalb einer Lernaufgabe einschätzen, hat bei den Befragten ein unterschiedliches Bild ergeben.

Das erste Verfahren, bei dem die Lerner *vor* der Bearbeitung des *task* für dessen Bearbeitung relevantes Vokabular in Form einer Wörterliste erhielten und mit der Lehrkraft besprachen, wurde als hilfreich eingeschätzt, um die Lernaufgabe sprachlich differenziert lösen zu können. Das Verfahren mit einer vorgezogenen *language focus*-Phase mit lexikalischem Fokus entspricht allem Anschein nach einer den Lernern bekannten Unterrichtsabfolge, bei der eine Anwendungssituation lexikalisch vorbereitet wird. Dieses Verfahren wurde jedoch von den Schülerinnen und Schülern nicht als das lernwirksamste eingeschätzt. Lernwirksamer wurden von den befragten Lernern die beiden anderen Verfahren empfunden.

Das zweite Verfahren, bei dem sich die Lerner selbstständig neue Vokabeln zur Wegbeschreibung durch den Kontext eines authentischen Lesetextes erschließen mussten, wurde zwar als schwieriger als das erste Verfahren eingeschätzt. Den Schülerinnen und Schülern zufolge führte es aber dazu, dass sie selbstständig Strategien anwandten, um die Bedeutung der neuen Vokabeln aus dem Kontext zu erschließen. Der Vorteil des Verfahrens scheint zu sein, dass der Wortschatzerwerb einerseits in einem kommunikativen Rahmen stattfindet, andererseits innerhalb der Lernaufgabe auf das Entdecken des neuen Vokabulars fokussiert wird. Empfehlenswert scheint hier zu sein, an die selbstständige fokussierte Erschließung neuer Vokabeln eine von der Lehrkraft gesteuerte Phase der Sicherung und Systematisierung anzuschließen.

Beim dritten Verfahren, bei dem in einer Lernaufgabe zum globalen und selektiven Leseverstehen im Rahmen einer freien Internetrecherche weder eine Übung zur Wortschatzarbeit integriert noch eine lexikalische Vorentlastung der Internetseiten vorgesehen war, zeigte sich, dass die Schüler/innen die Aufgabe durch den Einsatz geeigneter Leseverstehensstrategien inhaltlich lösen konnten. Die Schüleräußerungen deuten darauf hin, dass der Einsatz der Leseverstehensstrategien jedoch dazu geführt hat, dass keine neuen Vokabeln erworben wurden. Wurde bei der Konfrontation mit unbekanntem Vokabular dagegen die Strategie angewendet, auf ein Online-Wörterbuch zurückzugreifen, wurde dies von den Schülerinnen und Schülern als hilfreich für den Wortschatzerwerb eingeschätzt. Es ist anzunehmen, dass dies mit einer bedarfsorientierten Fokussierung auf einzelne Wörter zu tun hat.

Die Ausgangsfrage des Aktionsforschungsprojekts war, ob es möglich ist, Lernaufgaben zu entwickeln, bei deren Bearbeitung nicht nur die kommunikativen Fertigkeiten gefördert werden, sondern in die auch Wortschatzarbeit integriert ist. Die Ergebnisse zeigen, dass es möglich war, Wortschatzarbeit im Rahmen des aufgabenbasierten Phasierungsmodells von Willis in unterschiedlichen Phasen einzubetten, unter der Voraussetzung, dass der *language focus* nicht nur am Ende des *task cycle*, sondern flexibel platziert werden kann, so wie es Ellis (2003) vorschlägt (vgl. auch Carstens 2005).

7. Bibliografie

Altrichter, Herbert / Posch, Peter (1998). *Lehrer erforschen ihren Unterricht: eine Einführung in die Methoden der Aktionsforschung*. 3. durchges. und erw. Aufl. Bad Heilbrunn: Klinkhardt.

Baumbach, Julia / Schlotfeldt, Alexej / Stenzel, Ann-Marikje (2010a). *Praktische Anwendung des Task-based-learning Framework. Theoriegeleitete Entwicklung und Analyse einer Unterrichtseinheit im Fach Französisch.* (Wissenschaftliche Hausarbeit im Rahmen des Seminar „Diagnose und Förderung kommunikativer, interkultureller und methodischer Kompetenzen im Fremdsprachenunterricht". Universität Bremen, Didaktik der romanischen Sprachen, WiSe 2009/10, eingereicht am 31.3.2010.)

Baumbach, Julia / Schlotfeldt, Alexej / Stenzel, Ann-Marikje (2010b). *Forschungsbericht zur Aktionsforschung über die Lernwirksamkeit von sprachlichen Mitteln in den verschiedenen Phasen des Task-based-learning-Modells nach Willis.* (Vorgelegt am 15.8.2010 im Rahmen des Seminars „Implementierung von Bildungsstandards im Französisch- und Spanischunterricht der Sekundarstufe I", Universität Bremen, Didaktik der romanischen Sprachen, SoSe 2010.)

Bechtel, Mark (2015a) (Hrsg.). *Fördern durch Aufgabenorientierung. Bremer Schulbegleitforschung zu Lernaufgaben im Französisch- und Spanischunterricht der Sekundarstufe I.* Frankfurt a.M. u.a.: Lang.

Bechtel, Mark (2015b). Das Bremer Schulbegleitforschungsnetzwerk „Fördern durch Aufgabenorientierung": Ziele – Struktur – Verlauf. In: Ders. (Hrsg.). 17–41.

Bechtel, Mark (2015c). Das Konzept der Lernaufgabe im Fremdsprachenunterricht. In: Ders. (Hrsg.). 43–82.

Carstens, Ralph (2005). Engaging Learners in Meaning-Focused Language Use. *Praxis Fremdsprachenunterricht* 2/4: 7–12.

Caspari, Daniela / Kleppin, Karin (2008). Lernaufgaben: Kriterien und Beispiele. In: Tesch, Bernd / Leupold, Eynar / Köller, Olaf (Hrsg.). *Bildungsstandards Französisch: konkret. Sekundarstufe I: Grundlagen, Aufgabenbeispiele und Unterrichtsanregungen*. Berlin: Cornelsen. 88–148.

Ellis, Rod (2003). *Task-based language learning and teaching*. Oxford: Oxford University Press.

Flick, Uwe (2007). *Qualitative Sozialforschung. Eine Einführung*. Reinbek bei Hamburg: Rowohlt.

Hu, Adelheid / Leupold, Eynar (2008). Kompetenzorientierung und Französischunterricht. In: Tesch, Bernd / Leupold, Eynar / Köller, Olaf (Hrsg.). *Bildungsstandards: Französisch konkret. Sekundarstufe I: Grundlagen, Aufgabenbeispiele und Unterrichtsanregungen*, Berlin: Cornelsen. 51–84.

KMK, Sekretariat der Ständigen Konferenz der Kultusminister der Länder in der Bundesrepublik Deutschland (Hrsg.) (2004). *Bildungsstandards für die erste Fremdsprache (Englisch/Französisch) für den Mittleren Schulabschluss: [Beschluss vom 4.12.2003]*. Neuwied: Luchterhand.

Leupold, Eynar (2007): *Kompetenzentwicklung im Französischunterricht. Standards umsetzen – Persönlichkeit bilden*. Seelze-Velber: Klett/Kallmeyer.

Mertens, Jürgen (2010). Aufgabenorientiertes Lernen. In: Surkamp, Carola (Hrsg.). *Metzler Lexikon Fremdsprachendidaktik. Ansätze – Methoden – Grundbegriffe*. Stuttgart: Metzler. 7–9.

Meyer, Hilbert / Fichten, Wolfgang (2009). *Einführung in die schulische Aktionsforschung – Ziele, Verfahren und Ergebnisse eines BKL-Modellversuchs*. Oldenburg: Oldenburger Vordrucke.

Müller-Hartmann, Andreas / Schocker-v. Ditfurth, Marita (2005). Aufgabenorientierung im Fremdsprachenunterricht: Entwicklungen, Forschung und Praxis, Perspektiven. In: dies. (Hrsg.). *Aufgabenorientierung im Fremdsprachenunterricht. Task-Based Language Learning and Teaching*. Tübingen: Narr. 1–51.

Schumann, Adelheid (2009). Förderung funktional kommunikativer Kompetenzen. In: Grünewald, Andreas / Küster, Lutz (Hrsg.). *Fachdidaktik Spanisch. Tradition, Innovation, Praxis*. Stuttgart: Klett. 185–212.

Senator für Bildung und Wissenschaft der Freien Hansestadt Bremen (2006). *Französisch/Spanisch als zweite Fremdsprache. Bildungsplan für die Sekundarschule. Jahrgangsstufe 6–10*. Freie Hansestadt Bremen.

Tesch, Bernd / Leupold, Eynar / Köller, Olaf (Hrsg.) (2008). *Bildungsstandards Französisch: konkret. Sekundarstufe I: Grundlagen, Aufgabenbeispiele und Unterrichtsanregungen*. Berlin: Cornelsen Scriptor.

Willis, Jane (1996). *A framework for task-based learning*. Harlow et al.: Longman.

Anhang 1

Wörterliste zur Lernaufgabe 1 „Wünsche und Sorgen"

Exprimer des souhaits / des espoirs / des attentes

Je veux f. qc J'aimerais (bien) f. qc J'ai envie de f. qc
Je préfère f. qc
Ça m'intéresse de f. qc
Je trouve super de f. qc
Je souhaite qc
J'attends qc de qn
J'espère qu'on va faire/ aller.... Je rêve de f. qc

Exprimer des craintes / des soucis

J'ai peur de f. qc Je crains qc de qn Je crains de f. qc
Je n'ai pas envie de f. qc
Je ne veux pas f. qc
Je m'inquiète de qc
Je suis inquiet (-iète) quant à qc
Je me fais des soucis à cause de qc

Anhang 2

Arbeitsblatt zu Lernaufgabe 2 „Wegbeschreibung“

Vous êtes à la gare Saint-Jean, en sortant de la gare prenez sur votre gauche jusqu'à l'hôtel Québec. Devant l'hôtel Québec, passez devant la rue de Béziers et continuez tout droit jusqu'au premier carrefour. Au carrefour prenez sur votre droite, passez devant Vacances Energie et vous arrivez sur la rue Furtado. Prenez à droite jusqu'au croisement, là il faut tourner à gauche sur la rue Fieffé et prendre de suite la première rue à nouveau sur votre gauche. Continuez tout droit sur la rue Bertrand Andrieu jusqu'à ce qu'elle rejoigne la rue Pelleport. Une fois arrivé au croisement il faut continuer sur votre droite, passez devant l'Établissement Belliard Bernard et continuez tout droit. En prenant la deuxième rue sur votre droite vous arriverez sur le parvis de l'église Sacré Cœur, bonne visite!

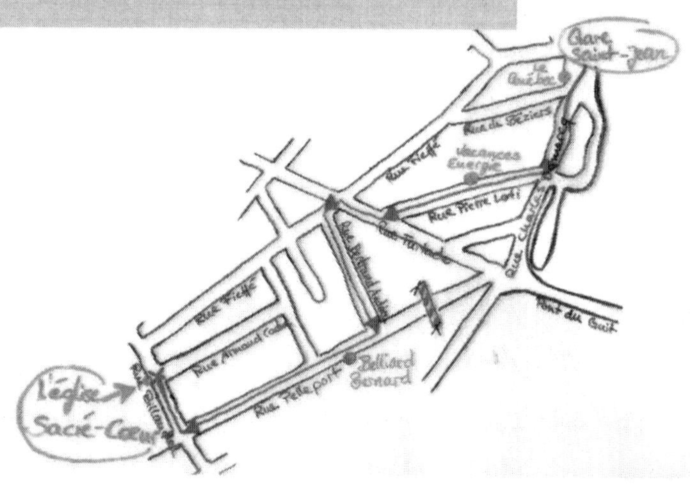

Anhang 3

Leitfadeninterview

Fragenblock zur Lernaufgabe „Wünsche und Sorgen"
Bei der ersten Aufgabe hast du die Vokabeln zum Ausdrücken von Wünschen und Sorgen ja gleich am Anfang gekriegt.

- Wie fandst du es, als du in der ersten Aufgabe zu „Wünsche und Sorgen äußern" die Vokabeln gleich zu Beginn der Aufgabe bekommen hast?
- Hat dir das geholfen?
- Inwiefern hat dir das geholfen?
- Hast du sie dir gut merken können?

Fragenblock zur Lernaufgabe „Wegbeschreibung"
Bei der ersten Wegbeschreibung, beziehungsweise als ihr im Zug nach Bordeaux gefahren seid, musstest du dir das Vokabular selbst erarbeiten.

- Wie fandst du das?
- Hat dir das geholfen?
- Hast du sie dir gut merken können?

Fragenblock zur Lernaufgabe „Internetrecherche"
Während der Internetrecherche musstest du dir selbstständig Informationen auf französischen Internetseiten heraussuchen. Dabei bist du wahrscheinlich auf viele neue Vokabeln gestoßen.

- Wie fandst du das?
- Wie bist du damit umgegangen?
- Hast du sie dir gut merken können?

Fragenblock zum Vergleich der drei Verfahren
Wenn du jetzt auf die Frankreichreise zurückschaust, so bist du ja an vielen Stellen auf neue Vokabeln gestoßen.

- Wo hast du deiner Meinung nach am besten Vokabeln gelernt?

Anhang 4

Transkriptionsregeln

... = Abbruch des Satzes
(-) = kurze Pause
(–) = längere Pause (mehrere Sekunden)
(!) = besonders betont und laut ausgesprochen
(lacht) = non-verbales Verhalten
[ ] = Kommentar
[Wort?] = unverständlich gesprochenes Wort

Juliana Kruza

Wie gehen die Schüler/innen mit Lernaufgaben zur Förderung des Sprechens um?

1. Einleitung

Im Rahmen des Bremer Schulbegleitforschungsnetzwerks „Fördern durch Aufgabenorientierung" (vgl. Bechtel 2015 in diesem Band) hat unser Team, bestehend aus vier Studentinnen[1] des Studiengangs *Master of Education* Französisch der Universität Bremen und einer Französischlehrkraft des Netzwerks, im Sommersemester 2009 und Wintersemester 2009/10 ein Aktionsforschungsprojekt durchgeführt, bei dem es um die Frage ging, wie die Schüler/innen einer 8. Gymnasialklasse Französisch als zweiter Fremdsprache mit Lernaufgaben zur Förderung der Teilkompetenz Sprechen umgehen.

Im Zentrum des vorliegenden Beitrags steht das ausgewählte Fallbeispiel eines Schülerpaares, das bei der Bearbeitung einer Lernaufgabe videografiert und im Nachhinein schriftlich befragt wurde. Zunächst werden die Ausgangslage, der Prozess der Findung der Forschungsfrage, das Konzept der Lernaufgabe und die Teilkompetenz Sprechen erläutert. Zur Klärung des Lehr-Lern-Kontextes, in dem das Projekt stattfand, werden anschließend Angaben zur Lerngruppe gemacht und ein Überblick über die Unterrichtseinheit, die drei Lernaufgaben zur Förderung der Sprechkompetenz enthält, gegeben. Für den vorliegenden Beitrag wird nur diejenige Lernaufgabe näher erläutert, die im Fallbeispiel von den Lernern bearbeitet wurde. Bei der Darstellung der empirischen Untersuchung werden ausgehend von der Forschungsfrage die Methoden der Datenerhebung, -aufbereitung und -auswertung beschrieben. Die Ergebnisdarstellung enthält das bereits erwähnte Fallbeispiel. Der Beitrag schließt mit einer Reflexion des forschungsmethodischen Vorgehens und Handlungshinweisen für den Einsatz von Lernaufgaben im Fremdsprachenunterricht.

2. Ausgangslage und Erkenntnisinteresse

Ausgangspunkt des Aktionsforschungsprojekts war der Befund der Lehrkraft, dass die Schüler/innen ihrer Lerngruppe, einer 8. Gymnasialklasse im dritten Lernjahr Französisch, Defizite beim Sprechen in der Fremdsprache im Vergleich

---

1 Karoline Bergmann, Juliana Kruza, Alexandra Rischker und Sarah Stotz.

zu den anderen kommunikativen Kompetenzen aufwiesen und nur schwer zum freien Sprechen zu motivieren waren. Das Erkenntnisinteresse war zunächst darauf gerichtet zu erfahren, ob sprechkompetenzorientierte Lernaufgaben zu einer Verbesserung der Flüssigkeit beim freien Sprechen in der Fremdsprache führen. Dabei interessierte uns sowohl die objektive sprachliche Performanz als auch die subjektive Einschätzung der Lerner hinsichtlich der Verbesserung des Sprechens in Bezug auf bestimmte Bestandteile der Lernaufgabe.

Als Grundlage für unsere Untersuchung konzipierte unser Team eine Unterrichtseinheit zum Thema „Krimi" („*polar*"), in der in mehreren Stunden zunächst explizit ohne Lernaufgaben und daraufhin mit Lernaufgaben gearbeitet wurde (Bergmann/Rischker/Stotz 2010a). Die Sprechsequenzen der Lerner aus den Unterrichtsstunden *ohne* Lernaufgaben und die *task*-Phasen (s.u.) der Unterrichtsstunden *mit* Lernaufgaben wurden videografiert. Zusätzlich wurde ein Fragebogen entworfen, mit dem die subjektive Einschätzung der Lerner erhoben wurde. Die Schülerleistungen sollten anhand der aufgezeichneten Sprechsequenzen kriteriengeleitet hinsichtlich der Flüssigkeit miteinander verglichen werden.

Nach den ersten Analysen der Videoaufnahmen stellten wir jedoch fest, dass die Bedingungen, die den Sprechsituationen zugrunde lagen, zu unterschiedlich waren, um die Bearbeitung durch die Schüler/innen vergleichen zu können (monologisch vs. dialogisches Sprechen, mit vs. ohne Notizen als Hilfsmittel). Die Videoaufnahmen wurden jedoch nicht verworfen, da sich beim wiederholten Betrachten herausstellte, dass sie ein besonderes Erkenntnispotenzial dahingehend bergen, wie Lerner mit sprechkompetenzorientierten Lernaufgaben umgehen. Dass in diesem Zusammenhang Forschungsbedarf besteht, betont auch Caspari (2006: 38), die sich aus Untersuchung zum Umgang mit Lernaufgaben im Unterricht wichtige Hinweise zu den real stattfindenden Lernprozessen und Lernergebnissen erhofft. Die ursprüngliche Forschungsfrage wurde daher modifiziert und lautete schließlich: Wie gehen die Schüler/innen mit auf die Förderung der Sprechkompetenz abzielenden Lernaufgaben im Unterricht um? Wie bewältigen sie die Lernaufgaben inhaltlich, sprachlich und sozial? Als Datengrundlage dienten die Videoaufnahmen der Unterrichtsstunden *mit* Lernaufgaben und die Fragebögen. Die Rekonstruktion des Umgangs mit Lernaufgaben erforderte ein qualitatives Vorgehen in Form von Fallstudien, bei denen einzelne Schülerpaare und einzelne Lernaufgaben im Fokus stehen (Kruza 2010). Eine der Fallstudien ist Gegenstand des vorliegenden Beitrags.

3. Das Konzept der Lernaufgabe

Seit der Einführung der Bildungsstandards für die erste Fremdsprache Englisch/Französisch (KMK 2004) ist das Prinzip der Kompetenzorientierung für den Fremdsprachenunterricht leitend (Hu/Leupold 2008, Hallet 2011). Die methodische Antwort auf die Frage, wie dieses Prinzip konkret im Unterricht umgesetzt werden kann, ist die Aufgabenorientierung, in deren Zentrum so genannte „Lernaufgaben" stehen (Caspari/Kleppin 2008, Leupold 2007).

Ziel der Kompetenzorientierung ist die Ausbildung von Kompetenzen, die den Schülerinnen und Schülern zu einer Handlungsfähigkeit, zur praktischen Bewältigung fremdsprachlicher Kommunikationssituationen verhelfen (Klieme et al. 2003: 73). Das Besondere an dem dabei zugrunde liegenden Kompetenzbegriff ist, dass er deutlich komplexer ist als das Konstrukt „Fertigkeit", das sich als eine „durch Übung automatisierte Komponente von Tätigkeiten mit geringer Bewusstseinskontrolle" (Hu/Leupold 2008: 56) beschreiben lässt. Kompetenzen dagegen können nicht durch bloßes Einüben von Redemitteln erreicht werden, sondern verlangen nach einer intensiveren, aktiven, individuellen und kreativen Beschäftigung mit der Sprache (vgl. Caspari 2009: 74).

Ein wichtiges Merkmal der Kompetenzorientierung ist die Festlegung von Kompetenzen, die die Schüler/innen am Ende eines Bildungsabschnitts erreicht haben sollen. Diese Kompetenzerwartungen sind in Form von *can-do-statements* formuliert, die stark an konkrete Handlungssituationen angelehnt sind, was sie kompatibel macht mit dem Konzept der Lernaufgabe. Müller-Hartmann/Schocker-v. Ditfurth (2005: 2) definieren eine Lernaufgabe bzw. *task* wie folgt:

> Eine *task* nennt den Zweck und das erwartete Ergebnis einer Aktivität, sie legt den Schwerpunkt auf die Bedeutung dessen, was gesagt wird und nicht auf die Verwendung einer bestimmten Form (z.B. die Anwendung einer grammatischen Struktur), und sie versucht, die Sprache so zu verwenden, wie sie im Alltag vorkommen könnte (*real or authentic language use*).

Bei Lernaufgaben handelt es sich um komplexe, kommunikative, inhaltsbezogene Aufgaben, die nach Caspari/Kleppin (2008) folgenden Kriterien genügen müssen (vgl. auch den Kriterienkatalog von Bechtel 2011): Eine Lernaufgabe zielt darauf ab, eine Teilkompetenz isoliert oder in Kombination mit anderen Teilkompetenzen zu fördern; sie löst anspruchsvolle Lernprozesse aus (kognitiv, emotional, kreativ); sie spricht die Lerner als ganzheitliche und soziale Wesen an, d.h. sie nimmt sie als Individuen wahr und knüpft an ihr Vorwissen an; nicht die sprachlichen Mittel stehen im Fokus, sondern der Inhalt; sie stößt eine realitätsähnliche Sprachverwendung an, d.h. der Kommunikationsanlass ist so gewählt, dass er auch außerhalb der Schule vorkommen könnte; das in ihr angesprochene Thema ist für die Lerner relevant; die Aufgabenstellung ist für die Lerner bedeutsam; das zugrunde liegende Material ist authentisch und aktuell; sie ist auf das Niveau der Lerner abgestimmt, um eine Überforderung zu vermeiden; und schließlich ist sie ergebnis- bzw. produktorientiert.

Bei der Frage, wie eine Lernaufgabe in den Unterricht eingebettet werden kann, gibt es mehrere Vorschläge (vgl. Ellis 2003: 33). Da im vorliegenden Fallbeispiel auf das Modell von Willis (1996a, 1996b) zurückgegriffen wird, gehe ich hier ausschließlich auf dieses näher ein. Es handelt sich um ein Konzept der Aufgabenorientierung, das eine deutliche Abkehr vom traditionellen *ppp*-Unterrichtsschema (*presentation, practice, production*) markiert (vgl. Müller-Hartmann/Schocker-v. Ditfurth 2005: 4). Das methodische Vorgehen dieses traditionellen *ppp*-Ansatzes besteht im ersten Schritt aus einer Präsentation eines für die Lerner neuen sprachlichen Phänomens durch die Lehrkraft (z.B. eine neue Zeitform), in einem zweiten Schritt wird dieses grammatische Phänomen in einer geschlossenen, oft stark vorstrukturierten Übung eingeübt, abschließend soll es in einer offen angelegten Aufgabe mit größerem individuellem Spielraum angewendet werden. Von Vertretern des aufgabenorientierten Ansatzes wird jedoch kritisiert, dass der *ppp*-Ansatz nicht zu Flüssigkeit (*fluency*) führe, „sondern lediglich die sequenzielle Produktion einzelner sprachlicher Formen anregt" (Müller-Hartmann/Schocker-v. Ditfurth 2005: 5), die Anwendungsphase aber meist zu kurz komme.

Das von Willis (1996a, 1996b) vorgeschlagene Modell stellt den traditionellen *ppp*-Ansatz quasi auf den Kopf, weil es die Anwendungsphase ins Zentrum des Unterrichts rückt. Das Modell unterscheidet drei Phasen: die *pre-task*-Phase, den *task-cycle* und die *language-focus*-Phase. Die *pre-task*-Phase und der sich anschließende *task-cycle* sind auf einen allmählichen und natürlichen Übergang von privater und geschützter zu öffentlicher Interaktion angelegt. Vor dem zentralen *task-cycle*, der aus den Schritten *task*, *planning* und *report* besteht, können ein oder mehrere *pre-task(s)* geschaltet werden, um die Lerner mit dem Thema und der bevorstehenden Aufgabe vertraut zu machen (z.B. *brainstorming* zum Thema, Wortfeldarbeit, Textlektüre). In der *task*-Phase werden die Lerner mit einer Aufgabe konfrontiert, die sie direkt mit den ihnen zur Verfügung stehenden sprachlichen Mitteln lösen sollen. Der Schwerpunkt liegt hierbei auf dem spontanen, explorativen Sprechen in kleinen Gruppen (vgl. Willis 1996b: 56). Die anschließende *planning*-Phase soll dazu genutzt werden, die Präsentation der Lösung des *task* vorzubereiten, indem die Lerner ihre Dialoge verschriftlichen und diese dabei inhaltlich und sprachlich verbessern. Das Augenmerk in dieser Phase liegt auf der Korrektheit der Sprache sowie auf der angemessenen Strukturierung des Textes. Dazu sollen die Lerner Wörterbücher benutzen, sich gegenseitig helfen oder auch die Lehrkraft um Rat fragen (vgl. Willis 1996b: 56ff.). In der *report*-Phase präsentieren die Lerner schließlich ihr überarbeitetes Ergebnis vor der Klasse, wobei die Aufgabe der Mitlerner darin besteht, das eigene Ergebnis mit den vorgestellten zu vergleichen und diese zu kommentieren. Die Lehrkraft nimmt in der *report*-Phase die Rolle des Moderators ein, kommentiert den Inhalt der Präsentationen, korrigiert aber die Lerner nicht vor der Klasse. Der Schritt der Präsentation gibt den Lernern die Möglichkeit, ihre Sprechkompetenz vor einem größeren Publikum zu schulen (*prestige use of language*) und dient gleichzeitig den Mitlernern als sprachlicher Input (vgl. Willis 1996b: 57). Nach dem *task-cycle* kann sich eine Phase des *language-focus* anschließen, in dem grammatische, lexikalische oder andere Aspekte aufgegriffen und thematisiert werden, die während des *task-cycle* Probleme bereiteten.

4. Die Teilkompetenz Sprechen

Da der Fokus der Untersuchung auf der Förderung des Sprechens liegt, soll an dieser Stelle auf diese Teilkompetenz eingegangen werden.

Beim Sprechen handelt es sich um einen sehr komplexen Vorgang, der nach Levelt (1989) in drei Komponenten bzw. Systeme unterteilt werden kann. Im Konzeptualisierungsystem wird zunächst die Aussage geplant und die Intention des Sprechaktes bestimmt, woraus eine präverbale Mitteilung entsteht. Daraufhin werden im Formulierungssystem unter Rückgriff auf das mentale Lexikon die lexikalischen und grammatischen Strukturen, die zur Versprachlichung nötig sind, ausgewählt, die der Sprecher dann als *internal speech* in seinem Kopf hat. Als Letztes folgt im Artikulierungsystem die konkrete Artikulation der Äußerung, auch *overt speech* genannt. Ein *monitor* evaluiert das Gesagte und führt ggf. zu dessen Modifikation.

Das Sprechen in einer Fremdsprache stellt für den Lerner insbesondere durch seine Unmittelbarkeit eine große Herausforderung dar, da keine längeren Denkpausen wie beim Schreiben eingelegt werden können. Da sich die Sprachkompetenz des Lerners erst noch entwickelt, kann es auf allen Ebenen (Grammatik, Wortschatz, Semantik, Pragmatik, Aussprache) zu Unsicherheiten kommen, die in vielen Fällen zu Sprechhemmungen führen. Um den Lernern zu helfen, diese Sprechhemmungen abzubauen, sollte eine Kombination aus mitteilungsbezogenen und sprachbezogenen Unterrichtsmethoden gewählt werden (vgl. Hu/ Leupold 2008: 65). Strukturübungen, die Automatismen schaffen, sind dabei sicherlich von großem Nutzen für den Lerner. Doch sollten auch Aufgaben, die zu „echter" Interaktion führen, Bestandteil des Unterrichts sein. Das bedeutet, dass im Unterricht so oft wie möglich Situationen geschaffen werden sollten, „in denen sich die Lernenden entsprechend einem selbst empfundenen oder zumindest als sinnfällig eingeschätzten Bedürfnis in der Zielsprache ausdrücken können" (Blume 2006: 4).

5. Der Lehr-Lern-Kontext

Im Folgenden wird der Lehr-Lern-Kontext des Projekts vorgestellt. Dabei gehe ich auf die Lerngruppe ein, gebe einen Überblick über die Unterrichtseinheit und erläuterte die Lernaufgabe, die im Fallbeispiel bearbeitet wurde.

5.1 Die Lerngruppe

Die Lerngruppe setzte sich aus 25 Schülerinnen und Schülern einer 8. Klasse eines Gymnasiums mit Französisch als zweiter Fremdsprache ab Klasse 6 zusammen. Es handelte sich um eine aus zwei Parallelklassen zusammengesetzte Lerngruppe. Mit 13 Mädchen und 12 Jungen lag ein ausgewogenes Geschlechterverhältnis vor. Insgesamt sieben Lerner hatten einen Migrationshintergrund (türkisch oder russisch); nennenswerte soziale oder sprachliche Besonderheiten bzw. Probleme waren während der Projektdauer nicht zu beobachten. Nach Aussagen der Lehrkraft war das Leistungsniveau innerhalb der Lerngruppe sehr heterogen. Viele Lerner hatten noch große Probleme mit Grammatik und Wortschatz; bei der Aussprache bereitete einigen die Intonation noch Schwierigkeiten. Darüber hinaus wies die Lehrkraft darauf hin, dass die Schüler/innen bemüht seien, ihre Schreibkompetenz zu verbessern, sich jedoch nicht oder nur sehr zögerlich an das freie Sprechen in der Fremdsprache herantrauten.

Auf der Grundlage dieses Befundes entschied sich das Team dazu, Lernaufgaben zu entwickeln, mit denen die Sprechkompetenz, insbesondere das spontane, freie Sprechen, gefördert werden sollte. Wichtig für die Konzeption der Lernaufgaben war darüber hinaus, dass die Lerner mit kooperativen Lernformen wie Partner-, Gruppen- oder Projektarbeit vertraut waren. Rollenspiele, kurze Simulationen und weitere offene Unterrichtsformen kannten sie aus dem bisherigen Französischunterricht. Sie waren in der Lage, phasenweise selbstständig zu arbeiten, dabei Wörterbücher nach individuellem Bedarf zu nutzen und ihre schriftlichen Lernergebnisse nach eigenem Ermessen in Portfolios zu sammeln. Des Weiteren waren sie es gewohnt, dass das Unterrichtsgespräch weitestgehend auf Französisch stattfindet.

5.2 Überblick über die Unterrichtseinheit

Die Unterrichtseinheit „*polar*" umfasst insgesamt elf Schulstunden à 45 Minuten, bei der in der 7., 8. und 9. Stunde Lernaufgaben zum Einsatz kommen. In den ersten beiden Stunden machen sich die Lerner mit dem Wortfeld „Krimi" und den typischen Merkmalen dieser Textsorte vertraut. Anhand des Krimis „*Vol chez le commissaire Kivala*" (Souchard 2009) werden in den beiden Folgestunden Aufgaben zum Hörverstehen bearbeitet. Die fünfte Einzelstunde befasst sich mit dem Schreiben eines *fait divers*, den die Lerner zu einer fiktiven Straftat verfassen sollen und dabei die wesentlichen Elemente dieser Textsorte kennenlernen. In der sechsten Unterrichtsstunde machen sich die Lerner als Vorentlastung für eine spätere Lernaufgabe mit dem Aufbau eines Verhörs vertraut.

Wie bereits erwähnt, handelt es sich bei den Unterrichtsstunden 7, 8 und 9 um die Stunden mit Lernaufgaben. In der siebten Unterrichtstunde sollen die Lerner die Planung des Raubüberfalls auf ein Schmuckgeschäft in Form eines Telefongesprächs in Partnerarbeit simulieren. In der achten Stunde wird der Raubüberfall in einer Theaterszene (von den Studentinnen) vorgespielt. Dabei haben die Lerner die Aufgabe, sich in Partnerarbeit den Vorfall gegenseitig mündlich zu beschreiben. In der neunten Unterrichtsstunde simulieren die Lerner ein Verhör, bei dem einer die Rolle des Kommissars, der andere die Rolle eines Verdächtigen übernimmt. In der zehnten Stunde werden zunächst die einzelnen Schritte zum Verfassen eines Krimis thematisiert und mit dem Schreibprozess begonnen. Die letzte Unterrichtsstunde beinhaltet die Präsentation der Krimis, die die Lerner als Hausaufgabe zu Ende schreiben.

Im Folgenden gehe ich näher auf die Lernaufgabe 7 ein, da sie dem im vorliegenden Beitrag vorzustellenden Fallbeispiel zugrunde liegt.

5.3 Die Lernaufgabe „Planung eines Raubüberfalls"

Ziel der Lernaufgabe „Planung eines Raubüberfalls" ist die Förderung des dialogischen Sprechens. Die Lerner sollen einen Dialog zwischen zwei Einbrechern zur Planung eines Überfalls auf einen Juwelierladen simulieren. Sie nehmen dazu die Rolle der Einbrecher vor dem Raubüberfall ein und verständigen sich telefonisch über das geplante Vorgehen.

Die Lernaufgabe ist kompetenzorientiert, da sie auf die Könnenserwartungen des Bremer Bildungsplans für die entsprechende Jahrgangsstufe (Senator für Bildung und Wissenschaft der Freien Hansestadt Bremen 2006: 17) abzielt. Darin ist festgelegt, dass die Schüler/innen am Ende der Jahrgangsstufe auf dem Niveau A2 „kurze Gespräche führen [können], die überwiegend ihren Erfahrungshorizont betreffen“ bzw. „gelenkte Dialoge über ihnen vertraute Themen führen und eigene Aussagen und Mitteilungen in angemessener Form einbringen [können]“.

Methodisch ist die Lernaufgabe nach dem Modell von Willis (1996a: 38, 1996b) aufgebaut. Als *pre-task* wird ein Zeitungsartikel, der über einen tatsächlich stattgefundenen Raubüberfall auf ein Schmuck-Geschäft im südfranzösischen Cannes berichtet, gelesen. Anschließend werden diesem die Hauptinformationen entnommen. Mit der Thematisierung der wahren Begebenheit des Einbruchs soll das Interesse der Lerner für die Thematik geweckt, ihr Vorwissen aktiviert und der in den folgenden Lernaufgaben benötigte Wortschatz eingeführt werden. In der *task*-Phase sollen die Lerner ein Telefongespräch zur Planung des Raubüberfalls simulieren. Die Partnerarbeit wurde hier als Sozialform gewählt, damit jeder Lerner in einem geschützten Raum Gelegenheit zum freien, spontanen Sprechen in der Fremdsprache bekommt. Bewusst dürfen die Lerner in der *task*-Phase den Dialog nicht schriftlich vorformulieren und auch keine Notizen zur Hilfe nehmen, da in dieser Phase das Ziel der Förderung des spontanen Sprechens erreicht werden soll. Aus demselben Grund soll die Lehrkraft nach dem Erteilen des Arbeitsauftrags und der Setzung des zeitlichen Rahmens (5 Minuten) auch nicht in die Partnerarbeit eingreifen. An die *task*-Phase schließt sich die *planning*-Phase an, in der die Lerner ihre simulierten Telefongespräche verschriftlichen. Die Verschriftlichung des Dialogs soll dazu dienen, dass die Lerner ihre Performanz reflektieren und sie im Hinblick auf die sprachliche Korrektheit und inhaltliche Klarheit verbessern. Ihnen soll dabei bewusst werden, welche sprachlichen Mittel ihnen noch fehlen bzw. welche sprachlichen Aspekte sie zwar schon kennen, aber im spontanen Sprechen noch nicht anwenden. In der hier dargestellten Lernaufgabe soll die *planning*-Phase auch ein kurzes Plenumsgespräch beinhalten, sodass die Reflexion der einzelnen Lernerpaare durch die Fragen und Anregungen anderer Lerner vertieft wird. Anschließend folgt die *report*-Phase, in welcher einzelne Lernpaare ihre fiktiven Telefongespräche im Plenum präsentieren, wodurch sich eine zweite Anwendungssituation ergibt.

Untersucht man die Konzeption der Lernaufgabe anhand der von Caspari/Kleppin (2008) aufgestellten Kriterien, so ergibt sich folgendes Bild: Das erste Kriterium ist erfüllt, da die Lernaufgabe auf die Förderung einer Teilkompetenz zielt, nämlich das dialogische Sprechen (Kriterium 1). Sie löst anspruchsvolle Lernprozesse aus (Kriterium 2), da die Lerner eine andere Rolle einnehmen und deren Perspektive übernehmen, inhaltlich aufeinander reagieren und die sprachlichen Mittel frei anwenden müssen. Dabei werden sie als soziale und ganzheitliche Individuen angesprochen (Kriterium 3), denn sie können frei wählen, wie sie die Rollen inhaltlich und emotional ausgestalten. Es gibt keine Vorgaben, welche sprachlichen Mittel verwendet werden sollen; vielmehr steht die inhaltliche Bewältigung der Aufgabe im Vordergrund (Kriterium 4). Kriterium 5, das besagt, dass die Kommunikationssituation so ähnlich auch in der Realität vorkommen muss, wird nicht erfüllt, da die Planung eines Raubüberfalls eindeutig nicht zu den potenziellen zielsprachlichen Kommunikationssituationen der Lerner gehört. Die Relevanz der Thematik (Kriterium 6) ist dagegen gegeben, da Krimis in ihren Bildern und Handlungsmustern den Lernern durch Fernsehen und Kino vertraut sind. Innerhalb des fiktiven Szenarios ist die Aufgabenstellung insofern bedeutsam (Kriterium 7), als sie den Anfangspunkt des Szenarios liefert, aus dem sich die weiteren Kommunikationssituationen und Aufgaben ergeben; darüber hinaus ist die Aufgabenstellung durchaus übertragbar auf alltägliche Kontexte (z.B. die Planung eines gemeinsamen Ausflugs am Wochenende). Der Lernaufgabe liegt eine tatsächliche Begebenheit zugrunde, der Gegenstand eines Zeitungsartikels ist; der Zeitungsartikel wurde jedoch stark gekürzt und kann somit nicht mehr als authentisch bezeichnet werden (Kriterium 8). Die Frage, ob die Lernaufgabe von der Konzeption her dem Niveau der Lerner entspricht (Kriterium 9), ist schwer zu beantworten; sie scheint aber etwas über dem Niveau der Lerner zu liegen, da die Dialoge nicht gelenkt, sondern frei sind. Was das letzte Kriterium angeht, so ist die Lernaufgabe produktorientiert, da die Lerner am Ende ein auf Französisch geführtes Telefongespräch vor der Klasse präsentieren müssen (Kriterium 10).

6. Empirische Untersuchung

Zur Beantwortung der Frage, wie die Schüler/innen mit sprechkompetenzorientierten Lernaufgaben umgehen, griff das Team als Datenerhebungsmethode auf die Videografie zurück. Ergänzend sollten die Einschätzungen der Schüler/innen hinsichtlich der Lernaufgaben durch einen Fragebogen ermittelt werden.

Im Folgenden werden die eingesetzten Datenerhebungsmethoden sowie das Vorgehen bei der Datenaufbereitung und Datenauswertung erläutert. Als Ergebnis wird im vorliegenden Beitrag ein ausgewähltes Fallbeispiel (von insgesamt vier Fallbeispielen) vorgestellt.

6.1 Videografie

Um zu untersuchen, wie die Schüler/innen Lernaufgaben bearbeiten, erschien uns die Videografie als ein geeignetes Datenerhebungsinstrument, da sie erlaubt, „das Interaktionsgeschehen, wie es sich sicht- und hörbar ereignet" zu dokumentieren und „die vielfältigen, die Interaktion prägenden Prozesse und Muster des Lehr-Lerngeschehens in ihrer Komplexität zu rekonstruieren" (Dinkelaker/Herrle 2009: 11).

Ein eindeutiger Vorteil der Videografie besteht darin, Unterrichtsinteraktionen so zu konservieren, dass sie wiederholt abgespielt und in Form einer Transkription einem lesenden Publikum zugänglich gemacht werden können. Ein weiterer Vorteil ist, dass neben den sprachlichen Äußerungen auch Körperhaltungen sowie Mimik und Gestik aufgezeichnet werden können. Für die vorliegende Untersuchung ist dieser Aspekt wichtig, da neben der inhaltlichen und sprachlichen Bearbeitung der Lernaufgabe auch untersucht werden sollte, wie die Lerner dabei sozial miteinander umgehen, was sich u.a. an Körperhaltung, Gestik und Mimik festmachen lässt. Ein weiterer Vorteil liegt in der „Möglichkeit, die Daten in mehrfacher Auswertung unter verschiedenen Fragestellungen und mit unterschiedlichen Erkenntnisinteressen zu betrachten" (Schramm/Aguado 2010: 187). Dieser Aspekt war für die vorliegende Untersuchung von besonderer Bedeutung, da die Forschungsfrage neu formuliert werden musste, wobei auf einen Teil der bereits erhobenen Videoaufnahmen zurückgegriffen wurde.

Die Videografie kann allerdings auch Nachteile mit sich bringen. Durch die Verwendung einer Kamera kann es passieren, dass sich die Gefilmten gestört fühlen und sich anders verhalten, als es ohne Kamera der Fall wäre. Vielfach ist aber zu beobachten, dass die Beteiligten die Kamera mit der Zeit vergessen, denn „die Eigendynamik des Interaktionsgeschehens erlaubt es nicht, sich dauerhaft auf die stummen Beobachter zu konzentrieren" (Dinkelaker/Herrle 2009: 27).

Die Datenerhebung, für die von insgesamt zwölf Schülerinnen und Schülern die Einverständniserklärungen der Erziehungsberechtigten vorlagen, erfolgte während des Unterrichts. Als im Unterrichtsschritt die zu filmende *task*-Phase erreicht wurde, bat die Lehrkraft die Schülerpaare, sich an die studentischen Teammitglieder zu wenden, die dann die etwa dreiminütigen Telefongesprächssimulationen auf Video aufnahmen. Die ersten Aufnahmen erfolgten noch im Klassenraum; allerdings war der Geräuschpegel so hoch, dass die Schülerdialoge akustisch kaum zu verstehen waren. Die weiteren Aufnahmen wurden daher auf den Flur vor dem Klassenraum verlegt. Allerdings war auch dies für die akustische Qualität der Aufnahmen nicht optimal, da beispielsweise der Pausengong am Ende der Unterrichtsstunde die Aufnahme störte oder Schüler/innen anderer Klassen, die vor Unterrichtsschluss aus den Klassenräumen entlassen wurden, die gefilmten Schülerpaare ablenkten.

Zur Datenaufbereitung wurden die auf einer DVD gesicherten Videoaufnahmen von den studentischen Teammitgliedern nach den Transkriptionsregeln von Wenzler-Cremer (2008) transkribiert, bei denen Gesprächspausen (mit Angabe der Länge), Füllwörter, Lachen sowie Hilfestellungen durch die Gesprächspartner und Besonderheiten der Mimik und Gestik berücksichtigt werden.

Die Datenauswertung wurde in Analogie zur Untersuchung von Troschke (2007) durchgeführt, die die inhaltliche, sprachliche und soziale Dimension von Aushandlungsprozessen beim kollaborativen Problemlösen analysiert. Diese ursprünglich für die Erforschung von bilingualem Erdkundeunterricht entwickelten Dimensionen wurden im vorliegenden Aktionsforschungsprojekt auf den Bereich des Fremdsprachenunterrichts angewendet. Im Folgenden skizziere ich die drei von Troschke (2007) formulierten Dimensionen.

Bei der inhaltlichen Dimension gilt es zu erheben, ob und wie die Lerner die ihnen gestellte Aufgabe inhaltlich bewältigen. Hierzu wird im Vorfeld eine Musterlösung formuliert, mit welcher die tatsächliche Leistung abgeglichen wird. Dies bedeutet, dass für die Lernaufgabe „Raubüberfall" festgehalten werden muss, welche Aspekte dabei inhaltlich angesprochen werden sollten. Hierzu gehört eine Begrüßung und Verabschiedung sowie das Verabreden eines Datums, der Uhrzeit, eines Treffpunkts für den Raub sowie wer welche Utensilien mitbringt. Aufgrund der Tatsache, dass nur die *task*-Phase analysiert wird, handelt es sich ganz bewusst nur um die Formulierung einer Mindestanforderung zur Lösung der Aufgabe, da die *task*-Phase die erste Konfrontation mit der Lernaufgabe darstellt und im Modell von Willis im weiteren Verlauf des *task cycle* noch überarbeitet und verbessert werden kann. Ziel der Analyse ist es zu bestimmen, welche inhaltlichen Aspekte genannt werden und welche fehlen.

Bei der Analyse der sprachlichen Dimension werden die sprachlichen Fertigkeiten der Lerner, die sie in der *task*-Phase der Lernaufgabe zeigen, mit den Kompetenzen verglichen, die für das Niveau A2 des Gemeinsamen europäischen Referenzrahmens für Sprachen (GeR) im Bereich des Sprechens gelten. Für die Lernaufgabe ist bezüglich des Sprechens der Unterbereich „an Gesprächen teilnehmen" relevant, der in den Kategorien Spektrum, Korrektheit, Flüssigkeit, Interaktion und Kohärenz (Europarat 2001: 37–38) untersucht wird (s.u.).

Da es bei der Lernaufgabe um eine Partnerarbeit geht, spielt die soziale Dimension der Aufgabenbearbeitung eine Rolle. Sie kann entscheidend dafür sein, ob die Aufgabe erfolgreich bewältigt wird oder nicht. Im Rahmen dieser Dimension geht es darum zu analysieren (Troschke 2007: 244), ob und, wenn ja, wie die Lerner miteinander interagieren, um die Lernaufgabe gemeinsam zu bewältigen. In diesem Zusammenhang wird untersucht, ob ein kooperativer Dialog aus Aktion und Reaktion der Lerner zustande kommt, ob und, wenn ja, auf welcher Ebene (inhaltlich, sprachlich) sich die Dialogpartner bei der Bearbeitung der Aufgabe gegenseitig unterstützen, inwieweit solche möglichen Hilfestellungen von dem

Partner konkret eingefordert werden, ob eine Korrektur möglicher Fehler durch den Partner vorgenommen wird und wie der Partner auf eine mögliche Korrektur seines Gegenübers reagiert.

6.2 Fragebogen

Da neben den aus der Videografie stammenden Daten zu äußerlich beobachtbarem Verhalten das Team auch interessierte, wie die Schüler/innen die Unterrichtseinheit und speziell die Lernaufgaben subjektiv wahrgenommen haben, bot sich eine schriftliche Befragung an. Als Datenerhebungsinstrument eignet sich der Fragebogen insbesondere dann, wenn es um das Erfassen subjektiver Einstellungen und Merkmale zu einem bestimmten Thema einer größeren Gruppe geht (vgl. Konrad 2000: 87).

Ein Vorteil des Fragebogens im Vergleich zum Interview besteht darin, dass die Befragten ausreichend Zeit haben, die Fragen zu bearbeiten und überlegt Antworten zu geben. Ein Nachteil ist allerdings, dass eine Präzisierung der Fragen oder Nachfragen nicht möglich sind (vgl. Altrichter/Posch 1998: 156–157). Außerdem kann es dazu kommen, dass die Befragten die Fragen nicht vollständig beantworten.

Der von uns verwendete Fragebogen bestand nach einer Einstiegsfrage, die auf die persönliche Einschätzung der gesamten Unterrichtseinheit abzielte, aus Fragen, die sich auf ausgewählte Aspekte der drei Lernaufgaben bezogen (Anhang 1). Dabei wurden Hybridfragen verwendet, in der eine geschlossene Frage nach der Einschätzung verbunden wurde mit einer offenen Frage, die nach Gründen dieser Einschätzung fragt. Da Fragen, die ein gutes Erinnerungsvermögen der Befragten voraussetzen, häufig problematisch sind (vgl. Bortz/Döring 2002: 254), wurde der Kontext der Lernaufgabe, zu der die Lerner ihre Einschätzung abgeben sollen, möglichst genau beschrieben, um die Erinnerung zu erleichtern.

Die Datenerhebung fand im Anschluss an die Unterrichtseinheit statt. Eine Studentin übernahm die Verteilung der Fragebögen und besuchte dafür die Klasse in ihrem Unterricht, um vor Ort den Kontext und den Nutzen des Fragebogens deutlich zu machen. Um die Fragebögen den Videoaufnahmen zuordnen zu können, sollten die Befragten ihren Namen auf dem Fragebogen vermerken. Am vereinbarten Termin konnte der Fragebogen zwar verteilt werden; es verblieb allerdings nicht genügend Zeit für das Ausfüllen, sodass die Lerner die Fragebögen mit nach Hause nahmen und der Lehrkraft in der nächsten Französischstunde wieder mitbrachten. Von insgesamt 25 Schülerinnen und Schülern gaben 22 ihren ausgefüllten Fragebogen bei der Lehrkraft ab, die sie zur Auswertung an uns Studentinnen weiterleitete.

Zur Aufbereitung der Daten wurden die Antworten auf die geschlossenen Fragen ausgezählt; die Antworten auf die offenen Fragen wurden in einer gesonderten Datei im Wortlaut abgeschrieben.

Für den vorliegenden Beitrag werden nur die Fragebögen der zwei Lerner berücksichtigt, die Gegenstand des Fallbeispiels sind, und daraus nur die Antworten zu denjenigen Fragen, die sich auf die Lernaufgaben 7 und auf die Unterrichtseinheit als Ganzes beziehen.

6.3 Fallbeispiel Lukas und Sven[2]

Zunächst wird die Videoaufnahme nach inhaltlicher, sprachlicher und sozialer Dimension analysiert. Im Anschluss werden die Ergebnisse mit den Aussagen des Fragebogens trianguliert.

6.3.1 Analyse der inhaltlichen Dimension

Lukas beginnt das Telefonat; er ist also die Person, von der das Telefongespräch ausgeht. Er simuliert mit der Hand einen Telefonhörer, ahmt kurz ein Freizeichen nach und begrüßt dann seinen Gesprächspartner mit „salut" (01). Positiv fällt die Nachahmung des Freizeichens (01) auf, welche die Mindesterwartungen übersteigt und das Telefongespräch realistischer wirken lässt. Da Lukas der Anrufer ist, wäre noch zu erwarten, dass er seinen Namen nennt, da sein Gesprächspartner ihn bei dieser Mini-Simulation eigentlich nicht sieht und somit nicht weiß, wer ihn anruft. Diesbezüglich ist es außerdem verwunderlich, dass Lukas als Anrufer als erstes etwas sagt („salut" [01]). Normalerweise meldet sich zuerst der Angerufene, um zu signalisieren, dass er den Hörer abgenommen und das Gespräch angenommen hat. Diese beiden Aspekte schwächen die Realitätsnähe des simulierten Telefonats etwas ab.

Sven begrüßt den Anrufer wie selbstverständlich mit „salut" (02), fragt jedoch nicht, um wen es sich handelt oder was sein Anliegen ist. Es ist Lukas, der seinerseits Sven fragt, wie es ihm geht (03) und somit einen Gesprächsabbruch verhindert. Sven geht jedoch nicht auf diese Frage ein, sondern fragt Lukas auf Englisch, was er will (04). Er bemerkt den Wechsel in eine andere Fremdsprache und möchte die Simulation neu beginnen (04–05).

Obwohl die filmende Studentin das Lernerpaar dazu auffordert, das Telefonat fortzuführen (06), entschließen sich beide Lerner, neu zu beginnen und legen fest, dass Sven nun der Anrufer sein soll (07–09). Dieser nimmt den imaginären

2 Die Namen wurden aus Gründen des Datenschutzes geändert.

Telefonhörer ans Ohr und ahmt ein Freizeichen nach (10). Er wartet, bis sich Lukas am anderen Ende der Leitung meldet (12) und begrüßt diesen erst dann („allô" [13]). Nach einem akustischen Missverständnis („hallo" vs. „allô" [14–15]) fragt Lukas nach Svens Befinden (16); dieser gibt Auskunft und fragt seinerseits, wie es Lukas gehe (17). Lukas antwortet, dass es ihm auch gut gehe (18), wobei er „auch" auf Französisch nicht findet und mit englisch "too" übersetzt. Er bemerkt diesen Fehler, lacht darüber und wiederholt, dass es ihm gut gehe. Anschließend fragt er, ob sie den Schmuck stehlen (19) und unterstreicht, dass er eine Antwort seines Gesprächspartners erwartet, nonverbal durch ein Wedeln mit dem simulierten Hörer und verbal durch ein aufforderndes „hä?" (19). Sven versteht diese Gesprächsaufforderung, bestätigt allerdings nicht die Frage, sondern antwortet direkt mit der Gegenfrage „où?" (20). Lukas gibt als Ort das Schmuckgeschäft in Cannes an (21) und geht dabei vermutlich davon aus, dass es entweder nur ein einziges Schmuckgeschäft gibt bzw. dass sein Lernpartner weiß, welches er meint. Sven weiß natürlich, welcher Schmuckladen gemeint ist, da auch er den Zeitungsartikel über den Schmuckraub aus der *pre-task*-Phase kannte und fragt im Anschluss einfach direkt nach der Uhrzeit (22). Auf Svens Frage nach der Uhrzeit (22) antwortet Lukas „à trois heures" (23), was der Angabe im Zeitungsartikel entspricht, dass der Einbruch tagsüber geschah. Sven ist mit dieser Uhrzeit einverstanden und bestätigt mit „d'accord" (24), was Lukas noch einmal mit „oui" (25) bekräftigt. Anschließend verabschieden sich die beiden mit „salut" (26–27).

Insgesamt betrachtet, trägt Lukas etwas mehr zur inhaltlichen Ausführung der Lernaufgabe in der *task*-Phase bei als Sven. Im ersten Versuch nimmt er die Rolle des Anrufers ein und hält das Gespräch am Laufen (03), welches dann aber durch Svens Fehlstart auf Englisch (04) abgebrochen und neu begonnen wird. Sven beginnt das Telefonat korrekt mit Freizeichen und Abwarten (10) und antwortet auf Lukas Frage nach seinem Befinden korrekt mit Auskunft und Gegenfrage (17). Als Lukas den Schmuckraub anspricht, stellt Sven die Frage nach dem Ort und dem Zeitpunkt des Überfalls (20, 22), erklärt sich mit Lukas' Vorschlägen einverstanden und verabschiedet sich situationsgemäß (26).

Beim zweiten Versuch schlüpft Lukas in die Rolle dessen, der den Anruf entgegennimmt und meldet sich diesmal korrekterweise zuerst (12). Er fragt nach dem Befinden (16) und spricht als Erster den geplanten Raub an (18–19). Durch diesen Rollenwechsel ist er es, der auf die Fragen nach Ort und Zeit antworten muss, was zur Folge hat, dass seine Äußerungen im Vergleich zu denen Svens länger und komplexer sind (18–19, 21, 23). Sven hätte die Vorschläge seines Lernpartners noch hinterfragen, kommentieren oder Gegenvorschläge machen können, tut dies aber nicht. Auch hat Sven als Anrufer und somit als Impulsgeber des Gesprächs nicht von sich aus den Schmuckraub zur Sprache gebracht, sondern abgewartet, bis Lukas diesen Part übernimmt. Lukas führt den Raub als Gesprächsthema ein und macht korrekte, schlüssige, sich mit dem Zeitungsartikel deckende Angaben.

Die inhaltliche Analyse des Gesprächsverlaufs lässt die Schlussfolgerung zu, dass Sven zwar durch seine inhaltlich korrekten Fragen wichtige Impulse gibt; es ist aber Lukas, der den größeren Beitrag zur inhaltlichen Lösung der Lernaufgabe in der *task*-Phase leistet.

Insgesamt betrachtet erfüllt das Lernerpaar Lukas und Sven bei der Bearbeitung der Lernaufgabe in der *task*-Phase nicht ganz die gestellte Mindesterwartung. Sie liefern eine adäquate Begrüßung und Verabschiedung, auch wenn diese nicht in jedem Fall typisch für ein Telefongespräch sein mag („salut" als Zeichen des Angerufenen, das Gespäch angenommen zu haben). Des Weiteren wird ein Treffpunkt sowie eine bezogen auf den Kontext stimmige Uhrzeit festgelegt. Was in der Bearbeitung fehlt, ist eine Absprache der benötigten Utensilien, bzw. die Klärung der Frage, wer welche Hilfsmittel (Pistole o.ä.) für den Raubüberfall mitbringt. Da dieser Punkt Teil der zuvor formulierten Mindestanforderung ist, kann diese folgerichtig nicht als erfüllt betrachtet werden.

6.3.2 Analyse der sprachlichen Dimension

Im Folgenden wird die sprachliche Performanz des Lernerpaars mit dem Zielniveau A2 des GeR abgeglichen.

In der Kategorie „an Gesprächen teilnehmen" heißt es u.a. „Ich kann ein sehr kurzes Kontaktgespräch führen, verstehe aber normalerweise nicht genug, um selbst das Gespräch in Gang zu halten" (Europarat 2001: 36). Diese Kann-Beschreibung muss m.E. in dem vorliegenden Kontext relativiert werden. Da es sich bei beiden Gesprächspartnern um Sprachenlerner mit in etwa derselben fremdsprachlichen Kompetenz handelt und diese ihre Fertigkeiten auch in demselben schulischen Rahmen erworben haben, ist die Kommunikationssituation eine andere. Während ein Sprachenlerner im Kompetenzbereich A2 im Gespräch mit einem Muttersprachler vermutlich oft Verständnisschwierigkeiten haben wird, da dieser deutlich komplexere grammatikalische Strukturen und ein weitläufigeres Vokabular nutzt, ist dies im Gespräch mit einem nicht-muttersprachlichen Klassenkameraden eher nicht zu erwarten. Die grammatische Komplexität und der Wortschatz der Lernpartner befinden sich auf einem ähnlichen Niveau, sodass große Verständnisschwierigkeiten nicht zu erwarten sind.

Ein Telefongespräch, in dem eine Uhrzeit und ein Treffpunkt abgesprochen werden sollen, entspricht dem direkten Austausch von Informationen und kann auch als einfache, routinemäßige Situation beschrieben werden. Lediglich die geforderte Absprache der für den Raub benötigten Utensilien (wie etwa eine Pistole) fällt nicht in den Bereich vertrauter Themen und Tätigkeiten und übersteigt somit das Niveau A2. Da Lukas und Sven den Aspekt der Utensilien inhaltlich jedoch nicht thematisiert haben, kann dies hier unberücksichtigt bleiben. Das kurze telefonische Kontaktgespräch der Lernpartner verläuft nach kleinen Anlaufschwierigkeiten flüssig und ohne Verständnisschwierigkeiten.

Nachfolgend wird eine Analyse der mündlichen Performanz im Hinblick auf die Kategorien Spektrum, Korrektheit, Flüssigkeit, Interaktion und Kohärenz für das Niveau A2 durchgeführt (vgl. Europarat 2001: 37).

In der Kategorie Spektrum wird gefordert, dass „elementare Satzstrukturen mit memorierten Wendungen, kurzen Wortgruppen und Redeformeln [verwendet werden], um damit in einfachen Alltagssituationen begrenzte Informationen auszutauschen". Elementare Satzstrukturen sind beispielsweise einfache Hauptsätze mit einer Kombination aus Subjekt, Prädikat und Objekt. Durch ein Anheben der Stimme am Ende des Satzes kann im Französischen mit derselben Satzstruktur auch eine Frage formuliert werden. Diese Art von einfacher Satzstruktur taucht im vorliegenden Fall allerdings nur an einer Stelle auf, nämlich als Lukas den Raub anspricht „nous voler les bijoux (langgezogen)?" (18–19). Als memorierte Wendungen und Redeformeln können die Begrüßungs- und Verabschiedungsfloskeln „salut" (01, 02, 12, 26, 27), „allô" (13), „ça va?" (03), „ça va bien, et toi?" (17) und „ça va bien" (18) eingestuft werden. In dieselbe Kategorie fällt ebenso das bestätigende „d'accord" (24). Auch Svens Frage nach der Uhrzeit „(–) äh, quelle heure?" (21) gehört in diesen Bereich. Als kurze Wortgruppen können Lukas' Antworten auf Svens Fragen nach dem Wo? und Wann? bezeichnet werden. Er antwortet „à la bijouterie de Cannes" (21) und „à (–) à (–) à trois heures" (23). Im Fall von Sven lassen sich keine frei zusammengefügten Wortgruppen ausmachen, da seine Beiträge – abgesehen von den bereits eingestuften – aus einem Wort bestehen („où?" [20], „d'accord" [24]). Svens Performanz entspricht somit an dieser Stelle bezüglich des Spektrums nicht dem Niveau A2, da seine Beiträge insgesamt zu wenig komplex sind. Zwar gelingt es ihm, mit Lukas begrenzte Informationen auszutauschen; doch durch komplexere Aussagen seinerseits hätte die Thematik noch differenzierter betrachtet werden können. Lukas' Beiträge fügen sich bei der Kategorie Spektrum zu einer Performanz zusammen, die als knapp ausreichend für das Niveau A2 eingestuft werden kann, da er die Anforderungen zumindest ansatzweise erfüllt. Zudem muss an dieser Stelle angemerkt werden, dass es in seinem Fall nicht möglich bzw. nicht nötig war, noch komplexere Aussagen zu tätigen, da sein Gesprächspartner keine seiner Angaben hinterfragte.

In Bezug auf die sprachliche Korrektheit beschreibt der GeR das Niveau A2 so, dass der/die Lernende „einige einfache Strukturen korrekt (verwendet), aber noch systematisch elementare Fehler (macht)" (Europarat 2001: 38). Was genau unter „systematisch elementare Fehler" zu verstehen ist, wird im GeR nicht genauer erläutert. In Anlehnung an Fulcher werden als solche grobe Fehler im Satzbau, die Auslassung von wichtigen Satzelementen und (kontextabhängig) auch die Verwendung falscher Pronomen eingestuft (vgl. Fulcher 2003: 28). Hintergrund dieser Einstufung ist die Überzeugung, dass diese Art von Fehlern das Verständnis erheblich erschwert, wenn nicht sogar verhindert. Im vorliegenden Fallbeispiel lassen sich lediglich zwei eindeutige Fehler finden. Einerseits macht Lukas einen Fehler in der Konjugation bei der Frage „nous voler les bijoux?" (18), da das Verb nicht an das Subjekt angeglichen ist, sondern im Infinitiv steht. Der Fehler behindert das inhaltliche Verständnis jedoch nicht, da durch das korrekte Pronomen eindeutig ist, wer gemeint ist. Der zweite Fehler ist in Svens Frage nach der Uhrzeit für das Treffen zu finden. Bei der Frage „äh, quelle heure?" (22) fehlt die Präposition „à". Auch hier hat der Fehler jedoch keine Auswirkung auf das Verständnis; es ist offensichtlich, dass die Frage auf die Uhrzeit für das Treffen abzielt. Da bis auf das Ausweichen in die Muttersprache oder das Englische keine Normabweichungen zu finden sind, gilt das Referenzniveau A2 bezüglich des Aspekts der Korrektheit als erreicht. Allerdings ist zu vermuten, dass die geringe Fehlerhäufigkeit mit der geringen Komplexität der Aussagen zusammenhängt.

Im Hinblick auf die Kategorie der Flüssigkeit der sprachlichen Performanz formuliert der GeR für das Niveau A2, dass der/die Lernende „sich in sehr kurzen Redebeiträgen verständlich machen (kann), obwohl er/sie offensichtlich häufig stockt und neu ansetzen oder umformulieren muss" (Europarat 2001: 38). Im Kontext der mündlichen Performanz fällt im Fall von Lukas und Sven auf, dass das Gespräch einmal komplett abgebrochen und neu gestartet wird, da Sven auf Englisch geantwortet hat und nicht zu einem direkten *code-switching* ins Französische in der Lage war (04–05). An dieser Stelle setzt Sven also nicht nur neu an, sondern verlangt, die gesamte Mini-Simulation neu zu beginnen. Beim zweiten Versuch fällt der längste Beitrag seitens Lukas durch viele Pausen und die Verwendung von Füllwörtern auf „ça va bien, too (-) äh (-) ((lacht)) oui. ça va bien. ja. (-). nous voler les bijoux (langgezogen)? (—) hä? ((wedelt mit dem imaginären Telefonhörer))" (18–19). Es lassen sich drei Pausen von einer Länge bis drei Sekunden und eine Pause von einer Länge von mehr als drei Sekunden ausmachen. Zudem wird der Redefluss durch die Füllwörter „äh" und „ja" unterbrochen, wobei „ja" darüber hinaus einen Wechsel in die Muttersprache darstellt. Das deutliche Stocken in dieser Passage liegt am fehlenden Vokabular. Vermutlich wollte Lukas „ça va bien aussi“ sagen, aber ihm fiel „aussi“ nicht als Entsprechung von „auch“ ein; daher verwendete er das englische Äquivalent “too”. Er bemerkt diesen Fehler zwar direkt, kann sich an den korrekten französischen Ausdruck jedoch nicht erinnern, ist verunsichert und wiederholt deshalb „ça va bien“. Trotz der Verunsicherung gelingt es ihm, das Gespräch inhaltlich fortzuführen, indem er den wichtigen Impuls des Schmuckraubes gibt. Was Sven angeht, so stockt er einmal vor der Frage nach der Uhrzeit „(–) äh, quelle heure?“ (22); hier ist anzunehmen, dass er überlegen muss, wie er inhaltlich fortfahren soll, da Lukas nach seiner Antwort keinen weiteren Redeimpuls gibt. Bei Lukas' Antwort auf Svens Frage nach der Uhrzeit des Treffens kommt es zu einer Wiederholung („à (–) à (–) à trois heures“, (23)), ein klassisches Merkmal gesprochener Sprache zur Gewinnung von Planungszeit für den weiteren Diskurs. Insgesamt haben Sven und Lukas bezüglich des Kriteriums der Flüssigkeit das Niveau A2 erreicht, da sie zwar häufiger stocken oder neu ansetzen, sich jedoch in kurzen Redebeiträgen verständlich machen können.

In Bezug auf die Kategorie Interaktion fordert der GeR für das Niveau A2, dass der/die Lernende „(...) Fragen stellen und Fragen beantworten (kann), sowie auf einfache Feststellungen reagieren. (Er/Sie) (k)ann anzeigen, wann er/sie versteht, aber versteht kaum genug, um selbst das Gespräch in Gang zu halten“ (Europarat 2001: 38). Der letzte Teil der Aussage muss, wie bereits angemerkt, für den vorliegenden Fall relativiert werden. In der hier dargestellten *task*-Phase stellen beide Lerner Fragen und geben Antworten, auch wenn Lukas tendenziell mehr Antworten gibt und Sven häufiger Fragen stellt. In diesem Aspekt kann das Niveau A2 für beide als erreicht eingestuft werden.

Hinsichtlich der Kategorie Kohärenz fordert der GeR für das Referenzniveau A2, dass der/die Lernende einfache Wortgruppen durch Konnektoren wie „und“, „weil“ und „aber“ („et“, „mais“ und „parce que“) verknüpfen kann (vgl. Europarat 2001: 38). Dieser Punkt wird von beiden Schülerinnen und Schülern nicht erfüllt, da keiner von beiden eine oder mehrere dieser Konnektoren im Verlauf der Bearbeitung benutzt. Auch hier kann wieder auf die geringe Komplexität der Satzstrukturen verwiesen werden, welche eine Verwendung von Konnektoren nicht erfordert.

6.3.3 Analyse der sozialen Dimension

Bei der sozialen Dimension interessiert die Frage, wie die Lerner zusammenarbeiten, ob sie sich gegenseitig unterstützen und, wenn ja, wie. Die Analyse zeigt, dass die Lerner im vorliegenden Fallbeispiel gut zusammenarbeiten; beim zweiten Versuch wird das Gespräch von keinem der beiden abgebrochen. Eine direkte

Unterstützung ist zwischen den Lernern jedoch nicht zu erkennen. Auch wird von keinem der Lernpartner direkt Hilfe eingefordert.

Eine weitere Frage in Bezug auf das soziale Zusammenspiel der Lerner zielt darauf ab, ob und wie sie sich unaufgefordert gegenseitig korrigieren und wie die Partner mit etwaiger Korrektur umgehen. Eine Korrektur findet in der Bearbeitung von Lukas und Sven nur an einer Stelle statt, und zwar als Lukas Svens „allô!" (13) nicht als französische Begrüßung am Telefon, sondern als deutsches „hallo" deutet („hallo, hast du gesagt?! ((grinst))" (14)). Sven lässt sich durch Lukas' Bemerkung jedoch nicht verunsichern, sondern artikuliert den Ausdruck noch einmal deutlich „allô (betont)!" (15). Lukas versteht die Äußerung nach der Wiederholung und gibt Sven dies durch „achso" (16) zu erkennen. Diese Sequenz lässt darauf schließen, dass kein Lernpartner dem anderen sozial überlegen ist. Lukas fühlt sich frei, Sven auf einen seiner Meinung nach nicht korrekten Ausdruck hinzuweisen. Sven fühlt sich seinerseits so sicher, dass ihm eine deutlich artikulierte Wiederholung als ausreichend erscheint, um seinen Partner auf die Korrektheit seiner Äußerung hinzuweisen. Diese einfache Klärung lässt auf ein entspanntes und auch vertrautes Verhältnis zwischen den Lernpartnern schließen, da keiner der beiden den Eindruck macht, aus Prestigegründen auf sein Recht pochen zu müssen.

6.3.4 *Subjektive Einschätzung der Lerner*

Auf die Frage, wie den beiden Schülern der Unterricht in den Stunden der Unterrichtseinheit gefallen hat, antworteten Lukas und Sven im Fragebogen sehr unterschiedlich. Lukas kreuzte „eher schlecht" an, während Sven sich für „gut" entschied. Bezüglich der Frage, was ihrer Meinung nach gut war, antwortete Lukas: „Der Text von Nelly. Der Überfall der Studies." und Sven: „Texte schreiben, dieses Rollenspiel, das Thema".

Unter dem Punkt, was ihm nicht so gut am Unterricht gefallen habe, nannte Sven „die Videoaufnahmen", während Lukas angab: „Es war mit den Voc.Blatt mit Nomen Verben Adj., weil da nicht die Übersetzungen standen". Interessant ist, dass Sven die Videoaufnahmen als negativen Aspekt nennt, da er sich freiwillig dafür gemeldet hatte. Rückblickend müssen ihm die Videoaufnahmen jedoch unangenehm gewesen sein. Die Tatsache, in der *task*-Phase beobachtet worden zu sein, könnte den Schutzraum, den die Partnerarbeit ansonsten bietet, beeinträchtigt haben. Ein Grund könnte auch sein, dass Sven veranlasste, dass die *task* anlässlich seines Fehlstarts auf Englisch noch einmal neu begonnen wurde. Dass dieser „Fehlversuch" auf Video festgehalten wurde, mag dem Lerner im Nachhinein unangenehm gewesen sein.

Für den vorliegenden Kontext ist besonders die Antwort der Schüler auf die Frage interessant, wie sie sich gefühlt haben, als sie zu zweit spontan spielen sollten, wie die Verbrecher die Tat am Telefon planen. Während Sven sich an die vorgegebenen Antwortkategorien hielt und die erste Möglichkeit „Ich fühlte mich zum Sprechen angeregt" wählte, konnte Lukas sich keiner der angegebenen Kategorien zuordnen. Er entschied sich dafür, ein Kästchen zwischen die beiden ersten Antwortmöglichkeiten zu setzen und nannte seine Kategorie „keins von beidem, eher unsicher". Diese Antwort der Lerner war für uns unerwartet, da es Sven war, der angab, sich zum Sprechen angeregt gefühlt zu haben, obwohl er den ersten Versuch der Bearbeitung abbrach, um neu zu beginnen. Lukas wiederum, der bemüht war, das Gespräch am Laufen zu halten und inhaltlich mehr zur Erfüllung der Aufgabe beitrug, gab an, unsicher gewesen zu sein. Dies konnten wir bei der Analyse der Videoaufzeichnungen nicht erkennen, was für die Notwendigkeit einer Triangulation unterschiedlicher Daten spricht.

Bei der Frage, ob den beiden Schülern die *task*-Phase beim späteren Ausformulieren der Dialoge geholfen habe, kreuzte Lukas „nicht geholfen" an und begründete dies wie folgt: „Weil es unnötig ist. Und somit Zeitverschwendung." Sven kreuzte dagegen „etwas geholfen" an und gab an: „Weil man Wörter die gesagt wurden mit einfügen kann." Es ist anzunehmen, dass Sven die *task*-Phase als Anregung für eine sprachliche Reflexion in der *planning*-Phase nutzte, während Lukas der *task*-Phase keinen Nutzen abgewinnen konnte.

Bei der Frage, ob die Stunden der Unterrichtseinheit den Schülern geholfen haben, flüssiger zu sprechen, kreuzt Lukas „eher nicht" an und kommentiert dies mit: „Wie sonst Frz. auch Bekomm ich Voc und Gramm nicht in mein Kopf." Auf die Frage, ob er sich beim spontanen Sprechen sicherer fühle als vorher, antwortet er mit „nein" und erklärt: „Frz. ist kein tolles Fach und damit fand ich Polar nicht gut weil es Frz. war." Aus den Antworten sind keine Rückschlüsse auf für das flüssige bzw. freie Sprechen förderliche Elemente des aufgabenorientierten Ansatzes nach Willis möglich. Klar scheint nur, dass auch die Aufgabenorientierung nach Willis, so wie sie in der Unterrichtseinheit umgesetzt wurde, nicht dazu geführt hat, dass Lukas Vokabeln und Grammatik besser lernen konnte bzw. mehr Freude am Französischunterricht hat als vorher.

Svens Einschätzung, ob ihm die Unterrichtseinheit geholfen hat, flüssiger zu sprechen, ist positiver als die von Lukas, da er mit „eher ja" antwortet; allerdings gibt er keine Begründung an. Die Frage, ob er sich nach der Unterrichtseinheit beim spontanen Sprechen sicherer fühle als vorher, beantwortet er mit „eher nein". Des Weiteren kommentiert er aber: „Es hat Spaß gemacht aber ich spreche nicht so gerne Französisch." An dieser Stelle kann zumindest angenommen werden, dass die Aufgabenorientierung, wie sie im vorliegenden Beispiel umgesetzt wurde, den Unterricht für den Schüler interessant gestaltete.

7. Fazit

Anhand des vorliegenden Fallbeispiels konnte mithilfe des Einsatzes von Videografie rekonstruiert werden, wie ein Schülerpaar einer 8. Gymnasialklasse im Französischunterricht mit der *task*-Phase einer Lernaufgabe zur Förderung der Sprechkompetenz inhaltlich, sprachlich und sozial umgegangen ist. Darüber hinaus lieferte die Auswertung einer schriftlichen Befragung einen ersten Einblick darin, wie die Schüler die Effektivität einer Lernaufgabe hinsichtlich der Förderung der Teilkompetenz Sprechen einschätzen.[3]

Im Hinblick auf Konsequenzen für den Unterricht scheint es mir für die Schüler des vorliegenden Fallbeispiels oder vergleichbare Schüler/innen einer 8. Klasse mit Französisch als zweite Fremdsprache erforderlich, beim Einsatz des aufgabenorientierten Ansatzes von Willis (1996a, 1996b) darauf zu achten, der *pre-task*-Phase mehr Platz einzuräumen und so auszugestalten, dass die inhaltlichen Mindestanforderungen eines nachfolgenden *task* erfüllt werden können. Zudem scheint es angebracht, die Schüler/innen in der *task*-Phase nicht unvorbereitet in eine dialogische Sprechsituation zu „stoßen", sondern ihnen die Möglichkeit zu geben, sich im Vorfeld Gedanken über Form und Inhalt des Gesprächs zu machen. Es bietet sich an, dieses Verfahren mehrfach zu verwenden, damit bei den Schülerinnen und Schülern ein Gewöhnungseffekt entsteht.

Kritisch anzumerken ist, dass der alleinige Fokus auf der *task*-Phase ein Problem bei der Gesamtbewertung des Umgangs mit der Lernaufgabe darstellt. Durch das „Fehlen" der Videoaufnahmen der *planning*-Phase und der *report*-Phase konnte nicht analysiert werden, ob sich die Lerner in ihrer Performanz zwischen der *task*-Phase und der *report*-Phase verbessern konnten. Die Lücke in der Datenerhebung ist, wie bereits erwähnt, auf die anders gelagerte Fragestellung zum Zeitpunkt der Datenerhebung zurückzuführen. Für weitere Untersuchungen ist zu empfehlen, alle Phasen eines Lernaufgabenparcours' zu videografieren und auszuwerten.

Mit dem vorliegenden Aktionsforschungsprojekt konnte ein kleiner empirischer Beitrag zum besseren Verständnis des Umgangs von Lernern mit Lernaufgaben im schulischen Französischunterricht geleistet und daraus Anregungen zur

---

3 In Kruza (2010) und Bergmann/Rischker/Stotz (2010b) liegen noch weitere Fallbeispiele anderer Schülerpaare vor. Es wäre interessant, diese Fallbeispiele miteinander zu vergleichen.

Adaptation des aufgabenorientierten Unterrichtsmodells nach Willis für diesen Kontext abgeleitet werden.

8. Bibliografie

Altrichter, Herbert/Posch, Peter (1998). *Lehrer erforschen ihren Unterricht. Eine Einführung in die Methoden der Aktionsforschung.* 3. Aufl. Bad Heilbrunn: Klinkhardt.

Bechtel, Mark (2011). Lernaufgaben für einen kompetenzorientierten Französischunterricht in der Sekundarstufe I. *Französisch heute* 42/1: 25–34.

Bechtel, Mark (2015). Das Bremer Schulbegleitforschungsnetzwerk „Fördern durch Aufgabenorientierung": Ziele – Struktur – Verlauf. In: Ders. (Hrsg.). *Fördern durch Aufgabenorientierung. Bremer Schulbegleitforschung zu Lernaufgaben im Französisch- und Spanischunterricht der Sekundarstufe I.* Frankfurt a.M. u.a.: Lang. 17–41.

Bergmann, Karoline / Rischker, Alexandra / Stotz, Sarah (2010a). *Kompetenz- und aufgabenorientierter Französischunterricht am Beispiel der Unterrichtseinheit „polar" mit Lernaufgaben zur Förderung der Sprechkompetenz.* Wissenschaftliche Hausarbeit im Rahmen des Seminars „Diagnose und Förderung kommunikativer, interkultureller und methodischer Kompetenzen im Fremdsprachenunterricht", vorgelegt am 31.3.2010, Universität Bremen, Didaktik der romanischen Sprachen, WiSe 2009/2010.

Bergmann, Karoline / Rischker, Alexandra / Stotz, Sarah (2010b). *Forschungsbericht. Der Umgang von SchülerInnen mit sprechkompetenzorientierten Lernaufgaben.* Vorgelegt am 16.8.2010 im Rahmen des Seminars „Implementierung von Bildungsstandards im Französisch- und Spanischunterricht der Sekundarstufe I", Universität Bremen, Didaktik der romanischen Sprachen, SoSe 2010.

Blume, Otto-Michael (2006). La pensée parle, est parlante. Sprechen fördern von Anfang an. *Der fremdsprachliche Unterricht Französisch* 40/84: 2–8.

Bortz, Jürgen / Döring, Nicola (2002). *Forschungsmethoden und Evaluation Human- und für Sozialwissenschaftler.* Berlin et al.: Springer.

Caspari, Daniela (2006). Aufgabenorientierung im Fremdsprachenunterricht. In: Bausch, Karl-Richard / Burwitz-Melzer, Eva / Königs, Frank G. / Krumm, Hans-Jürgen (Hrsg.). *Aufgabenorientierung im Fremdsprachenunterricht: Arbeitspapiere der 26. Frühjahrskonferenz zur Erforschung des Fremdsprachenunterrichts.* Tübingen: Narr. 33–42.

Caspari, Daniela (2009). Kompetenzorientierter Französischunterricht: Zentrale Prinzipien und ihre Konsequenzen für die Planung von Unterricht. *Französisch heute* 40/2: 73–78.

Caspari, Daniela / Kleppin, Karin (2008). Lernaufgaben: Kriterien und Beispiele. In: Tesch, Bernd / Leupold, Eynar / Köller, Olaf (Hrsg.). *Bildungsstandards Französisch: konkret. Sekundarstufe I: Grundlagen, Aufgabenbeispiele und Unterrichtsanregungen.* Berlin: Cornelsen. 88–148.

Dinkelaker, Jörg / Herrle, Matthias (2009). *Erziehungswissenschaftliche Videographie. Eine Einführung.* Wiesbaden: VS.

Ellis, Rod (2003). *Task-based language learning and teaching.* Oxford: Oxford University Press.

Europarat (2001). *Gemeinsamer europäischer Referenzrahmen für Sprachen: lernen, lehren, beurteilen.* Berlin: Langenscheidt.

Fulcher, Glenn (2003). *Testing second language speaking.* London et al.: Longman.

Hallet, Wolfgang (2011). *Lernen fördern: Englisch. Kompetenzorientierter Unterricht in der Sekundarstufe I.* Seelze-Velber: Klett/Kallmeyer.

Hu, Adelheid / Leupold, Eynar (2008). Kompetenzorientierung und Französischunterricht. In: Tesch, Bernd / Leupold, Eynar / Köller, Olaf (Hrsg.). *Bildungsstandards Französisch: konkret. Sekundarstufe I: Grundlagen, Aufgabenbeispiele und Unterrichtsanregungen.* Berlin: Cornelsen Skiptor. 51–84.

KMK, Sekretariat der Ständigen Konferenz der Kultusminister der Länder in der Bundesrepublik Deutschland (2004). *Bildungsstandards für die erste Fremdsprache (Englisch/ Französisch) für den Mittleren Schulabschluss.* München: Wolters Kluwer.

Klieme, Eckhard / Avenarius, Hermann / Blum, Werner / Döbrich, Peter / Gruber, Hans / Prenzel, Manfred / Reiss, Kristina / Riquarts, Kurt / Rost, Jürgen / Tenorth, Heinz-Elmar / Vollmer, Helmut J. (2003). *Zur Entwicklung nationaler Bildungsstandards. Eine Expertise.* Koordination: Deutsches Institut für Internationale Pädagogische Forschung (DIPF).

Konrad, Klaus (2000). Die Befragung. In: Wosnitza, Marold / Jäger, Reinhold S. (Hrsg.). *Daten erfassen, auswerten und präsentieren - aber wie?* 3. akt. u. korr. Aufl. Landau: Verlag Empirische Pädagogik. 73–114.

Kruza, Juliana (2010). *Wie gehen Schülerinnen und Schüler mit sprechkompetenzorientierten Lernaufgaben um? Ein Beispiel schulischer Aktionsforschung im Französischunterricht.* Master-Abschlussarbeit im Rahmen des Studiengangs *Master of Education*, vorgelegt am 26.7.2010, Didaktik der romanischen Sprachen, Universität Bremen.

Leupold, Eynar (2007). *Kompetenzentwicklung im Französischunterricht. Standards umsetzen – Persönlichkeit bilden.* Seelze-Velber: Klett/Kallmeyer.

Levelt, Willem J.M. (1989). *Speaking. From intention to articulation.* Cambridge Mass.: MIT Press.

Müller-Hartmann, Andreas / Schocker-von Ditfurth, Marita (2005). Aufgabenorientierung im Fremdsprachenunterricht: Entwicklungen, Forschung und Praxis, Perspektiven. In: Dies. (Hrsg.). *Aufgabenorientierung im Fremdsprachenunterricht. Task-Based Language Learning and Teaching.* Tübingen: Narr. 1–51.

Troschke, Randi (2007). Analyse interaktiver Gesprächsprotokolle: inhaltliche, sprachliche und soziale Aushandlungsprozesse beim kollaborativen Problemlösen. In: Vollmer, Helmut Johannes (Hrsg.). *Synergieeffekte in der Fremdsprachenforschung.* Frankfurt a.M. u.a.: Lang. 237–255.

Schramm, Karen / Aguado, Karin (2010). Videographie in den Fremdsprachendidaktiken – Ein Überblick. In: Schramm, Karen / Aguado, Karin / Vollmer, Helmut Johannes (Hrsg.). *Fremdsprachliches Handeln beobachten, messen, evaluieren.* Frankfurt a.M. u.a.: Lang. 185–214.

Senator für Bildung und Wissenschaft der Freien Hansestadt Bremen (2006). *Französisch/Spanisch als zweite Fremdsprache, Bildungsplan für das Gymnasium Klasse 8–10.* Bremen: Landesinstitut für Schule.

Souchard, Christian (2009). *Les enquêtes de l'inspecteur Lafouine. Vol. 4.* Crozon: Les Editions Buissonnières. (Darin enthalten "Vol chez le commissaire Kivala")

Wenzler-Cremer, Hildegard (2007). Der Forschungsprozess am Beispiel einer qualitativen Studie zur bikulturellen Sozialisation. In: Kuckartz, Udo / Grunenberg, Heiko / Dresing, Thorsten (Hrsg.). *Qualitative Inhaltsanalyse: computergestützt.* 2. Aufl. Wiesbaden: VS-Verlag. 66–77.

Willis, Jane (1996a). *A framework for Task-Based Learning.* Harlow: Addison Wesley Longman.

Willis, Jane (1996b). A flexible framework for task-based learning. In: Willis, Jane / Willis, Dave (Hrsg.). *Challenge and Change in Language Teaching.* Oxford: Heinemann. 52–62.

Anhang 1

Auszug aus dem Fragebogen zu Lernaufgabe 7

(...) (Teil B)

1) Am 18.01. (Montag) habt ihr einen kurzen Text zum Überfall eines Cartier Schmuckladens in Cannes gelesen. Anschließend war es eure Aufgabe, zu zweit spontan zu spielen, wie die Verbrecher die Tat am Telefon planen. Als du in dieser Situation spontan sprechen solltest, wie hast du dich gefühlt?

Ich fühlte mich zum Sprechen angeregt
Ich fühlte mich blockiert

(→ Wenn ja, was genau hat dich „blockiert"?)

Sonstiges:

Anhang 2

Transkription der Simulation des Telefongesprächs

Zeichenerklärung:
bis 3 Sek: mittlere Pause (-)
länger als 3 Sek: lange Pause (--)
länger als 5 Sek: (---)
ab 10 Sek: (----)

Sven und Lukas

01 Lukas: ((tut so, als ob er ein Telefon in der Hand hätte)) Tuuuuuuuut, Salut!
02 Sven: ((ahmt mit der Hand einen Telefonhörer nach)) Salut.
03 L: Ça va?
04 S: What do you want? Ach nee, das ist Englisch. Von vorne, von vorne, von vorne
05 ((schaut die Studentin an und lacht)).
06 Studentin: Macht einfach weiter!
07 S: Nee, nochmal. Ich ruf dich an ((schaut L an)).
08 Studentin: Macht einfach nochmal!

09 L: Ok, du rufst mich an.
10 S: (Tut so, als ob er die Nummer wählt, nimmt dann den imaginären Hörer
11 ans Ohr und ahmt ein Freizeichen nach)
12 L: Salut.
13 S: Allô!
14 L: Hallo, hast du gesagt?! ((grinst))
15 S: Allô (betont)!
16 L: Achso. Ça va?
17 S: Ça va bien, et toi?
18 L: Ça va bien, too (–) äh (–) ((lacht)) Oui. Ça va bien. Ja. (–). Nous voler les
19 bijoux (langgezogen)? (—) hä? ((wedelt mit dem imaginären Telefonhörer))
20 S: Où?
21 L: À la bijouterie de Cannes.
22 S: (–) Äh, quelle heure?
23 L: À (–) à (–) à trois heures.
24 S: D'accord.
25 L: Oui.
26 S: Tschüss, ähm nein Salut!
27 L: Salut!

(Dauer 1:08 min)

Antje Knobloch

Welche Strategien wenden Schüler/innen bei einer Lernaufgabe zur Sprechförderung an?

1. Einleitung

Die Fähigkeit, sich in einer Fremdsprache verständlich mündlich ausdrücken und Kontakte zu anderen Menschen knüpfen sowie Gespräche aufrechterhalten zu können, ist nicht nur der Wunsch vieler Schüler/innen und Lehrkräfte. Die Bedeutung der mündlichen Kompetenz spiegelt sich auch in den Bildungsstandards wider, in denen Sprechen gleichrangig mit den anderen kommunikativen Fertigkeiten als zu fördernde Teilkompetenz aufgeführt ist (KMK 2004: 10). Die Umsetzung im Fremdsprachenunterricht gestaltet sich jedoch schwierig und stellt die Beteiligten vor eine permanente Herausforderung (Kurtz 2010: 85, Lütge 2010: 291). Nicht selten wird die erschreckende Situation konstatiert, dass die Schüler/innen selbst nach mehreren Jahren Fremdsprachenunterricht nicht in der Lage sind, sich mündlich in zusammenhängenden, einfachen Sätzen auszudrücken (vgl. Nieweler 2002: 4, Taubenböck 2007: 2–3). Ferner sind ihnen die zur Verständigung notwendigen kommunikativen Strategien nicht vertraut bzw. stehen ihnen als Hilfsmittel nicht bereit (vgl. Klippel 2005: 173).

Die Gründe für diese problematische Situation sind sehr unterschiedlich. So wird vielerorts von Lehrenden immer noch von einer Dominanz des Schriftlichen gesprochen, die besonders in der Oberstufe durch den Klausurendruck bedingt sei. Ferner werden auch das Fehlen von Kriterien für eine eindeutig nachvollziehbare Bewertung mündlicher Leistungen (vgl. Bächle/Jung 2006: 40) sowie die Abwesenheit geeigneter Aufgabenbeispiele angeführt. Zudem wirke sich auch die im Unterricht vorherrschende Sozialform negativ auf die Förderung der Sprechkompetenz aus. So führt Kurtz (2001: 23ff.) in seiner Studie an, dass beispielsweise die Sozialform des Unterrichtsgespräches eine Situation entstehen ließe, in der die Aussagen der Lehrkraft eher informierend und initiierend seien, den Schüleräußerungen hingegen eine „replizierende / reaktive Funktion“ (Lörscher 1983: 287, zit. nach Kurtz 2001: 31f.) zukomme. Die Gelegenheit, dass die Schüler/innen spontan Äußerungen hervorbringen können, die aus ihrem inneren Bedürfnis heraus entstehen, ist dabei kaum gegeben.

Die hier angedeutete schwierige Situation hinsichtlich der Förderung der Sprechkompetenz im Fremdsprachenunterricht konnte u.a. durch die

DESI-Videostudie für den Englischunterricht empirisch bestätigt werden (vgl. Beck/Klieme 2007: 1–4, Helmke et al. 2007: 37, Jude/Klieme 2007: 9–19).

Die hier in Kürze angedeuteten Probleme bei der Teilkompetenz des Sprechens im Fremdsprachenunterricht, genauer der dieser Kompetenz zugehörige Teilaspekt des freien, dialogischen Sprechens, war Gegenstand meiner Master-Abschlussarbeit (Knobloch 2010). Im Rahmen eines schulbezogenen Forschungspraktikums und eingebettet in das Bremer Schulbegleitforschungsnetzwerk „Fördern durch Aufgabenorientierung" (Bechtel 2015 in diesem Band) führte ich in Zusammenarbeit mit einer Französischlehrkraft ein Aktionsforschungsprojekt in einer 8. Klasse eines Bremer Gymnasiums durch. Im Zentrum stand eine kompetenz- und aufgabenorientierte Unterrichtseinheit zur Förderung der Teilkompetenz des dialogischen Sprechens, die ich als Praktikantin selbst in der Klasse durchführte. Bei der damit verbundenen empirischen Untersuchung ging ich der Frage nach, wie die Schüler/innen die die Sprechkompetenz fördernden Lernaufgaben bearbeiten, welche Strategien sie dabei anwenden und wie hilfreich sie das zur Verfügung stehende Unterstützungsmaterial einschätzen.

Im vorliegenden Beitrag gehe ich zunächst auf die Teilkompetenz Sprechen ein. Im Anschluss werden der Lehr-Lern-Kontext vorgestellt, ein Überblick über die Unterrichtseinheit gegeben und die Konzeption der sprechorientierten Lernaufgaben erläutert, auf welchen der Fokus der Untersuchung lag. Danach gehe ich auf die empirische Untersuchung ein, benenne die Forschungsfrage, skizziere die Methoden der Datenerhebung, -aufbereitung und -auswertung und stelle ausgewählte Ergebnisse in Form zweier Fallstudien vor. Der Beitrag endet mit einem Fazit und einem Ausblick.

2. Förderung der Sprechkompetenz

In den Bildungsstandards für die erste Fremdsprache Englisch/Französisch gehört Sprechen neben dem Hör-/Hörsehverstehen, dem Schreiben, dem Leseverstehen und der Sprachmittlung zu den kommunikativen Fertigkeiten; sie ist nochmals unterteilt in das monologische und dialogische Sprechen (KMK 2004: 10). Dass bereits das monologische Sprechen ein sehr komplexer Vorgang ist, lässt sich beispielsweise mit dem Sprachproduktionsmodell von Levelt (Levelt 1989, vgl. Zydatiß 2005: 19) verdeutlichen, das an dieser Stelle jedoch nicht weiter ausgeführt werden soll. Beim dialogischen Sprechen, auf dem der Schwerpunkt im vorliegenden Aktionsforschungsprojekt liegt, kommt zusätzlich der rezeptiven Kompetenz des Hörverstehens eine wesentliche Rolle zu, da sowohl das Sprechen als auch das Hörverstehen für jede Gesprächssituation elementar sind (vgl. Nold/De Jong 2007: 245). Das Zusammenwirken der beiden Teilkompetenzen lässt bereits erahnen, dass es sich beim Kommunizieren um einen sehr komplexen Vorgang handelt. So wird das Sprechen nach Klippel (2005: 173f.) von zahlreichen Faktoren beeinflusst, die sich beispielsweise in den kulturell und sozial geprägten Konventionen, der Persönlichkeit des Sprechers, dem zeitlichen Rahmen, in dem ein Sprecher reagieren muss, sowie der sozialen Beziehung der Sprecher untereinander widerspiegeln.

Zur Förderung der Kompetenz Sprechen macht Nieweler (2002: 5) mehrere Vorschläge. Erstens sollte die Lehrkraft so oft wie möglich Sprechanlässe schaffen, die den Schülerinnen und Schülern die Möglichkeit zur freien Sprachproduktion bietet. Dabei sollte vor allem das Motto "*message and fluency before accuracy*" (Nieweler 2002: 5) gelten. Zweitens sollte darauf geachtet werden, Hemmungen möglichst abzubauen, beispielsweise durch den Einsatz von Rollenspielen. Dabei könne auch die Rolle der Lehrkraft auf die Schüler/innen übertragen werden, sodass jene beispielsweise bei der Fehlerkorrektur oder bei der Gestaltung von Unterricht beteiligt seien. Um die Flüssigkeit beim fremdsprachlichen Sprechen zu verbessern, sollten nach Nieweler (2002: 5) auch Redemittel wie *mots charnières*, Gesprächsstrategien wie etwa Äußerungen zur Überbrückung einer Pause (*eh bien, évidemment, alors,* usw.) oder Rückfragen und Bestätigungsfloskeln *(ah, je vois; incroyable, ça alors,* usw.) trainiert werden. Drittens führt Nieweler (2002: 6) an, dass auch das Auswendiglernen von Texten mit hohem Gebrauchswert, die dann als Versatzstücke in das Gespräch integriert werden können, förderlich sei. Als Themen würden sich dabei diejenigen eignen, die auch aus den Schulbüchern bekannt seien, wie etwa „sich vorstellen", „sich entschuldigen", „über Urlaube sprechen", „Vorlieben und Abneigungen darstellen", „sich über Musik, Mode, moderne Kommunikationsformen, Hobbys oder Gefühle verständigen" und „Gespräche führen", wie sie sich beim Einkaufen, im Restaurant oder am Bahnhof ereignen könnten.

Rellecke (2002: 14) hebt insbesondere die oftmals auf Seiten der Schüler/innen bestehende Angst vor dem freien Sprechen hervor und betont, dass in der Phase der freien, spontanen Rede auf die Korrektur von Fehlern verzichtet und Räume geschaffen werden sollten, in denen die Lerner in kleinen Gruppen ihre Hemmungen und Ängste beim Sprechen abbauen könnten.

Zur Förderung und Automatisierung der Sprechkompetenz ist in der fachdidaktischen Literatur mehrfach erwähnt worden, dass eine intensivere Berücksichtigung kommunikativer Strategien notwendig sei (Klippel 2005: 173, Nieweler 2002: 5, Taubenböck 2007: 4). Taubenböck (2007: 4) führt dazu an, dass die Beherrschung dieser Strategien zur Bewältigung sowohl monologischer als auch dialogischer Kommunikationssituationen innerhalb diverser thematischer Bereiche und sprachlicher Register diene sowie in Situationen, in denen das entsprechende Fachvokabular fehle.

Zu diesen Strategien gehören je nach Rolle als Produzent oder Rezipient einer Äußerung Kompensationsstrategien, kommunikative Hörerstrategien und Strategien des Sprecherwechsels. In der Rolle des Produzenten spielen Kompensationsstrategien eine wichtige Rolle. Nach Oxford (1990, zit. nach Leupold 2007a: 209) zählen die Kompensationsstrategien neben den Gedächtnis- und den kognitiven Strategien zum Bereich der sogenannten direkten Strategien.[1] Bimmel/Rampillon (2000: 62) ordnen die Kompensationsstrategien den Sprachgebrauchsstrategien zu, welche sie wiederum von den Sprachlernstrategien abgrenzen.[2] Die Sprachgebrauchsstrategien unterscheiden Bimmel/Rampillon (2000: 74) ferner in die Bereiche *Vorwissen nutzen* und *Mit allen Mitteln wuchern*. Für diese Arbeit ist der zweite Bereich von besonderer Bedeutung.

> Diese Gruppe von Strategien [„Mit allen Mitteln wuchern", AK] ist besonders wirksam beim produktiven Sprachgebrauch, vor allem beim Sprechen. Nicht alle Strategien sind gleich positiv zu bewerten. So sind der Wechsel zur Muttersprache oder das Erfinden von Wörtern oft eher kontraproduktiv, weil der Gesprächspartner meistens beim besten Willen nicht verstehen kann, was der Lernende meint. Oft funktionieren Strategien aus dieser Gruppe am besten, wenn sie in Kombination miteinander angewandt werden (Bimmel/Rampillon 2000: 75).

Zum Bereich *Mit allen Mitteln wuchern* zählen Bimmel/Rampillon (2000: 66, 75f., vgl. auch Oxford 1990, zit. nach Leupold 2007a: 209) den Wechsel in die Muttersprache[3], das Bitten um Hilfe, den Einsatz von Mimik und Gestik, den Themenwechsel, das Vermeiden bestimmter Gesprächsthemen, annähernd zu sagen, was man meint, den Gebrauch von Umschreibungen und Synonymen oder das Erfinden von Wörtern. Hinsichtlich des Einsatzes dieser Strategien im

---

1 Direkte Strategien zeichnen sich dadurch aus, dass sie einen direkten Bezug zum Lerngegenstand haben, während indirekte Strategien, zu denen die metakognitiven, die affektiven und die sozialen Strategien zählen, den Lernvorgang beeinflussen (vgl. Leupold 2007a: 210).

2 Kompensatorische Strategien werden angewendet, um sich mit jemanden austauschen zu können, auch wenn die Sprachkenntnisse oder der Sprachgebrauch versagen. Sprachlernstrategien kommen hingegen zum Einsatz, wenn der Lerner die Fremdsprache konkret erlernt (vgl. Bimmel/Rampillon 2000: 196).

3 Bei den von mir analysierten Beispielen kam es neben dem Gebrauch der Muttersprache häufig vor, dass die Lerner in eine andere Fremdsprache (bewusst und unbewusst) wechselten. Aus diesem Grund war es notwendig, die Kategorie „*code-switching*", die sowohl den Wechsel in die Muttersprache als auch in eine andere Fremdsprache umfasst, einzuführen.

Fremdsprachenunterricht erwähnen Bimmel/Rampillon (2000: 76), dass ihr Gebrauch im traditionellen Unterricht oftmals unterdrückt worden sei, da die Schüler/innen ihre Äußerungen möglichst genau und sprachlich korrekt hervorbringen sollten.

Beim dialogischen Sprechen sind darüber hinaus in der Rolle als Rezipient einer Äußerung kommunikative Hörerstrategien wichtig (Vollmer 1997, zit. nach Nieweler 2002: 9). Zu ihnen gehören formale Strategien der Rückkopplung/Rückversicherung durch Hörersignale (*oui, d'accord...*), metakommunikative Strategien der Aufklärung von Verständnisschwierigkeiten und der Überwindung von Nichtverstehen (*comment? Je n'ai pas compris! Pourquoi...*) sowie inhaltliche Strategien der Versicherung des Hörers (*c'est ça! J'ai mes doutes! Mais oui, bien sûr...*).

Nicht zuletzt geht es um Strategien des Sprecherwechsels. Bei der hier vorzustellenden Unterrichtseinheit sind diesbezüglich Kriterien für das Führen eines Dialoges entwickelt worden, die sowohl sprachliche Mittel zur Dialogeröffnung und -beschließung als auch allgemeine Gesprächsregeln (Zuhören, Sicherung und Aufrechterhalten des Gesprächs, usw.) beinhalteten. Bei der Analyse dienten die im GeR (Europarat 2001: 87–89) festgelegten Kriterien als Orientierung (Niveau A2):

> Kann einfache Mittel anwenden, um ein kurzes Gespräch zu beginnen, in Gang zu halten und zu beenden.
> Kann im direkten Kontakt ein einfaches, begrenztes Gespräch beginnen, in Gang halten und beenden.
> Kann jemanden ansprechen.

3. Lehr-Lern-Kontext

Die am Aktionsforschungsprojekt beteiligte Lerngruppe, eine 8. Gymnasialklasse Französisch, setzte sich aus 22 Schülerinnen und Schülern (9 Jungen und 13 Mädchen) im Alter von 13 bis 15 Jahren zusammen. Den dreimal pro Woche im Umfang von 45 Minuten erteilten Französischunterricht erhielten die Schüler/innen seit der 6. Klasse, befanden sich folglich im dritten Lernjahr. Das angestrebte Niveau lag in Anlehnung an den GeR bei A2. Die mündliche Beteiligung im Unterricht sowie die Kompetenz hinsichtlich des freien Sprechens fielen innerhalb der Lerngruppe sehr heterogen aus.

Die von mir entwickelte und durchgeführte Unterrichtseinheit, welche den Titel „*Les vêtements, les couleurs et la mode*" trägt, umfasste 11 aufeinanderfolgende Stunden.[4] In Anlehnung an den von Leupold entwickelten Lernaufgabenparcours setzte sich die Unterrichtseinheit aus unterschiedlichen Phasen zusammen, die

---

4 Ein Überblick über die Unterrichtseinheit liegt im Anhang 1 vor.

Leupold als „Übung“, „Lernaufgabe vom Typ 1“ und „Lernaufgabe vom Typ 2“ benennt (Leupold 2008: 6). Unter dem Format „Übung“ betrachtet Leupold (2008: 6) Aktivitäten, die als Grundlage für die sich anschließenden Lernaufgaben dienen und den Lerner zum sicheren Umgang mit formalen Sprachstrukturen befähigen sollen. Der Aspekt des Inhaltes spielt in dieser Phase eine untergeordnete Rolle (vgl. Leupold 2007b: 113). Die sich anschließende Lernaufgabe vom Typ 1 zeichnet sich nach Leupold (2008: 7) durch die Einbettung der in den Übungen erlernten „sprachlichen Fähigkeiten in einen situativen Rahmen“ sowie durch das Aufgreifen der „Inhalts- und Bedeutungskomponente“ aus. Im Gegensatz zu den vorausgegangenen Phasen beinhaltet die Lernaufgabe vom Typ 2 laut Leupold (2008: 7), dass die Lerner weniger gelenkt werden, stattdessen mehr Entscheidungsmöglichkeiten haben und ihnen folglich auch mehr Gelegenheiten gegeben wird, selbstständig sprachlich handeln zu können; im Vordergrund steht hier also der sprachliche und inhaltliche Transfer.

Die Themenwahl „*Les vêtements, les couleurs et la mode*“ war sowohl durch die als Grundlage dienende *Unité 5* des Lehrwerks „*À plus! 2*“ (Bächle et al. 2009: 80–95) als auch durch Angaben des Bremer Bildungsplans für Französisch/Spanisch als zweite Fremdsprache (Senator für Bildung und Wissenschaft der Freien Hansestadt Bremen 2006: 10) und Hinweise in der fachdidaktischen Literatur bedingt (vgl. Nieweler 2002: 6, Pankratz/Rymarczyk 2009: 2–3).

Der Schwerpunkt der empirischen Untersuchung lag auf Unterrichtsausschnitten aus der 9. Stunde der Unterrichtseinheit. Die Lerner setzten sich hierbei mit einer Lernaufgabe vom Typ 1 auseinander. Aufgabe der Schüler/innen war, sich gemeinsam mit einem Partner eine weitere Partnergruppe auszuwählen, der es im Wechsel dann ein Interview vorzuführen galt. Die beobachtende Gruppe nahm dabei die Rolle des „kritischen Freundes“ ein. In dieser Funktion sollte sie der vortragenden Gruppe ein Feedback über Gelungenes und Verbesserungswürdiges geben. Als Orientierungspunkte dienten die in der vorherigen Stunde in der Klasse entwickelten Kriterien für ein gut geführtes Interview (u.a. Struktur, sprachliche Deutlichkeit, Strategien zur Lebendigkeit und Flüssigkeit), die in der 9. Stunde nochmals auf einer Folie zusammengefasst vorlagen. Der Durchführung des Interviews vor den kritischen Freunden vorausgegangen war ferner die Erarbeitung des Wortschatzes zum Thema „Kleidung“, die Stellung der Farbadjektive (Grammatik), die Auseinandersetzung mit Beispielen französischer Modeschöpfer und Designer (landeskundliche Komponente) sowie Trainingsphasen zum freien, dialogischen Sprechen. Ferner hatten die Schüler/innen in Partnerarbeit bereits erste Überlegungen für ein eigenes Mode-Produkt angestellt, einen Fragenkatalog mit ausformulierten Fragen erstellt, sich entsprechende Antworten für ihr Mode-Produkt zurecht gelegt sowie ein Arbeitsblatt mit Redemitteln zur Meinungsäußerung und Möglichkeiten zur Umschreibung von Wörtern erhalten (*exprimer son opinion; expressions pour faire des commentaires; termes génériques pour décrire des choses*).

Als Grundlage für die entwickelte Unterrichtseinheit diente u.a. die in der fachdidaktischen Literatur zur Stärkung der Mündlichkeit mehrfach geforderte Übertragung der Lehrerfunktion auf die Schüler/innen. Durch diese Übertragung sowie die Arbeit in Kleingruppen sollten sprachliche Hemmungen auch nach Korrekturen und Hilfestellungen abgewendet werden (vgl. Nieweler 2002: 5, Rellecke 2002: 14–16). Persönliche und zugleich positiv bewertete Erfahrungen meinerseits mit dem Einsatz von „kritischen Freunden" im Rahmen des Begleitseminars zur Master-Abschlussarbeit brachten mich dazu, diese Methode in der Klasse auszuprobieren. Der Begriff und die Funktion des „kritischen Freundes" implizieren dabei einen freundlichen und aufmerksamen, zugleich aber auch kritischen Umgang miteinander, was für eine erfolgreiche Teamarbeit als eine notwendige Voraussetzung erachtet wird.

4. Empirische Untersuchung

Die Forschungsfrage, der im vorliegenden Aktionsforschungsprojekt nachgegangen wurde, lautete: Welche Strategien wenden die Schüler/innen einer 8. Gymnasialklasse Französisch bei der Bearbeitung einer auf die Förderung des freien, dialogischen Sprechens abzielenden Lernaufgabe an, und wie hilfreich schätzen sie das zur Verfügung stehende Unterstützungsmaterial ein?

4.1 Methoden der Datenerhebung, -aufbereitung und -auswertung

Zur Beantwortung der Forschungsfrage schien es angemessen, drei Datenerhebungsmethoden zu verwenden und – soweit dies möglich war – eine Triangulation der Daten anzustreben. Zunächst wurde die gesamte Unterrichtseinheit videografiert, und zwar mit zwei parallelen, jedoch an unterschiedlichen Orten positionierten Kameras. Die Videografie gehört zu den geläufigsten Methoden, um soziale und interaktive Prozesse zu beobachten und zu dokumentieren (Altrichter/Posch 2007: 128, Dinkelaker/Herrle 2009). Nach Abschluss der Unterrichtseinheit folgte darüber hinaus eine schriftliche Befragung der gesamten Lerngruppe, der sich einige Wochen später ein fokussiertes Interview mit sechs ausgewählten Schülerinnen und Schülern anschloss. Die beiden letztgenannten

Datenerhebungsmethoden bilden im Bereich der empirischen Sozialwissenschaften die am häufigsten angewendeten Methoden (vgl. Bortz/Döring 1995: 216).[5]

Inhaltlich ging es beim Fragebogen[6] zunächst einleitend um eine allgemeine Rückmeldung aller teilnehmenden Schüler/innen zur Unterrichtseinheit. Der Schwerpunkt lag im Anschluss daran jedoch auf dem Sprechen selbst. Hierbei sollten die Lerner sowohl zu einzelnen, im Unterricht durchgeführten Aufgaben (Fragen 6, 7, 16, 17), den dabei gebrauchten Hilfsmitteln (Fragen 10, 11, 15) sowie der dabei gewählten Sozialform (Fragen 25–28) Stellung nehmen als auch den für sie persönlich daraus resultierenden Nutzen einschätzen. Bei der Gestaltung des Fragebogens wurde bei der Formulierung der Items mit Statements gearbeitet. Die Statements traten sowohl in offener als auch in geschlossener Form auf, je nachdem, ob eher ein allgemeines Bild (Häufigkeit) erfasst werden sollte (dann geschlossene Form) oder die individuelle Meinung im Vordergrund stand bzw. das Interesse in der Erklärung eines bestimmten Aspekts lag (dann offene Form). Als Antwortmöglichkeiten waren immer vier Kategorien zum Ankreuzen vorgegeben, es gab also keine mittlere Kategorie. Im Hinblick auf ihre Formulierung waren sie sowohl unipolar als auch bipolar (vgl. Scholl 2009: 168–174).

Im Fall des Gruppeninterviews war die Entscheidung in Anlehnung an Altrichter/Posch (2007: 153) auf die Form des fokussierten Interviews gefallen, welches mit sechs Lernenden, die während der Unterrichtseinheit zunächst näher im Fokus der Betrachtung standen, durchgeführt wurde.[7] Die Entscheidung, das fokussierte Interview innerhalb einer Gruppe durchzuführen, hatte verschiedene Gründe. Zunächst war der Fragebogen von jedem Lerner einzeln bearbeitet worden. Durch ein Gespräch in der Gruppe erhoffte ich mir, dass dies die mögliche Redeangst jedes einzelnen minimiert, die Schüler/innen sich gleichzeitig aber auch durch die Gedankengänge ihrer Mitschüler/innen anregen ließen und neue gedankliche Aspekte initiiert werden könnten.

Das fokussierte Interview, das mit Hilfe eines vom Interviewer entwickelten Leitfadens durchgeführt wird, zeichnet sich dadurch aus, dass den Interviewten ein Stimulus vorgelegt wird (vgl. Scholl 2009: 75). In meinem Fall bildete eine Power-Point-Präsentation den medialen Reiz, durch den die Unterrichtseinheit und bestimmte Materialen noch einmal in Erinnerung gerufen werden

5 Auf Gestaltungsmöglichkeiten von Fragebögen, Vor- und Nachteile usw. gehen u.a. Altrichter/Posch (2007: 167–178), Scholl (2009); Mummendey (1987) ein.

6 Ausschnitte aus dem Fragebogen liegen im Anhang 2 vor

7 Während des Datensichtungs- und Auswertungsprozesses kam es zu einer Verschiebung der anfänglich im Mittelpunkt stehenden Lerner. Aus jeder Gruppe der in den Fallbeispielen aufgegriffenen Paaren war jedoch ein Lerner vertreten.

sollten. Ziel eines solchen Interviews ist es, die persönlichen Erfahrungen der Interviewten „in der früher erlebten und vom Forscher aufgrund der Beobachtung analysierten Situation zu erfassen" (Lamnek 2005: 369). Das fokussierte Interview wurde mit einer digitalen Videokamera sowie zur Absicherung mit einem digitalen Aufnahmegerät aufgezeichnet. Die Durchführung des Interviews ermöglichte es, an die zum damaligen Zeitpunkt im Fokus stehenden Lerner gezielt noch einmal Fragen sowohl zu ihrer Lernbiografie als auch Rückfragen zu Antworten aus dem Fragebogen zu stellen, die sich während der Auswertung der Bögen ergeben hatten.

Die Datenaufbereitung erfolgte bei der Videografie des Unterrichtsgeschehens durch die Anfertigung von Beobachtungsprotokollen, beim fokussierten Interview durch das Erstellen eines Verbaltranskripts und beim Fragebogen durch das Auszählen der Antworten bei den geschlossenen Fragen bzw. der wortgetreuen Abschrift der Antworten bei offenen Fragen.

Die Datenauswertung folgte in Anlehnung an ein von Altrichter/Posch (2007: 181–203) beschriebenes Verfahren. Nach einer ersten Sichtung aller Materialien und einer Reduktion auf relevante Daten schlossen sich die Strukturierung und Kodierung der Daten an. Die Kategorienbildung wurde dabei sowohl in deduktiver als auch in induktiver Weise vollzogen. Im Rahmen der Datenauswertung lagen beim deduktiven Vorgehen verschiedene Kategorien vor, wie beispielsweise die von Vollmer (1997, zit. nach Nieweler 2002: 9) formulierten kommunikativen Hörstrategien. Ferner dienten mir die von Bimmel/Rampillon (2000: 75f.) beschriebenen Strategien zum Bereich *Mit allem Mittel wuchern* als vorformulierte Kategorien. Darüber hinaus entstanden bei der Durchsicht der Daten induktiv weitere Kategorien. Die Datenauswertung erfolgte in Form von Fallstudien (Altrichter/Posch 2007: 269ff.), die miteinander verglichen und schließlich in Beziehung zu den aus den Fragebögen erhaltenen Daten der gesamten Lerngruppe gesetzt wurden.

4.2 Ergebnisse

Als Ergebnisse werden zwei Fallbeispiele vorgestellt: die Bearbeitung der Lernaufgabe durch die beiden Schüler Christoph und Jens (Fallbeispiel 1) und durch die Schüler Florian und Fabian (Fallbeispiel 2). Für beide Fallbeispiele wurden die Daten aus der Videografie und des Fragebogens berücksichtigt;

am Gruppeninterview nahmen lediglich Christoph (aus Fallbeispiel 1) und Florian (aus Fallbeispiel 2) teil.[8]

4.2.1 *Fallbeispiel 1*

Beim Fallbeispiel 1 wird rekonstruiert, wie die Lernaufgabe, nämlich ein Interview zwischen einem Reporter und einem Modedesigner zu führen, durch die Schüler Christoph (Interviewer) und Jens (Interviewter) gelöst wird. Das dazugehörende Beobachtungsprotokoll, aus dem auch die folgenden Zeilenangaben entnommen sind, liegt als Anhang vor (siehe Anhang 3).

Zunächst ist festzustellen, dass die Gesprächspartner keine Hilfsmittel wie beispielsweise den Fragekatalog verwenden. Sie führen somit bereits einen frei gesprochenen Dialog vor, wie er eigentlich erst im Rahmen der Präsentation angestrebt wird. Zunächst betrachte ich die Struktur des Interviews. Zum Ablauf lässt sich sagen, dass das Interview durch eine Begrüßungsformel (*Bonjour*) vom Interviewer begonnen und durch die Verabschiedungsformel (*Au revoir*) beendet wird (Sprecherwechsel). Ferner lassen die Fragen erkennen, dass es sich hier bis auf die Frage „*Tu as créé des vêtements*?" (4)[9] um offene Fragen handelt. Mündlich war dies im Unterrichtsgespräch als ein erwünschtes Kriterium für die Frageformulierung genannt worden, da sich auf diese Weise ein Gespräch besser entwickeln könne. Ferner ist festzustellen, dass der Interviewer auch vertiefende Nachfragen bzw. Fragen formuliert, die Bezug auf einen vorherigen Aspekt nehmen (z.B. 10 oder 12). Damit einhergehend werden auch gewisse kommunikative Hörstrategien eingesetzt. In den *turns* 12 und 15 handelt es sich um formale Strategien der Rückversicherung, indem durch den Ausdruck „*ah oui*" eine Bestätigung erfolgt, die besagt, dass der Zuhörer verstanden hat, was gemeint war. Bei den Kompensationsstrategien lassen sich im Interview folgende Aspekte erkennen: Zunächst fällt auf, dass vor allem ab *turn* 11 ein *code-switching* erfolgt. Während es sich bei dem Wort „*creación*" (11) mit spanischer Aussprache vermutlich um ein Versehen handelt, wechseln die Sprecher im weiteren Verlauf (ab *turn* 14) bewusst ins Englische und Deutsche, da ihnen die Wörter auf Französisch nicht

8 Während des Forschungsprojektes und im Rahmen der Datenauswertung kam es zu einer Verschiebung der im Mittelpunkt der Betrachtung stehenden Schüler/innen. Zunächst sollten vor allem Lernende im Mittelpunkt stehen, die sich im Fremdsprachenunterricht mündlich kaum beteiligten. Im Verlauf der Datenauswertung taten sich jedoch interessantere Fälle auf. Dies erklärt auch, weshalb nicht alle Lernende aus den Fallbeispielen am Gruppeninterview teilnahmen.

9 Die Zahl in Klammern verweist auf den jeweiligen Redebeitrag (*turn*) der Schüler im Beobachtungsprotokoll (siehe Anhang 3).

einfallen oder fehlen. Dass die Schüler an dieser Stelle die französischen Begriffe nicht wissen, spiegelt sich auch in ihren Gesten, Hesitationen und Pausen wider. So macht Christoph bei der Aussage „*it looks like an piniata*“ mit der rechten Hand kreisförmige Bewegungen, und sein Blick sowie das Drehen des Kopfes lässt auf ein gedankliches Suchen schließen. Jens unterstreicht bei seiner Erklärung (15) seine ihm fehlenden Worte ebenfalls durch Gesten, indem er beispielsweise bei den Wörtern „*little pieces*“ den Zeigefinger über den Daumen legt und dadurch etwas Kleines andeutet. Bei dem Wort „*match**“ lässt er die Hände parallel zur Äußerung umeinander kreisen, so dass sich vermuten lässt, dass er damit die Bedeutung „Verbindung“ oder „Zusammenspiel“ ausdrücken wollte.

Ferner zeigte sich bei der Analyse, dass Jens häufig das Gesagte mittels Gesten unterstreicht. Bei der Nennung der Farben (9) zählt er diese beispielsweise mit den Fingern mit; bei dem Ausdruck, dass er etwas nicht wisse (15), führt er die Arme seitlich vom Körper weg und zuckt mit den Schultern; und bei der Erklärung des Namens „*funiata*“ unterstreicht er die beiden diesen Namen ergebenen Teile durch das Bewegen der Hände zunächst nach rechts („*fun*“), dann nach links („*piniata*“). Interessant ist an dieser Stelle, dass die beiden Teile des Namens nicht der französischen Sprache zuzuordnen sind. Diesbezüglich gab es keine Vorgaben, wobei die Gruppe mit dieser Entscheidung keine Ausnahme bildete. Auch eine andere Gruppe hatte sich für einen englischen Namen entschieden. Auf Rückfrage bezüglich dieser Entscheidung antworteten die Schüler, dass dies in ihren Ohren einfach besser klingen würde. Beim Rückgriff auf eine andere Sprache zur Aufrechterhaltung des Gespräches in *turn* 15 ist bemerkenswert, dass Jens nach der Aussage „*I don't know*“ diese sogleich noch einmal auf Französisch wiederholt. Ihm ist hier vermutlich aufgefallen, dass er die auf Englisch genannte Formulierung auch im Französischen kennt und diese auch anwenden sollte. Er hat sich somit durch ein erneutes *code-switching* selbst kontrolliert und korrigiert.

Die Schüler hatten die Vorgabe, das Gespräch möglichst fließend zu gestalten und aufrechtzuerhalten. Mittels des *code-switching* (in diesem Fall sowohl ins Englische als auch ins Spanische und Deutsche) und der Gesten haben die beiden Schüler versucht, dieses Ziel zu erreichen.

Während der Bearbeitung der Lernaufgabe hat keiner der beiden Schüler den Fragekatalog oder das Blatt mit den Redewendungen verwendet. Dennoch hat Christoph im Fragebogen angekreuzt, dass ihm das Blatt mit den Redewendungen sowie der Fragekatalog beim Fragenstellen auf Französisch mehr Sicherheit gegeben und dieses erleichtert habe. Gleiches bekundete er auch im Gruppeninterview. Für Jens war der angefertigte Fragekatalog ebenfalls hilfreich; im Fragebogen kreuzte er an, dass der Fragekatalog ihm „etwas geholfen, etwas erleichtert, etwas

Sicherheit gegeben habe", gleichzeitig habe dieser ihn aber beim Fragen auch eingeschränkt. Dazu liegt leider keine weitere konkrete Begründung vor. Es lässt sich vermuten, dass seine Antwort im Fragebogen auf die Frage, was ihm an der Unterrichtseinheit nicht gefallen habe, einen Ansatzpunkt bilden könnte:

> Ab und zu haben sich Elemente wiederholt und man konnte sie mehr und mehr auswendig (Interview). Möglicherweise war dies gewünscht, lenkte aber vom spontanen Sätze bilden etc. ab.

Das Arbeitsblatt mit den Redemitteln habe ihm eher nicht geholfen. Eine Begründung liegt auch hier nicht vor. Im Fragebogen wurde nicht explizit eine Begründung erbeten; am Gruppeninterview hatte Jens nicht teilgenommen.

Das Arbeiten mit den „kritischen Freunden" nahmen beide Schüler ebenfalls unterschiedlich wahr. Christoph empfand die Besprechung der Kriterien für eine gute Präsentation sowie das Üben vor einer anderen Gruppe als sinnvoll bzw. hilfreich. Bezüglich der besprochenen Kriterien schrieb er, dass man ohne die Kenntnis dieser Merkmale vielleicht mehr Fehler gemacht hätte. Jens empfand die Besprechung der Kriterien als weitgehend sinnvoll, weil sie eine Art Anhaltspunkt gaben. Das Üben vor der Gruppe habe ihm eher nicht geholfen, da er selbst nicht so viel Kritik wahrgenommen habe.

4.2.2 Fallbeispiel 2

Beim Fallbeispiel 2 handelt es sich um die Bearbeitung der Lernaufgabe durch die Schüler Fabian und Florian. Florian übernimmt bei der Lernaufgabe die Rolle des Interviewers und verwendet dabei als Hilfsmittel den Fragekatalog. Fabian kommt die Rolle des Befragten zu; er benutzt das Arbeitsblatt mit den Redemitteln. Im Hinblick auf den Aufbau weist das Interview eine Begrüßung zu Beginn sowie eine Verabschiedung und ein Dankeschön am Ende auf. Die am Ende erfolgten sprachlichen Äußerungen (28–31) wurden dabei gestisch durch einen Händedruck unterlegt.

Was die Abfolge der Fragen angeht, zeigt die Analyse, dass die Frage in *turn* 3 bereits eine sehr spezielle und keine allgemein einleitende Frage ist. Die sich anschließenden Fragen ergeben dann jedoch eine aus meiner Sicht durchaus sinnvolle Abfolge. Besonders interessant sind die Passagen, in denen Florian sich eine Begründung zu einer Aussage Fabians einholt (z.B. 7) oder auf eine Aussage schnell reagiert, indem er sie wiederholt und dadurch eine Bestätigung einfordert (z.B. 18–21). Bei den Reformulierungen bzw. den Wiederholungen eines Satzteiles kann es sich um metakognitive Strategien der Aufklärung von Verständnisschwierigkeiten und der Überwindung von Nichtverstehen handeln. Solch ein Fall liegt beispielsweise in *turn* 7 vor, wenn Florian die Frage äußert

„*agressif pourquoi agressif?*". Darüber hinaus zeichnet sich der Dialog durch die Verwendung zahlreicher formaler Strategien der Rückkopplung/Rückversicherung durch Hörersignale aus. Bestätigungen liegen beispielsweise in *turn* 5 (*ah oui oui*), in *turn* 9 (*äh oui*) oder in *turn* 11 (*je crois*) vor. Ebenfalls lassen sich Passagen finden, in denen eine besondere Überraschung zum Ausdruck kommt, wie in Zeile 18 (*c'est ma vie?*) und 20 (*c'est ta vie.*) oder in *turn* 14 (*dix ans?*) und in *turn* 26 (*dix?*). Da hier die Intonation der Stimme eine entscheidende Rolle spielt (ebenso in *turn* 24), habe ich diese als neue Kategorie eingeführt („Einsatz der Stimme"). Ein weiteres, für diesen Dialog auffälliges Merkmal ist die Verwendung von Betonungen, die mit zahlreichen Wortwiederholungen einhergeht (8). Auffällig ist auch der Einsatz von Gesten. So unterstreicht Fabian beispielsweise die verbale Bestätigung des Gehörten durch ein Kopfnicken (10). Bei der Aussage „*de ma vie*" (21) zeigt Fabian auf sich selbst; bei „*j'adore le mode*" zieht er die Schultern hoch, womit er vermutlich unterstreichen will, dass dies eben so sei und nicht weiter erklärt werden müsse. Schließlich bewegt Florian bei seiner Frage (24) den Kopf leicht nach vorn und macht einen erstaunten Gesichtsausdruck. Auch die Strategie des *code-switching* kommt zum Einsatz. So wechselt Fabian in *turn* 15 ins Deutsche, um seine vorherige Äußerung für den Interviewer noch einmal deutlicher zu formulieren.

Im Allgemeinen ist das Interview von beiden Gesprächspartnern sehr lebendig gestaltet worden. Von den Gesprächspartnern selbst wird es als amüsant empfunden. So schreibt beispielsweise Fabian, dass ihm das Interview vor den beobachtenden Lernern geholfen habe, da es lustig gewesen sei. Florian war hingegen der Ansicht, dass ihm diese Form weniger geholfen habe, da die Schüler zu wenig Zeit gehabt hätten, die Verbesserungsvorschläge der kritischen Freunde in das Interview einzubauen bzw. umzusetzen. Die besprochenen Kriterien zur Führung eines Interviews empfanden beide als sinnvoll bzw. als weitgehend sinnvoll. Florian begründete dies damit, dass man sich durch diese Kriterien gut auf das Interview habe vorbereiten können.

Die genutzten Arbeitsmaterialien wurden von beiden Schülern unterschiedlich bewertet. Hinsichtlich des Fragebogens antworten beide, dass dieser ihnen beim Fragen etwas geholfen und ihnen das Fragen etwas erleichtert habe. Fabian fügte hinzu, dass dieser ihm etwas Sicherheit beim Fragen auf Französisch gegeben habe. Florian kreuzte an, dass ihm der Fragebogen „eher keine Sicherheit" gegeben hat. Das Arbeitsblatt mit den Redemitteln wurde von beiden ähnlich eingeschätzt. Beide merkten an, dass es ihnen beim Sprechen auf Französisch etwas geholfen und etwas Sicherheit gegeben habe. Fabian kreuzte ebenfalls an, dass dieses Material ihm das Fragen auf Französisch erleichtert habe, was von Florian mit „etwas erleichtert" eingeschätzt wurde. Im Interview sagte Florian diesbezüglich, dass das Arbeitsblatt „echt gut" war. Zum Umgang damit ergänzte er, dass man von diesem Blatt gut ablesen könne; da er einem anderen Schüler zustimmte, dass das Ablesen jedoch vor dem Interview und nicht während des Interviews erfolgt sei, ist zu vermuten, dass Florian das Arbeitsblatt mit den Redemitteln vor allem eine Hilfe bei der Vorbereitung des Interviews war, bei der Durchführung aber nicht auf selbiges zurückgegriffen wurde.

4.2.3 Zusammenfassung der Ergebnisse

Betrachtet man den Aspekt der angewendeten Strategien, so haben die Fallbeispiele gezeigt, dass die Schüler zur Aufrechterhaltung des Dialogs sowohl kommunikative Hörerstrategien als auch Kompensationsstrategien anwendeten. Die Art und Weise der Rückversicherung war dabei in beiden Fallbeispielen sehr ähnlich. Es handelte sich meist um die Verwendung kurzer Wendungen wie „*ah oui*" oder nur „*oui*". Längere Wendungen wie „*ah, c'est intéressant*" oder „*ah, je vois*", wie sie auch auf dem Arbeitsblatt enthalten waren, bildeten eher die Ausnahme. An dieser Stelle muss natürlich eingeräumt werden, dass die Beschäftigung mit dem freien, dialogischen Sprechen mit Unterstützung derartiger Strategien erst seit wenigen Stunden erfolgt war und somit, vor allem auch im Hinblick auf das Niveau A2, noch keine komplexeren Stellungnahmen zu erwarten waren. Bei der Analyse der Kompensationsstrategien zeigte sich, dass die Schüler vor allem Gestik und Mimik, das Spiel mit der Stimme sowie das *code-switching* anwendeten. Damit entsprachen sie dem im GeR (Europarat 2001: 70) unter A2 beschriebenen Erwartungen an die Kompensationskompetenz. Dort heißt es, dass der/die Lernende „(...) aus seinem/ihrem Repertoire ein nicht ganz passendes Wort verwenden und durch Gesten klar machen (kann), was er/sie meint" bzw. „(...) durch Zeigen das Gemeinte identifizieren (kann) (*Ich möchte das da, bitte*)".

Das während der untersuchten Phasen eingesetzte Material wurde von Seiten der Lerner der Klasse wie folgt bewertet: 91 % der Lerner gaben an, dass sie den entwickelten Fragenkatalog als hilfreich bzw. weitgehend hilfreich empfanden. Das Arbeitsblatt mit den Redewendungen wurde von 59% aller Lerner als hilfreich bzw. weitgehend hilfreich bewertet. In Bezug auf den Aufbau und die Durchführung des Interviews konnte festgestellt werden, dass die Schüler diesbezüglich über gute Kenntnisse verfügten (Sprecherwechsel) bzw. die dafür zuvor erarbeiteten Kriterien weitgehend gut umsetzten. Dabei ist zu berücksichtigen, dass die Form des Interviews den Schülern nicht unbekannt war. Dennoch war es m.E. sinnvoll, in der Vorbereitung Kriterien für ein gutes Interview gemeinsam zu entwickeln und bewusst zu machen. Auch in den Fallbeispielen wurde deutlich, dass einige Lerner die Kriterien für ein gutes Interview für gut befanden, da ihnen so eine Richtlinie gegeben war. Insgesamt hielten es 77 % der Lerner aus dem Französischkurs für sinnvoll bzw. weitgehend sinnvoll, die Besprechung der Kriterien durchgeführt zu haben. Als Begründung nannten sie, dass man sich dadurch gut auf das Interview habe vorbereiten können, da man wusste, was für das Interview wichtig sei und worauf man beim Üben achten müsse.

5. Fazit und Ausblick

Abschließend stellt sich die Frage, ob sich die nach dem Lernaufgabenparcours von Leupold (2008) konzipierten, die Sprechkompetenz fördernden Lernaufgaben bewährt haben. Rückblickend lässt sich das aus meiner Sicht bejahen. Es hat sich gezeigt, dass sich der Lernaufgabenparcours auf den Lernprozess vieler Schüler/innen positiv ausgewirkt hat, da sie auf diese Weise nach und nach an das freie, dialogische Sprechen herangeführt werden konnten. Für manche Schüler/innen verlief dieser Prozess etwas zu langsam, während anderen das schrittweise Heranführen besonders entgegenkam.

Mit der Unterrichtseinheit konnte ferner erreicht werden, dass sich in vielen Stunden der Redeanteil der Schüler/innen vor allem auch durch die Veränderung der Sozialform wesentlich erhöht hat. So führt Christoph beispielsweise an:

> Ja, ich fand auch gut, dass, wenn wir da die ganze Zeit so gesprochen haben, die Diskussion und so was, das hat schon geholfen, weil man dann das Sprechen mehr lernt sozusagen (...) und nicht die ganze Zeit so lesen und so.

Für die weitere unterrichtliche Arbeit würde es sich meines Erachtens anbieten, einerseits Redewendungen beispielsweise zum Nachfragen/Eingreifen in ein Gespräch oder zur Bestätigung/Ablehnung weiter zu trainieren, sodass die Schüler/innen diese stärker verinnerlichen und automatisieren können. Darüber hinaus würde es sich anbieten, die Umschreibung von Wörtern (*c'est un endroit où on peut..., un véhicule qui..., une activité qui...*) einzuüben. Diese Aspekte würden den Schülerinnen und Schülern zusätzlich im Gespräch vermutlich eine größere Flexibilität und zugleich mehr Sicherheit beim Sprechen geben.

6. Bibliografie

Altrichter, Herbert / Posch, Peter (2007). *Lehrerinnen und Lehrer erforschen ihren Unterricht. Unterrichtsentwicklung und Unterrichtsevaluation durch Aktionsforschung*. Bad Heilbrunn: Klinkhardt.

Bächle, Hans / Gregor, Gertraut / Jorißen, Catherine / Schenk, Sylvie (2009). *À plus! 2. Französisch für Gymnasien*. Berlin: Cornelsen.

Bächle, Hans / Jung, Jessica (2006). Mehr Mündlichkeit, auch in Klassenarbeiten! Vorschläge für mündliche Leistungsüberprüfungen. *Der fremdsprachliche Unterricht Französisch* 40/84: 40–47.

Bechtel, Mark (2015). Das Bremer Schulbegleitforschungsnetzwerk „Fördern durch Aufgabenorientierung": Ziele – Struktur – Verlauf. In: Ders. (Hrsg.). *Fördern durch Aufgabenorientierung. Bremer Schulbegleitforschung zu Lernaufgaben im Französisch- und Spanischunterricht der Sekundarstufe I.* Frankfurt a.M. u.a.: Lang. 17–41.

Beck, Bärbel / Klieme, Eckhard (2007). Einleitung. Ziele des DESI-Projekts und der vorliegenden Publikation. In: Beck, Bärbel / Klieme, Eckhard (Hrsg.): *Sprachliche Kompetenzen: Konzepte und Messungen; DESI-Studie (Deutsch Englisch Schülerleistungen International).* Weinheim et al.: Beltz. 1–8.

Bimmel, Peter / Rampillon, Ute (2000). *Lernerautonomie und Lernstrategien.* Berlin et al.: Langenscheidt.

Bortz, Jürgen / Döring, Nicola (1995). *Forschungsmethoden und Evaluation für Sozialwissenschaftler.* Berlin et al.: Springer.

Dick, Andreas (1994). *Vom unterrichtlichen Wissen zur Praxisreflexion: das praktische Wissen von Expertenlehrern im Dienste zukünftiger Junglehrer.* Bad Heilbrunn: Klinkhardt.

Dinkelaker, Jörg / Herrle, Matthias (2009). *Erziehungswissenschaftliche Videographie. Eine Einführung.* Wiesbaden: Verlag für Sozialwissenschaften.

Europarat (2001). *Gemeinsamer europäischer Referenzrahmen für Sprachen: lernen, lehren, beurteilen.* Berlin et al.: Langenscheidt.

Helmke, Andreas / Helmke, Tuyet / Kleinbub, Iris / Nordheider, Iris / Schrader, Friedrich Wilhelm / Wagner, Wolfgang (2007). Die DESI-Videostudie. Unterrichtstranskripte für die Lehrerausbildung nutzen. *Der fremdsprachliche Unterricht Englisch* 41/90: 37–46.

Jude, Nina / Klieme, Eckhard (2007). Sprachliche Kompetenz aus Sicht der pädagogisch-psychologischen Diagnostik. In: Beck, Bärbel / Klieme, Eckhard (Hrsg.): *Sprachliche Kompetenzen: Konzepte und Messungen; DESI-Studie (Deutsch Englisch Schülerleistungen International).* Weinheim et al.: Beltz. 9–19.

Klippel, Friederike (2005). Lust zum Sprechen im Englischunterricht. In: Müller-Hartmann, Andreas / Schocker-v. Ditfurth, Marita (Hrsg.). *Aufgabenorientierung im Fremdsprachenunterricht, Task-Based Language Learning and Teaching. Festschrift für Michael K. Legutke.* Tübingen: Narr. 173–185.

KMK, Sekretariat der Ständigen Konferenz der Kultusminister der Länder in der Bundesrepublik Deutschland (Hrsg.) (2004). *Bildungsstandards für die erste Fremdsprache (Englisch / Französisch) für den Mittleren Schulabschluss. Beschluss vom 4.12.2003.* München: Luchterhand.

Knobloch, Antje (2010): *Freies Sprechen im Fremdsprachenunterricht Französisch.* Abschlussarbeit zur Erlangung des Grades *Master of Education*, Universität Bremen (28.7.2010).

Kurtz, Jürgen (2001). *Improvisierendes Sprechen im Fremdsprachenunterricht. Eine Untersuchung zur Entwicklung spontansprachlicher Handlungskompetenz in der Zielsprache.* Tübingen: Narr.

Kurtz, Jürgen (2010). Sprechen und Aussprache. In: Hallet, Wolfgang / Königs, Frank G. (Hrsg.). *Handbuch Fremdsprachendidaktik.* Seelze-Velber: Klett/Kallmeyer. 83–87.

Lamnek, Siegfried (2005). *Qualitative Sozialforschung.* Weinheim et al.: Beltz.

Leupold, Eynar (2007a). *Französisch unterrichten. Grundlagen - Methoden - Anregungen.* Seelze-Velber: Klett/Kallmeyer.

Leupold, Eynar (2007b). *Kompetenzentwicklung im Französischunterricht. Standards umsetzen - Persönlichkeit bilden.* Seelze-Velber: Klett/Kallmeyer.

Leupold, Eynar (2008). A chaque cours suffit sa tâche? Bedeutung und Konzeption von Lernaufgaben. *Der fremdsprachliche Unterricht Französisch* 42/98: 2–8.

Lütge, Christiane (2010). Sprechen. In: Surkamp, Carola (Hrsg.). *Metzler Lexikon Fremdsprachendidaktik. Ansätze - Methoden - Grundbegriffe.* Stuttgart/Weimar: Metzler. 291–294.

Mummendey, Hans Dieter (1987). *Die Fragebogen-Methode.* Göttingen: Verlag für Psychologie.

Nieweler, Andreas (2002). Zur Förderung mündlicher Kompetenzen im Französischunterricht. *Der fremdsprachliche Unterricht Französisch* 38/55: 4–11.

Nold, Günther / De Jong, John H. (2007). Sprechen. In: Beck, Bärbel / Klieme, Eckhard (Hrsg.). *Sprachliche Kompetenzen: Konzepte und Messungen; DESI-Studie (Deutsch Englisch Schülerleistungen International).* Weinheim et al.: Beltz. 245–255.

Pankratz, Anette / Rymarczyk, Jutta (2009). Glamour - Gucci - Gruppenzwang. Die Welt der Mode im Englischunterricht. *Der fremdsprachliche Unterricht Englisch* 43/102: 2–6.

Rellecke, Ute (2002). Schweigen ist Silber, Reden ist Gold. Die Fähigkeit des freien Sprechens fördern. *Der fremdsprachliche Unterricht Französisch* 38/55: 14–17.

Scholl, Armin (2009). *Die Befragung.* Konstanz: UVK.

Senator für Bildung und Wissenschaft der Freien Handestadt Bremen (Hrsg.) (2006). *Französisch/ Spanisch als zweite Fremdsprache. Bildungsplan für das Gymnasium, Jahrgangsstufe 6–10.* Bremen: Landesinstitut für Schule.

Taubenböck, Andrea (2007). Sprache kommt von sprechen. Ein Plädoyer für mehr Mündlichkeit im Englischunterricht. *Der fremdsprachliche Unterricht Englisch* 41/90: 2–9.

Zydatiß, Wolfgang (2005). *Bildungsstandards und Kompetenzniveaus im Englischunterricht. Konzepte, Empirie, Kritik und Konsequenzen.* Frankfurt a.M. u.a.: Lang.

Anhang 1

Überblick über die Unterrichtseinheit

Unterrichtseinheit *Les vêtements, les couleurs et la mode* 8. Klasse Französisch Gymnasium, 3. Lernjahr, A2, Dauer: 11 Stunden		
Stunde	**Lernaufgaben-Typ**	**Inhalt**
1 und 2	Übung	Wortschatz: Einführung des Grundwortschatzes zum Thema Kleidung und Farben Grammatik: Farbadjektive und deren Stellung
3	Lernaufgabentyp 1	Interkulturelles Lernen / Sprechen (monologisch als auch dialogisch): Präsentation der Ergebnisse zu Malamine Koné und Coco Chanel (Partnerarbeit)
4 und 5	Übung	Wortschatz: Erweiterung des Vokabulars Grammatik: Wiederholung der Farbadjektive und deren Stellung
6	Lernaufgabentyp 2	Sprechen (dialogisch): Durchführung eines szenischen Spiels (Kauf von Kleidung in einer Boutique) mithilfe von zuvor eingeführten Redewendungen
7	Lernaufgabentyp 1	Sprechen (dialogisch): verschiedene Aktivitäten zum Thema Kleidung Entwurf einer eigenen Kleidungsmarke mit einem Partner sowie Skizzenanfertigung zu einem entsprechenden Plakat
8 und 9	Lernaufgabentyp 1	Erarbeitung eines Interviewkatalogs Sprechen (dialogisch): Durchführung eines Interviewgesprächs mit einem Partner sowie vor einem anderen Team („kritischer Freund“)
10	Lernaufgabentyp 2	Produktpräsentation: Der Interviewer eines Teams befragt ein anderes Team zu dessen Produkt, wobei die Interviewten spontan antworten müssen. Lediglich das entworfene Plakat sowie kleine Karteikärtchen mit Stichworten können als Hilfsmittel verwendet werden.
11	Reflexion	Gespräch über die Unterrichtseinheit, Betrachtung der videografisch aufgezeichneten Interviews und Bearbeitung der Fragebögen

Anhang 2

Fragebogen (Auszug)

In der Unterrichtseinheit gab es verschiedene Situationen, in denen dein Partner/ deine Partnerin und du euch gegenseitig Fragen gestellt oder über ein Thema diskutiert habt. Solch eine Situation trat in der Unterrichtseinheit das erste Mal in der 2. Stunde (14. April 2010) auf, in der ihr, ausgehend vom Text «Une boîte à idées», über mögliche Farben für eine Sommerkollektion diskutieren solltet.

6) Die Diskussion auf Französisch fiel mir…

☐ leicht ☐ eher leicht ☐ eher schwer ☐ schwer

7) Warum?

____

____

[…]

10) Der zuvor angefertigte Fragenkatalog (Arbeitsblatt mit der Tabelle « Questions »/ « Réponses ») hat

- mir beim Fragen auf Französisch…

☐ geholfen ☐ etwas geholfen ☐ eher nicht geholfen ☐ gar nicht geholfen

- mir das Fragen auf Französisch…

☐ erleichtert ☐ etwas erleichtert ☐ eher nicht erleichtert ☐ gar nicht erleichtert

- mir beim Fragen auf Französisch…

☐ Sicherheit gegeben ☐ etwas Sicherheit gegeben ☐ eher keine Sicherheit gegeben ☐ gar keine Sicherheit gegeben

- mich beim Fragen…

☐ eingeschränkt ☐ etwas eingeschränkt ☐ eher nicht eingeschränkt ☐ gar nicht eingeschränkt

- mich beim Fragen…

☐ irritiert ☐ etwas irritiert ☐ weitgehend nicht irritiert ☐ gar nicht irritiert

11) Das Arbeitsblatt mit den Ausdrücken zur Meinungsäußerung, zur Umschreibung etc. hat

- mir beim Sprechen auf Französisch...

☐ geholfen ☐ etwas geholfen ☐ eher nicht geholfen ☐ gar nicht geholfen

- mir das Fragen auf Französisch...

☐ erleichtert ☐ etwas erleichtert ☐ eher nicht erleichtert ☐ gar nicht erleichtert

- mir beim Fragen auf Französisch...

☐ Sicherheit gegeben ☐ etwas Sicherheit gegeben ☐ eher keine Sicherheit gegeben ☐ gar keine Sicherheit gegeben

- mich beim Fragen...

☐ eingeschränkt ☐ etwas eingeschränkt ☐ eher nicht eingeschränkt ☐ gar nicht eingeschränkt

- mich beim Fragen...

☐ irritiert ☐ etwas irritiert ☐ weitgehend nicht irritiert ☐ gar nicht irritiert

[...]

15) Die Besprechung von Kriterien für eine gute Präsentation fand ich...

☐ sinnvoll ☐ weitgehend sinnvoll ☐ eher überflüssig ☐ vollkommen überflüssig

16) Warum?

____

____

17) Das Üben des Interviews vor einer anderen Gruppe als „kritischen Freund" hat mir...

☐ geholfen ☐ etwas geholfen ☐ eher nicht geholfen ☐ gar nicht geholfen

18) Warum?

____

____

[...]

28) Nach dieser Unterrichtseinheit fällt es mir nun leichter auf Französisch zu sprechen, wenn

a) **ich mit einem Partner spontan über ein Thema diskutieren soll.**

☐ trifft vollkommen zu ☐ trifft überwiegend zu ☐ trifft eher nicht zu ☐ trifft gar nicht zu

b) **ich mit einer Gruppe spontan über ein Thema diskutieren soll.**

☐ trifft vollkommen zu ☐ trifft überwiegend zu ☐ trifft eher nicht zu ☐ trifft gar nicht zu

c) **ich einen Aspekt mit einem Partner spontan vor der Klasse präsentieren soll.**

☐ trifft vollkommen zu ☐ trifft überwiegend zu ☐ trifft eher nicht zu ☐ trifft gar nicht zu

Anhang 3

Beobachtungsprotokolle

Legende

( ) = Pause unter 5 Sekunden
/ = Abbruch
ah = Dehnung
Bonjour = Betonung
[ ] = Aussprache in phonetischer Umschrift
(xxx) = unverständliche Passage

Fallbeispiel 1: Christoph und Jens

Sprechhandlung	Begleithandlung	
	Christoph Keine Hilfsmittel, hält stehend das Mikrophon	Jens Keine Hilfsmittel, stehend
1. Christoph: Bonjour!	Schaut die Person beim Sprechen an	Hat die Arme und Hände hinter dem Rücken verschränkt
2. Jens: Bonjour!		
Jens wird von einem kritischen Freund etwas zur Seite geschubst.		
3. Jens (*zu den kritischen Freunden gewandt*): Ja.		
4. Christoph: Tu as créé des vêtements?		Lässt die Hände und Arme am Körper seitlich herunter hängen
5. Jens: Ähm oui.	Fasst mit beiden Händen um das Mikro	
6. Christoph: Äh quels vêtements tu as créé?		

Sprechhandlung	Begleithandlung	
7. Jens: Ähm nous avons créé les robes pour les femmes et les filles.		Verschränkt die Arme vor dem Körper, bewegt dann jedoch den rechten Arm und die rechte Hand und unterstreicht durch kleine Schläge nach unten die Worte „*femmes*“ und „*filles*“
8. Christoph: Äh et quelles couleurs a les vêtements ?	Schaut beim Fragen ab und zu zum Boden	
9. Jens: Les vêtements a des couleurs gaies comme ähm jaune, rouge et verte* c'est les couleurs.		Unterstreicht das Gesagte mittels kleiner Bewegungen durch die rechte Hand; bei Nennungen der Farben zählt er diese mit den Fingern mit; die Wortverbindung „*c'est*“ wird mit einer kreisförmigen Bewegung der Hand untermalt
10. Christoph: Äh pourqoui?	Überlegender Blick	
11. Jens: Ähm pourquoi ce match [matʃ], match [mætʃ] comme qu'on (xxx) le style de, ähm, de la piniata et ähm notre *creación* [krea'θjon] avant de style de créer la piniata.	Hört aufmerksam zu, steht ruhig	Bei „ähm“ schaut er an Christoph vorbei, bei „*match*“ lässt er die Hände umeinander kreisen, dann bewegt er nur die rechte Hand mit kleinen Bewegungen weiter, bei „*notre creación*“ folgen wieder kreisförmige Bewegungen mit beiden Händen.

Sprechhandlung	Begleithandlung	
12. Christoph: Ah oui ähm ( ) pourquoi ( ) äh pourqoui ähm ( ) tu trouves ( ) le nom « Funiata »?	Macht kreisförmige Bewegungen mit der linken Hand bei „ähm“	
	Weicht aufgrund der Handlungen von Jens zurück	Er bewegt seinen Oberkörper in Richtung Mikrophon, obwohl er nicht spricht (aus Spaß); dann greift er mit einer Hand zum Mikro und führt es zweimal ruckartig an das Gesicht von Christoph
13. Jens: Le nom est une cré/ combinación* [kombina'θjon] con fun et piniata ( ) c'est Funiata Funiata Funiata.	Die rechte Hand macht kreisförmige Bewegungen, suchender Blick, dreht den Kopf hin und her	Gestikuliert wieder mit beiden Händen; bei „fun" zeigen beide Hände nach rechts, bei „piniata“ nach links
14. Christoph: Combinación ähm ( ) it looks like an piniata with		

Sprechhandlung	Begleithandlung	
15. Jens: Ah oui äh les robes est con/ ähm little ähm (*schnalzt*) pieces de Stoff I don't know äh je ne sais pas et c'est le style oui.	Dreht den Oberkörper etwas hin und her	Fasst sich zunächst an seinen Pullover, dann gestikuliert er wieder mit beiden Händen. Bei „*little pieces*" zeigen seine Daumen und der Zeigefinger der linken Hand einen kleinen Spalt an. Danach führt er die Arme seitlich vom Körper weg und zuckt mit den Schultern. Bei dem Wort „Stoff" zeigen nach oben geöffnete Handflächen vom Körper links und rechts weg
16. Christoph: Okay joa au revoir.		
17. Jens: Au revoir.		

Fallbeispiel 2: Florian und Fabian

Sprechhandlung	Begleithandlung	
	Florian : Hält stehend in der einen Hand das Mikrophon, in der anderen den Fragekatalog	Fabian : Hält stehend in der rechten Hand das Arbeitsblatt mit den Redewendungen
1. Florian: Bonjour Monsieur!		
2. Fabian: **Bonjour** ( ) Monsieur!	Wirft nach der Begrüßung einen kurzen Blick auf den Fragekatalog	Schaut Florian die ganze Zeit über an
3. Florian: Ähm quelle couleur a ta collection?		
4. Fabian: Alors, ähm, je préfère l/ le ähm le vert parce que ähm le vert est très gai	Hört Fabian konzentriert zu, wirft zwischendurch kurz einen Blick auf den Fragekatalog, den er recht hoch hält, so dass er den Kopf kaum senken muss, um etwas ablesen zu können	Wechselt den Blick zwischen Florian und einem Punkt links neben dem Interviewer; unterstreicht das Gesagte zunächst leicht mit der rechten Hand, die er immer ein bisschen hebt und senkt.
5. Florian: …ah oui oui.		
6. Fabian: …mais mais ähm un peu d/ äh aggressif aggressif.		Ab „*mais*“ winkelt er den linken Arm an und benutzt die linke Hand; die Finger sind dabei gespreizt und durch die Auf- und Abwärtsbewegungen wird das Gesagte unterstrichen.
7. Florian: Aggressif? Pourquoi aggressif?	Fragender Blick	

Sprechhandlung	Begleithandlung	
8. Fabian: Un peu de/ äh le vert (xxx) das is/ äh **le vert le vert** ähm **très gai très gai** mais ähm un peu d'aggressif, **aggressif** un **peu d'aggressif**	hört konzentriert zu schaut zunächst auf das ihm gezeigte Arbeitsblatt, folgt mit dem Blick dann Fabians Geste; lachender Gesichtsausdruck	Bei „*un peu de*" unterlegt er die Worte noch mit der linken Hand; danach steckt er diese in die Hosentasche und fährt mit der rechten Hand fort; das Gesagte wird wieder durch kleine Auf- und Abwärtsbewegungen unterlegt. Bei „*le vert*" zeigt er zunächst auf das Arbeitsblatt, dreht sich dann jedoch den kritischen Freunden zu und streckt den linken Arm aus, wobei er vermutlich auf Florians grünen Pullover zeigt. Die Wortwieder-holungen unter-streicht er durch das Hin- und Herbewegungen der Hand
9. Florian: Äh oui.		
10. Fabian: Oui oui.		
11. Florian: Je crois ! ( )	Nickt, schaut Fabian einen Moment lang an	Nickt deutlich
12. Florian: Ähm quels vêtements tu as créé?		

Sprechhandlung	Begleithandlung	
13. Fabian : Ähm je cré les ju/ des jupes des jupes et des äh T-shirts, ähm, parce que ähm les les ähm les T-shirts pa/ äh ähm pour les, les filles et les garçons, ähm et les jupes pour les filles ähm. Les jupes sont très ( ) ähm c/ curt* courtes ( ) oui.	Blickt einen Augenblick auf den Fragebogen	Lachender Gesichtsausdruck Bei „*jupes*" streckt er den rechten Zeigefinger aus
14. Florian: (xxx)		
15. Fabian: Ja, ja, kurz, kurz (*lacht*). Et les T-shirts ähm äh **sont** ähm très très bons et très **beaux** ähm ( ) oui äh oui.	Lachender Gesichtsausdruck	Lachender Gesichtsausdruck, bei „kurz" führt er den linken Handrücken nach oben und bewegt diese auf einer Stelle hin und her; der Blick wandert von einer Seite zur anderen
16. Florian: (lacht) Ah oui très intéressant ( ) Pourqoui est-ce que tu crés des vêtements ?	Lachender Gesichtsausdruck, blickt kurz auf den Fragebogen, dann wieder zu Fabian	
17. Fabian: D'abord, äh, je, ähm, j'adore le mode et la mode est ma **vie, c'est ma vie**.		
18. Florian: C'est ma vie ?		
19. Fabian: Oui, oui.		
20. Florian: **C'est ta vie** ?		

Sprechhandlung	Begleithandlung	
21. Fabian: Oui oui mmh c'est mon **vie** ähm parce que ähm la mode est un un peu de ( ) ähm de ma vie. Je/ **j'adore** le mode. Ah oui.		Unterstreicht das Gesagte mittels des rechten Arms und der rechten Hand, die er immer wieder hebt und senkt, sein Gesichtsausdruck ist zunächst fast nachdenklich, sein Blick wandert von links nach rechts; bei *„de ma vie"* zeigt er mit beiden Händen auf sich selbst; bei *„J'adore le mode"* zieht er die Schultern hoch.
22. Florian: Ähm a quel âge tu crés la mode? *„Kritischer Freund" zeigt an, dass sie aufhören sollen; er tippt zusätzlich auf die Armbanduhr.*		Zunächst ein überlegender Gesichtsausdruck, der sich dann zu einem lachenden verändert.
23. Fabian: Ähm je crée ( ) äh alors mmh ( ) äh à dix ans dix ans oui.		
24. Florian: **Dix ans** ?	Bewegt den Kopf nach vorn, erstaunter Gesichtsausdruck	
25. Fabian: **Oui**.		
26. Florian **Dix**?		
27. Fabian: Oui oui oui ähm yeah oui ( ) dix ans.		Bei *„dix ans"* bewegt er die rechte Hand auf und ab und nickt mit dem Kopf.
28. Florian: Au revoir! ( )	Tritt einen Schritt zurück und streckt seine Hand/ Arm aus.	

Sprechhandlung	**Begleithandlung**	
29. Fabian: Au revoir, monsieur!		Streckt ihm ebenfalls die Hand zur Verabschiedung entgegen.
30. Florian: Merci!		
31. Fabian: Merci!		

Julia Obermeier

Eine *simulation globale* in Form von Lernaufgaben – welche Phasen motivierten die Lerner und warum?

1. Einleitung

Im Rahmen des Bremer Schulbegleitforschungsnetzwerks „Fördern durch Aufgabenorientierung“ (vgl. Bechtel 2015 in diesem Band) wurde in einer 10. Klasse eines Bremer Gymnasiums im Französischunterricht ein Aktionsforschungsprojekt durchgeführt, an dem der Fachleiter für Französisch in Bremen, der Leiter des Schulbegleitforschungsnetzwerks und ich selbst beteiligt waren.

Ziel war es, das Verfahren der *simulation globale* mit dem Ansatz der Aufgabenorientierung zu verbinden, um dialogisches Sprechen zu fördern. Das Unterrichtsprojekt, in dem die Gesprächsanlässe der *simulation globale* in Form von Lernaufgaben ausgestaltet wurden, war mit einer empirischen Untersuchung verbunden, bei der es um die Frage ging, welche Phasen von Lernaufgaben leistungsstarke und leistungsschwache Lernende als motivierend beziehungsweise demotivierend einschätzen und warum.

Beim vorliegenden Projekt handelt es sich um eine besondere Form kollaborativer Aktionsforschung (vgl. Bechtel 2015 in diesem Band, vgl. Altrichter/Posch 2007: 338). Die Arbeitsteilung im Team sah folgendermaßen aus. Der Fachleiter für Französisch und der Leiter des Schulbegleitforschungsnetzwerks entwickelten gemeinsam die Idee der Verbindung der *simulation globale* mit dem Ansatz der Aufgabenorientierung (vgl. Bechtel/Fischer 2012). Der Fachleiter konzipierte daraus eine 35 Stunden umfassende Unterrichtseinheit, die sechs Lernaufgaben enthielt, und führte sie im Unterricht durch. Nach der gemeinsamen Formulierung der Forschungsfrage im Team entwickelte der Leiter des Schulbegleitforschungsnetzwerks das der empirischen Untersuchung zugrunde liegende Forschungsdesign. Im Rahmen meiner Master-Abschlussarbeit (Obermeier 2011) übernahm ich die Erstellung des Fragebogens, die Datenerhebung, die Aufbereitung und Auswertung der Daten, die Darstellung der Ergebnisse sowie die Dokumentation der gesamten Untersuchung in Form eines

Forschungsberichts.[1] Im vorliegenden Beitrag werden zunächst das Erkenntnisinteresse und die Fragestellung des Aktionsforschungsprojekts erläutert. Im Anschluss kläre ich den Begriff der Motivation, das Verfahren der *simulation globale* und deren Verbindung mit dem Konzept der Lernaufgabe. Danach stelle ich den Lehr-Lern-Kontext dar und gebe einen Überblick über die aufgabenorientierte Unterrichtseinheit. Bei der Darstellung der mit dem Unterrichtsprojekt verbundenen empirischen Untersuchung werden ausgehend von der Forschungsfrage die Methoden der Datenerhebung, -aufbereitung und -auswertung erläutert sowie zentrale Ergebnisse der Untersuchung vorgestellt. Der Beitrag schließt mit einem Fazit und Ausblick.

2. Erkenntnisinteresse und Forschungsfrage

Das Verfahren der *simulation globale*, bei dem Lernende über einen längeren Zeitraum in einer von ihnen selbst kreierten fiktiven Welt in der Rolle fiktiver Identitäten zusammenarbeiten und durch authentische Sprechanlässe zur Kommunikation in der Fremdsprache angeregt werden (vgl. Brümmer 2002: 185), wird als motivationsfördernd und förderlich für die Verbesserung der Sprechkompetenz der Lerner aufgefasst. Die am Projekt beteiligte Lehrkraft, die bereits Unterrichtserfahrung mit der *simulation globale* hatte, machte jedoch darauf aufmerksam, dass diese Methode sich seiner Erfahrung nach zwar insbesondere für leistungsstarke und engagierte Lerner eigne, allerdings nicht in gleichem Maße für leistungsschwache Lerner, da diese durch die selbstständige Arbeit überfordert seien und die damit verbundene Demotivation dazu führe, Sprechhemmungen aufzubauen. Die Lehrkraft suchte daher nach einem Weg, das Verfahren der *simulation globale* so zu modifizieren, dass es auch für leistungsschwächere Lernende motivierend wird. Daraus entstand die Idee, das Verfahren der *simulation globale* als Grundgerüst wegen des ihm inne wohnenden Motivationspotenzials beizubehalten, es aber mit dem Konzept der Lernaufgabe und dem aufgabenorientierten Unterrichtsmodell von Willis (1996) zu verbinden. Denn dieses Unterrichtsmodell sieht neben Phasen der freien Anwendung der Fremdsprache auch Phasen der sprachlichen Vor- und Nachbereitung vor, die den leistungsschwächeren Lernern zu Gute kommen könnten, so unsere Annahme. Dass Lernaufgaben zu einer „hohen zielsprachlichen Handlungsaktivität" (Tesch 2010: 362) anregen können und sich daher gut eignen, die Sprechkompetenz zu schulen, konnte Tesch in seiner

1 Das vorliegende Aktionsforschungsprojekt wurde bereits in einem gemeinsamen kürzeren Artikel veröffentlicht, der auch die zentralen Ergebnisse der empirischen Untersuchung enthält (Bechtel/Fischer/Obermeier 2012).

Untersuchung zeigen. Allerdings wurde bei der Untersuchung nicht zwischen leistungsstarken und leistungsschwachen Schülerinnen und Schülern unterschieden.

Im Aktionsforschungsprojekt, das Gegenstand des vorliegenden Beitrags ist, sollte daher differenzierter untersucht werden, welche Unterschiede in der Einschätzung von Lernaufgaben zur Förderung der Sprechkompetenz zwischen leistungsstarken und leistungsschwachen Lernenden bestehen. Die Forschungsfrage lautete: Welche Phasen von Lernaufgaben innerhalb einer *simulation globale* schätzen leistungsstarke und leistungsschwache Lernende bezüglich der Förderung der Sprechkompetenz als motivierend beziehungsweise demotivierend ein und warum?

3. Motivation

Zu Beginn des Aktionsforschungsprojekts wurde mit den Schülerinnen und Schülern eine Mindmap zum Begriff Motivation erstellt, um ein gemeinsames Verständnis als Basis für die Untersuchung zu erlangen (Anhang 1). Im Folgenden werden die von den Lernenden mit dem Begriff „Motivation" assoziierten Aspekte in den Kontext der Motivationsforschung eingeordnet.

Allgemein kann Motivation als die Summe der das Verhalten beeinflussenden Faktoren (Motive) bezeichnet werden (Schlag 2006: 11):

> Motive sind Beweggründe des Handelns (movere, lat.: bewegen). Ihre Befriedigung ist Ziel des Handelns, sie geben der Tätigkeit Richtung und Energie, sind „Steuer" und „Motor" des Handelns. Während Motive einzelne Beweggründe bezeichnen, steht der Begriff Motivation für das Gesamt der in einer aktuellen Situation wirksamen Motive.

Die Motivation treibt die Menschen also an, etwas zu tun, um ein bestimmtes Ziel zu erreichen und bestimmt so auch die Richtung ihres Handelns.

Unterschieden wird zwischen intrinsischer und extrinsischer Motivation (vgl. Schröder 1992: 249). Intrinsisch motiviert sind Lernende dann, wenn sie aus persönlicher Neugier bestrebt sind, Aufgaben zu lösen. Dieser Aspekt findet sich in der Mindmap in der Assoziation „eine interessante/spannende Sache" wieder. Als extrinsisch motiviert bezeichnet man hingegen ein Verhalten, das nicht aus der Sache selbst hervorgeht. Schüler/innen lernen in diesem Fall zum Beispiel, um Strafe zu vermeiden, gelobt zu werden oder eine bessere Note zu erhalten. Auch diese Art der Motivation wurde von der Lerngruppe genannt. So gaben einige als mögliche Gründe für Motivation die Aspekte „eine gute Note haben wollen/ Lob bekommen" an.

Darüber hinaus lässt sich der Begriff der Motivation auch inhaltlich differenzieren, z.B. in Leistungsmotivation, Führungsmotivation, usw. Für den schulischen Bereich ist insbesondere die Leistungsmotivation von Bedeutung (vgl. Schlag 2006), was sich auch in den Assoziationen der befragten Lerngruppe widerspiegelt. Ein Verhalten wird dann als leistungsmotiviert bezeichnet, wenn der Antrieb von der Person selbst ausgeht und das Ergebnis an einem gesetzten Maßstab gemessen wird: „Leistungsmotiviert (…) ist ein Verhalten nur dann, wenn es auf die Selbstbewertung eigener Tüchtigkeit zielt, und zwar in Auseinandersetzung mit einem Gütemaßstab, den es zu erreichen oder zu übertreffen gilt" (Rheinberg 2006: 60). Dieses Verhalten ist in der Mindmap in dem Aspekt „etwas erreichen/schaffen wollen" erkennbar.

Die Leistungsmotivation steht in engem Zusammenhang mit dem erlebten Schwierigkeitsgrad der zu bewältigenden Aufgabe und den Fähigkeiten, die die Lernenden sich selbst zutrauen. Ein typisches Zeichen von leistungsmotiviertem Verhalten ist die Bevorzugung von Aufgaben, die man schaffen könnte, deren Gelingen aber nicht sicher ist. Dies ist dadurch zu erklären, dass bei zu leichten Aufgaben häufig äußere Faktoren (wie zum Beispiel die Feststellung, dass die Aufgabe für alle lösbar gewesen wäre) für den Erfolg verantwortlich gemacht werden, bei zu schweren Aufgaben hingegen der mögliche Erfolg zu unsicher ist. Um leistungsbezogene Freude zu empfinden, muss die Aufgabe also als Herausforderung erlebt und ihre Lösung den eigenen Fähigkeiten zugeschrieben werden (vgl. Rheinberg 2006: 91).

Darüber hinaus spielen Emotionen im Bereich der Motivation eine wichtige Rolle. So sind Motive nicht immer rein kognitiver Art, sondern können durch Gefühle beeinflusst werden. Es kann zwischen positiven und negativen emotionalen Grundmotiven unterschieden werden, wobei mit ersteren zum Beispiel die Gefühle Freude und Spaß gemeint sind und mit letzteren beispielsweise Emotionen wie Angst, Peinlichkeit und Langeweile (vgl. Abendroth-Timmer 2007: 30). Betrachtet man die Begriffssammlung der Schüler/innen, die am Aktionsforschungsprojekt beteiligt waren, fällt auf, dass fast alle genannten Assoziationen in den Bereich der Emotionen fallen. So verbinden die Lernenden mit „Motivation" die Emotionen Spaß, Lust, Begeisterung, Interesse und Neugierde, mit dem Begriff „Demotivation" hingegen die Gefühle Desinteresse und Langeweile.

4. *Simulation globale*

Die *simulation globale* ist ein Verfahren, „mit dessen Hilfe Lernende durch Probe-Handeln in einem sanktionsarmen Raum auf künftige Aufgaben in der Realität vorbereitet werden" (Arendt 1997: 4). Sie hat zum Ziel, die Lernenden durch authentische Sprechanlässe zur Kommunikation in realistischen fremdsprachigen Situationen zu befähigen (vgl. Yaiche 1996; Sippel/Wagner 2001: 87).

Zwei Prinzipien sind für eine *simulation globale* grundlegend: Die Konstruktion eines Handlungsortes (*lieu-thème*) und die Erschaffung und Annahme fiktiver Identitäten (*identités fictives*) durch die Lernenden (vgl. Yaiche 1994, vgl. Brümmer 2002: 185).

Der Handlungsort bildet den Ausgangspunkt und erzeugt „eine enge und direkte Verbindung zwischen der Wirklichkeit und der Fantasie der Teilnehmenden" (Sippel 2003: 15). Die Teilnehmenden erschaffen einen fiktiven Ort, mit dem sie sich identifizieren können. Um dies zu gewährleisten, ist es wichtig, dass es sich bei dem gewählten *lieu-thème* um eine möglichst authentische (wenn auch modellhafte) Abbildung der Realität handelt, die mit der Fantasie der Beteiligten angereichert wird. Sukzessiv wird der Handlungsort, beispielsweise ein Mietshaus in Paris, von der Schülergruppe gewissermaßen „besetzt" und ausgestaltet, indem er „Schauplatz zahlreicher Interaktions- und Diskursformen" (Sippel 2003: 23) wird. Seine Lebendigkeit erhält der Ort durch die Erschaffung fiktiver Identitäten, die an diesem Ort interagieren. Jede Schülerin und jeder Schüler konstruiert sich eine neue Identität, die sie oder er während der gesamten *simulation globale* beibehält (vgl. Dräger-Spence 1998: 281f.). Im Verlauf der *simulation globale* werden vielfältige Gesprächsanlässe, so genannte *incidents*, initiiert, die Interaktionen zwischen den Lernenden erfordern. Zu Beginn sind dies routinemäßige Begrüßungsszenen oder Smalltalk; später müssen die Personen auf Ereignisse oder Zwischenfälle, die von der Lehrkraft oder den Mitlernenden eingebracht werden, in ihren Rollen reagieren (beispielsweise eine Mieterhöhung, ein Unfall oder Gerüchte). Der Abschluss der *simulation globale* kann durch ein alle Beteiligten betreffendes besonderes Ereignis bestimmt sein (zum Beispiel ein Mord im Wohnhaus oder ein gemeinsames Fest) oder als Ende des Handlungsortes inszeniert werden (zum Beispiel der Abriss oder ein Brand des Mietshauses) (vgl. ebd.: 92f.).

5. Verbindung der *simulation globale* mit dem Konzept der Lernaufgabe

Im vorliegenden Aktionsforschungsprojekt wurde das Verfahren der *simulation globale* mit dem Konzept der Lernaufgabe verbunden, mit dem kompetenzorientierter Fremdsprachenunterricht in die Praxis umgesetzt werden soll (vgl. u.a. Hu/Leupold 2008). Lernaufgaben bzw. *tasks* sind den *incidents* der *simulation globale* sehr ähnlich. Ein *task* enthält eine komplexe kommunikative Situation, die die Lernenden vor ein fiktives, aber realistisches Problem stellt, das sie lösen müssen, wobei die Art und Weise des Lösungsweges offen ist und der Fokus auf dem Inhalt und nicht dem Gebrauch bestimmter sprachlicher Formen liegt (vgl. Nunan 1989: 11). Bei der Bearbeitung einer Lernaufgabe wird den Lernenden die Möglichkeit geboten, ihre „sprachlichen und allgemeinen Kompetenzen im Verlauf eines konstruktiven und bedeutungsvollen Handlungs- und Interaktionsprozesses auszubilden“ (Leupold 2008: 4). Eine Lernaufgabe muss nach Caspari/ Kleppin (2008: 137ff.) einer Reihe von Kriterien genügen. Bechtel (2011) hat diese Kriterien in folgendem Kriterienkatalog zusammengefasst: Eine Lernaufgabe sollte 1. Kompetenzen isoliert oder integriert fördern, 2. kognitive, emotionale und kreative Prozesse auslösen, 3. die Lerner als ganzheitliche und soziale Individuen ansprechen, 4. inhaltsorientiert und nicht formorientiert sein, 5. authentische Sprachverwendung anstoßen, 6. für die Lerner relevante Themen behandeln, 7. sinnvolle und bedeutsame Aufgabenstellungen beinhalten, 8. authentisches und aktuelles Material verwenden, 9. dem Niveau der Lerner entsprechen und schließlich 10. produkt- bzw. ergebnisorientiert sein. An eine Lernaufgabe werden folglich hohe Anforderungen gestellt, die den Lernenden ein ganzheitliches Erlernen der Fremdsprache ermöglichen soll.

Es gibt unterschiedliche Modelle der Einbettung von Lernaufgaben in den Unterricht. Im Folgenden liegt der Fokus auf dem Modell von Willis (1996), da es beim vorliegenden Unterrichtsprojekt verwendet wurde.

Willis (1996: 38) unterscheidet drei wesentliche Phasen: *pretask*, *task-cycle* und *language-focus*. Die *pretask*-Phase erfüllt zwei wesentliche Funktionen. Zum einen führt sie in das zu behandelnde Thema ein und zum anderen stellt sie den zu lösenden *task* vor, indem seine Zielsetzung und die Rahmenbedingungen erklärt werden. Auf die *pretask*-Phase folgt der *task-cycle*, der sich in die Subphasen *task*, *planning* und *report* gliedert. Während der *task*-Phase werden die Lernenden mit einem Problem konfrontiert, das in eine realistische Situation eingebettet ist. Um das Problem eigenständig zu lösen, müssen sie hierbei spontan in der Fremdsprache kommunizieren und dafür die ihnen zur Verfügung stehenden Mittel nutzen. Ziel dieser Herangehensweise ist, dass die Lernenden ihre Sprechflüssigkeit trainieren; die Sprachrichtigkeit spielt in der *task*-Phase hingegen eine untergeordnete Rolle. Die *planning*-Phase gibt den Lernenden anschließend die Möglichkeit, das eben Produzierte zu reflektieren und sprachlich zu verbessern (vgl. Willis 1996: 56). Dabei sollen sich die Lernenden nach Möglichkeit selbst oder gegenseitig bezüglich der Grammatik und Lexik korrigieren. Nach der Überarbeitung folgt schließlich in der *report*-Phase die Präsentation der Ergebnisse. Die Lehrkraft nimmt während der *report*-Phase eine moderierende Rolle ein und sollte den Lernenden ein ermutigendes Feedback geben (vgl. Willis 1996: 61). Das Modell endet mit einer *language-focus*-Phase, in der eine gemeinsame Evaluation der Arbeit vorgenommen und sprachliche Schwierigkeiten in den Blick genommen werden (vgl. Willis 1996: 101ff.). Die identifizierten sprachlichen Probleme können zudem in dieser Phase gezielt aufgearbeitet und in einer Übungsphase eingeübt werden (vgl. auch Carstens 2005: 10).

Der Vorteil des Unterrichtsmodells von Willis liegt darin, dass einerseits den Lernenden Raum und Zeit gegeben wird, die Fremdsprache mehrfach frei anzuwenden (*task*, *report*). Andererseits sind Phasen der sprachlichen Vor- und Nachbereitung (*pre-task*, *planning*) sowie der Reflexion und des Übens (*language focus*) integriert. Der *simulation globale* fehlen dagegen solche Phasen. Zwar ist eine bedarfsorientierte, punktuelle Vermittlung und Einübung sprachlicher Mittel durchaus vorgesehen (vgl. Yaiche 1996: 151); von einer konzeptuellen Verankerung von Phasen, in denen die Lerner über die von ihnen eingesetzten sprachlichen Mittel und Strategien reflektieren und diese einüben könnten, kann aber nicht die Rede sein. Insbesondere für leistungsschwächere Lernende, die mit der Aufgabe, permanent in der fiktiven Rolle sprachlich zu handeln, schnell überfordert sind, scheint eine Verankerung solcher Phasen aber unentbehrlich.

6. Der Lehr-Lern-Kontext

Im Folgenden wird der Lehr-Lern-Kontext vorgestellt, der dem Aktionsforschungsprojekt zugrunde lag. Dabei gehe ich auf die Lerngruppe und das Unterrichtsprojekt ein.

6.1 Die Lerngruppe

Die Untersuchung fand in einer 10. Klasse eines Bremer Gymnasiums im Fach Französisch statt, die sich aus zehn Schülerinnen und vier Schülern im Alter von 14 bis 16 Jahren zusammensetzte. Der Großteil der Schüler/innen hatte Französisch als dritte Fremdsprache in Intensivform gewählt und war im dritten Lernjahr; ein kleiner Teil der Schüler/innen war im fünften Lernjahr, da für sie Französisch zweite Fremdsprache war. Einige Lernende hatten zudem einen dreimonatigen Sprachaufenthalt in Frankreich absolviert.

Nach Ansicht der Lehrkraft verfügten die Schüler/innen über gute Kompetenzen im Leseverstehen und Schreiben. Ihre Bereitschaft und ihr Vermögen, frei in der Fremdsprache zu sprechen, seien dagegen sehr unterschiedlich ausgeprägt. Nur die Sprechleistungen der Lernenden mit Auslandserfahrung entsprächen dem Niveau B1 des Gemeinsamen europäischen Referenzrahmens (GeR); die anderen befänden sich überwiegend auf dem Niveau A2, und die Bereitschaft, frei in der Fremdsprache zu sprechen, sei nicht bei allen vorhanden.

6.2 Die Unterrichtseinheit

Um das freie Sprechen in der Fremdsprache zu fördern, wurde eine aufgabenorientierte Unterrichtseinheit in Form einer *simulation globale* konzipiert, die sich mit fünf Wochenstunden über einen Zeitraum von fünf Wochen erstreckte.

Die *simulation globale* beinhaltete insgesamt sechs *incidents*, die als Lernaufgaben ausgestaltet waren, wobei bei der methodischen Ausgestaltung auf das aufgabenorientierte Unterrichtsmodell von Willis (1996: 38) zurückgegriffen wurde (Anhang 2). Das Modell von Willis erfuhr allerdings in zweierlei Hinsicht eine Modifizierung. Erstens wurde eine inhaltliche Öffnung der *language-focus*-Phase vorgenommen, und zwar insofern, als sich der Fokus der Aufmerksamkeit der Lernenden auch auf andere als rein sprachliche Aspekte richten sollte, wie beispielsweise auf die im *task* eingesetzten Strategien oder auf inhaltliche Aspekte. Zweitens wurde die Reflexionsphase nicht nur nach der *report*-Phase platziert, sondern bei Bedarf auch direkt nach der *task*-Phase eingeschoben (vgl. dazu Bechtel/Fischer 2012: 162).

Der *lieu-thème* ist ein Pariser Mietshaus. Das Szenario sieht vor, dass ein Teil der Lernenden bereits in Wohngemeinschaften in dem Mietshaus lebt, während der andere Teil auf Zimmersuche ist. Die erste Lernaufgabe besteht daher darin, eine Annonce zu verfassen, entweder um ein Zimmer oder umgekehrt einen neuen Mitbewohner zu finden. Bei der zweiten Lernaufgabe geht es um die Bewerbungsgespräche für ein Zimmer in mehreren Wohngemeinschaften. Im Zentrum der dritten Lernaufgabe steht das Aushandeln von Regeln innerhalb der Wohngemeinschaften. In der vierten Lernaufgabe simulieren die Lernenden einen Smaltalk zwischen Mitbewohnern im Treppenhaus. Auf der Grundlage eines „Soziogramms“ sprechen die Lernenden in der fünften Lernaufgabe im Treppenhaus über Gerüchte und Beziehungen zwischen den Mitbewohnern und führen ein Gespräch mit einem Bewohner, mit dem es ein Problem gibt. Die *simulation globale* wird mit der Planung und Durchführung eines Hausfestes (*immeuble en fête*) abgeschlossen, wobei die sechste Lernaufgabe darin besteht, in den Wohngemeinschaften zu besprechen, welche Aufgaben zur Vorbereitung wahrgenommen werden müssen und wie sich die jeweilige Wohngemeinschaft während des Festes präsentieren möchte.

7. Die empirische Untersuchung

Um die Forschungsfrage, welche Phasen von Lernaufgaben innerhalb einer *simulation globale* leistungsstarke und leistungsschwache Schüler/innen bezüglich der Sprechkompetenz als motivierend beziehungsweise demotivierend einschätzen und warum, beantworten zu können, war es zum einen notwendig, die Lernenden bezüglich ihres Leistungsniveaus im Bereich des Sprechens in leistungsniveauspezifische Gruppen einzuteilen. Zum anderen musste ihre Einschätzung zu den einzelnen Phasen der sechs Lernaufgaben erhoben werden. Als Datenerhebungsinstrument bedienten wir uns hierbei eines Sprachtests und eines Fragebogens. Im Folgenden werden diese beiden Instrumente näher erläutert. Danach wird auf die Datenaufbereitung und -auswertung eingegangen und die zentralen Ergebnisse werden dargestellt.

7.1 Die Datenerhebung

Die Datenerhebung erfolgte in einem Zeitraum von etwa vier Monaten. Sie begann mit einem Sprachtest, der vor dem Beginn der Unterrichtseinheit durchgeführt wurde. Während der Durchführung der Unterrichtseinheit füllten die Lernenden nach jeder Lernaufgabe einen Fragebogen zur Motivation aus.

7.1.1 Der Sprachtest

Bei dem durchgeführten Sprachtest handelt es sich um einen vom Institut Français durchgeführten Test, der den Standards des mündlichen Teils der DELF-B1-Prüfung (*Diplôme d'Études en Langue Française*) entspricht. Auf diese Weise sollte eine möglichst große Objektivität in der Messung der Leistungsniveaus der Lernenden erreicht werden. Die DELF-Prüfung gliedert sich in die Bereiche Hörverstehen, Leseverstehen, Schreiben und Sprechen. Für die vorliegende Untersuchung war nur der Teil zum Sprechen von Bedeutung, sodass auf die restlichen Teilbereiche verzichtet wurde. Die Überprüfung der Sprechkompetenz vollzieht sich bei der DELF-Prüfung in drei Schritten. Der erste Teil besteht aus einem *entretien dirigé*, der zweite ist eine *exercice en interaction* und der dritte ein *monologue suivi.*[2]

Auf der Grundlage der Ergebnisse des Sprachtests wurden die Lernenden in drei leistungsniveauspezifische Gruppen eingeteilt (Anhang 3). Die erste Gruppe (leistungsstark) besteht aus denjenigen Lernenden, die 75% oder mehr der möglichen Punkte erreichten (S1a-S1e); in der zweiten Gruppe (mittleres Niveau) finden sich die Lernenden wieder, die zwischen 50–75% erreichten (S2a-S2c); die dritte Gruppe (leistungsschwach) bilden schließlich diejenigen, die weniger als 50% der Punkte erreichten (S3a-S3d).

2 Siehe https://www.isb.bayern.de/download/10842/baremes.pdf, letzter Zugriff 15.9.2015.

7.1.2 Der Fragebogen zum Motivationsverlauf

Die Motivation der Lernenden in den unterschiedlichen Phasen einer Lernaufgabe wurde in Form von Motivationskurven erhoben, wie sie Abendroth-Timmer (2007: 132f.) einsetzte. Bei dieser Erhebungsmethode erhalten die Lernenden ein Koordinatensystem, bei welchem sich auf der y-Achse die verschiedenen Motivationshöhen und auf der x-Achse der zeitliche Verlauf befindet. So kann zu jedem angegebenen Zeitpunkt die subjektiv empfundene Höhe der Motivation angekreuzt werden. Im vorliegenden Fragebogen sollten die Schüler/innen auf der y-Achse für die Motivationshöhe einen Punkt auf einer Fünfer-Skala zwischen den Endpunkten „niedrige Motivation" (=Wert 1) und „hohe Motivation" (=Wert 5) angeben; auf der x-Achse wurden die einzelnen Phasen der Lernaufgabe angeführt und kurz beschrieben (vgl. Anhang 4). Anders als Abendroth-Timmer, die zur Erhebung der Begründungen der Lernenden für ihre Motivationseinschätzung auf Lerntagebücher zurückgriff, wurde in vorliegender Untersuchung die Motivationskurve dergestalt erweitert, dass unterhalb der Bezeichnung jeder Phase der Lernaufgabe ein Textfeld hinzugefügt wurde, in dem die Lernenden ihre Einschätzung schriftlich begründen sollten.[3]

Zwei Dinge waren bei den Fragebögen zu berücksichtigen. Erstens wurde darauf geachtet, dass die Benennung und Beschreibung der Phasen möglichst konkret waren und sich stets auf die Durchführung der Unterrichtseinheit und nicht etwa auf ihre Planung bezogen. Zweitens war es wichtig, dass die ausgefüllten Fragebögen den jeweiligen Lernenden zugeordnet werden konnten, um sie mit den zuvor erhobenen Daten zum Leistungsniveau verbinden zu können. Daher wurden die Lernenden aufgefordert, ein Pseudonym zu verwenden, das sie bei allen Fragebögen beibehielten. Zusätzlich wurde nach dem Ausfüllen des ersten Fragebogens eine Liste herumgereicht, auf der die Lernenden ihren Namen mit dem dazugehörigen Pseudonym eintrugen. So war eine korrekte Zuordnung gesichert und zugleich gegenüber Dritten die Anonymität gewahrt.

7.2 Die Methode der Datenaufbereitung und -auswertung

Was die Datenaufbereitung der Fragebögen angeht, wurden die Werte für die Motivationshöhe in eine Excel-Tabelle eingegeben und die Begründungen der Lernenden zu ihrer Einschätzung wörtlich in eine Word-Datei abgeschrieben.

Die Datenauswertung der Fragebögen erfolgte quantitativ und qualitativ.

---

3 Die Idee, die Motivationskurve dergestalt zu erweitern, stammt von Dr. Mark Bechtel.

Die Angaben zur Motivationshöhe wurden quantitativ ausgewertet. Zunächst wurde für jede Schülerin und jeden Schüler ein Diagramm erstellt, welches die Daten für alle Lernaufgaben und Phasen grafisch veranschaulicht. Daraufhin erfolgte für jede Phase eine gruppenweise Errechnung der Mittelwerte. Mit diesen Mittelwerten wurde ebenfalls ein Diagramm erstellt, sodass für jede Leistungsgruppe ein Diagramm vorlag. Auf Grundlage dieser Daten konnte zudem errechnet werden, wie die einzelnen Gruppen die Phasentypen durchschnittlich bewerteten. Auf diese Weise konnte die große Datenmenge komprimiert und für die Beantwortung der Forschungsfragen nutzbar gemacht werden.

Die Antworten der Schüler/innen auf die offene Frage nach der Begründung für die Motivationseinschätung wurden qualitativ mithilfe des „pragmatischen Mischmodells der qualitativen Inhaltsanalyse" nach Meyer/Fichten (2009: 47f.) ausgewertet. Das methodische Vorgehen ist in die Schritte Sequenzierung, Paraphrasierung, Kodierung, inhaltliche Zusammenfassung, Erarbeitung einer Sequenzstruktur und hermeneutische Deutung der Gesamtstruktur des Textes unterteilt. Im Anschluss an die inhaltliche Analyse der einzelnen Schülerantworten wurde eine Sortierung der Antworten aller Lernenden nach den Unterrichtsphasen vorgenommen. Hierbei wurden jeweils alle *pretask-*, *task-*, *planning-*, *report-* und *language-focus-*Phasen getrennt voneinander betrachtet.

7.3 Ergebnisse

Zunächst werden die Motivationskurven der leistungsspezifischen Gruppen und ein daraus abgeleiteter quantitativer Überblick vorgestellt. Danach folgt eine Auswertung der Begründungen der Schüler/innen für die jeweils von ihnen eingeschätzte Motivationshöhe für die einzelnen Phasen der Lernaufgabe.

7.3.1 Quantitative Analyse

Betrachtet man zunächst die Motivationskurven aller Schüler/innen und errechnet für die drei leistungsspezifischen Gruppen jeweils den Durchschnittswert der Motivationshöhe über alle Unterrichtsphasen hinweg, zeigt sich, dass dieser Wert bei allen Gruppen ähnlich hoch ist. So liegt er bei der Gruppe der leistungsstarken Schüler/innen (Gruppe 1) bei 3,4 und bei den Lernenden des mittleren Leistungsniveaus (Gruppe 2) sowie des niedrigen Leistungsniveaus (Gruppe 3) bei 3,1. Es sind demnach keine signifikanten Unterschiede zwischen den Bewertungen der verschiedenen Gruppen festzustellen.

Interessanter gestaltet sich das Bild, wenn man die Verteilung der Motivationshöhe bei den verschiedenen Phasentypen betrachtet, da diese bei den drei Gruppen unterschiedlich ausfällt.

Die Motivationskurve[4] von Gruppe 1 (leistungsstark) zeigt folgendes Bild (Abb. 1).:

Abb. 1: Motivationskurve von Gruppe 1.

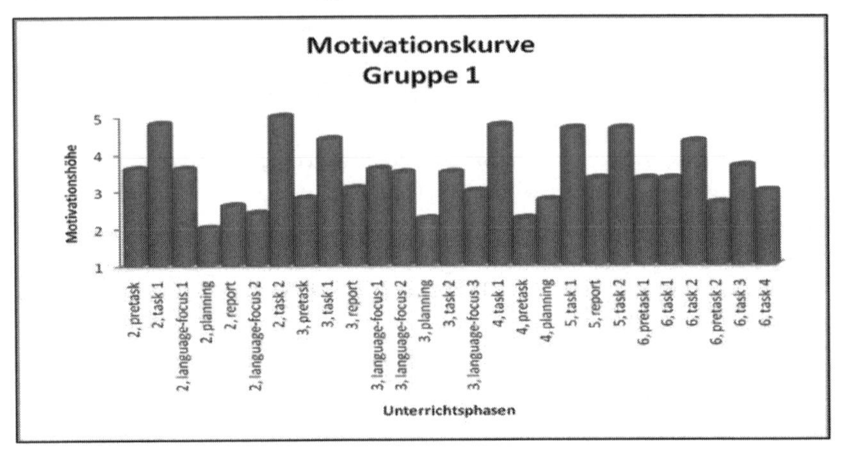

Das Diagramm macht deutlich, dass die durchschnittliche Motivation dieser Gruppe je nach Phase stark schwankt. So liegt die Motivation in acht von 27 Phasen deutlich unter und in sieben Phasen deutlich über dem Durchschnitt von 3,4. Interessant ist der Umstand, dass es sich bei den überdurchschnittlich hoch bewerteten Phasen ausschließlich um *task*-Phasen handelt. Unter den acht Phasen, die am schlechtesten bewertet wurden, finden sich alle anderen Phasentypen wieder. Eine genaue Berechnung der Durchschnittswerte der Motivationshöhen in den einzelnen Phasentypen zeigt, dass die *task*-Phasen mit einem Wert von 4,2 mit Abstand am besten bewertet werden. Insbesondere die *planning*-Phasen schneiden demgegenüber mit einem Durchschnittswert von 2,3 schlecht ab. Aber auch im Vergleich zu den anderen Phasentypen weisen die *task*-Phasen einen klaren Unterschied auf: Die *pretask*-Phasen werden durchschnittlich mit 2,9, die *report*-Phasen mit 3,0 und die *language-focus*-Phasen mit 3,2 bewertet.

4 Die Motivationskurven werden hier – anders als bei Abendroth-Timmer (2007: 132) – nicht als Kurvenverläufe, sondern als Säulendiagramme dargestellt. Dies soll zum einen eine bessere Übersichtlichkeit garantieren und zum anderen dem Umstand Rechnung tragen, dass die Motivation nur punktuell erhoben wurde und somit keine Zwischenwerte zwischen den einzelnen Phasen existieren.

Ein anderes Bild (Abb. 2) zeigt sich bei der durchschnittlichen Motivationshöhe in den einzelnen Unterrichtsphasen von Gruppe 2 (mittleres Leistungsniveau):

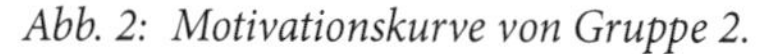
Abb. 2: Motivationskurve von Gruppe 2.

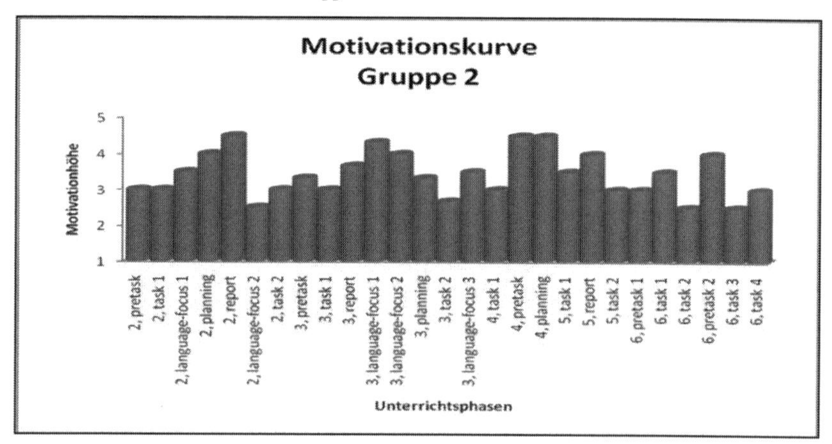

Während viele Werte im mittleren Bereich angesiedelt sind, stechen insbesondere vier sehr hoch bewertete und vier sehr niedrig bewertete Phasen hervor. Bei den niedrig bewerteten Phasen handelt es sich um drei *task*-Phasen und eine *language-focus*-Phase; bei den hoch bewerteten um eine *report*-, eine *language-focus*-, eine *pretask*- und eine *planning*-Phase. Es scheinen also bei dieser Gruppe alle Phasen in allen Motivationsbereichen vorzukommen, wobei die *task*-Phasen den größten Teil der niedrigen Bewertungen auszumachen scheinen. Errechnet man die genauen Durchschnittswerte der Phasentypen, bestätigt sich, dass die *task*-Phasen mit einem Durchschnittswert von 3,0 am schlechtesten bewertet werden, gefolgt von den *language-focus*-Phasen und den *pretask*-Phasen mit einem Wert von 3,5. Die am besten bewerteten Phasen sind die *planning*-Phasen mit einem Wert von 3,9 und die *report*-Phasen mit einem Wert von 4,0.

Was Gruppe 3 (leistungsschwach) angeht, so ist ihre Motivation in den einzelnen Phasen der Gruppe 2 sehr ähnlich. Für Gruppe 3 ergibt sich folgender Verlauf der durchschnittlichen Motivationskurve (Abb. 3):

Abb. 3: Motivationskurve von Gruppe 3.

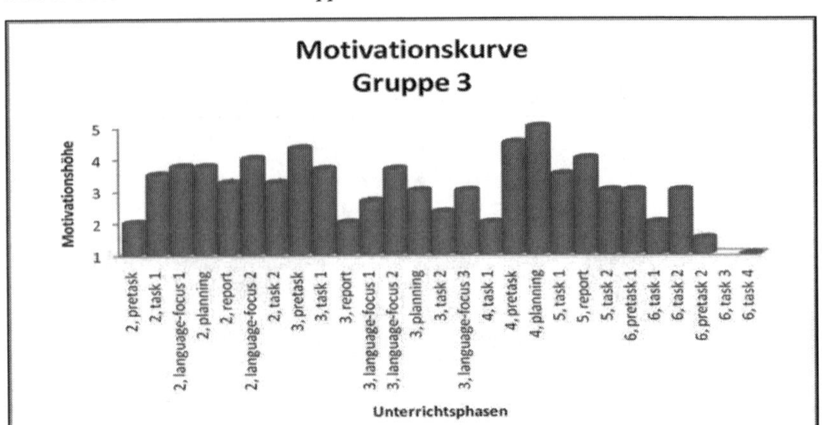

Mehr noch als bei den anderen Gruppen sammeln sich hier die Werte im mittleren Bereich. Die errechneten Durchschnittswerte der verschiedenen Phasentypen zeigen jedoch, dass auch diese Gruppe die *task*-Phasen als am wenigsten motivierend empfand. So bewerteten die Lerner der Gruppe 3 diese Phasen durchschnittlich mit 2,7. Während die *pretask*- und *report*-Phasen mit einem Wert von 3,0 nur geringfügig besser bewertet werden, weisen die *planning*-Phasen mit einem Wert von 3,9 und die *language-focus*-Phasen mit einem Wert von 4,0 deutlich auf die höchste Motivation hin.

Insgesamt ergeben sich so für jede Gruppe verschiedene Rangfolgen der Phasentypen nach ihrer empfundenen Motivationshöhe (Abb. 4):

Abb. 4: Vergleichende Darstellung der Rangfolgen der Phasentypen der drei Gruppen (bezogen auf die Motivation).

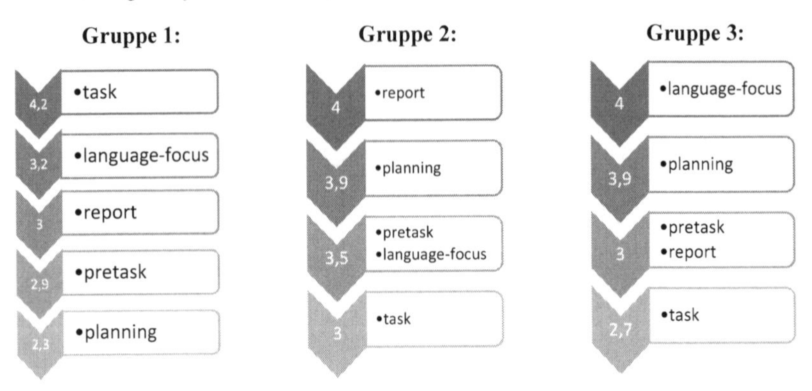

Mit diesen Ergebnissen lassen sich bereits Teile der Forschungsfrage beantworten: Die leistungsstarken Lernenden schätzten insbesondere die *task*-Phasen als motivierend ein, wohingegen die *planning*-Phasen am wenigsten Motivation bei dieser Lerngruppe auslösen konnten. Die leistungsschwächeren Lernenden erlebten die *task*-Phasen im Gegensatz dazu als wenig motivierend und erachteten vor allem die *language-focus*-Phasen als motivationsförderlich.

In der Forschungsfrage findet die Gruppe der Lernenden mit mittlerem Leistungsniveau keine explizite Beachtung. Die Ergebnisse der Untersuchung zeigen jedoch, dass sie die Phasen ähnlich wie die Gruppe der leistungsschwachen Lernenden einschätzten. So waren auch für sie die *task*-Phasen wenig motivierend. Die größte Motivation verzeichneten sie jedoch in den *report*-Phasen.

Die Ergebnisse zeigen, dass sich Gruppe 1 stark von den anderen beiden Gruppen unterscheidet und die Phasen fast genau gegensätzlich zu den Gruppen 2 und 3 bewertet. Es stellt sich daher die Frage, wie es zu dieser unterschiedlichen Einschätzung bezüglich der Motivation in den verschiedenen Phasentypen kommt.

7.3.2 Qualitative Analyse

Im Folgenden wird dieser Frage mithilfe der Begründungen der Schüler/innen für ihre Motivationswerte in den einzelnen Phasen nachgegangen. Dabei wird jeder Phasentyp einzeln betrachtet.

Pretask-Phasen

Die *pretask*-Phasen dienten der Einführung und Vorbereitung der jeweiligen Themen der Lernaufgabe und waren beispielsweise mit dem Erarbeiten von Wortfeldern oder inhaltlichen Aspekten an der Tafel verbunden. Die Schüler/innen agierten innerhalb dieser Phasen als sie selbst und nicht in der Rolle ihrer Charaktere innerhalb der *simulation globale*.

Die *pretask*-Phasen scheinen besonders Gruppe 1 nicht besonders motiviert zu haben, wie die durchschnittliche Bewertung von 2,9 zeigt. Die Lernenden dieser Gruppe gaben als Gründe hierfür vor allem an, dass die Phasen zu lang gewesen seien, und sie sich eine kürzere Vorbereitung auf die eigentliche *task* gewünscht hätten. So äußerten drei der fünf Lernenden mehrfach Begründungen wie: „Ich hätte mich lieber nicht so lange darauf vorbereitet“ (S1b, LA2, *pretask*).[5] Die zu

5 Die schriftlichen Begründungen der Schüler/innen wurden hier als Zitate so übernommen, wie sie in den Fragebögen notiert waren; sie wurden weder orthografisch noch grammatikalisch geglättet. Die Verweise in den Klammern sind wie folgt zu lesen: „S“ bedeutet „Schüler/Schülerin“; 1 bezeichnet die jeweilige Leistungsgruppe, hier also die

lange Dauer dieser Phasen hat bei diesen Lernenden zudem teilweise dazu geführt, dass sie sich gelangweilt und nicht mehr aufgepasst hätten: „Nach einer Weile konnte ich einfach nicht mehr aufpassen und es wurde langweilig, weil wir uns so lange damit aufgehalten haben“ (S1c, LA6, *pretask* 1). Vier Lernende dieser Leistungsgruppe begründeten dies damit, dass sie nur wenig oder gar nicht auf Französisch gesprochen hätten. So gab eine Schülerin an: „Bei solchen Übungen sitzt man oft nur herum und spricht nicht wirklich“ (S1a, LA6, *pretask* 2). Eine andere Schülerin erläuterte dazu: „Das war viel langweiliger als das Sprechen, aber trotzdem noch ganz interessant. Trotzdem schalte ich in solchen Phasen eher ab, weil ich nicht direkt gefordert bin und nicht so aufpassen muss“ (S1b, LA4, *pretask*).

Die Analyse legt den Schluss nahe, dass der Großteil der Lernenden der Gruppe 1 bezüglich des Sprechens auf Französisch so leistungsstark war, dass sie keine intensive Vorbereitung auf die Sprechsituation benötigten und sie daher keinen Sinn oder Mehrwert in diesen Phasen erkennen konnten. Ein weiterer Grund mag in der empfundenen Aufgabenschwierigkeit liegen, die in engem Zusammenhang mit der Leistungsmotivation steht. Wie die Fragebögen zeigen, empfanden viele Lernende aus Gruppe 1 die *pretask*-Phasen nicht als Herausforderung, sondern schätzten die geforderten Aufgaben als leicht zu bewältigen ein. Dies könnte dazu geführt haben, dass sie den Erfolg, die Aufgabe geschafft zu haben, nicht auf ihre eigenen Fähigkeiten zurückführten, sondern mit dem zu niedrigen Schwierigkeitsgrad der Aufgabe in Verbindung brachten.

Ganz anders ist die Einschätzung des Großteils der Lernenden aus den Gruppen 2 und 3. So gaben vier der sieben Lernenden an, die *pretask*-Phasen als gute Vorbereitung auf das Sprechen wahrgenommen zu haben und deshalb motiviert gewesen zu sein. Ein Schüler der Gruppe 2 schreibt zum Beispiel: „Hat mir Spaß gemacht, weil es gut vorbereitet hat“ (S2b, LA6, *pretask* 2). Zudem gab ein Schüler der Gruppe 3 mehrmals an, dass er durch die Vorbereitungsphasen Selbstvertrauen bezüglich des Sprechens gewinnen konnte: „Vorbereitung gab mir Sicherheit und dadurch hatte ich mehr Selbstvertrauen“ (S3a, LA4, *pretask*). Die Begründungen zeigen, dass die Lernenden der Gruppe 3 im Gegensatz zu denen der Gruppe 1 gerade den vorbereitenden Charakter der *pretask*-Phasen schätzten, um Sicherheit bezüglich des Sprechens zu gewinnen. Diese Ergebnisse lassen vermuten, dass einige der Lernenden, die sprachlich ein niedrigeres Niveau haben, die Vorbereitungsphasen für sich als notwendig betrachteten, um die darauf folgenden sprachlichen Aufgaben meistern zu können. Sie führten vor allem an, dass sie

---

leistungsstarke Gruppe; jedem Schüler/jeder Schülerin ist ein Kleinbuchstabe innerhalb seiner Leistungsgruppe zugeordnet; mit „LA“ wird „Lernaufgabe“ abgekürzt.

neues Vokabular gelernt hätten, das ihnen für die Bearbeitung der weiteren Aufgaben geholfen habe, wie ein Zitat einer Schülerin aus Gruppe 3 deutlich macht: „Wir haben Vokabeln die man für solche Gespräche benötigt bekommen, das fand ich sehr gut“ (S 3d, LA4, *pretask*). Es wird also deutlich, dass die genannten Schüler aus Gruppe 2 und 3 anders als die meisten leistungsstarken Lernenden einen konkreten Sinn in den *pretask*-Phasen sahen.

Task-Phasen

In den *task*-Phasen wurden spontane Gespräche in Partner- oder Kleingruppenarbeit durchgeführt. Die Lernenden handelten in diesen Phasen stets in der Rolle ihrer fiktiven Identitäten innerhalb der *simulation globale.*

In diesen Phasen waren besonders die Lernenden aus Gruppe 1 stark motiviert. Als häufigste Begründung für ihre hohe Motivation gaben sie an, dass sie Spaß daran hätten, spontan auf Französisch zu sprechen. Eine Schülerin schreibt beispielsweise: „Diese Aufgabe hat mir gefallen, weil wir wieder spontan sprechen mussten“ (S1e, LA5, *task* 2). Auch das freie Sprechen in der Fremdsprache (drei Nennungen), das Führen von Diskussionen und Unterhaltungen (sechs Nennungen) und generell das Sprechen auf Französisch (sechs Nennungen) fanden häufig Erwähnung. So nannte eine Schülerin der Gruppe 1 zum Beispiel all diese Aspekte als Begründung: „Es hat Spaß gemacht, spontan auf das Gegenüber zu reagieren und zu sprechen und nicht nach Vorlage zu handeln, sondern frei zu sprechen“ (S1c, LA 4, *task* 1). Die Lernenden stellten also insbesondere den Spaß am Kommunizieren in der Fremdsprache heraus und betonten dabei vor allem die in den *task*-Phasen geforderte Spontaneität. Diese wurde als Herausforderung wahrgenommen, wie das folgende Zitat veranschaulicht: „In solchen Gesprächen muss man sofort reagieren und man ist anders als im normalen Unterricht sozusagen die ganze Zeit gefordert“ (S1b, LA3, *task* 1). Die *task*-Phasen scheinen demnach besser geeignet gewesen zu sein, um bei den leistungsstarken Schülern Leistungsmotivation hervorzurufen. Dies spricht zudem dafür, dass bei ihnen eine intrinsische Motivation angeregt wurde, da sie die Aufgaben an sich offensichtlich als spannend erlebten und ihre Erledigung als Befriedigung wahrnahmen. Der Schwierigkeitsgrad der *task*-Phasen und die Art der Herangehensweise scheint für die Lernenden aus Gruppe 1 demnach angemessen gewesen zu sein.

Gruppe 2 und 3, die die *task*-Phasen überwiegend als weniger motivierend einschätzten, gaben vermehrt an, dass sie verschiedene sprachliche Schwierigkeiten gehabt hätten und die Aufgabe ihnen deshalb keinen Spaß gemacht hätte. Diese Art der Begründung lässt sich bei sechs der sieben Schüler/innen finden. Es wurden unter anderem Vokabellücken (zweimal), Verständnisprobleme (dreimal) und vor allem Unsicherheit bezüglich des Sprechens in der Fremdsprache (viermal) angesprochen. So schreibt zum Beispiel eine Schülerin der Gruppe 2: „Mir fehlten Gesprächsthemen und ich war unsicher" (S2c, LA4, *task* 1). Es zeigt sich, dass fast alle Schüler/innen der Gruppe 2 und 3 die Aufgaben der *task*-Phasen als zu schwer empfanden oder Schwierigkeiten hatten, die Aufgaben zu lösen. Aus diesem Grund konnte vermutlich weder intrinsische Motivation noch Leistungsmotivation entstehen, da die Schüler/innen die Aufgaben nicht als spannend erlebten und so auch keine Neugierde entwickeln konnten.

Einigen Lernenden aller Gruppen ist gemein, dass sie das selbstständige und kreative Arbeiten in den *task*-Phasen als motivierend erlebten. So gaben vier Lernende an, dass sie durch das selbstständige Arbeiten motiviert wurden, und sechs Lernende vermerkten, dass ihnen das kreative Arbeiten gefallen habe. Eine Schülerin der Gruppe 1 schreibt beispielsweise: „Außerdem hat es Spaß gemacht, zu überlegen, wie man sich präsentieren kann und dies dann auch kreativ und selbstständig umzusetzen" (S1a, LA6, *task* 3). Auch die in diesen Phasen vorherrschende Gruppenarbeit empfanden einige Lernende aller Gruppen als motivierend. So äußerten sieben Lernende Sätze wie: „Ich war motiviert, da Gruppenarbeiten fast immer Spaß machen" (S 3b, LA3, *task* 1). Neben dem Spaßfaktor der Gruppenarbeit gaben drei der Lernenden zusätzlich an, dass man im kleinen Kreis freier in der Fremdsprache sprechen könne, ohne sich von der Klasse beobachtet zu fühlen. Eine Schülerin der Gruppe 1 schreibt beispielsweise: „Wir haben in einem kleinen Kreis gesprochen, man fühlte sich nicht beobachtet" (S1a, LA3, *task* 1). Dieser Umstand scheint sich positiv auf die Motivation ausgewirkt zu haben.

Planning-Phasen

Die *planning*-Phasen dienten jeweils der Überarbeitung der *task*-Phasen, wofür den Lernenden teilweise Hilfen in Form von Beispiellösungen gegeben wurden. Die Lernenden blieben bei diesen Überarbeitungen häufig in ihren fiktiven Identitäten, agierten aber auch gelegentlich in ihrer Schüleridentität.

Die *planning*-Phasen stellten für die Lernenden aus Gruppe 1 durchschnittlich die am wenigsten motivationsfördernden Phasen dar. Alle Lernenden dieser Gruppe gaben an, dass sie die Phasen entweder als zu lang empfanden oder auch als unsinnige Wiederholung wahrnahmen. So schreibt eine Schülerin zum Beispiel: „Wir hatten ziemlich viel Zeit für die Aufgabe und haben uns deshalb wiederholt" (S1e, LA4, *planning*). Eine andere Schülerin beschreibt konkreter, weshalb es zu diesen Gefühlen kam: „Mir fiel nicht viel zum verbessern ein [...] Ich fand die Aufgabe einfach nur sinnlos, weil sie nur wiederholt hat" (S1b, LA2, *planning*).

Bei diesen Begründungen der leistungsstarken Lernenden zeigt sich ein generelles Problem dieses Phasentyps. Wurde der *task* gut gelöst und von den Lernenden sprachlich gut bewältigt, gab es keinen Grund zur Überarbeitung, und die *planning*-Phase verlor ihren Sinn. Zu diesem Phänomen ist es vermutlich bei den leistungsstarken Lernenden vermehrt gekommen. Die Aufgabe konnte deshalb weder als spannend noch als herausfordernd erlebt werden, sodass auch keine Leistungsmotivation zustande kommen konnte. Die leistungsstarken Lernenden verbanden diese Phase so in erster Linie mit negativen emotionalen Motiven wie Langeweile.

Drei der sieben Lernenden der anderen Gruppen 2 und 3 gaben hingegen an, dass sie die Phasen als gute Vorbereitung für die darauf folgende Präsentation in den *report*-Phasen empfanden, wie folgendes Zitat veranschaulicht: „Es war spannend, weil man nun ein Schema hatte, wie man es richtig macht und sich so gut vorbereiten konnte" (S2c, LA2, *planning*). Im Gegensatz zu den *task*-Phasen hatten diese Lernenden zudem das Gefühl zu wissen, wie man vorgehen könnte: „Ich war wieder motivierter [als während der *task*], weil ich einen Plan hatte und gut vorbereitet war" (S2a, LA2, *planning*).

Für einige leistungsschwächere Lernende scheinen die *planning*-Phasen also äußerst wichtig gewesen zu sein. Sie konnten die Überarbeitungsphasen nutzen, um sich intensiver mit der Aufgabe zu beschäftigen und fühlten sich nicht so überfordert wie in den *task*-Phasen, da sie mehr Zeit hatten, ihre Aussagen zu überdenken und zu planen.

Report-Phasen

Die *report*-Phasen bestanden aus einer Präsentation der überarbeiteten Ergebnisse vor der Klassengemeinschaft. Die Schüler/innen agierten in diesen Phasen folglich in der Rolle der für die *simulation globale* eingenommenen Identität.

Als förderlich für die Motivation in diesen Phasen gaben drei Lernende aus Gruppe 1 an, dass sie, wie auch in den *task*-Phasen, viel auf Französisch sprechen konnten. Zum Beispiel: „Das Sprechen hat mir wieder Spaß gemacht" (S1b, LA2, *report*). Den Umstand, dass die Präsentationen die gleichen Themen beinhalteten wie die *task*-Phasen, scheinen die Lernenden der Gruppe 1 jedoch als weniger motivierend empfunden zu haben. So gaben vier von ihnen bezüglich der *report*-Phasen an, dass für sie diese Phase eine überflüssige Wiederholung sei. Eine Schülerin schreibt beispielsweise: „Es war ein bisschen langweilig, das Gespräch noch einmal durchzuführen" (S1c, LA5, *report*), und eine andere konstatiert: „Allerdings hat sich das Gespräch zumindest in meiner Gruppe nicht groß verbessert, es hat sich nur wiederholt" (S1b, LA2, *report*). In diesen Äußerungen spiegelt sich das bereits erwähnte Problem wider: Die Mehrzahl der leistungsstarken Lernenden konnte die in den *task*-Phasen gestellten Aufgaben bereits so gut bewältigen, dass sie in den *planning*-Phasen kaum Verbesserungsmöglichkeiten hatten und die *report*-Phasen als Wiederholung der *task*-Phase wahrnahmen. Zwei Schülerinnen aus Gruppe 1 gaben aber auch an, eine sprachliche Verbesserung bei sich bemerkt zu haben. Eine Schülerin schreibt: „Das Vormachen war auch gut, weil meine Gruppe gut war und alles geklappt hat. Wir waren besser als vorher [während der *task*-Phase, Ergänzung von J.O]" (S1e, LA5, *report*). Diese Äußerung deutet darauf hin, dass es zumindest für diese Schülerin eine Verbesserungsmöglichkeit gab und die Wiederholung des *task* von ihr somit als sinnvoll erachtet wurde.

Gruppe 2 und 3 schätzten die *report*-Phasen anders als Gruppe 1 im Durchschnitt motivierender als die *task*-Phasen ein. Als Grund gaben drei der Schüler/innen an, dass sie sich in diesen Phasen vorbereitet fühlten und wussten, wie sie vorzugehen hätten. Eine Schülerin aus Gruppe 2 äußerte beispielsweise: „Diesmal war ich motiviert, weil ich den Vorgang schon kannte und wusste was zu tun ist" (S2a, LA2, *report*). Dies unterstützt die These, dass einige der leistungsschwächeren Lernenden zunächst mehr Zeit brauchen, um ihre Äußerungen zu planen und in der Fremdsprache zu formulieren. Während die Schüler/innen der Gruppe 2 und 3 in den *task*-Phasen nur sehr wenig Zeit für diese Planungs- und Formulierungsaktivitäten hatten, kannten sie in der *report*-Phase bereits das Thema, hatten bereits ausprobiert, sich spontan in der Fremdsprache dazu zu äußern und dies in einer Nachbereitung zu überarbeiten. Sie hatten sich demnach bereits über eine längere Zeit hinweg mit dem Thema des *task* beschäftigt und konnten sich daher besser in der Fremdsprache ausdrücken. Darüber hinaus bereitete es einigen Lernenden aus Gruppe 2 und 3 in den *report*-Phasen offensichtlich Spaß, sich die Ergebnisse der anderen Arbeitsgruppen anzuhören. So äußerten drei Lernende Begründungen für ihre Motivation, wie beispielsweise: „Man konnte sehen was die anderen erarbeitet haben" (S3b, LA3, *report*).

Language-focus-Phasen

In den *language-focus*-Phasen wurden die von den Lernenden im Laufe der Lernaufgabe gemachten sprachlichen Fehler thematisiert sowie neue Grammatikphänomene besprochen und erläutert. Wie bereits erwähnt, waren die *language-focus*-Phasen im vorliegenden Unterrichtsprojekt nicht nur nach dem *task-cycle* platziert, sondern wurden bei einigen Lernaufgaben auch innerhalb des *task-cycle* eingeschoben. Die Lernenden handelten in diesen Phasen in ihrer Schüleridentität.

Die Lernenden aus Gruppe 1 hoben bei den *language-focus*-Phasen insbesondere den empfundenen Lerneffekt als motivationssteigernd hervor. So schreiben vier der fünf Lernenden, dass sie motiviert waren, da sie in diesen Phasen neue Grammatik gelernt hätten. Eine Schülerin stellt zum Beispiel fest: „Ich fand es interessant, dass wir dabei angefangen haben, den *subjonctif* zu lernen" (S1b, LA3, *language-focus* 1). Trotz dieser positiven Aspekte der *language-focus*-Phasen gaben fast alle Lernenden aus Gruppe 1 an, dass die Phasen zu viel Zeit in Anspruch genommen hätten, sodass Langeweile aufkam. Es ist anzunehmen, dass in den *language-focus*-Phasen in erster Linie die sprachlichen Schwierigkeiten und Fehler der leistungsschwächeren Lernenden thematisiert wurden. Infolgedessen war diese Besprechung für die leistungsstärkeren Lernenden nicht in gleichem Maße von Belang, sodass der Eindruck entstehen konnte, die Besprechung dauere zu lang. Die Einführung von bis dahin unbekannten Grammatikphänomenen konnte bei den leistungsstarken Lernenden allerdings Interesse hervorrufen.

Die Lernenden aus Gruppe 2 begründeten ihre Motivation in den *language-focus*-Phasen in erster Linie damit, dass sie Neues und aus der Korrektur ihrer eigenen Fehlern gelernt hätten. So äußerten alle drei Lernenden Ähnliches wie: „Ich war motiviert, weil man die Fehler mündlich besprechen konnte. Und dadurch die Grammatik besser gelernt hat und seine Fehler korrigiert hat" (S2c, LA3, *language-focus* 3). Diese Aspekte spielten auch für die Motivation von drei Lernenden aus Gruppe 3 eine Rolle. Ein Schüler schreibt diesbezüglich: „Man hat die Fehler erkannt und somit [war] alles besser verständlich" (S3a, LA2, *language-focus* 2). Allerdings wurde die Motivation von drei Lernenden aus Gruppe 3 in dieser Phase durch Verständnisprobleme beeinträchtigt. Sie gaben als Begründungen für ihre geringe Motivation an, die neu eingeführte Grammatik nicht auf Anhieb verstanden zu haben. So schreibt beispielsweise ein Schüler: „Die neue grammatikalische Form wurde nur kurz erwähnt und vorerst im Gespräch nicht erklärt, darum hab ich sie nicht verstanden" (S3c, LA3, *language-focus* 1). Es zeigt sich hier, dass diese Lernenden aus Gruppe 3 die Erklärungen der eingeführten Grammatik teils als unzureichend empfanden und Verständnisprobleme hatten. Dies deutet darauf hin, dass die Erklärungen auf einem für sie zu hohen Niveau stattfanden und die Phasen, in denen neue Grammatik eingeführt wurde, nicht für alle Lernenden gleichermaßen hilfreich waren.

Zusammenfassend kann in Bezug auf die Motivation der Schüler/innen Folgendes festgestellt werden. Die leistungsstarken Lernenden schätzten die *task*-Phasen als besonders motivierend ein, weil sie hier spontan in der Fremdsprache sprechen mussten und sich somit in einer herausfordernden Situation sahen, die sie meistern wollten. Die *planning*-Phasen empfanden sie hingegen eher als demotivierend, weil sie vermutlich keine großen Änderungen an ihren Produkten vorzunehmen hatten und deshalb den Sinn der Phasen nicht erkennen konnten. Die Lernenden des mittleren Leistungsniveaus schätzten vor allem die *report*-Phasen als motivierend ein, weil sie hier ihre Ergebnisse gut vorbereitet präsentieren konnten und nicht spontan in der Fremdsprache agieren mussten. Das gleiche Phänomen zeigte sich auch bei den leistungsschwachen Lernenden. Sie schätzten das geforderte spontane Sprechen als schwer ein und führten dies vor allem auf sprachliche Probleme zurück. Am größten war die Motivation dieser Gruppe dagegen in den *language-focus*-Phasen, da sie hier über ihre Fehler sprechen und sie verbessern konnten. Auch ihre sprachlichen Schwierigkeiten wurden hier thematisiert und besprochen, was sich förderlich auf ihre Motivation auswirkte.

8. Fazit

Wie die Untersuchung zeigte, schätzten die Schüler/innen einer 10. Klasse Französisch als Leistungskurs nicht alle Phasentypen als gleichermaßen hilfreich für die Verbesserung ihrer Sprechkompetenz ein und waren in einigen Phasen motivierter als in anderen. Dies legt nahe, dass nicht alle Phasentypen für alle Lernenden in gleichem Maße geeignet waren. Daher müssten die Phasen des aufgabenorientierten Modells von Willis stärker auf die individuellen Bedürfnisse der Schüler/innen unterschiedlicher Leistungsniveaus angepasst werden, um optimal genutzt werden zu können.

Bei den *pretask*-Phasen zeigte sich, dass sie für die leistungsschwächeren Lernenden insbesondere eine entlastende und vorbereitende Funktion erfüllten. Die Lernenden konnten durch diese Phasen Sicherheit bezüglich des Sprechens in der Fremdsprache gewinnen; durch das Sammeln passender Themen und nötiger Vokabeln konnte eine Überforderung in den *task*-Phasen vermieden werden. Die leistungsstarken Lernenden langweilten sich dagegen bei einer solchen Herangehensweise schnell, weil sie sich nicht gefordert fühlten und die Aufgaben nicht als spannend erlebten. Daher wäre zu überlegen, die *pretask*-Phase in zwei getrennten Gruppen durchzuführen. Die leistungsstarken Lernenden könnten so eine sprachlich schwieriger zu bewältigende Aufgabe bekommen; die leistungsschwächeren Lernenden könnten durch Themen- und Vokabelsammlungen, wie sie in der untersuchten Unterrichtseinheit stattfanden, vorentlastet werden.

Eine stärkere Differenzierung innerhalb der *pretask*-Phase könnte auch dazu führen, dass die *task*-Phase für beide Gruppen motivierend wirkt. Die Ergebnisse der vorliegenden Untersuchung zeigen, dass die leistungsschwachen Lernenden die *task*-Phase häufig als sprachlich zu schwierig erachteten und deshalb nicht motiviert waren und diese auch nicht als nützlich für die Verbesserung ihrer

Sprechkompetenz einschätzten. Wenn die *pretask*-Phasen die leistungsschwachen Lernenden jedoch besser auf die sprachlichen Situationen vorbereiten würden und somit die Spontaneität der Sprechsituationen etwas abgemindert wäre, könnten vermutlich auch die leistungsschwachen Lernenden die *task*-Phase als positiv und sinnvoll erleben.

Für die leistungsstarken Lernenden waren die *task*-Phasen, wie sie in der untersuchten Unterrichtseinheit stattfanden, bereits motivierend und wurden auch als hilfreich zur Verbesserung des freien Sprechens erachtet. Die Ergebnisse der *planning*-Phasen zeigten jedoch, dass die *task*-Phase für die leistungsstarken Lernenden sprachlich etwas schwieriger gestaltet werden könnte. Auf diese Weise könnte eine Überarbeitung in der *planning*-Phase legitimiert und die Phase von den Lernenden als sinnvoll erlebt werden. Dies legt nahe, dass auch bei der *task*-Phase leistungshomogene Gruppen gebildet werden sollten, um den Schwierigkeitsgrad anpassen zu können.

Für die leistungsschwächeren Lernenden scheinen die *planning*-Phasen sehr wichtig und hilfreich gewesen zu sein; sie riefen bei ihnen eine hohe Motivation hervor. Die Lernenden konnten die Überarbeitungsphasen nutzen, um sich intensiver mit der Aufgabe zu beschäftigen und fühlten sich nicht so überfordert wie in der *task*-Phase, da sie nun mehr Zeit hatten, ihre Aussagen zu überdenken und zu planen. Dennoch wurde einige Male deutlich, dass die Lernenden mit der selbstständigen Überarbeitung Schwierigkeiten hatten und nicht wussten, wie sie vorgehen sollten. Es wäre daher zu überlegen, in diesen Phasen leistungsheterogene Gruppen zu bilden, bei denen die leistungsstarken Lernenden den leistungsschwächeren Lernenden helfen, ihre Produkte sprachlich zu überarbeiten. Die Produkte der leistungsstärkeren Lernenden könnten hierbei als Orientierungspunkte und Beispiellösungen dienen.

Bei der *language-focus*-Phase schätzten die leistungsschwächeren Lernenden die Erklärungen zu neuen Grammatikphänomenen als unzureichend ein. Eine Möglichkeit, dies zu ändern, wäre, die leistungsstärkeren Lernenden als Expert/inn/en zu nutzen, die den leistungsschwächeren Lernenden das jeweilige Grammatikphänomen noch einmal in ihren Worten erklären. Auf diese Weise hätten die leistungsschwächeren Schüler/innen zum einen eine wiederholende Erklärung, die ihnen zu einem besseren Verständnis verhelfen könnte; zum anderen hätten die leistungsstarken Lernenden eine anspruchsvolle Aufgabe, bei der sie sich ihres eigenen Verständnisses des Grammatikphänomens versichern könnten.

Zusammenfassend kann festgestellt werden, dass der Einsatz der *simulation globale* in Form von Lernaufgaben sich gut eignete, um die Lernenden zu motivieren und im Ausbau ihrer Sprechkompetenz zu unterstützen. Deutlich wurde jedoch auch, dass eine stärkere Differenzierung innerhalb der Lernaufgaben stattfinden müsste, um die Schüler/innen in allen Phasen gleichermaßen ansprechen und fördern zu können.

9. Bibliografie

Abendroth-Timmer, Dagmar (2007). *Akzeptanz und Motivation. Empirische Ansätze zur Erforschung des unterrichtlichen Einsatzes von bilingualen und mehrsprachigen Modulen.* Frankfurt a.M.: Internationaler Verlag der Wissenschaften.

Altrichter, Herbert / Posch, Peter (2007). *Lehrerinnen und Lehrer erforschen ihren Unterricht: Unterrichtsentwicklung und Unterrichtsevaluation durch Aktionsforschung.* Bad Heilbrunn: Klinkhardt.

Arendt, Manfred (1997). Simulationen. *Der fremdsprachliche Unterricht Englisch* 31/2: 4–10.

Bechtel, Mark (2011). Lernaufgaben für einen kompetenzorientierten Französischunterricht in der Sekundarstufe I. *Französisch heute* 42/1: 25–34.

Bechtel, Mark (2015). Das Bremer Schulbegleitforschungsnetzwerk „Fördern durch Aufgabenorientierung": Ziele – Struktur – Verlauf. In: Ders. (Hrsg.). *Fördern durch Aufgabenorientierung. Bremer Schulbegleitforschung zu Lernaufgaben im Französisch- und Spanischunterricht der Sekundarstufe I.* Frankfurt a.M. u.a.: Lang. 17–41.

Bechtel, Mark / Fischer, Grégoire (2012). Kompetenzförderung durch TBLL im Französischunterricht. In: Fäcke, Christiane / Martinez, Hélène / Meißner, Franz-Joseph (Hrsg.). *Mehrsprachigkeit. Bildung – Kommunikation – Standards.* Stuttgart/Leipzig: Klett. 153–164.

Bechtel, Mark / Fischer, Grégoire / Obermeier, Julia (2012): Freies Sprechen in einer aufgabenorientierten *simulation globale*: ein Unterrichtsprojekt. *Französisch heute* 43/3: 116–123.

Brümmer, Birgit (2002). Kreativ Französisch lernen à la Simulation globale. In: Kühn, Olaf / Mentz, Olivier (Hrsg.). *Zwischen Kreativität, Konstruktion und Emotion. Der etwas andere Fremdsprachenunterricht.* Herbolzheim: Centaurus. 176–199.

Carstens, Rudolph (2005). Engaging Learners in Meaning-Focused Language Use. *Praxis Fremdsprachenunterricht* 2/4: 7–12.

Caspari, Daniela / Kleppin, Karin (2008). Lernaufgaben: Kriterien und Beispiele. In: Tesch, Bernd / Leupold, Eynar / Köller, Olaf (Hrsg.). *Bildungsstandards: Französisch konkret. Sekundarstufe I: Grundlagen, Aufgabenbeispiele und Unterrichtsanregungen.* Berlin: Cornelsen. 88–148.

Dräger-Spence, Stefanie (1998). Die „simulation globale“: Ein Dorf entsteht aus dem Nichts. *Praxis des neusprachlichen Unterrichts* 45/3: 279–291.

Hu, Adelheid / Leupold, Eynar (2008). Kompetenzorientierung und Französischunterricht. In: Tesch, Bernd / Leupold, Eynar / Köller, Olaf (Hrsg.). *Bildungsstandards: Französisch konkret. Sekundarstufe I: Grundlagen, Aufgabenbeispiele und Unterrichtsanregungen.* Berlin: Cornelsen. 51–84.

Meyer, Hilbert / Fichten, Wolfgang (2009). *Einführung in die schulische Aktionsforschung. Ziele, Verfahren und Ergebnisse eines BLK-Modellversuchs.* Oldenburg: diz.

Nunan, David (1989). *Designing Tasks for the Communicative Classroom.* Cambridge: University Press.

Obermeier, Julia (2011). *Die „Simulation globale“ in Form von Lernaufgaben im Französischunterricht. Motivationsverläufe und Schülereinschätzungen hilfreicher Aspekte für den Ausbau der eigenen Sprechkompetenz innerhalb der Phasen des Task-Based-Learning-Modells.* Abschlussarbeit zur Erlangung des Grades *Master of Education*, Universität Bremen (22.7.2011).

Rheinberg, Falco (2006). *Motivation.* Stuttgart: Kohlhammer.

Schlag, Bernhard (2006). *Lern- und Leistungsmotivation.* Wiesbaden: VS.

Schröder, Hartwig (1992). *Grundwortschatz Erziehungswissenschaft. Ein Wörterbuch der Fachbegriffe. Von „Abbilddidaktik“ bis „Zielorientierung“.* München: Ehrenwirth.

Sippel, Vera (2003). *Ganzheitliches Lernen im Rahmen der Simulation globale. Grundlagen. Erfahrungen. Anregungen.* Tübingen: Gunter Narr Verlag.

Sippel, Vera / Wagner, Heike (2001). Nous déménageons dans la rue Daguerre… Die simulation globale als integrale Ergänzung zur Lehrwerksarbeit im Anfangsunterricht. *Französisch heute* 32/1: 79–88.

Tesch, Bernd (2010). *Kompetenzorientierte Lernaufgaben im Fremdsprachenunterricht.* Konzeptionelle Grundlagen und eine rekonstruktive Fallstudie zur Unterrichtspraxis (Französisch). Frankfurt a.M. u.a.: Lang.

Willis, Jane (1996). *A Framework for Task-Based Learning.* Harlow: Longman.

Yaiche, Francis (1994). Les Simulations Globales. Principes et domaines d'application des simulations globales. *Der fremdsprachliche Unterricht Französisch* 28/14: 39–42.

Yaiche, Francis (1996). *Les simulations globales: Mode d'emploi.* Paris: Hachette.

Anhang 1

Mindmap der Lernenden zu „Motivation"

Anhang 2

Überblick über die einzelnen Lernaufgaben der *simulation globale*

Lernaufgabe 1
Erstellen von Annoncen für die Suche nach einer Wohngemeinschaft bzw. nach neuen Mitbewohnerinnen und Mitbewohnern.

pretask: Die Steckbriefe und Fotos der fiktiven Persönlichkeiten der Lernenden werden auf einer Stellwand aufgehängt und von allen gelesen. Daraus entsteht eine Diskussion über die Situation im Haus: Einige Wohngemeinschaften brauchen noch Mitbewohner/innen, umgekehrt andere Personen eine Wohnung.

task: Die Lernenden schreiben in Gruppen eine Annonce, um eine Wohngemeinschaft bzw. neue Mitbewohner/innen zu suchen.
language focus (eingeschoben): Die verschiedenen Annoncen werden im Plenum vorgestellt und diskutiert: Welche Aspekte sind gut/was könnte man verbessern?
An der Tafel wird gesammelt, welche Elemente in der Annonce vorkommen sollten. Die Lehrkraft stellt eine authentische französische Annonce aus dem Internet vor.

planning: Die Lernenden überarbeiten die eigenen Annoncen mithilfe des Kriterienkatalogs und der Beispielannonce.

Lernaufgabe 2
Führen von Bewerbungsgesprächen für die Aufnahme in eine Wohngemeinschaft

pretask: Die Lernenden schauen sich einen Kurzfilm zum Thema Wohngemeinschaftssuche an und erstellen einen Merkzettel: Was muss man beachten, wenn man sich bei einer Wohngemeinschaft vorstellt? bzw. Welche Fragen sollte man dem/der potentiellen Mitbewohner/in stellen?
task 1: Die Lernenden führen ein Bewerbungsgespräch in einer Wohngemeinschaft durch. Die einzelnen Gruppen werden dabei gefilmt.
language focus 1 (eingeschoben): Zwei der zuvor gefilmten Bewerbungsgespräche werden im Plenum gezeigt und besprochen: Was war gut? Was könnte man besser machen?
An der Tafel werden Kriterien gesammelt: Was muss man bei einem solchen Gespräch bedenken?
planning: Die Fragenkataloge und Merkblätter werden in anderer Gruppenzusammensetzung überarbeitet.
report: Das Bewerbungsgespräch wird ein zweites Mal in den ursprünglichen Gruppen vor der Klasse simuliert. Die einzelnen Gruppen werden erneut gefilmt.
language focus 2: Die Videos der *report*-Phase der zwei Gruppen, deren Bewerbungsgespräche bereits in der *language focus* 1 analysiert wurden, werden im Plenum gezeigt und besprochen: War diese Durchführung besser als die erste? Was war gut? Was könnte man besser machen?

task 2: Die Lernenden führen zum Abschluss in Form eines *speed-dating* vier kurze Bewerbungsgespräche hintereinander durch, sodass sich am Ende alle Wohnungssuchenden bei allen Wohngemeinschaften vorgestellt haben. Jede Wohngemeinschaft und jede/r Zimmersuchende/r erstellt eine Prioritätenliste.

Lernaufgabe 3
Erstellen von Regeln für das Zusammenleben in der neuen Wohngemeinschaft

pretask: Im Plenum wird an der Tafel gesammelt, was in einer Wohngemeinschaft geregelt werden sollte. Jede/r Mitbewohner/in schreibt drei Regeln auf, die für ihn wichtig sind.
task 1: Jede Wohngemeinschaft einigt sich auf gemeinsame WG-Regeln und legt fest, wer welche Aufgaben übernimmt.
report: Jede Wohngemeinschaft stellt ihre Regeln den anderen Wohngemeinschaften vor.
language focus 1: Die Lernenden erhalten einen Zettel mit den Regeln des Hauses (sie stehen im *subjonctif*).

language focus 2: Besprechung der Bildung und Verwendung des *subjonctif* an der Tafel. Die Lernenden tragen Formen des *subjonctif* auf einem Arbeitsblatt ein. **planning:** Die Lernenden überarbeiten unter Verwendung des *subjonctif* die Regeln, die sie für wichtig halten. **task 2:** Jede Wohngemeinschaft wiederholt im Plenum *task* 1 unter Verwendung des *subjonctif*. **language focus 3:** Sprachliche Fehler aus den Diskussionen werden im Plenum besprochen. Die Diskussionen werden inhaltlich reflektiert.
Lernaufgabe 4 Führen eines Smalltalks unter den Bewohnern des Hauses auf dem Flur **task 1:** Die Lernenden führen vor der Klasse ein spontanes Treppenhausgespräch durch: Smalltalk mit den Nachbarn. **pretask:** Im Plenum werden an der Tafel Themen gesammelt, über die man sich mit Personen unterhalten kann, die man nicht kennt. Die Lernenden erhalten das Merkblatt „*Parler de la pluie et du beau temps*" **planning:** Die Lernenden planen ein solches Gespräch und führen es erneut durch. Sie notieren auf der Grundlage der Gespräche, wen sie aus dem Haus mögen und wen nicht. Die Lehrkraft erstellt aus den Notizen der Lerner ein Soziogramm.
Lernaufgabe 5 Führen von Gesprächen mit einer Person bzw. Personen, mit der/denen ein Problem besteht **task 1:** Die Lernenden führen in Gruppen Treppenhausgespräche und müssen herausfinden, welche Gemeinsamkeiten sie haben: Sichtweisen, Probleme, Vorlieben für andere Hausbewohnerinnen und -bewohner (z. B. mögen alle dieselbe Person nicht, zwei Personen sind in die dritte verliebt etc.)
report: Die Gruppen führen das Gespräch vor der Klasse vor – die anderen müssen herausfinden, wer in der Gruppe wen mag/nicht mag. **pretask:** Alle Lernenden schreiben auf, welche Person aus dem Haus ihrer Meinung nach am Wochenende Probleme bereitet hat und warum. **task 2:** Im Hausflur treffen sich die Personen, die gerade Probleme miteinander haben, und stellen ihre Sichtweisen dar.
Lernaufgabe 6 Planung und Durchführung einer Hausfeier („*immeuble en fête*") **pretask 1:** Die Lernenden sehen einen Kurzfilm zum Thema „*immeuble en fête*" und beantworten Hör-Sehverstehensfragen. **task 1:** Die Lernenden planen selbst eine Hausfeier: Was ist zu tun? Wer kümmert sich um was? **task 2:** Verschiedene Personen treffen sich im Hausflur und unterhalten sich über ihre Ferien. **pretask 2:** Die Lernenden erhalten Arbeitsblätter mit Ratschlägen zur Vorbereitung einer Feier und sammeln an der Tafel, was für die Feier organisiert werden muss.

task 3: Jede Wohngemeinschaft diskutiert, welche Aufgaben sie bei der Vorbereitung übernehmen und wie sie sich präsentieren will.
task 4: Die Lernenden spielen die Hausfeier.

Anhang 3

Einteilung der Lernenden in leistungsniveauspezifische Gruppen auf der Basis der Ergebnisse des Sprachtests

Gruppe	Schüler	Erreichte Punktzahl
Gruppe 1 (19–25 Punkte) Leistungsstarkes Niveau	Schülerin 1a	25
	Schülerin 1b	25
	Schülerin 1c	24,5
	Schülerin 1d	21
	Schülerin 1e	20
Gruppe 2 (12,5–18,5 Punkte) Mittleres Niveau	Schülerin 2a	18
	Schüler 2b	15,5
	Schülerin 2c	12,5
Gruppe 3 (0–12 Punkte) Leistungsschwaches Niveau	Schüler 3a	12
	Schülerin 3b	12
	Schüler 3c	10
	Schülerin 3d	9,5

Anhang 4

Fragebogen zum Motivationsverlauf

Incident 3 Teil I

Motivationsverlauf

hoch

☺

☹

niedrig

pretask	task I	report

Begründung: Warum warst du in der jeweiligen Phase motiviert/warum warst du weniger motiviert? Was hat dir Spaß gemacht/was hat dir keinen Spaß gemacht?

	pretask Règles de la colocation Sammeln von Regeln für eine WG an der Tafel	**task I** Jedes Appartement trifft sich mit den Zeitplänen und formuliert Regeln für das WG- Leben: Wer macht was?	**report** Jede WG stellt ihre Regeln den Anderen vor

III. Fazit und Ausblick

Mark Bechtel

Kollaborative Aktionsforschungsprojekte im Rahmen der fremdsprachendidaktischen Lehrerbildung – Möglichkeiten und Grenzen

1. Einleitung

Seit rund 25 Jahren wird der Ansatz der Aktionsforschung in der Lehreraus- und -fortbildung genutzt (vgl. Altrichter/Lobenwein/Welte 2003: 656). Auch in der Lehrerbildung der fremdsprachlichen Fächer kommen Aktionsforschungsprojekte zum Einsatz (vgl. Burns 1999, 2010); in Deutschland geschieht dies bislang aber eher vereinzelt (vgl. Hermes 1998, 2001; vgl. Riemer 2002: 142). Die Akteure solcher Aktionsforschungsprojekte sind Lehrkräfte (vgl. Bergfelder-Boos o.J., Jäger 2011, Müller-Hartmann/Schocker/Pant 2013) oder Master-Studierende (Benitt 2014, Landesstiftung Baden-Württemberg/Legutke/Schocker v. Ditfurth 2008), die ggf. von einem/einer Wissenschaftler/in beraten und unterstützt werden.

Eine besondere Form der Aktionsforschung liegt vor, wenn in den Aktionsforschungsprojekten erfahrene Lehrkräfte mit Studierenden in einem Team zusammenarbeiten, so wie es beispielsweise in der „Oldenburger Teamforschung" (Meyer/Fichten 2009) im Bereich der Erziehungswissenschaften praktiziert wird. Diese Art der kollaborativen Aktionsforschung, bei der Fortbildung und Erstausbildung miteinander verbunden sind, wurde im Rahmen des Bremer Schulbegleitforschungsnetzwerks „Fördern durch Aufgabenorientierung" (2008–2011) auf den Bereich der fremdsprachlichen Lehrerbildung übertragen (vgl. Bechtel 2015b in diesem Band). Die Teams setzten sich aus je einer Französisch- bzw. Spanischlehrkraft und fortgeschrittenen Studierenden des lehramtsbezogenen Masterstudiengangs Französisch bzw. Spanisch der Universität Bremen zusammen. Ihre Aufgabe bestand darin, theoriegeleitet Lernaufgaben für den Französisch- bzw. Spanischunterricht der Sekundarstufe I zu entwickeln, im Unterricht zu erproben und die Erprobung unter einer selbst gestellten Fragestellung empirisch zu untersuchen. Insgesamt waren an den Aktionsforschungsprojekten neun Lehrkräfte und 37 Studierende beteiligt. Die hier praktizierte Form der Aktionsforschung zeichnet sich darüber hinaus dadurch aus, dass die Teams auf ihre Tätigkeit inhaltlich (Lernaufgabenentwicklung) und forschungsmethodisch (Durchführung eines Aktionsforschungsprojekts) im Rahmen eines Lehrerbildungskonzepts vorbereitet und prozessbegleitend unterstützt wurden (vgl. Bechtel 2015c in diesem Band).

Ziel des vorliegenden Beitrags ist es nachzuzeichnen, welche Erfahrungen die beteiligten Lehrkräfte und Studierenden in den kollaborativen Aktionsforschungsprojekten bei der Entwicklung, Erprobung und Erforschung von Lernaufgaben gemacht haben, und daraus Implikationen für die Lehrerbildung abzuleiten.

Zunächst skizziere ich die Daten, auf die ich für diesen Beitrag zurückgreife. Bei der Darstellung der Erfahrungen der an den Aktionsforschungsprojekten Beteiligten orientiere ich mich an den drei zentralen Phasen der Aktionsforschungsprojekte: der Entwicklung von Lernaufgaben, deren Erprobung im Unterricht und der begleitenden Erforschung. Abschließend wird verdeutlicht, was sich bei der Durchführung der kollaborativen Aktionsforschungsprojekte bewährt hat und für eine Weiterentwicklung modifiziert bzw. ergänzt werden müsste.

2. Datenerhebung, -aufbereitung und -auswertung

Die Datenbasis für den vorliegenden Beitrag bilden a) Interviews mit den neun am Netzwerk beteiligten Lehrkräften, b) schriftliche Erzeugnisse der studentischen Teammitglieder sowie c) Interviews mit drei Studierenden, die an den Aktionsforschungsprojekten beteiligt waren. Im Folgenden gehe ich näher auf die drei Datentypen ein.

Eine Master-Studentin, die an einem der Aktionsforschungsprojekte teilgenommen und sich dabei als talentierte Interviewerin erwiesen hatte, bekam als studentische Hilfskraft den Auftrag, leitfadengestützte Interviews mit den neun Lehrkräften des Netzwerks durchzuführen.[1] Als Leiter des Netzwerks und Workshop-Leiter verzichtete ich darauf, die Interviews selbst zu führen. So sollte die Gefahr der sozialen Erwünschtheit bei den Antworten reduziert werden. Die Interviews fanden im März 2011 statt, sieben Monate nach Beendigung der im Schuljahr 2009/10 durchgeführten Aktionsforschungsprojekte. Sie dauerten durchschnittlich eine Stunde.[2]

Beim zweiten Datentyp handelt es sich zum einen um die ersten Unterrichtsentwürfe der von den Teams erstellten Lernaufgaben sowie die wissenschaftlichen Seminararbeiten zur Konzeption und Durchführung der Lernaufgaben, die die

---

1 Der Interviewleitfaden befindet sich im Anhang dieses Beitrags.

2 Zwei der Interviews verwendete die Studentin im Rahmen ihrer Master-Abschlussarbeit, bei der es um die Rekonstruktion subjektiver Theorien zum Fremdsprachenlernen im kompetenz- und aufgabenorientierten Französischunterricht ging (Kramer 2012).

Studierenden im Rahmen eines fachdidaktischen Moduls[3] verfassten (bis Ende März 2010). Bei den Seminararbeiten sind insbesondere die Kapitel von Interesse, in denen die Studierenden die Lernaufgabe als Unterrichtsentwurf (*task as workplan*) beschreiben sowie über die Erprobung der Lernaufgabe im Unterricht (*task in process*) berichten. Zum anderen wird auf die Forschungsexposés und die Forschungsberichte der Studierenden zurückgegriffen. Letztere mussten im Rahmen eines weiteren fachdidaktischen Moduls[4] als Prüfungsleistung verfasst werden (bis Ende September 2010). Gegenstand des Forschungsberichts war eine empirische Untersuchung, die die Studierenden in ihrem Aktionsforschungsprojekt durchgeführt hatten. Von besonderem Interesse für den vorliegenden Beitrag sind darin die Kapitel, in denen die Studierenden über den Forschungsprozess reflektieren.

Ursprünglich war geplant, eine schriftliche Befragung der Studierenden durchzuführen, die an den Aktionsforschungsprojekten des Schuljahres 2009/10 teilgenommen hatten. Dies sollte im Rahmen einer Master-Abschlussarbeit geschehen, die jedoch nicht weiterverfolgt wurde. Als Leiter des Netzwerks entschied ich daraufhin, Interviews mit interessierten Studierenden durchzuführen. Aus organisatorischen und zeitlichen Gründen konnten die Interviews jedoch lediglich in der letzten Woche der Vorlesungszeit des Sommersemesters (Mitte Juli 2010) angesetzt werden. Insgesamt meldeten sich nur drei von den 26 im Schuljahr 2009/10 beteiligten Studierenden für die Interviews. Aus demselben Grund wie bei den Interviews mit den Lehrkräften führte ich die leitfadengestützten Interviews nicht selbst durch.[5] Dies übernahm eine Mitarbeiterin der Professur für Didaktik der romanischen Sprachen der Universität Bremen, die im Rahmen ihres Promotionsprojekts Erfahrungen mit mündlichen Befragungen gemacht hatte. Die Interviews wurden vollständig transkribiert. Da es um inhaltliche und nicht gesprächsanalytische Aspekte ging, wurde bei der Transkription auf die Kennzeichnung phonetischer Besonderheiten und Pausen verzichtet. Die Daten wurden mit Hilfe des Programms MAXQDA 2007 inhaltsanalytisch ausgewertet.

---

3 Es handelte sich dabei um das Fachdidaktik-Modul FD2 des lehramtsbezogenen Masterstudiengangs Französisch bzw. Spanisch der Universität Bremen.

4 Hierbei handelte es sich um das Fachdidaktik-Modul FD3 des lehramtsbezogenen Masterstudiengangs Französisch bzw. Spanisch der Universität Bremen.

5 Der Interviewleitfaden für die Interviews mit den Studierenden ist ebenfalls im Anhang dieses Beitrags zu finden.

3. Die Phase der Entwicklung von Lernaufgaben

Die Entwicklung der Lernaufgaben kann als erste Phase der Umsetzung der Theorie in die Praxis gelten. Inhaltlich ging es um die Lernaufgabe als Unterrichtsentwurf (*task as workplan*).

Wie lief diese Phase ab und wer war daran beteiligt? Wie an anderer Stelle ausführlich dargelegt, wurden die Lehrkräfte und Studierenden in einer Workshop-Reihe bzw. im Rahmen einer fachdidaktischen Veranstaltung zur Kompetenz- und Aufgabenorientierung auf die Phase der selbstständigen Entwicklung von Lernaufgaben vorbereitet (siehe Bechtel 2015c in diesem Band). Diese Vorbereitung fand in getrennten Gruppen und zeitversetzt statt. Bei der eigentlichen Entwicklung von Lernaufgaben kamen die beiden Gruppen erstmals zusammen. Die Teams hatten die Aufgabe, sich außerhalb der Workshops bzw. der fachdidaktischen Veranstaltung zu treffen und für eine von der Lehrkraft ausgewählte Klasse Lernaufgaben zur Förderung bestimmter Kompetenzen selbstständig zu erstellen. Die Arbeitsteilung innerhalb der Teams in der Entwicklungsphase war sehr unterschiedlich. Während in einigen Teams die Studierenden und die Lehrkraft gemeinsam an der Lernaufgabe arbeiteten (Team 1, 2, 6, 7, 9), übernahmen in anderen Teams vor allem die Studierenden die Entwicklung der Lernaufgaben (Team 3, 4, 5) oder diese wurde maßgeblich von der Lehrkraft bestimmt (Team 8).[6] Meine Rolle als Workshop-Leiter bzw. Dozent der fachdidaktischen Veranstaltung bestand darin, im Vorfeld den theoretischen Input zu liefern, das Erstellen eines Kriterienkatalogs für die Konzeption sowie die Analyse von Lernaufgaben anzuleiten und in aufgabenorientierte Unterrichtsmodelle einzuführen. In der Phase der Lernaufgabenentwicklung in den Teams beschränkte sich meine Tätigkeit darauf, Rückmeldung zu den ersten Unterrichtsentwürfen der Teams und Anregungen zur Überarbeitung zu geben.

Was waren die Erfahrungen der Lehrkräfte und Studierenden in dieser Phase? Die Aufgabe, Lernaufgaben selbstständig zu entwickeln, erwies sich als zielführend, da erst durch die konkrete Unterrichtsplanung das erworbene theoretische Wissen in einem Be- und Überarbeitungsprozess unter Berücksichtigung von Fragen der praktischen Umsetzbarkeit umgewälzt werden konnte:

> Ich finde, im Moment macht es eine ganz runde Sache: Wir haben an unterschiedlichen Projekten gearbeitet, die wir selber konzipiert haben und nicht nur ‚aufgebraten' bekommen haben, sondern es auch selber austüfteln und umsetzen durften. (Lehrkraft 7)

---

6 Hierbei handelte es sich um die Teams, die mit ihrem Projekt im Wintersemester 2009/10 begannen (vgl. die Übersicht über die Einzelprojekte in Bechtel 2015b in diesem Band).

> Aus unserer Sicht war es sehr interessant uns in die Theorie des TBL-Modells einzuarbeiten und sie in eine konkrete Unterrichtseinheit zu überführen. (Studierende/Team4/WiSe2009-10/Seminararbeit)

Eine Studentin hebt hervor, dass dies für sie die einmalige Gelegenheit bot, Theorie und Praxis zu verbinden und dieses Verhältnis zu reflektieren:

> (...) Aber das fand ich total positiv, dass uns die Möglichkeit gegeben wird, so theoretische Anteile des Studiums, die ja sehr groß sind, die auch in der Praxis zu reflektieren, also auch selber die Erfahrung zu machen, wo sind auch doch Grenzen von bestimmten Ansätzen, wo ist die Theorie mit den Wissenschaftlern da vielleicht auch ein bisschen durchgegangen in Punkto Umsetzbarkeit (...) weil wenn man die Sachen an der Uni so hört, dann klingt das ja auch alles toll und so leicht, wir machen jetzt super kompetenzorientierten Unterricht, der nur noch den Schüler ins Zentrum stellt und werden total super kommunikationsfähig. Diese Ansätze klingen ganz toll, aber wenn man das dann einfach mal versucht, wenn man versucht, tatsächlich die Aufgaben zu entwerfen, die das leisten, dann merkt man erst, was das eigentlich auch für einen Anspruch hat, das umzusetzen. Und dann in der tatsächlichen Umsetzung ist es dann überhaupt noch ne ganz andere Sache. Das ist dann ganz interessant, wenn man dann auch während des Studiums schon da angeleitet wird, bestimmte Reflexionsprozesse in Gang zu setzen über diese Sachen. Das finde ich schon wichtig. (Interview/Studentin 1).

Das neu erworbene theoretische Wissen (beispielsweise über Kriterien von Lernaufgaben) führte in der Phase der selbstständigen Aufgabenentwicklung bei einigen Lehrkräften zur Reflexion darüber, welche Ziele sie mit dem eigenen Unterricht eigentlich verfolgen:

> Bei mir war's der Erkenntnisprozess, sich wirklich mal Gedanken zu machen, was bringe ich eigentlich den Schülern da bei in meinem Unterricht. Das hört sich jetzt ein bisschen profan an, aber es war wirklich... dass man wirklich nochmal überlegt, welche Kompetenz im Sinne von welche Situation können sie eigentlich mit dem, was ich ihnen da beibringe, mal meistern, später oder auch aktuell, wenn sie in Kontakt mit fremdsprachlichen Menschen kommen, die für uns eine fremde Sprache sprechen. Das nochmal intensiv zu überdenken, war sehr gut und auch sehr wichtig. Nochmal einen anderen Fokus bekommen für viele Dinge. (...) Ja, dass man im Grunde durch das Entwickeln der Lernaufgaben auch nochmal darauf gestoßen wird, was ist denn eigentlich für die Schüler in dem Alter lernrelevant, welche Situationen sind für sie wichtig, was ist die Lebenswirklichkeit und womit kann ich sie motivieren. Da nochmal anzuknüpfen. Viele Lehrbuchtexte sind zum Teil so weit weg von der Schülerrealität, dass es wirklich nochmal Spaß gemacht hat zu gucken, was könnte die interessieren und das einfach auszuprobieren. (Lehrkraft 6)

Eine andere Lehrkraft weist darauf hin, dass das Arbeiten mit dem Konzept der Lernaufgabe bei ihr ein hohes Maß an Kreativität freigesetzt habe:

> Ich würde jedem zumindest empfehlen, sich damit [dem Konzept der Lernaufgabe, M.B.] mal auseinanderzusetzen und das mal auszuprobieren, weil es auch ganz viel Kreativität

> freisetzt, auch die eigene. Ich kann persönlich für mich sagen, ich habe einen Riesengewinn daraus gezogen und habe auch wieder mit sehr viel Lust meinen eigenen Unterricht konzipiert. (Lehrkraft 1)

Die Zusammenarbeit innerhalb des Teams bei der Entwicklung der Lernaufgaben wurde von vielen positiv eingeschätzt. Eine Lehrkraft bemerkt, dass sie die Zusammenarbeit als etwas Bereicherndes ansehe. Sie habe zum Durchbrechen von Routinen geführt und eine Dynamik in Gang gesetzt, einmal ein anderes methodisches Vorgehen zu planen:

> Diese Zusammenarbeit mit den Studenten und den Lehrern reißt viele Lehrer aus dem Alltagstrott raus, und wirklich eingefahrene Denkweisen werden da eingebrochen, so dass man das Ganze wieder auffrischt und dass man selber mal verrückte Sachen machen kann. (Lehrkraft 7)

Eine andere Lehrkraft führt an, von der Motivation der Studierenden und ihrer Perspektive, insbesondere ihren theoretischen Kenntnissen im Hinblick auf das neue Aufgabenkonzept, profitiert zu haben:

> Also das war total positiv (…), wirklich. Das hat wirklich mehr Power gegeben. Auch Unterstützung, dass man sagt: Ok, ich bin nicht alleine, das wird schon gehen. Auch die Theorie reinzubringen, die ich eigentlich nicht draufhabe: Was ist genau eine Lernaufgabe, wie die gebaut werden soll?. Das habt ihr mehr gemacht. Das war für mich natürlich…ja das kriege ich so mit, ohne viel Zeit zu investieren. Das fand ich total schön. (Lehrkraft 2)

Die Studierenden profitierten dagegen vor allem von der Unterrichtserfahrung der Lehrkräfte was die Einschätzung der praktischen Umsetzbarkeit der theoretischen Konzepte betrifft:

> Ich kann auch seitens der Studenten sagen, dass es für uns sehr wichtig war, weil wir auch in der Theorie stecken und wir haben auch diese andere Seite gebraucht, die Lehrer, die auch an der einen oder anderen Stelle sagen: „In der Praxis würde das so nicht gehen. Vielleicht sollte man das an dieser Stelle anders einleiten". Für uns war das auch bereichernd. Es war nicht immer hundertprozentig so, wie wir es gelernt haben, wie wir das in der Theorie gesehen haben. Ganz oft musste man in der Praxis gucken, wo man das eventuell adaptieren muss. (Studentin 2/ Interview)

Als positiv wurde die Zusammenarbeit wahrgenommen, wenn es zu einem gegenseitigen Geben und Nehmen der Teammitglieder kam und die Perspektive einer erfahrenen Lehrkraft und die von Studierenden sich gegenseitig befruchteten.

> Und ich fand insgesamt die Arbeit mit den Studenten sehr effektiv. Es wurde auch immer besser, je mehr ich mich in die Thematik reingearbeitet hatte und wusste worauf es ankam, ich konnte dann natürlich auch eine bessere Rückmeldung geben und fand aber so diese Arbeit, die Kooperation zwischen den Studenten und mir als sehr fruchtbar. Das muss ich schon sagen. (Lehrkraft 1)

> Die [Kooperation mit den Studierenden, M.B.] war top, das war der Wahnsinn. Ich hatte auch das Glück, dass ich drei Studenten hatte, die Spaß an der Sache hatten, die das unbedingt machen wollten. Nicht nur ihre Seminararbeit schreiben wollten, sondern wirklich dabei waren. Das Witzige ist, in so einem Projekt kann man die ganze Phantasie mit reinbringen, die ganzen Ideen, auch verrückte Ideen wie dieses Theaterspiel zum Beispiel, und da hatten sie irre Spaß. Wir haben uns ein Tag vorher getroffen und sind das Ding durchgegangen, und die haben auch schon zu Hause wohl Mega-Spaß gehabt und haben sich über den Auftritt natürlich gefreut. Diese Arbeit mit den Studenten war total klasse. Wir waren uns ganz schnell einig, wie wir das machen wollen, und es war nicht nur ich, die die Ideen reingegeben habe, sondern es kam Vieles auch von Studenten so als Anreiz, und das haben wir weitergesponnen, bis die Aufgabe so war, wie sie jetzt ist. Das war klasse. (Lehrkraft 7)

Schwierigkeiten traten in Teams auf, bei denen die Studierenden die Entwicklung der Lernaufgaben allein übernahmen und es zu keinem angemessenen Austausch mit der Lehrkraft über das methodische Vorgehen und die Machbarkeit in der Praxis kam:

> Man hätte es vielleicht ausweiten können, aber da ich es von den Studentinnen übernommen und sozusagen nur ausgeführt habe...also ich hätte das umgedreht, das auf alle Fälle, ansonsten hätte man vielleicht noch eine ähnliche Situation nochmal machen können. (Lehrkraft 5)

In einem anderen Fall kam es innerhalb des Teams zwischen den Studierenden und der Lehrkraft zu Differenzen bei Überlegungen zum methodischen Vorgehen, die nicht überwunden werden konnten:

> (...) aber ich glaub, es lag einfach daran, dass die Gruppenmitglieder unterschiedliche Vorstellungen davon hatten, da hatte [Name der Lehrkraft] offensichtlich 'ne andere Vorstellung davon, wie der Unterricht sein sollte als wir (...) da waren die Vorstellungen so verschieden, und wir haben es nicht geschafft, das auf eine Ebene zu bringen (...). (Studentin 1/Interview)

Es ist offensichtlich, dass in beiden Fällen das Potenzial, das in den unterschiedlichen Perspektiven liegt, nicht genutzt wurde. Der zweite Fall zeigt zudem, dass sich die Teammitglieder auch gegenseitig blockierten und dadurch keine gemeinsame Arbeitsbasis fanden. Hier wäre eine Supervision durch die Leitung oder eine/n externe/n Berater/in hilfreich gewesen, um die Probleme innerhalb des Teams anzusprechen und einer Lösung zuzuführen.

Ein wichtiges Element der Lernaufgabenentwicklung aus meiner Sicht als Dozent der fachdidaktischen Veranstaltung zur Kompetenz- und Aufgabenorientierung stellte das Vorlegen eines ersten Entwurfs der Lernaufgaben dar, zu dem die studentischen Teammitglieder von mir eine Rückmeldung bekamen. Ziel der Rückmeldung war aufzuzeigen, inwiefern der Entwurf den Kriterien für

Lernaufgaben von Caspari/Kleppin (2008) und dem aufgabenorientierten Modell von Willis (1996) bzw. Leupold (2008) entsprach und wo ggf. noch (theoriegeleiteter) Änderungsbedarf bestand. Vergleicht man die ersten Entwürfe mit der Darstellung der Konzeption der Lernaufgabe im Praxisteil der wissenschaftlichen Seminararbeiten, so kann man feststellen, dass die Studierenden den Entwurf so überarbeitet hatten, dass die Kriterien für Lernaufgaben angemessener erfüllt wurden als vorher. Darüber hinaus waren die Studierenden bei der Verwendung der aufgabenorientierten Unterrichtsmodelle hinsichtlich der Funktion der unterschiedlichen Phasen (*pretask*, *task*, *planning*, *report*, *language focus* bei Willis) bzw. der unterschiedlichen Aufgabentypen (Lernaufgabe vom Typ 1 und vom Typ 2 bei Leupold), mit der sie in den Entwürfen noch größere Schwierigkeiten hatten, sicherer geworden.

Dies bestärkt mich in der Annahme, dass für die Lernaufgabenentwicklung sowohl ein Kriterienkatalog für „gute" Lernaufgaben als auch Modelle aufgabenorientierten Unterrichts sinnvoll sind, und zwar in zweierlei Hinsicht. Sie dienen zum einen als gemeinsame Grundlage und Orientierung bei der Aufgabenentwicklung. Zum anderen können sie von externen Beraterinnen und Beratern zur Beurteilung der Qualität einer Lernaufgabe und zum zielgerichteten Feedback für eine theoriegeleitete Modifizierung derselben herangezogen werden. Ob dies die Lehrkräfte und Studierenden ebenfalls so wahrnahmen, müsste durch eine Befragung geklärt werden. Interessant wären dabei auch Antworten auf die Frage, bei der Umsetzung welcher Kriterien die Lehrkräfte und Studierenden am wenigsten bzw. am meisten Schwierigkeiten hatten und warum. Im Hinblick auf die Entwicklung von Fortbildungsmaßnahmen wäre zudem in Erfahrung zu bringen, welche Elemente der Workshops bzw. der fachdidaktischen Veranstaltung den Beteiligten bei der konkreten Lernaufgabenentwicklung nützlich waren und warum.

Welche Implikationen lassen sich aus den Erfahrungen während der Phase der Entwicklung von Lernaufgaben für die Lehrerbildung ableiten? Zunächst einmal ist festzuhalten, dass es nicht ausreicht, wenn sich Studierende bzw. Lehrkräfte lediglich theoretisches Wissen zu einem fachdidaktischen Thema aneignen. Das theoretische Wissen liefert zwar die nötige Grundlage; darauf aufbauend müssen die Studierenden bzw. Lehrkräfte jedoch die Gelegenheit bekommen, die Theorie in ein Praxisbeispiel zu überführen. Die Beschäftigung mit der Theorie muss also in eine Aktion münden. Dieser Transformationsprozess scheint notwendig, um das Bewusstsein für relevante theoretische Aspekte zu schärfen und sie sich zu eigen zu machen (beispielsweise die Kriterien für Lernaufgabe oder die Funktionsweise aufgabenorientierter Unterrichtsmodelle). Darüber hinaus scheint dieser Prozess Kreativität freizusetzen. Es spricht viel dafür, die praktische Umsetzung in einen Unterrichtsentwurf in kollaborativen Teams erfolgen zu lassen, bei denen erfahrene Lehrkräfte und Studierende zusammenarbeiten, da sie von den unterschiedlichen Perspektiven (Nähe zur Theorie bei den Studierenden, Erfahrung in der praktischen Umsetzbarkeit bei den Lehrkräften) profitieren können. Ein weiterer Vorteil angesichts des nicht unerheblichen Arbeitsaufwandes einer Lernaufgabenentwicklung besteht darin, arbeitsteilig vorgehen zu können. Trotz der Reduzierung des Lehrdeputats von einer Stunde wäre es für die am Netzwerk beteiligten Lehrkräfte nämlich kaum leistbar gewesen, die Erstellung des konkreten Unterrichtsmaterials und die Dokumentation zu übernehmen. Im Rahmen der fachdidaktischen Module konnte dies jedoch von den Studierenden, ebenfalls arbeitsteilig, übernommen werden. Der Erarbeitungsprozess sollte mit einem Feedback von Expert/inn/en begleitet werden.

4. Die Phase der Erprobung der Lernaufgaben im Unterricht

Die Phase der Erprobung der Lernaufgabe im Unterricht kann als zweite Phase der Umsetzung der Theorie in die Praxis angesehen werden. Sie bestand darin, die von den Teams erstellten Lernaufgaben in der Klasse der Lehrkraft einzusetzen. Im Zentrum stand dabei der Umgang der Lehrkräfte und der Schüler/innen mit der Lernaufgabe im realen Unterricht (*task in process*).

Wie lief diese Phase ab und wer war daran beteiligt? Die Arbeitsteilung innerhalb der Teams war in der Erprobungsphase weitestgehend davon bestimmt, dass die Lehrkräfte den Unterricht durchführten, während die Studierenden hospitierten (Team 4, 5, 6, 7, 8). In einigen Teams überließ die Lehrkraft den Unterricht bei der Erprobung der Lernaufgaben in Teilen allerdings auch den Studierenden (Team 1, 2, 3, 9).[7] Als Dozent der fachdidaktischen Veranstaltung zur Kompetenz- und Aufgabenorientierung war es mir aus organisatorischen und zeitlichen Gründen nicht möglich, in der Erprobungsphase zu hospitieren. Auch liegen Videografien der Erprobungsphase für die Aktionsforschungsprojekte im Schuljahr 2009/10 nicht vor.[8] Der Verlauf des Unterrichts bei der Durchführung der Lernaufgabe ist aus der Perspektive der Studierenden den oben bereits erwähnten wissenschaftlichen Seminararbeiten zu entnehmen. Darüber hinaus

7 Hierbei handelte es sich wiederum um die Teams, die ihre Projekte im Wintersemester 2009/10 begannen.

8 Eine Ausnahme stellt das Projekt von Team 10 (WiSe 2009/10) dar, bei dem durchgehend gefilmt wurde. Auch im Projekt des Teams 7 wurde teilweise videografiert, jedoch nicht systematisch (vgl. die Übersicht über die Einzelprojekte in Bechtel 2015b in diesem Band).

wurden die Lehrkräfte in den Interviews gebeten, die Durchführung der Lernaufgabe zu beschreiben.

Was waren die Erfahrungen der Lehrkräfte und Studierenden in dieser Phase? Zunächst einmal ist festzustellen, dass es für die Beteiligten äußerst wichtig war, in die Praxis zu gehen und die selbst erstellten Lernaufgaben auszuprobieren:

> Erst durch das eigene Umsetzen, als wir wirklich selber aktiv geworden sind mit den Schülern und mit den Studenten. Da war es klar, worauf es ankommt und da war auch klar, wo man gegebenenfalls was abändern muss. (Lehrkraft 7)

Eine Studentin unterstreicht die Bedeutung dieser Phase wegen des Kontakts mit der schulischen Realität, der Konfrontation mit einem „Ernstfall" sozusagen:

> Also ganz allgemein finde ich das total gut, so was im Studium zu machen, also ich find das schon also das macht auch Spaß, so viele Probleme es geben kann, aber ich finde das total super, dass man versuchen kann, Sachen, die man theoretisch in der Uni lernt, dann praktisch umzusetzen. Und das auch nicht nur selbstständig – im Praktikum war ja oft klar, wenn man so was im Praktikum macht, dann sind die Lehrer ja auch oft viel toleranter, da kann man sich oft einfach frei ausprobieren – aber jetzt in der Auseinandersetzung mit 'nem Praktiker, der da so total drin ist in dieser Thematik, und dann kommt man selber mit seinen eigenen Ideen, und sich da einfach auseinanderzusetzen und dann auch zu gucken, was passiert, wenn man da irgendwie 'nen Weg gefunden hat, das umzusetzen und wie die Schüler darauf reagieren und so. Das ist denn auch noch 'ne authentischere Situation, als wenn man das selbst durchführen würde, weil das ist der Lehrer, den sie immer haben – wenn man als Praktikant vorne steht, ist das ja doch 'ne etwas besondere Situation und die Schüler reagieren vielleicht anders, aber wenn dann der Lehrer, mit dem sie immer zusammen arbeiten, einfach mal was anderes macht, was so von dem anderen Unterricht abweicht, das ist schon interessant, wie Schüler dann darauf reagieren. (Studentin 1, Interview)

Die Bedeutung des Ausprobierens des selbst entwickelten Unterrichtsentwurfs in der Praxis und der Reflexion dieser Praxis, hebt auch eine Lehrkraft hervor:

> Ja, sonst hätte ich's nicht ausprobiert. Aber wie wirksam es so ist und ob es funktioniert, wie es das theoretische Modell vorsieht, muss man nachher sagen. Das war die Neugierde darauf, ob das, was theoretisch behauptet wird, sich in der Praxis durchführen lässt, und was man bei der Durchführung beachten muss, damit es aufgeht. (Lehrkraft 9)

Als positiv empfanden die Team-Mitglieder die Phase der Erprobung, wenn die gemeinsame Unterrichtsidee umgesetzt, die Umsetzung im Anschluss gemeinsam mit den Teammitgliedern reflektiert und Ideen für eine Modifikation der Lernaufgaben gesammelt wurden:

> Die Studenten und ich, wir haben regelmäßig im LIS [Landesinstitut für Schule, M.B.] gesessen oder bei uns in der Schule und haben das Ganze im Nachhinein reflektiert oder direkt danach, im Anschluss an die Stunde reflektiert. (Lehrkraft 7)

> Diese Auseinandersetzung machte uns bewusst, dass eine Lernaufgabe von der Praxis und deren Reflexion lebt. Einige Schwächen zeigen sich erst bei der Durchführung, und es gilt sie zu reflektieren, um eine Verbesserung und Optimierung der Lernaufgabe und des aufgabenorientierten Unterrichts zu erreichen. (Studierende/Team2/WiSe2009–10/Seminararbeit)

An dem Zitat ist zudem zu erkennen, dass die Erprobungsphase und die Entwicklungsphase eng miteinander verknüpft waren. Die Beobachtungen bei der Erprobung regten zur Reflexion an und führten zur Überarbeitung der eingesetzten Lernaufgabe bzw. zu Änderungen der Herangehensweise bei der Entwicklung neuer Lernaufgaben. Darin zeigt sich die für Aktionsforschung typische Aktion-Reflexion-Spirale (Altrichter/Posch 2007: 17).

> Willis war für mich neu und das Modell gefällt mir auch ganz gut, finde ich ganz super. (…) Bis auf die Sachen, die ich grad gesagt haben. Da musste man umdenken, und ich habe jede Stunde mit den Studenten im Nachhinein reflektiert und geguckt: Ok, woran liegt's? Wo gab es ein Problem? Und da waren beim Konzept selbst diese beiden Knackpunkte: Wenn man das Konzept in der Sekundarstufe I einsetzt, dann bitte vorher, dass sie sich kurz Notizen machen können, bevor sie ins kalte Wasser geschmissen werden. Nur für zwei drei Minuten, dass sie so eine kleine Stoffsammlung haben, das brauchen die. (Lehrkraft 7)

Probleme in der Erprobungsphase entstanden, wenn Absprachen innerhalb des Teams zwischen der Lehrkraft und den Studierenden über Zielsetzung und intendiertes methodisches Vorgehen nicht ausreichend waren:

> (…) der Plan war komisch, den ich gekriegt hatte, und ich musste öfters mal nachfragen, wie es denn gemeint ist oder ich habe nur in ganz kleinen Fußnoten zufällig entdeckt, dass der nächste Arbeitsschritt so und so war (…). (Lehrkraft 4)

> Vor der Unterrichtsstunde haben wir die Lehrkraft zwar über unsere Planung informiert und diese mit ihr durchgesprochen, allerdings wurde während des Unterrichts erkennbar, dass der Lehrerin viele Aspekte der Planung nicht so deutlich waren. (Studierende/Team5/ WiSe2009–10/Seminararbeit).

Wie bereits erwähnt, gestattete die Erprobungsphase vor allem zu beobachten, wie die Schüler/innen mit den Lernaufgaben im Unterricht umgingen und was sie bei ihnen bewirkten. Dies ist ein wichtiger Faktor bei der Frage nach der Implementierung von Lernaufgaben (vgl. Müller-Hartmann/Schocker v. Ditfurth 2011: 151ff., vgl. Tesch 2010: 188ff.). Aus Platzgründen konzentriere ich mich im Folgenden auf die Aspekte „Motivation“ und „Kompetenzförderung“.

Hinsichtlich der Motivation wurden von den Lehrkräften als positive Aspekte angeführt, dass die Schüler/innen beim Umgang mit Lernaufgaben Spaß hatten und aktiv waren:

> Was ich festgestellt habe ... dass sie sehr motiviert bei der Sache waren, dass sie mit sehr viel Spaß bei der Sache sind, und das trägt sie über diese Zeit der Lernaufgabe auf jeden Fall. (Lehrkraft 6)

> Sie [die Schüler/innen, M.B.] haben einfach aus Spaß an der Sache einfach losgelegt und gemacht und waren voll in Aktion. (Lehrkraft 5)

> Das ist ja so eine Erfahrung, die ich für mich auch gesammelt habe, dass ich merke, die Schüler sind motivierter, es belebt eben den Unterricht wirklich. (Lehrkraft 1)

> Ah, die [die Schüler/innen, M.B.] haben das ganz gerne gemacht. Das ist ja auch das Echo, was ich auch von den anderen gekriegt habe, von den Kollegen, dass die Schüler sehr motiviert waren, da was zu machen. Das glaube ich schon, dass das die Schüler motiviert. Also, dass ist sowieso eine Klasse, die alles gut mitmacht. Das ist nicht das Problem in der Klasse, von daher kann ich das da eigentlich ... ja ... war jetzt nicht wesentlich besser oder wesentlich schlechter als sonst. Das kann ich nicht sagen, dass sie jetzt einen Motivationsschub gekriegt haben dadurch. Aber in anderen Klassen war das so, dass weiß ich von den Kollegen, dass sie deutlich motivierter waren bei diesen Lernaufgaben, viel mehr mitgemacht haben, mehr als sonst bei dem klassischen Unterricht. (Lehrkraft 4)

Als Gründe für die erhöhte Motivation wurden von einer Lehrkraft die Realitätsnähe der Kommunikationssituation, die Relevanz der Aufgabe und der Vorrang des Inhalts vor der sprachlichen Form genannt:

> Also ich würde sagen, das eine ist sicher: eine Lernaufgabe kann Spaß machen, als Schüler zumindest. Ich habe ein Ziel. Aber ich glaube auch, dass nicht alle Schüler drauf eingehen. Vielleicht mehr als im normalen Unterricht, d.h. zum Beispiel was schön ist, dass die Grammatik zunächst mal nicht wichtig ist. Also wichtig ist, dass ich zu einem Thema etwas sagen kann und zu einem Thema etwas schreiben kann, und das Thema ist eigentlich schon in eine Situation eingebettet, die mehr oder weniger authentisch ist, wo ich mich als Schüler oder Schülerin damit identifizieren kann. (Lehrkraft 2)

> Ja, das Kommunikative ist bei einer Lernaufgabe auf jeden Fall im Vordergrund. Das ist, glaube ich, das, was den Schülern gefällt, dass sie immer noch reden können, ohne Angst zu haben: „Jetzt muss ich unbedingt aufpassen, welche Form kommt und danach werde ich beurteilt". (Lehrkraft 2)

Andere verwiesen neben der Realitätsnähe der simulierten Kommunikationssituation auf den Gebrauchswert der Lernaufgaben:

> Ja, die Lernaufgaben, diese speziellen, dienen ja vor allen Dingen der Kommunikation, und das braucht ja so einen Anlass. Die Schüler brauchen Anlass zum Sprechen, und da haben sie eine konkrete Planung und etwas, wo sie das brauchen. Das hängt mit diesem

authentischen Material zusammen und mit der Situation, die ja wirklich auch - in Anführungsstrichen - authentisch ist. Das ist etwas, wo sie sich vorstellen, dass ihnen das in Frankreich passiert ... also dass sie da zusammensitzen und sich einigen müssen. Das hat Realitätsbezug und das mögen Schüler schon auch gerne, dass sie das Gefühl haben: „Ich lerne das für einen Austausch nach Frankreich oder wenn ich mit meinen Eltern in Urlaub fahre, dass ich mir eine Speisekarte angucken kann und vielleicht schon einzelne Sachen verstehe". Also wenn der Bezug dazu da ist, dass man das auch selber gebrauchen kann. (Lehrkraft 5)

Zur kommunikativen Aktivität wurde die Lernaufgabe erst durch die Öffnung nach außen, d.h. indem die SchülerInnen ihre E-Mails tatsächlich verschickten und darauf Antworten bekamen. Diese Authentizität wirkte sich sehr positiv auf die Motivation der SchülerInnen aus. (Studierende/Team2/WiSe2009–10/Seminararbeit)

Für eine andere Lehrkraft wiederum wurden die Lernaufgaben von ihren Schülerinnen und Schülern deshalb so gut angenommen, weil sie selbstständig arbeiten konnten und besser verstanden hätten, warum sie sich mit bestimmten grammatischen Phänomenen beschäftigen müssten:

Ich habe mehrere Lernaufgaben durchgeführt. Also die Schüler haben diese Aufgabenform sehr gut angenommen und schätzen sehr das eigenständige Arbeiten und das zielorientierte Arbeiten. Ihnen eine Kommunikationssituation vorzustellen, bei der sie die Notwendigkeit für bestimmte sprachliche Kompetenzen erkennen, hat ihnen sehr geholfen, sich dann auf Übungen und auf Formen und so was einzulassen. (Lehrkraft 8)

Die Lehrkräfte und Studierenden beobachteten auch, dass sich bei einigen Schülerinnen und Schülern die Bearbeitung der Lernaufgabe negativ auf ihre Motivation auswirkte. So wurde bei ihnen beispielsweise eine Überforderung festgestellt, wenn es um die spontane Simulation von Kommunikationssituationen (nach dem Modell von Willis) ging, bei denen sie sich sprachlich unsicher fühlten:

(...) Denn bereits hierbei ist uns aufgefallen, dass die SchülerInnen anscheinend blockiert waren, als sie spontan anfangen sollten, auf Französisch zu sprechen, ohne sich vorher kurz Gedanken darüber machen zu können. (Studierende/Team7/WiSe2009–10/Seminararbeit)

Als weiterer Grund für eine Überforderung wurde das authentische Material angeführt, das die Lernaufgabe beinhaltete:

Ich finde die Idee [den Einsatz authentischen Materials, M.B.] ja ganz gut, aber daran scheitert manchmal auch die Aufgabe bei den Schülern, weil sie dann auch ein Stück überfordert sind, ein Kinoprogramm oder eine Speisekarte zu lesen auf der x Speisen stehen, die ihnen überhaupt nichts sagen. (Lehrkraft 1)

Ich habe solche Situationen erlebt, bei der Durchführung der Lernaufgabe, dass wir Texte reingegeben haben, authentische Texte, und dass viele Schüler, einige zumindest, gemerkt

> haben, dass sie es nicht verstehen, und das war für sie im ersten Moment echt frustrierend. (Studentin, Interviewerin, Team2)

Einige Schüler/innen schienen Schwierigkeiten mit dem neuen Vorgehen zu haben, weil sie nicht wussten, was von ihnen verlangt wurde:

> So hatten wir zu Beginn unserer Unterrichtseinheit den Eindruck, dass die Schüler nicht wirklich wussten, wie sie mit so viel Offenheit und Freiraum umgehen sollten. (Studierende/Team2/WiSe2009–10/Seminararbeit)

Was den zweiten Aspekt, die Kompetenzförderung, angeht, so führte die Beobachtung des Umgangs der Schüler/innen mit der Lernaufgabe bei einigen Lehrkräften zu der Erkenntnis, dass die Wirksamkeit der eingesetzten Lernaufgaben zur Förderung des Sprechens insbesondere auch für diejenigen Schüler/innen zugetroffen habe, die diese Kompetenz ansonsten weniger einübten:

> Je mehr Lernaufgaben ich mache, seien es nur kurze Geschichten, dieses Ins-kalte-Wasser-Schmeißen, um diese Sprechkompetenz zu fördern oder um diese Hemmung loszuwerden, merke ich, dass sie nicht mehr so schnell ins Deutsche kommen. Sie schaffen es wirklich, an einem Stück zu sprechen, komplett falsch, aber darum geht's gar nicht. (Lehrkraft 7)
>
> Ich denke da an Lernaufgaben mit dialogischen Anteilen, wo alle Schüler wirklich gute Produkte geliefert haben und das auch mit sehr viel Freude gemacht haben, wo die Rückmeldungen positiv waren und wo ich das Gefühl hatte, selbst ruhige Schüler – das war auch immer so meine Fokussierung: Wie kann ich ruhige Schüler zum Sprechen bringen? – haben innerhalb dieses kleinen Rahmens plötzlich gut kommuniziert. (Lehrkraft 1)
>
> Interviewerin: Würden Sie sagen, dass diese Kompetenz durch die Lernaufgabe gefördert wurde?
>
> Lehrkraft 5: Auf alle Fälle. Ja. Das habe ich auch als Vorgabe gegeben, dass ich unbedingt eine Übung haben möchte, wo die Schüler mehr Französisch sprechen, weil sie sonst im Unterricht oft ins Deutsche zurückfallen, wenn sie nicht weiter wissen.
>
> Interviewerin: Woran machen Sie fest, dass es erreicht wurde?
>
> Lehrkraft 5: Weil gerade in dieser Simulationssituation haben die Schüler wirklich viel gesprochen und haben das ja auch präsentiert, also waren total gut bei der Sache. (Lehrkraft 5)

Der letzte Fall ist auch insofern interessant, als er zeigt, dass die Einschätzung der Wirkung von Lernaufgaben auf die Schüler/innen ganz unterschiedlich sein kann. Die Studierenden, die die Gruppenarbeit als Hospitierende beobachteten, stellten nämlich fest, dass die Schüler/innen zwar sehr aktiv waren und miteinander sprachen, dass dies aber auf Deutsch erfolgte und somit die eigentlich intendierte Kompetenzförderung des dialogischen Sprechens in der Fremdsprache nicht erreicht wurde.

> Das Ziel, dass die Schülerinnen und Schüler während der Bearbeitung der Task ausschließlich Französisch reden, konnte nicht erreicht werden. Ein Grund dafür könnte sein, dass von der Lehrkraft nicht eindeutig genug erklärt wurde, wann welche Sprache zu benutzen sei und warum (...). Sie sollten eine Szene spontan spielen und dabei nur auf die französische Sprache zurückgreifen. Erst in der folgenden Phase sollten sie sich mit einer genauen Planung beschäftigen. Bei der Durchführung kam es allerdings dazu, dass die meisten der Schülerinnen und Schüler anfingen, sich auf Deutsch über den genauen Ablauf der Szene zu unterhalten und es deshalb nicht zu einer spontanen Szene kam. (Studierende/Team5/WiSe2009–10/Seminararbeit)

In einem anderen Fall beobachteten die hospitierenden Studierenden, dass die angestrebte Kompetenz bei einigen Schülerinnen und Schülern nicht gefördert wurde, weil sie sich gar nicht erst auf die Aufgabenstellung und die Situation einließen bzw. nicht in der Lage gewesen seien, die dazu nötige Sozialform produktiv zu nutzen:

> Der *task-cycle* beginnt. Die erste Simulation der *task*, das simulierte Telefonieren in Partnerarbeit, klappt weniger gut. Zwei der SchülerInnen unterhalten sich immer wieder über andere Themen in der Muttersprache und ihnen ist nicht bewusst, worauf die *task* abzielt. In einer Dreiergruppe kommt es ebenso zu Schwierigkeiten, da es für diese Gruppe problematisch ist, zu dritt zu arbeiten. Sie besitzen nicht die Fähigkeit, kooperativ zu handeln. Die dritte Schülergruppe arrangiert sich und interagiert, wenn auch stockend und mit vielen Pausen, in der Zielsprache. (Studierende/Team2/WiSe2009–10/Seminararbeit)

Vieles deutet darauf hin, dass erst durch die Beobachtung, wie die Schüler/innen mit den Lernaufgaben im Unterricht umgingen, die Lehrkräfte und Studierenden erkannten, welche Herausforderung die Bearbeitung der Lernaufgabe für die Schüler/innen darstellte. Die Beobachtung des Umgangs mit der Lernaufgabe regte einige Teams darüber hinaus zu Überlegungen an, wie die Lernaufgabe modifiziert werden könnte, um die Schüler/innen bei der Bearbeitung zu unterstützen, bzw. führte zu der Erkenntnis, wie wichtig es ist, den Lernenden die Funktion der einzelnen Phasen einer Lernaufgabe bewusst zu machen:

> Der Höhepunkt war wirklich zu erkennen, dass, nach dem ersten Durchlauf mit Willis, es erst mal so ein Schlag ins Gesicht war, wo ich dachte: verdammt schade, das war für die Schüler jetzt frustrierend, und wir wirklich überlegt haben, wie wir es beim nächsten Mal besser hinkriegen. Wir haben ja reflektiert und wir wussten gar nicht, wie wir anfangen sollen: Wie sollen sie sprechen? Die Schüler hatten ja gar nichts in der Hand. Wie sollen sie einen Raubzug planen? Uns fehlten die Ansätze irgendwie und dann war wirklich die Überlegung: Ok, wir geben ihnen vorher die Zeit, dass sie sich Notizen machen können. Diese dürfen sie aber in der Simulation nicht benutzen. Danach konnte man merken, das fruchtet, das ist wesentlich besser als beim ersten Durchgang. (Lehrkraft 7)

> Die Beobachtungen während der Durchführung der Lernaufgaben zeigten, dass es den Schülerinnen und Schülern sehr schwer fiel, frei zu kommunizieren. So schien es, als wenn sie Aspekte, bei denen sie sich nicht sicher waren, wie sie sie ausdrücken sollten, eher wegließen, als das Risiko von Fehlern einzugehen. Hier müsste den Schülerinnen und Schülern deutlicher gemacht werden, dass erst in der Planning-Phase solche Ausdrucksschwierigkeit thematisiert werden, wohingegen die Task-Phase tatsächlich auf die spontane Sprachverwendung zielt. Dabei sollte ihnen bewusst gemacht werden, dass die Sprachverwendung in der Task-Phase nicht bewertet wird und keinen negativen Einfluss auf ihre Note hat. (Studierende/Team6/WiSe2009–10/Forschungsbericht)

In der Erprobungsphase zeigte sich nicht nur, wie die Schüler/innen mit Lernaufgaben umgingen. Ein weiterer wichtiger Faktor, der in dieser Phase ins Blickfeld rückte, war das Handeln der Lehrkräfte (vgl. Müller-Hartmann/Schocker v. Ditfurth 2011: 137ff., vgl. Tesch 2010: 247ff.). Einige Lehrkräfte berichteten, dass die Erprobungsphase sie dazu veranlasst hätte, über das eigene unterrichtliche Handeln zu reflektieren und Änderungen ins Auge zu fassen.

> Das war für mich ein Experiment, das ich versucht habe, offen zu stellen, und sehe jetzt auch teilweise die Probleme, die da aufgetreten sind, und will es beim nächsten Mal anders machen. (Lehrkraft 9)

Diese „Reflexion-in-der-Handlung" (Altrichter/Posch 2007: 325) regte einige an, anders auf den eigenen Unterricht zu blicken:

> Also ich muss dazu sagen, ich musste mich ja zunächst selber mit diesem neuen Aufgabentypus bekannt machen und habe im Laufe der Zeit, dadurch dass ich relativ viele Projekte durchgeführt habe, sehr viel gelernt und auch für mich selber einen anderen Blick auf meinen Unterricht bekommen. (Lehrkraft 1)

Einen besonderen Blick auf das Handeln der Lehrkräfte hatten die Studierenden in ihrer Rolle als Hospitierende. Sie konnten beobachten, welche Auswirkungen das Handeln der Lehrkräfte auf die Bearbeitung der Lernaufgabe durch die Schüler/innen haben kann. Einige Studierende stellten fest, dass eine *ad-hoc*-Entscheidung der Lehrkraft dazu führen kann, die in der Konzeption der Lernaufgabe intendierte Förderung einer bestimmten Kompetenz zu konterkarieren. So bewirkte beispielsweise in vier Teams ein *ad-hoc*-Arbeitsauftrag der Lehrkraft, dass in der *task*-Phase ein Dialog im Vorhinein verschriftlicht wurde, anstatt ihn simulieren zu lassen, so dass das ursprunglich intendierte freie dialogische Sprechen nicht stattfinden konnte.

> Eine andere Durchführung als geplant ergab sich bei der Tandemaufgabe zur Wegbeschreibung zu einem Restaurant. Der *pre-task* wurde noch gemäß unserer Vorgaben

> ausgeführt. Doch als die SuS [Schüler/innen, M.B.] dann den *task* mündlich bearbeiten sollten, wandelte [Name der Lehrkraft] den *task* ab. [Name der Lehrkraft] forderte die SuS dazu auf, den *task* erst schriftlich zu bearbeiten, bevor sie ihn mündlich bearbeiteten. Damit ist der *task* als elementarer Teil des *task-cycle* eigentlich hinfällig. Schließlich sollten die SuS ohne besondere Vorbereitung auf eine fremde Situation genau diese mündlich bewältigen. Wird der Dialog vorher schriftlich erarbeitet, ist eine spontane, mündliche Bearbeitung nicht mehr möglich. Nach der schriftlichen Bearbeitung lasen sich die SuS dann ihre Texte gegenseitig vor, wodurch auch die Förderung des dialogischen Sprechens hinfällig geworden ist. (Studierende/Team4/WiSe2009–10/Seminararbeit)

> Viel verheerender war hingegen die Tatsache, dass sich die SchülerInnen im Anschluss an die Formierung nicht, wie unsererseits erwartet, sofort mithilfe ihrer Phrasentabelle an die Gespräche machten, sondern stattdessen von [Name der Lehrkraft] darum gebeten wurden, ihre Meinungen zu jedem Aspekt (Melodie, Rhythmus, Text, Sängerin) vorab auf dem Aufgabenblatt schriftlich auszuformulieren, wodurch die eigentlich durch diese Teilaufgabe anvisierte Förderung der Kompetenz des dialogischen Sprechens leider à priori nicht mehr möglich war. (Studierende/Team1/SoSe2009/Seminararbeit)

Es ist anzunehmen, dass diese Beobachtungen während der Erprobungsphase insofern erkenntnisfördernd waren, als sie den Studierenden die Bedeutung des Faktors „Lehrer/innenhandeln“ bei der Umsetzung von Lernaufgaben im Unterricht vor Augen führte. Gute Lernaufgaben reichen allein nicht aus; der Einsatz des neuen Aufgabenformats bedarf vielmehr des Überdenkens der Lehrerrolle und des Überwindens eingefahrener Routinen:

> Man muss aber auch in der Lage sein, den Mut haben, zu sagen: Ok, ich ziehe mich jetzt wirklich mal zurück und stehe jetzt nicht hier und frage die Vokabeln ab. (Lehrkraft 1)

In den Seminararbeiten zur Konzeption und Durchführung der Lernaufgabe, die den Lehrkräften übergeben wurden, berichten die Studierenden von ihren Beobachtungen des Lehrer/innenhandelns. In einigen Teams wurden diese Beobachtungen auch thematisiert, was die Lehrkraft zur Reflexion über das eigene unterrichtliche Handeln anregte:

> Klar, die Zusammenarbeit mit den Studenten fand ich ganz toll und auch quasi, dass jemand in meinem Unterricht saß und nochmal geguckt hat, auch bestimmte Sachen beobachtet hat im Sinne von professionellen Lerngemeinschaften. Das man doch nochmal ganz genau reflektiert, was mache ich da eigentlich im Unterricht, warum ist das jetzt schiefgegangen, was hätte ich da noch anders machen können. Das ist etwas quasi, was über das Referendariat hinausgeht, wo man über sich und sein Lehren nachdenkt. Auch der Austausch mit den Kollegen über Lernaufgaben. Ich glaube das war's. (Lehrkraft 6)

Welche Implikationen lassen sich aus den Erfahrungen der Phase der Erprobung von Lernaufgaben für die Lehrerbildung ableiten? Festzuhalten ist, dass für die

Beteiligten mit dem Ausprobieren der selbst erstellten Lernaufgaben im realen Unterricht ein entscheidender Erkenntnisgewinn verbunden war. In dieser Phase rückten Faktoren der komplexen Unterrichtssituation in den Mittelpunkt, die für die Implementierung von Lernaufgaben zentral sind, durch die bloße Konzeption von Lernaufgaben (*task as workplan*) jedoch noch nicht in den Blick kommen konnten. Die Erprobungsphase ist eine Aktion, die durch die Einbettung in einen realen Unterrichtskontext Reflexionen auszulösen vermag, die sich insbesondere auf den tatsächlichen Umgang der Schüler/innen und der Lehrer/innen mit Lernaufgaben beziehen (*task in process*). Den Lehrkräften dient sie dazu, darüber zu reflektieren, wie unterschiedlich Schüler/innen mit ein und derselben Lernaufgabe arbeiten, was ihnen daran Spaß macht und womit sie Schwierigkeiten haben. Dies hilft den Lehrkräften zu erkennen, was sich von der Konzeption der Lernaufgabe her im realen Unterricht bewährt hat und was ggf. konzeptuell geändert werden muss, damit sich die Qualität der Lernaufgabe als Unterrichtsentwurf erhöht. Darüber hinaus löst die Erprobungsphase bei den Lehrkräften eine Reflexion über die eigene Lehrerrolle aus. Die Lehrkräfte werden angeregt, ihre subjektiven Theorien über „guten" Unterricht und ihr Schülerbild zu hinterfragen, eingefahrene Unterrichtsroutinen und *ad hoc*-Veränderungen bei der Aufgabenstellung, die das Potenzial einer Lernaufgabe konterkarieren können, in Frage zu stellen und in einem zyklisch zu begreifenden Prozess aus Aktion und Reflexion zu überwinden. Um die „Reflexion-in-der-Handlung" in eine „Reflexion-über-die-Handlung" (Altricher/Posch 2007: 329) zu überführen, scheint es von Vorteil, wenn die Erprobungsphase in einer „professionellen Gemeinschaft" beobachtet und reflektiert wird. Wünschenswert wäre hier ein systematischer Austausch, bei dem die Hospitierenden ihre Beobachtungen vor dem Hintergrund der Theorie schildern, die Lehrkräfte das eigene Handeln explizieren und gemeinsam Handlungsalternativen eruiert werden können. Um nachvollziehbar über das Beobachtete sprechen zu können, wäre es darüber hinaus hilfreich, den Unterricht zu videografieren und entsprechende Unterrichtssequenzen zur Analyse auszuwählen.[9] Zur Erweiterung der Perspektiven wäre es möglicherweise auch sinnvoll, die anderen Teams und ggf. wissenschaftliche Expert/inn/en in einen solchen Austausch einzubeziehen.

9 So wie es beispielsweise bei den Aktionsforschungsprojekten im Rahmen der Lernaufgabenentwicklung des IQB für Englisch praktiziert wurde (vgl. Müller-Hartmann/Schocker/Pant 2013: 19). Zum Einsatz der Videografie in der Fremdsprachendidaktik im Allgemeinen siehe Schramm/Aguado (2010).

5. Die Phase der Erforschung

Ein wesentlicher Bestandteil der Aktionsforschungsprojekte war die empirische Untersuchung der Erprobung der Lernaufgaben. Wie bei der Phase der Erprobung stand hierbei der Umgang mit der Lernaufgabe im Unterricht (*task in process*) im Zentrum. Durch die empirische Untersuchung, die die Studierenden vorwiegend nach der Erprobung der Lernaufgaben durchführten, eröffnete sich allerdings eine zusätzliche Dimension, zu der die Lehrkräfte und die Hospitierenden keinen unmittelbaren Zugang hatten: die Wahrnehmung und Einschätzungen der Schüler/innen, hier in Bezug auf das Arbeiten mit Lernaufgaben.

Wie lief diese Phase ab und wer war daran beteiligt? Den Ausgangspunkt der empirischen Untersuchung setzten die Lehrkräfte mit der Formulierung eines Erkenntnisinteresses. Gemeinsam mit den Studierenden präzisierten sie die Forschungsfrage, wählten eine geeignete Datenerhebungsmethode aus und beteiligten sich teilweise auch an der Erstellung des Datenerhebungsinstruments (z.B. Fragebogen). Die Datenerhebung, -aufbereitung und -auswertung übernahmen die Studierenden, ebenso die Präsentation der Ergebnisse vor den anderen Teams und die Erstellung eines Forschungsberichts. Die Qualifizierung erfolgte in der forschungsmethodisch ausgerichteten Veranstaltung „Einführung in die schulische Aktionsforschung“ (siehe Bechtel 2015c in diesem Band). An den darin integrierten Workshops nahmen auch die Lehrkräfte teil; die forschenden Hauptakteure waren aber eindeutig die Studierenden:

> Andere Sachen sind teilweise die Workshops, wo es so ein bisschen um den Bereich Forschungsfrage, Forschungsmethoden, Forschungsevaluation und so weiter ging: das war ganz spannend, obwohl uns das als Kollegen in dem Sinne nicht so sehr berührt hat, weil das dann eher eine Sache der Studierenden war. Wir haben nur gedacht: Ok, es ist für uns ein Input, es ist interessant, das mitzunehmen und die Forschungsfrage mit zu konzipieren. Für den eigenen Unterricht hat das nicht so wirklich was gebracht, aber nachher bei der Ausarbeitung war das natürlich klasse mit den Fragebögen, der Rückmeldung: Das war super. (Lehrkraft 7)

Welche Erfahrungen haben die Beteiligten in dieser Phase gemacht? Ein wichtiger Aspekt ist hierbei, dass die Teams im Hinblick auf eine selbst gewählte Fragestellung methodisch abgesichertes „lokales“ Wissen auf der Grundlage von selbst erhobenen Daten generieren konnten. Als Beispiel sollen hier die Auszüge aus zwei Forschungsberichten dienen:

> Als in Frage B1 nach einer konkreten Situation des spontanen Sprechens (der task-Phase) gefragt wurde, gaben 9 von 22 SuS [Schüler/innen, M.B.] an, blockiert zu sein und 6 SuS fühlten sich zum Sprechen angeregt. (…) Von den 9 SuS, die ankreuzten, sich blockiert gefühlt zu haben, gaben 4 an, dass sie nicht wussten, was sie sagen sollten, und weitere 4

führten die Blockierung auf mangelndes Vokabular in der Situation zurück. (...) 4 der 5 SuS, die „Sonstiges" auswählten, gaben an, dass sie nicht wussten, was sie sagen sollten. Hier ist also eine ähnliche Erklärung zu finden, wie unter dem Punkt „Ich fühlte mich blockiert". Es lässt sich demnach zusammenfassen, dass sich fast doppelt so viele SuS (11) blockiert gefühlt haben, wie sich SuS (6) zum Sprechen angeregt gefühlt haben. Die Verunsicherung in einer Situation, in der spontanes Sprechen in der Fremdsprache gefordert ist, überwog also eindeutig. (Studierende/Team7/WiSe2009–10/Forschungsbericht)

Die Kreuzung zweier weiterer Fragen unterstützt die These, dass eher stärkere Schülerinnen und Schüler das Projekt hilfreich finden, wohingegen schwächere Schülerinnen und Schüler nicht dieser Meinung sind. So wurden die Frage nach der Vergabe einer Note für das Projekt mit der Aussage „Ich spreche gern Französisch" in einer Kreuztabelle verbunden. (...) Das Diagramm zeigt, dass die Schülerinnen und Schüler, die angaben, gern Französisch zu sprechen, das Projekt mit guten Noten bewerteten, wohingegen die Schülerinnen und Schüler, die angaben, nicht gern Französisch zu sprechen, schlechte Noten vergaben. Weiterhin kann die These durch einige Aussagen aus den Interviews belegt werden. Diese sollen im Folgenden aufgezeigt werden: Eine leistungsschwächere Schülerin antwortete auf die Frage, ob sie das Projekt motiviert habe: „Also ich fand das eigentlich überhaupt nicht motivierend, ich fand das Projekt an sich auch nicht so gut [...]" (...). Ein weiterer leistungsschwächerer Schüler gab an: „Also mir hat's nicht geholfen." (...) Die leistungsstärkeren Schülerinnen und Schüler gaben hingegen an, dass sie das Projekt als hilfreich empfanden. So sagte ein leistungsstärkerer Schüler: „Also mich hat's motiviert und es hat auch sehr viel Spaß gemacht." (...) Und ein anderer fügte hinzu: „Also ich fand, das hat eigentlich geholfen frei zu sprechen, und auch vor vielen Leuten, vor der Klasse". (Studierende/Team6/WiSe2009–10/Forschungsbericht)

In den Forschungsberichten der Studierenden ist die datenbasierte Generierung solchen „lokalen" Wissens zum Umgang und zur Einschätzung von Lernaufgaben seitens der Schüler/innen in den Kapiteln zur Datenauswertung und Ergebnispräsentation zu finden. Das trifft auch auf die Beiträge der Studierenden im vorliegenden Sammelband zu. Bei den Untersuchungen der Teams handelte es sich daher um solche „kleinere(n), (...) im Kontext der Aktionsforschung durchgeführte(n) Arbeiten als empirische Begleitforschung", die Caspari schon 2006 neben größer angelegten Arbeiten zur Wirkungsforschung im Bereich der Lernaufgabenforschung in der Fremdsprachendidaktik einforderte (2006: 38). Diese Forderung besteht nach Tesch (2010: 369) und Müller-Hartmann/Schocker/Pant (2013: 22) weiterhin. Genügen die Untersuchungen der Teams den Gütekriterien des jeweiligen Forschungsparadigmas, leisten sie einen kleinen empirischen Beitrag zur Erforschung der Implementierung von Lernaufgaben im schulischen Kontext.

Wie in Aktionsforschungsprojekten üblich, kam es auch in dieser Phase zu Aktion-Reflexion-Schleifen, hier nunmehr auf der Grundlage systematisch erhobener Daten. Das datenbasiert gewonnene Wissen regte die Teams zu einer auf die Unterrichtspraxis bezogenen Reflexion an, die ihrerseits wiederum zu einer Aktion führte, nämlich zu Änderungsvorschlägen bei der Planung weiterer Lernaufgaben.

> (...) Dies wurde nicht nur beim Beobachten der SchülerInnen während des Bearbeitens der Lernaufgabe, sondern auch aus ihren eigenen Aussagen im Nachhinein deutlich. Sie bestätigten hier, dass ihnen einerseits die französischen Wörter in dem entsprechenden Moment gefehlt hätten und andererseits die Zeit von fünf Minuten zu kurz gewesen sei, um sich inhaltlich auf die jeweilige Rolle einzustellen und Ideen darüber, was man in der entsprechenden nachzustellenden Situation sagen könnte, zu sammeln. Daher haben wir uns im Anschluss an diese Stunde entgegen der eigentlichen methodischen Überlegungen bei der Unterrichtsplanung (...) dazu entschieden, den SchülerInnen bei den folgenden Lernaufgaben Zeit zu geben, sich doch im Vorfeld Gedanken zum Inhalt und einige entsprechende schriftliche Notizen dazu zu machen, bevor sie mit dem Partner in einer Simulation ein Gespräch auf Französisch führen sollen. (Studierende/Team7/WiSe2009–10/Forschungsbericht)

Wie schwierig sich die Erforschung von Lernaufgaben im Klassenraum allerdings gestalten kann, zeigt folgendes Beispiel. Die *ad-hoc*-Entscheidung einer Lehrkraft im Unterricht führte dazu, dass eine ursprünglich zur Förderung des Sprechens erstellte Lernaufgabe von den Schülerinnen und Schülern schriftlich bearbeitet wurde und damit die Forschungsfrage, wie die Schüler/innen mit der Anforderung, in der *task*-Phase spontan in der Fremdsprache zu sprechen, umgegangen sind, nicht beantwortet werden konnte. Durch die Art und Weise, wie die Lehrkraft die Lernaufgabe in diesem Fall umsetzte, wurde der Beantwortung der Forschungsfrage die Grundlage entzogen (vgl. den Beitrag von Aulf 2015 in diesem Band). Hieran zeigt sich, dass die Erforschung des Umgangs von Schüler/innen mit Lernaufgaben darauf angewiesen ist, dass die Lehrkräfte die Lernaufgaben auch in der intendierten Weise im Unterricht umsetzen.

Neben den datenbasierten Erkenntnissen zum Umgang der Schüler/innen mit Lernaufgaben war ein weiterer wichtiger Aspekt dieser Phase, dass die Teammitglieder Forschungserfahrungen sammeln konnten, die sich über den kompletten Forschungszyklus erstreckten, und angeregt wurden, diese zu reflektieren.

> Trotzdem denke ich, dass dieses Projekt mich sensibilisiert hat für mögliche Schwierigkeiten eines Forschungsprozesses, insbesondere im Bereich der Organisation und Absprache im Team, aber auch hinsichtlich der Entwicklung der Evaluationsinstrumente und der Wichtigkeit der intensiven Auseinandersetzung mit der Forschungsfrage. (Studierende/Team9/WiSe2009–10/Forschungsbericht)

> Auf das Forschen bezogen lässt sich aussagen, dass wir erkannt haben, wie detailliert und kleinschrittig eine Forschung von Beginn an durchdacht sein muss, um am Ende brauchbare Ergebnisse zu erzielen. (Studierende/Team2/WiSe2009–10/Forschungsbericht)

Beim handlungsorientierten Vorgehen der forschungsmethodischen Qualifizierung wurden durch die Unerfahrenheit der Teammitglieder forschungsmethodische Fehler gemacht, die die Aussagekraft einiger Aktionsforschungsprojekte teilweise beeinträchtigte. Aus Gründen des Lerneffekts wurden solche Fehler jedoch in Kauf genommen.

> Bezüglich der Interviews gab es jedoch größere Probleme. Hatte unser Team zunächst Leitfragen entworfen, so erwiesen sich diese bei der Durchführung recht schnell als unbrauchbar. Entweder konnten sich die Befragten nicht genau erinnern, oder sie waren nicht in der Lage konkret Stellung zu beziehen. Da die Interviewer schnell merkten, dass sie ihr Fragensystem bei den vier ausgewählten Schülerinnen und Schülern nicht zum gewünschten Ergebnis führte, mussten wir uns einen anderen Weg überlegen, an die Informationen zu gelangen. Dies evozierte jedoch bei den Interviewern große Unsicherheit während des Interviews; die Folge waren Suggestivfragen. Diese brachten zwar das Gespräch in Gang, führten jedoch zu einem verfälschten Ergebnis. Die Befragten antworteten wie erwartet positiv auf die Suggestivfragen, reflektierten somit jedoch wahrscheinlich nicht das Gesagte. Die Interviews verliefen schleppend und holprig und brachten nicht die gewünschte Klarheit. Verbesserungsvorschläge bezüglich der Interviews wären also vor allem, mit Schülerinnen und Schüler dieser Altersgruppe Gruppeninterviews zu führen. Da unserer Meinung nach angesichts zweier Interviewer große Verunsicherung bei den Interviewpartnern zu herrschen schien. Des Weiteren glauben wir, dass ein Gruppeninterview sowohl für ein Wohlgefühl als auch für einen fließenderen Gesprächsverlauf sorgen würde. (Studierende/Team5/WiSe2009–10/Forschungsbericht)

> Wie bereits erwähnt, ist das Interview in erster Linie eine Kommunikationssituation, das bedeutet, dass sich die Gesprächspartner durch ihr verbales und non-verbales Verhalten gegenseitig beeinflussen. In unserem Fall haben die freudigen Zustimmungen der Forscher einen Interviewten dazu veranlasst, das zu sagen, was von ihm erwartet wurde und nicht mehr das, was ihm selbst eventuell wichtig war. Der Auslöser dieses Verhaltens aufseiten des Schülers (...) resultiert hauptsächlich aus den von uns bereits vor dem Interview aufgestellten Hypothesen und Erwartungen. So war unsere Zustimmung am größten, wenn die Antworten des Schülers/der Schülerin zu unseren Annahmen passten. Folglich kann die Rückkoppelung zwischen unseren Erwartungen und den Antworten des Schülers/der Schülerin als zu offensichtlich betrachtet werden, wodurch wiederum die Objektivität der Ergebnisse infrage gestellt wird. (Studierende/Team2/WiSe2009–10/Forschungsbericht)

Wie in den beiden Zitaten zu erkennen, wurde besonderer Wert darauf gelegt, die forschungsmethodischen Erfahrungen kritisch zu reflektieren und daraus Konsequenzen für zukünftige Untersuchungen abzuleiten.

Betrachtet man die Qualität der Aktionsforschungsprojekte anhand der Forschungsberichte, die entweder in Form einer wissenschaftlichen Hausarbeit oder einer Master-Abschlussarbeit vorliegen[10], ist festzustellen, dass der Großteil der wissenschaftlichen Hausarbeiten zwar auf solide durchgeführten Projekten beruht, jedoch an der ein oder anderen Stelle Mängel aufweist, wie beispielsweise eine nicht präzise genug formulierte Forschungsfrage (Team 3), ungeklärte Begrifflichkeiten (Team 2), Fehler bei der Konstruktion des Datenerhebungsinstruments (Team 7), Unerfahrenheit bei der Datenerhebung (z.B. Fragetechnik bei Interviews in Team 2, Team 4, Team 5), eine teilweise unangemessene Kategorienzuordnung bei der Auswertung qualitativer Daten (Team 4) oder die Überinterpretation von Daten (Team 2).[11] Hieran zeigt sich zunächst einmal: Bei der ersten Forschung kann nicht alles auf Anhieb gelingen! Dass der Aufbau von Forschungskompetenz ein Prozess ist und dass die Studierenden erfreulicherweise aus ihren Forschungserfahrungen gelernt haben, lässt sich gut an den Master-Abschlussarbeiten erkennen, die einige Studierende im Rahmen eines zweiten, ebenfalls im Netzwerk angesiedelten Aktionsforschungsprojekts anfertigten. Es sind i.d.R. handwerklich gut gemachte Forschungsberichte, die den Standards der wissenschaftlichen Berichterstattung gerecht werden. Ausgehend von einer klar formulierten Forschungsfrage stellen sie ausführlich und für den Leser nachvollziehbar die einzelnen Etappen des Forschungsprozesses dar, ermöglichen die Überprüfbarkeit des Zustandekommens der Ergebnisse durch eine angemessene Dokumentation der Daten, leiten aus den Ergebnissen Konsequenzen für die Unterrichtspraxis ab und reflektieren den eigenen Forschungsprozess selbstkritisch (so beispielsweise die Arbeiten von Drewes 2010, Knobloch 2010, Obermeier 2011, Janhsen 2011).

Aus meiner Erfahrung als Dozent der Veranstaltung zur „Einführung in die Aktionsforschung" und Organisator der darin integrierten Workshops halte ich fest, dass Forschungsnovizen, wie es die forschenden Teammitglieder waren, ein „prozessinitiierendes und strukturgebendes Stützsystem" (Meyer/Fichten 2009: 89) benötigen, um die Herausforderungen, die die einzelnen Forschungsetappen in sich bergen, selbstständig anzugehen. Neben einem forschungsmethodischen Begleitseminar wäre die Existenz einer universitären Forschungswerkstatt ideal, bei der sich die Studierenden in den unterschiedlichen Forschungsetappen bedarfsorientiert von wissenschaftlichen Expert/inn/en beraten lassen könnten. Im Hinblick auf die Weiterentwicklung solcher forschungsmethodischer Qualifizierungssmaßnahmen wäre eine systematische Befragung der Teilnehmenden

---

10 Zur Begutachtung der Forschungsberichte wurden die von Meyer/Fichten (2009: 52f.) verwendeten Kriterien herangezogen.

11 Hierbei handelt es sich um Projekte der Teams aus dem Wintersemester 2009/10.

erforderlich, in deren Zentrum die Frage stehen könnte, welche Elemente der Qualifizierung bei der Durchführung der Aktionsforschungsprojekte im Nachhinein als nützlich angesehen wurden und was noch hätte ergänzt werden müssen.

Als Vorteile kollaborativer Aktionsforschungsprojekte in Form von Teamforschung lassen sich an dieser Stelle bereits festhalten, dass a) die Forschungsfrage eine hohe Praxisrelevanz aufweist, da sie maßgeblich von der beteiligten Lehrkraft bestimmt wird; b) der Zugang zum Feld bei der Datenerhebung erleichtert ist, da die Lehrkraft die forschenden Teammitglieder bereits kennt und an der Beantwortung der Forschungsfrage selbst interessiert ist, c) im Team arbeitsteilig vorgegangen werden kann (z.B. bei der Datenerhebung und Datenaufbereitung) und d) sich die unterschiedlichen Perspektiven der Teammitglieder bei der Datenauswertung fruchtbar ergänzen können.

Die vorliegenden Aktionsforschungsprojekte waren konzeptuell so angelegt, dass die Forschungstätigkeit vorwiegend in der Verantwortung der studentischen Teammitglieder lag. Diese Arbeitsteilung hatte keinen prinzipiellen, sondern einen pragmatischen und einen curricularen Grund. Zum einen waren die zeitlichen Ressourcen der Lehrkräfte aufgrund der Reduzierung des Deputats von lediglich einer Stunde begrenzt und wurden vor allem für die gemeinsame Lernaufgabenentwicklung aufgebraucht. Zum anderen mussten sich die studentischen Teammitglieder im Rahmen ihres lehramtsbezogenen Masterstudiums forschungsmethodisches Know-How aneignen, um eine empirische Untersuchung, die von ihnen als Master-Abschlussarbeit verlangt wurde, angemessen durchführen zu können. Beim Vorliegen entsprechender Rahmenbedingungen und einer begleitenden Unterstützung könnten auch die Lehrkraft selbst die forschungsmethodischen Aktivitäten innerhalb eines Aktionsforschungsprojekts übernehmen.

Dass die Durchführung des Aktionsforschungsprojekts nicht nur zum Erkenntnis- und Erfahrungsgewinn hinsichtlich der Förderung einer Teilkompetenz und forschungsmethodischer Aspekte führen, sondern auch das Interesse wecken kann, Aktionsforschung später im eigenen Unterricht anzuwenden, zeigt folgendes Zitat von studentischen Teammitgliedern:

> Die Durchführung des Forschungsprojekts hat uns sowohl bezüglich der spezifischen Thematik (Sprechen im Fremdsprachenunterricht) als auch bezüglich empirischer Forschungsmethoden neue Einblicke gewährt, die uns sowohl für unser weiteres Studium im Hinblick auf die Masterarbeit, als auch auf den Beruf als Lehrerinnen von Nutzen sein können, sodass auch wir später der Forschung einen Platz in unserem Unterricht einräumen und somit zur Unterrichtsentwicklung einen Beitrag leisten können. (Studierende/Team5/WiSe2009-10/Forschungsbericht)

Welche Implikationen lassen sich aus der Phase der Erforschung für die Lehrerbildung ableiten? Zunächst einmal zeigt diese Phase, dass Forschung im Sinne der Aktionsforschung von in der Praxis handelnden Forschungsnovizen durchgeführt werden kann. Zum einen lernen angehende wie auch erfahrene Lehrkräfte dadurch, der eigenen Unterrichtspraxis mit einem forschenden Blick zu begegnen. Mit Hilfe der selbstständigen Erhebung, Aufbereitung und Auswertung von Daten im eigenen Unterricht wird „lokales" Wissen über Sachverhalte generiert, zu denen Lehrkräfte sonst keinen unmittelbaren Zugang haben. Diese Daten stellen die Grundlage für Reflexionsprozesse dar, die zur Änderung der eigenen Unterrichtspraxis führen können. Zum anderen ermöglicht die Durchführung einer eigenen empirischen Untersuchung den angehenden wie erfahrenen Lehrkräften, auf einer niedrigschwelligen Ebene forschungsmethodische Erfahrungen zu sammeln. Der Gewinn eines eigenen forschenden Blicks auf Unterricht stellt gleichzeitig eine Rollenerweiterung dar, die in weiteren Aktionsforschungsprojekten zum Tragen kommen kann.

6. Fazit und Ausblick

Abschließend wird zusammengefasst, was sich im Hinblick auf einen zukünftigen Einsatz kollaborativer Aktionsforschung in der Schnittstelle von Erstausbildung und Fortbildung bewährt hat und was verbessert werden könnte.

Insgesamt gesehen lässt sich festhalten, dass es für die Unterrichtsentwicklung sinnvoll ist, sich über einen längeren Zeitraum mit dem neuen Aufgabenformat „Lernaufgabe" zu befassen. Nicht die fertiggestellte Lernaufgabe ist das Entscheidende für die Unterrichtsentwicklung. Viel entscheidender sind die Schritte der gemeinsamen Erarbeitung von Lernaufgaben im Team (auf der Basis der Beschäftigung mit den theoretischen Grundlagen), des Ausprobierens der Lernaufgaben im Unterricht, der Reflexion der dabei gemachten Erfahrungen und des Überarbeitens der Lernaufgabe bzw. des Überdenkens des eigenen Handelns als Lehrkraft. Dieses Vorgehen braucht Zeit; letztendlich ist dies aber der Schlüssel zur Unterrichtsentwicklung und zur Implementierung von Lernaufgaben. Auf diese Erfahrung weist auch Daniela Caspari im Zusammenhang mit dem Hamburger Schulversuch „alles>>könner" hin, bei dem über einen Zeitraum von fünf Jahren interessierte Englischlehrer/innen kompetenzorientierte Lernarrangements erstellten, erprobten und überarbeiteten (vgl. Caspari 2013: 17).

Aus den Interviews wird darüber hinaus deutlich, welche Fragen für die Beteiligten offen geblieben sind. So fehlte einer Lehrkraft beispielsweise der Aspekt der Differenzierung innerhalb des Lernaufgabenparcours' („Wir haben wirklich eine Lernaufgabe für alle, und die Binnendifferenzierung haben wir im Grunde genommen nicht angedacht. Das wäre, glaube ich, ein weiteres Feld, was man jetzt beackern müsste, wie man das hinkriegt", Lehrkraft 6). Dies ist in der Tat ein Problem, dem sich die Vertreter/innen aufgabenorientierter Ansätze stellen müssen (z.B. Bechtel/Rein-Sparenberg im Druck, Caspari/Holzbrecher im Druck). Einige Lehrkräfte fragten sich, wie man mit Hilfe von Lernaufgaben Grammatikkenntnisse fördern soll („Aber ich finde sie nicht für alle Dinge passend, diese Lernaufgaben, und mit der Grammatik ist es vielleicht nicht das beste Modell", Lehrkraft 4). Dies deutet darauf hin, dass das Konzept des *focus on form* im aufgabenorientierten Ansatz noch deutlicher thematisiert werden müsste.[12] Für eine andere Lehrkraft stellte sich die Frage nach der Progression bei mehreren Lernaufgaben („Was für mich auch nicht klar ist oder was ich auch bemängeln würde, ist, dass ich zurzeit keine Progression sehe in diesen Aufgaben", Lehrkraft 1). Des Weiteren wurde deutlich, dass die starke Fokussierung auf die Förderung der Teilkompetenz Sprechen dazu führte, dass Lernaufgaben zur Förderung anderer kommunikativer Teilkompetenzen und insbesondere der interkulturellen Kompetenz letztendlich zu kurz kamen, was auch von einigen Studierenden im Interview angemerkt wurde. Das spricht dafür, bei Fortbildungen zur Lernaufgabenentwicklung die ganze Bandbreite der Teilkompetenzen systematisch einzubeziehen.

Was sind nun die Gelingensbedingungen kollaborativer Aktionsforschungsprojekte zur Entwicklung, Erprobung und Erforschung von Lernaufgaben im Fremdsprachenunterricht in Teams aus fortgeschrittenen Studierenden und einer Lehrkraft? Im Folgenden werden die Aspekte zusammengefasst, die sich für die einzelnen Phasen bewährt haben bzw. ergänzt werden sollten.

Für die Phase der Lernaufgabenentwicklung haben sich bewährt:

- die Einbettung der Aktionsforschungsprojekte in eine fachdidaktische Fortbildung bzw. universitäre fachdidaktische Veranstaltung zur Kompetenz- und Aufgabenorientierung, damit die Lehrkräfte und Studierenden eine gemeinsame Basis für die Teamarbeit zur Lernaufgabenentwicklung haben,
- die Simulation einer Muster-Lernaufgabe in der Lernerrolle als Einstieg,
- die Aneignung von Wissen zur Kompetenzorientierung und Aufgabenorientierung, zum Konzept der Lernaufgabe und zu Modellen aufgabenorientierten Unterrichts anhand von Fachtexten und konkreten Aufgabenbeispielen,
- die Verständigung über Kriterien für „gute" Lernaufgaben,

12 Mit der Integration von Grammatikarbeit in Lernaufgaben befassen sich beispielsweise Bombach et al. (2011), Müller-Hartmann/Schocker- v. Ditfurth (2011: 210ff), Müller-Hartmann/Schocker/Pant (2013: 84ff), Schinschke (2011), Schocker (2011).

- die Analyse der Qualität bestehender Lernaufgaben anhand eines Kriterienkatalogs,
- die selbstständige Entwicklung von Lernaufgaben für eine konkrete (beispielsweise die eigene) Lerngruppe im Team,
- die Präsentation der Konzeption der Lernaufgaben vor Kolleg/inn/en und Expert/inn/en und deren Feedback,
- die Überarbeitung der Lernaufgabe auf der Basis der Rückmeldungen.

Ergänzt werden müssten:

- das Zusammenspiel der hauptsächlich zu fördernden Kompetenzen (Hörverstehen, Sprechen, Leseverstehen, Schreiben, Sprachmittlung) mit anderen Kompetenzen (interkulturellen und methodischen Kompetenzen) und den sprachlichen Mitteln (Wortschatz, Grammatik, Aussprache Orthografie) bei der Konzeption von Lernaufgaben.

Für die Phase der Erprobung haben sich bewährt:

- die selbst konzipierte Lernaufgabe im Unterricht einzusetzen,
- den Umgang der Unterrichtenden und der Schüler/innen mit der Lernaufgabe durch Teammitglieder zu beobachten,
- den Einsatz der Lernaufgabe im Unterricht zu reflektieren und daraus Handlungskonsequenzen abzuleiten (Modifikation der Lernaufgabe, Änderung des Lehrer/innenhandelns).

Ergänzt werden müssten:

- eine Videografie des Einsatzes der Lernaufgaben im Unterricht (vgl. Müller-Hartmann/Schocker/Pant 2013: 19),
- ein systematischer Austausch zwischen den Teammitgliedern sowie mit anderen Teams unter Hinzuziehung externer Expert/inn/en über den Umgang der Lehrkräfte mit der Lernaufgabe im Unterricht auf der Grundlage der Videografie.

Für die Phase der Erforschung haben sich bewährt:

- eine Einbettung der Aktionsforschungsprojekte in eine Fortbildung bzw. eine universitäre Veranstaltung, die der forschungsmethodischen Qualifizierung der Teammitglieder und Unterstützung während des Forschungsprozesses dient (vgl. Meyer/Fichten 2009).

Ergänzt werden müssten:

- die Bereitstellung einer universitären „Forschungswerkstatt“, die bedarfsorientiert bei forschungsmethodischen Fragen von den Teams in Anspruch genommen werden kann,
- eine systematische Einbeziehung der Lehrkräfte sowie anderer Teammitglieder und externer Expert/inn/en bei der Phase der Auswertung der Daten, um das Spektrum der Interpretationsansätze zu erweitern,
- die Einbeziehung der Lehrkräfte bei der Präsentation der Ergebnisse im schulischen Kontext.

Zudem scheint es für alle Phasen hilfreich, die Teams dabei anzuleiten, einen „Teamkontrakt“ aufzusetzen, in dem das Ziel, die Zeitplanung, Arbeitszusagen/ Arbeitsbelastungen der Teammitglieder, Sonderwünsche/ Sonderabsprachen sowie Ansprechpartner bei Störungen oder Konflikten festgehalten werden, die die Teammitglieder bei Bedarf zu Rate ziehen können (vgl. Meyer/Fichten 2009: 66).

Eine strukturelle Voraussetzung für die Durchführung länger angelegter kollaborativer Aktionsforschungsprojekte in der Schule ist zum einen, dass interessierte Lehrkräfte eine angemessene Entlastung ihres Stundendeputats erhalten. Zum anderen müssen im Curriculum der Studierenden auf Masterniveau mindestens eine Veranstaltung zur Verfügung steht, die als Qualifizierung für die Lernaufgabenentwicklung dient, und eine weitere Veranstaltung, die als forschungsmethodische Qualifizierung ausgestaltet werden kann. Nicht zuletzt bedarf es der Offenheit und des Engagements der Teammitglieder. Ein Engagement, das sich lohnt, wie die Ergebnisse dieses Bandes zeigen!

Die Durchführung von kollaborativen Aktionsforschungsprojekten im Rahmen des Bremer Schulbegleitforschungsnetzwerks „Fördern durch Aufgabenorientierung“ entspricht einem erfahrungsbasierten, handlungsorientierten und reflexiven Ansatz der Lehrerbildung, wie sie beispielsweise von Michael Legutke (1995) und Marita Schocker-v. Ditfurth (2008) vertreten werden. Eine Besonderheit des hier vorliegenden Konzepts ist, dass es durch die Zusammensetzung der Teams (eine Lehrkraft und Lehramtsstudierende) sowohl in der Fortbildung als auch Erstausbildung angesiedelt ist. Die zweite Besonderheit ist, dass ein Teil der Teammitglieder in Anlehnung an die „Oldenburger Teamforschung“ (Meyer/ Fichten 2009) eine forschungsmethodische Qualifizierung durchliefen, die den Aktionsforschungsprojekten eine Struktur gaben und die Teammitglieder dabei unterstützten, die Herausforderungen, die mit den einzelnen Etappen eines Aktionsforschungsprojekts verbunden waren, angemessen zu bewältigen. Die bereits während des Studiums gemachten forschungsmethodischen Erfahrungen können nicht nur dazu beitragen, dass sich die zukünftigen Lehrkräfte zutrauen, weitere

Aktionsforschungsprojekte im späteren Beruf selbstständig durchzuführen, sondern sie können für den potenziellen fremdsprachendidaktischen Nachwuchs auch einen Ausgangspunkt für eine größer angelegte Qualifikationsarbeit bilden.

7. Bibliografie

Altrichter, Herbert / Posch, Peter (2007). *Lehrerinnen und Lehrer erforschen ihren Unterricht.* Unterrichtsentwicklung und Unterrichtsevaluation durch Aktionsforschung. Bad Heilbrunn: Klinkhardt.

Altrichter, Herbert / Lobenwein, Waltraud / Welte, Heike (2003). PraktikerInnen als ForscherInnen. Forschung und Entwicklung durch Aktionsforschung. In: Friebershäuser, Barbara / Prengel, Annedore (Hrsg.). *Handbuch Qualitative Forschungsmethoden in der Erziehungswissenschaft.* Weinheim/München: Juventa. 640–660.

Aulf, Annika (2015). *Presentar tu receta preferida.* Konzeption und Umsetzung einer kompetenzorientierten Lernaufgabe. In: Bechtel, Mark (Hrsg.). 149–172.

Bechtel, Mark (2015a) (Hrsg.). *Fördern durch Aufgabenorientierung. Bremer Schulbegleitforschung zu Lernaufgaben im Französisch- und Spanischunterricht der Sekundarstufe I.* Frankfurt a.M. u.a.: Lang.

Bechtel, Mark (2015b). Das Bremer Schulbegleitforschungsnetzwerk „Fördern durch Aufgabenorientierung": Ziele – Struktur – Verlauf. In: Ders. (Hrsg.). 17–41.

Bechtel, Mark (2015c). Ein Lehrerbildungskonzept zur Entwicklung, Erprobung und Erforschung von Lernaufgaben im Französisch- und Spanischunterricht der Sekundarstufe I. In: Ders. (Hrsg.). 83–118.

Bechtel, Mark / Rein-Sparenberg, Inge (im Druck). Individualisierendes und differenzierendes Arbeiten in digitalen Medienformaten. In: Küster, Lutz (Hrsg.). *Individualisierung im Französischunterricht. Mit digitalen Medien differenziert unterrichten.* Seelze: Klett/Kallmeyer.

Benitt, Nora (2014). Forschen, Lehren, Lernen – Aktionsforschung in der fremdsprachlichen Lehrerbildung. *Zeitschrift für Fremdsprachenforschung* 25/1: 39–71.

Bergfelder-Boos, Gabriele (o.J.): Handreichungen zum Aktionsforschungsseminar „Theorie-Praxis Modul II: Aktionsforschung für Weiterbildungsstudierende". Institut für Romanische Philologie. Didaktik der romanischen Sprachen und Literaturen. Freie Universität Berlin. URL: http://www.geisteswissenschaften.fu-berlin.de/we05/romandid/fort-und-weiterbildung/aktionsforschung/index.html, letzter Zugriff: 24.8.2015

Bombach, Margit / Kräling, Katharina / Löchel, Waltraud / Lörken, Susanna / Philipp, Elke / Rauch, Kerstin / Schinschke, Andrea (2011). *Handreichung moderne Fremdsprachen Grammatik im kompetenzorientierten Fremdsprachenunterricht – Unterrichtsvorschläge für Französisch, Russisch, Spanisch, Englisch.* Ludwigsfelde-Struveshof: Landesinstitut für Schule und Medien Berlin-Brandenburg (LISUM).

Burns, Anne (1999). *Collaborative Action Research for English Language Teachers.* Cambridge, New York: Cambridge University Press.

Burns, Anne (2010). *Doing Action Research in English Language Teaching. A Guide for Practioners.* New York: Routledge.

Caspari, Daniela (2006). Aufgabenorientierung im Fremdsprachenunterricht. In: Bausch, Karl-Richard / Burwitz-Melzer, Eva / Königs, Frank G. / Krumm, Hans-Jürgen (Hrsg.). *Aufgabenorientierung als Aufgabe. Arbeitspapiere der 26. Frühjahrskonferenz zur Erforschung des Fremdsprachenunterrichts.* Tübingen: Narr. 33–42.

Caspari, Daniela (2013). Kompetenzorientierter Fremdsprachenunterricht. In: Landesinstitut für Lehrerbildung und Schulentwicklung der Freien und Hansestadt Hamburg (Hrsg.). *Kompetenzorientierung im Fach Englisch. Ausgewählte Ergebnisse der Fachsets Englisch im Schulversuch alles>>könner.* Hamburg: Behörde für Arbeit, Soziales, Familie und Integration Hamburg. 9–18.

Caspari, Daniela / Holzbrecher, Alfred (im Druck). Individualisierung und Differenzierung im kompetenzorientierten Französischunterricht. In: Küster, Lutz (Hrsg.). *Individualisierung im Französischunterricht. Mit digitalen Medien differenziert unterrichten.* Seelze: Klett/Kallmeyer.

Caspari, Daniela / Kleppin, Karin (2008). Lernaufgaben. Kriterien und Beispiele. In: Tesch, Bernd / Leupold, Eynar / Köller, Olaf (Hrsg.). *Bildungsstandards Französisch: konkret. Sekundarstufe I: Grundlagen, Aufgabenbeispiele und Unterrichtsanregungen.* Berlin: Cornelsen Scriptor. 88–148.

Drewes, Malte (2010). *Kompetenz- und Aufgabenorientierung als Wegbereiter fremdsprachlicher Handlungsfähigkeit im Rahmen direkter Schülerbegegnungen. Eine exemplarische Umsetzung im Französischunterricht der Sekundarstufe I.* Abschlussarbeit zur Erlangung des Grades *Master of Education*, Universität Bremen (26.7.2010).

Hermes, Liesel (1998). Action Research (Handlungsforschung) in der Lehrerfortbildung. *Praxis des neusprachlichen Unterrichts* 45: 3–11.

Hermes, Liesel (2001). *Action Research – Lehrkräfte erforschen ihren Unterricht.* Soest: Landesinstitut für Schule und Weiterbildung.

Jäger, Anja (2011). *Kultur szenisch erfahren. Interkulturelles Lernen mit Jugendliteratur und szenischen Aufgaben im Fremdsprachenunterricht.* Frankfurt a.M. u.a.: Lang.

Janhsen, Antje (2011). *Förderung des Sprechens in der Fremdsprache durch eine kompetenz- und aufgabenorientierte Lernaufgabe mit selbstreflexiven Elementen.* Abschlussarbeit zur Erlangung des Grades *Master of Education*, Universität Bremen (12.8.2011).

Knobloch, Antje (2010): *Freies Sprechen im Fremdsprachenunterricht Französisch.* Abschlussarbeit zur Erlangung des Grades *Master of Education*, Universität Bremen (28.7.2010).

Kramer, Alina (2012). *Subjektive Theorien zum Fremdsprachenlernen im kompetenz- und aufgabenorientierten Französischunterricht.* Abschlussarbeit zur Erlangung des Grades *Master of Education*, Universität Bremen (10.1.2012).

Landesstiftung Baden-Württemberg / Legutke, Michael K. / Schocker-v. Ditfurth, Marita (Hrsg.) (2008). *E-Lingo – Didaktik des frühen Fremdsprachenlernens. Erfahrungen und Ergebnisse mit Blended Learning in einem Masterstudiengang.* Tübingen: Narr.

Legutke, Michael K. (1995). *Lehrerfortbildung: Einführung.* In: Legutke, Michael K. (Hrsg.): Handbuch für Spracharbeit Teil 6: Fortbildung. Band 1. München: Goethe-Institut. 1–22.

Leupold, Eynar (2008). A chaque cours suffit sa tâche? Bedeutung und Konzeption von Lernaufgaben. *Der fremdsprachliche Unterricht Französisch* 42/96: 2–9.

Meyer, Hilbert / Fichten, Wolfgang (2009). *Einführung in die schulische Aktionsforschung. Ziele, Verfahren und Ergebnisse eines BLK-Modellversuchs.* Oldenburg: Didaktisches Zentrum.

Müller-Hartmann, Andreas / Schocker-v. Ditfurth, Marita (2011). *Teaching English: Task-Supported Language Learning.* Paderborn u.a.: Schöningh.

Müller-Hartmann, Andreas / Schocker, Marita / Pant, Hans Anand (Hrsg.) (2013). *Lernaufgaben Englisch aus der Praxis.* Braunschweig: Bildungshaus Schulbuchverlage.

Obermeier, Julia (2011). *Die „Simulation globale" in Form von Lernaufgaben im Französischunterricht. Motivationsverläufe und Schülereinschätzungen hilfreicher Aspekte für den Ausbau der eigenen Sprechkompetenz innerhalb der Phasen des Task-Based-Learning-Modells.* Abschlussarbeit zur Erlangung des Grades *Master of Education*, Universität Bremen (22.7.2011).

Riemer, Claudia (2002). Für und über die eigene Unterrichtspraxis forschen: Anregungen zur Lehrerhandlungsforschung. In: Schreiber, Rüdiger (Hrsg.). *Deutsch als Fremdsprache am Studienkolleg. Unterrichtspraxis, Tests, Evaluation.* Regensburg: Fachverband Deutsch als Fremdsprache. 129–143.

Schinschke, Andrea (2011). Erst Grammatik lernen, dann Kompetenzen trainieren? *Praxis Fremdsprachenunterricht* 8/1: 12–14.

Schocker, Marita (2011). Grammatik und Fremdsprachenkompetenzen. Plädoyer für ein lernaufgabenorientiertes Verständnis. *Praxis Fremdsprachenunterricht. Basisheft* 8/1: 8–11.

Schocker-v. Ditfurth, Marita (2008). Einbinden von 'Reflektierter Unterrichtserfahrung' in E-Learning: Professionalisierung durch Aktionsforschungsprojekte. In: Landesstiftung Baden-Württemberg / Legutke, Michael K. / Schocker-v. Ditfurth, Marita (Hrsg.). *E-Lingo – Didaktik des frühen Fremdsprachenlernens. Erfahrungen und Ergebnisse mit Blended Learning in einem Masterstudiengang.* Tübingen: Narr. 68–77.

Schramm, Karen / Aguado, Karin (2010). Videographie in den Fremdsprachendidaktiken – Ein Überblick. In: Aguado, Karin / Schramm, Karen / Vollmer, Helmut Johannes (Hrsg.). *Fremdsprachliches Handeln beobachten, messen, evaluieren.* Frankfurt a.M. u.a.: Lang. 185–214.

Tesch, Bernd (2010). *Kompetenzorientierte Lernaufgaben im Fremdsprachenunterricht. Konzeptionelle Grundlagen und eine rekonstruktive Fallstudie zur Unterrichtspraxis (Französisch).* Frankfurt a.M. u.a.: Lang.

Willis, Jane (1996). *A Framework for Task-Based Learning.* Harlow: Addison Wesley Longman.

Anhang

Interviewleitfaden für Interviews mit den Lehrkräften

1. Lehr- und Lerninhalte
   - Welche Inhalte/Themen/Situationen standen im Mittelpunkt Ihrer Lernaufgabe(n)?
2. Lehr- und Lernziele
   - Welche Kompetenz(en) sollte(n) durch Ihre Lernaufgaben gefördert werden?
   - Wurde(n) die angezielte(n) Kompetenz(en) tatsächlich gefördert? Woran machen Sie das fest?
   - Gibt es Kompetenzen, die Ihnen im Unterricht besonders wichtig sind? Welche sind es und warum?
3. Vorstellungen über Lehrer- und Schülerrolle
   - Wie haben Sie sich bei der Durchführung der Lernaufgaben erlebt? Gab es Schwierigkeiten? Wenn ja, wo genau?
   - Aus Ihrer Sicht, konnten die SchülerInnen die Lernaufgaben gut bewältigen? Woran machen Sie das fest?
4. Bildungspolitische Vorgaben

- Welche Rolle haben die Bildungsstandards bei der Konzeption Ihrer Lernaufgabe(n) gespielt?

5. Abschluss

Lehrerinnen und Lehrern, die sagen: „Lernaufgaben haben in meinem Unterricht nichts zu suchen". Was würde Sie ihnen sagen?
Möchten Sie noch etwas hinzufügen, worüber wir bislang nicht gesprochen haben, was Ihnen aber wichtig ist?

Interviewleitfaden für die Interviews mit den Studierenden

In einem Team aus einer Lehrkraft und 2–4 Studierenden hast du / habt ihr

- eine kompetenz- und aufgabenorientierte Unterrichtseinheit konzipiert und beobachtet, wie sie im Unterricht durchgeführt wurde (FD2-Seminar WiSe 2009/10);
- eine Forschungsfrage untersucht (Formulierung einer Forschungsfrage und ‚Kleinarbeitung', Auswahl von Forschungsmethoden, Datenerhebung, Datenaufbereitung, Datenauswertung, Präsentation) (FD2-Übung WiSe 2009/10, FD3-Seminar SoSe 2010).

Was hat dir / euch die Mitarbeit an dem Aktionsforschungsprojekt für euer Studium gebracht?
Eingangsimpuls: „Die Mitarbeit in dem Aktionsforschungsprojekt war DAS Highlight im MEd-Studium!"
Wenn du / ihr noch einmal zurückdenkst / zurückdenkt:

1. Welche Etappen waren dabei besonders erkenntnisfördernd? Inwiefern? Warum?
2. Welche Elemente des Seminars waren hilfreich? Inwiefern? Warum?
3. Welche Elemente der Übung waren hilfreich? Inwiefern? Warum?
4. Welche Bedeutung hatte dabei die Zusammenarbeit mit der Lehrkraft?
5. Welche Bedeutung hatte die Zusammenarbeit untereinander, also mit den Studierenden?
6. Wo gab es Probleme, Knackpunkte?
7. Was hättest du dir / ihr euch noch gewünscht?

Möchtest du / Möchtet ihr noch irgendetwas ergänzen?

Die Autorinnen, Autoren und Herausgeber

Annika Aulf nahm an der Pilotphase des Bremer Schulbegleitforschungsnetzwerks teil und führte im Team mit einer Lehrkraft und einem Kommilitonen ein Aktionsforschungsprojekt im Spanischunterricht durch (Wintersemester 2009/10 und Sommersemester 2010). Im Februar 2011 beendete sie ihr Lehramtsstudium mit der Fächerkombination Französisch/Spanisch an der Universität Bremen. Gegenstand der Master-Abschlussarbeit waren subjektive Theorien von Fremdsprachenlehrern über interkulturelles Lernen. Anschließend war sie ein Jahr lang als Fremdsprachenassistentin in Ávila/Spanien tätig. Seit 2011 arbeitet sie an ihrem Promotionsprojekt zum Thema „Autofiktionale Texte im Französischunterricht" (Universität Bremen).

Julia Baumbach führte in Rahmen des Bremer Schulbegleitforschungsnetzwerks in einem Team mit Ann-Marikje Stenzel, Alexej Schlotfeldt und einer Französischlehrkraft ein Aktionsforschungsprojekt durch (Wintersemester 2009/10 und Sommersemester 2010), bei dem es um die Förderung sprachlicher Mittel bei Lernaufgaben ging. Im September 2011 beendete sie ihr Lehramtsstudium mit der Fächerkombination Französisch und Politik an der Universität Bremen. Gegenstand der Master-Arbeit waren unterstützende Faktoren des Bildungserfolgs bei Abiturient/inn/en mit türkischem Migrationshintergrund in der zweiten Migrantengeneration. Anschließend absolvierte sie das Referendariat am Alexander von Humboldt Gymnasium in Bremen. Seit 2013 ist sie dort als Fachleitung Französisch und Lehrerin für Französisch, Politik und Deutsch als Zweitsprache tätig.

Dr. phil. Mark Bechtel war Leiter des Bremer Schulbegleitforschungsnetzwerks, zunächst als wissenschaftlicher Mitarbeiter, später als Vertretungsprofessor (April 2009 bis Oktober 2010) bzw. „Lektor" in der Didaktik der romanischen Sprachen der Universität Bremen. Er war für die Organisation des Schulbegleitforschungsnetzwerks verantwortlich, führte einen Teil der darin integrierten fachdidaktischen Qualifizierungsmaßnahmen durch und nahm an einem der Aktionsforschungsprojekte als Teammitglied teil. Seit April 2011 ist er Juniorprofessor für Didaktik der romanischen Sprachen der Technischen Universität Dresden.

Antje Knobloch nahm an der Pilotphase des Bremer Schulbegleitforschungsnetzwerks teil und führte danach in Zusammenarbeit mit einer Französischlehrkraft ein Aktionsforschungsprojekt durch (Wintersemester 2009/10 und Sommersemester 2010), das Gegenstand ihrer Master-Abschlussarbeit zur Förderung des freien dialogischen Sprechens im Französischunterricht wurde. Im September

2010 schloss sie ihr Lehramtsstudium mit der Fächerkombination Französisch, Musikpädagogik und Darstellendes Spiel an der Universität Bremen ab. Von 2010 bis 2014 studierte sie Kirchenmusik an der Hochschule für Künste in Bremen. Seit August 2014 absolviert sie das Referendariat am Oberstufenzentrum „Geschwister Scholl" in Bremerhaven.

Alina Kramer (geb. Trandafir) führte im Rahmen des Bremer Schulbegleitforschungsnetzwerks im Team mit einer Französischlehrkraft und den Kommilitoninnen Antje Peters und Jenny Moller ein Aktionsforschungsprojekt durch (WiSe 2009/10, SoSe 2010). In ihrer Tätigkeit als studentische Hilfskraft interviewte sie darüber hinaus die Lehrkräfte des Netzwerks. Zwei der Interviews waren Gegenstand ihrer Master-Abschlussarbeit zu subjektiven Theorien über Fremdsprachenlernen im kompetenz- und aufgabenorientierten Französischunterricht. Sie beendete 2012 ihr Lehramtsstudium mit der Fächerkombination Französisch/Spanisch an der Universität Bremen. Danach absolvierte sie ihr Referendariat in Niedersachsen.

Juliana Kruza führte im Rahmen des Bremer Schulbegleitforschungsnetzwerks im Team mit einer Lehrkraft und vier Studentinnen ein Aktionsforschungsprojekt durch (Wintersemester 2009/10 und Sommersemester 2010), das sie zum Gegenstand ihrer Master-Abschlussarbeit machte. Dabei ging sie der Frage nach, wie Schüler/innen im Französischunterricht mit sprechkompetenzorientierten Lernaufgaben umgehen. Im September 2010 beendete sie ihr Lehramtsstudium mit der Fächerkombination Französisch/Englisch an der Universität Bremen. Anschließend absolvierte sie das Referendariat am Gymnasium Stolzenau. Seit 2012 ist sie als Studienrätin am Gymnasium Walsrode tätig.

Jenny Moller führte im Rahmen des Bremer Schulbegleitforschungsnetzwerks im Team mit einer Französischlehrkraft und ihren Kommilitoninnen Alina Kramer und Antje Peters ein Aktionsforschungsprojekt durch (WiSe 2009/10, SoSe 2010). Im September 2012 beendete sie ihr Lehramtsstudium mit der Fächerkombination Französisch/Geographie an der Universität Bremen. Anschließend absolvierte sie das Referendariat an der Halepaghen Schule in Buxtehude. Seit 2014 ist sie als Lehrerin in der „Geestlandschule Fredenbeck" tätig.

Julia Obermeier nahm im Rahmen des Bremer Schulbegleitforschungsnetzwerks an zwei Aktionsforschungsprojekten teil. Das erste führte sie im Team mit einer Lehrkraft und einer weiteren Studentin im Wintersemester 2009/10 und Sommersemester 2010 durch. Beim zweiten, das Gegenstand ihrer Master-Abschlussarbeit wurde, arbeitete sie in einem Team, das neben ihr aus dem Fachleiter für Französisch in Bremen und dem Leiter des Schulbegleitforschungsnetzwerks bestand.

Bei einer *simulation globale*, die in einer 10. Klasse in Form von Lernaufgaben ausgestaltet war, untersuchte sie die Motivation von Schülerinnen und Schülern unterschiedlicher Leistungsniveaus in den verschiedenen Phasen der Lernaufgaben. Im Anschluss an ihr Studium absolvierte sie das Referendariat am Gymnasium in Uetze. Seit 2014 ist sie als Studienrätin in der IGS Stöcken in Hannover tätig.

Antje Peters (geb. Janhsen) führte im Rahmen des Bremer Schulbegleitforschungsnetzwerks zwei Aktionsforschungsprojekte durch. Beim ersten arbeitete sie in einem Team mit einer Lehrkraft und den Studentinnen Alina Kramer und Jenny Moller zusammen (Wintersemester 2009/10 und Sommersemester 2010). Das zweite führte sie im Rahmen ihrer Master-Abschlussarbeit in Zusammenarbeit mit dem Fachleiter für Französisch (Bremen) durch. Dabei ging sie der Frage nach, wie Schüler/innen Lernaufgaben zur Förderung des dialogischen Sprechens bearbeiten und welche Rolle dabei unterrichtliche Maßnahmen zur Selbstreflexion spielen. Nach dem Abschluss ihres Lehramtsstudiums mit der Fächerkombination Französisch/Spanisch an der Universität Bremen absolvierte sie das Referendariat am Gymnasium Ulricianum in Aurich. Seit 2013 ist sie als Studienrätin am Niedersächsischen Internatsgymnasium Esens tätig.

Alexej Schlotfeldt führte im Rahmen des Bremer Schulbegleitforschungsnetzwerks in einem Team mit Ann-Marikje Stenzel, Julia Baumbach und einer Französischlehrkraft ein Aktionsforschungsprojekt durch (Wintersemester 2009/10 und Sommersemester 2010). Im September 2011 beendete er sein Lehramtsstudium mit der Fächerkombination Französisch/Politik an der Universität Bremen. Anschließend arbeitete er ein Jahr als Fremdsprachenassistent am *Lycée International Victor Hugo* in Toulouse. Im Anschluss absolvierte er ein Praktikum am Institut für Qualitätsentwicklung im Bildungswesen (IQB) in Berlin, bei dem er sich mit der Entwicklung von Testaufgaben für die Ländervergleichsstudien beschäftigte. Seit dem Abschluss seines Referendariats arbeitet er in einer Gesamtschule in Braunschweig.

Ann-Marikje Stenzel führte im Rahmen des Bremer Schulbegleitforschungsnetzwerks in einem Team mit Julia Baumbach, Alexej Schlotfeldt und einer Französischlehrkraft ein Aktionsforschungsprojekt durch (Wintersemester 2009/10 und Sommersemester 2010). Im Oktober 2011 beendete sie ihr Lehramtsstudium mit der Fächerkombination Französisch/Deutsch an der Universität Bremen. Danach absolvierte sie ihr Referendariat am Albert-Einstein-Gymnasium in Buchholz in der Nordheide. Seit 2013 ist sie als Lehrerin an der IGS Buchholz tätig.

Kolloquium Fremdsprachenunterricht

Herausgegeben von Daniela Caspari, Lars Schmelter,
Karin Vogt und Nicola Würffel

Kolloquium Fremdsprachenunterricht (KFU) publiziert Tagungsdokumentationen und thematisch ausgerichtete Sammelbände sowie einschlägige Monographien, Dissertationen und Habilitationsschriften zu allen relevanten Fragenstellungen der Fremdsprachenforschung. Insbesondere folgende Forschungsgebiete sind von Interesse: Fremdsprachendidaktik aller Sprachen, Fremdsprachenlehr- und -lernforschung, Forschungsmethoden, Mehrsprachigkeitsforschung, interkultureller Fremdsprachenunterricht, Multiliteralitätsforschung, bilingualer Unterricht, mediengestütztes Fremdsprachenlernen und -lehren, Literatur- und Textdidaktik.

Publikationsanfragen richten Sie bitte an eine/n der HerausgeberInnen, Prof. Dr. Daniela Caspari, Prof. Dr. Lars Schmelter, Prof. Dr. Karin Vogt, Prof. Dr. Nicola Würffel. Gerne berät das Herausgeberteam interessierte AutorInnen bei Forschungsprojekten.

Prof. Dr. Daniela Caspari: http://www.geisteswissenschaften.fu-berlin.de/we05/mitarbeiter/caspari/index.html
Prof. Dr. Lars Schmelter: http://www.romanistik.uni-wuppertal.de/personal/fachdidaktik/prof-dr-phil-lars-schmelter.html
Prof. Dr. Karin Vogt: http://www.ph-heidelberg.de/englisch/personen/lehrende/prof-dr-vogt.html
Prof. Dr. Nicola Würffel: http://www.ph-heidelberg.de/mediendidaktik/personen/lehrende/prof-dr-nicola-wuerffel.html

Band 1 Volker Raddatz / Michael Wendt (Hrsg.): Textarbeit im Fremdsprachenunterricht – Schrift, Film, Video. Kolloquium zur Ehren von Bertolt Brandt (Verlag Dr. Kovac 1997).

Band 2 Gabriele Blell / Wilfried Gienow (Hrsg.): Interaktion mit Texten, Bildern, Multimedia im Fremdsprachenunterricht (Verlag Dr. Kovac 1998).

Band 3 Renate Fery / Volker Raddatz (Hrsg.): Lehrwerke und ihre Alternativen. 2000.

Band 4 Gisèle Holtzer / Michael Wendt (éds.): Didactique comparée des langues et études terminologiques. Interculturel – Stratégies – Conscience langagière. 2000.

Band 5 Gerhard Bach / Susanne Niemeier (Hrsg.): Bilingualer Unterricht. Grundlagen, Methoden, Praxis, Perspektiven. 5., überarbeitete und erweiterte Auflage. 2010.

Band 6 Michael Wendt (Hrsg.): Konstruktion statt Instruktion. Neue Zugänge zu Sprache und Kultur im Fremdsprachenunterricht. 2000.

Band 7 Dagmar Abendroth-Timmer / Stephan Breidbach (Hrsg.): Handlungsorientierung und Mehrsprachigkeit. Fremd- und mehrsprachliches Handeln in interkulturellen Kontexten. 2000.

Band 8 Wolfgang Zydatiß: Leistungsentwicklung und Sprachstandserhebungen im Englischunterricht. Methoden und Ergebnisse der Evaluierung eines Schulversuchs zur Begabtenförderung: Gymnasiale Regel- und Expressklassen im Vergleich. Unter Mitarbeit von Viola Vockrodt-Scholz. 2002.

Band 9 Wilma Melde / Volker Raddatz (Hrsg.): Innovationen im Fremdsprachenunterricht 1. Offene Formen und Frühbeginn. 2002.

Band 10 Gerhard Bach / Britta Viebrock (Hrsg.): Die Aneignung fremder Sprachen. Perspektiven – Konzepte – Forschungsprogramm. 2002.

Band 11 Hannelore Küpers / Marc Souchon (Eds.): Appropriation des Langues au Centre de la Recherche. Spracherwerb als Forschungsgegenstand. 2002.

Band 12 Helene Decke-Cornill / Maike Reichart-Wallrabenstein (Hrsg.): Fremdsprachenunterricht in medialen Lernumgebungen. 2002.

Band 13 Nikola Mayer: Ganzheitlichkeit und Sprache. Theorie des Begriffs und empirische Zugangswege im Gespräch mit Fremdsprachenlehrerinnen- und -lehrern. 2002.

Band 14 Brigitte Krück / Christiane Loeser (Hrsg.): Innovationen im Fremdsprachenunterricht 2. Fremdsprachen als Arbeitssprachen. 2002.

Band 15 Johannes Eckerth / Michael Wendt (Hrsg.): Interkulturelles und transkulturelles Lernen im Fremdsprachenunterricht. 2003.

Band 16 Dagmar Abendroth-Timmer / Britta Viebrock / Michael Wendt (Hrsg.): Text, Kontext und Fremdsprachenunterricht. Festschrift für Gerhard Bach zum 60. Geburtstag. 2003.

Band 17 Petra Bosenius / Jürgen Donnerstag (Hrsg.): Interaktive Medien und Fremdsprachenlernen. 2004.

Band 18 Mercedes Díez / Raquel Fernández / Ana Halbach (eds.): Debate en torno a las estrategias de aprendizaje. Debating Learning Strategies. 2004.

Band 19 Adelheid Schumann (Hrsg.): Kulturwissenschaften und Fremdsprachendidaktik im Dialog. Perspektiven eines interkulturellen Französischunterrichts. 2005.

Band 20 Christine Penman (ed.): Holistic Approaches to Language Learning. 2005.

Band 21 Steffi Morkötter: *Language Awareness* und Mehrsprachigkeit. 2005.

Band 22 Wolfgang Zydatiß: Bildungsstandards und Kompetenzniveaus im Englischunterricht. Konzepte, Empirie, Kritik und Konsequenzen. 2005.

Band 23 Gerhard Bach / Gisèle Holtzer (éds.): Pourquoi apprendre des langues? Orientations pragmatiques et pédagogiques. 2006.

Band 24 Andreas Grünewald: Multimedia im Fremdsprachenunterricht. Motivationsverlauf und Selbsteinschätzung des Lernfortschritts im computergestützten Spanischunterricht. 2006.

Band 25 Christiane Fäcke: Transkulturalität und fremdsprachliche Literatur. Eine empirische Studie zu mentalen Prozessen von primär mono- oder bikulturell sozialisierten Jugendlichen. 2006.

Band 26 Laurence Jeannot: Introduction des TICE en contexte scolaire et autonomie dans l'apprentissage des langues étrangères. Stratégies et compétence d'apprentissage dans des dispositifs mixtes en France et en Allemagne. 2006.

Band 27 Helmut Johannes Vollmer (Hrsg.): Synergieeffekte in der Fremdsprachenforschung. Empirische Zugänge, Probleme, Ergebnisse. 2007.

Band 28 Jean E. Conacher / Helen Kelly-Holmes (eds.): New Learning Environments for Language Learning. Moving beyond the classroom? 2007.

Band 29 Daniela Caspari / Wolfgang Hallet / Anke Wegner / Wolfgang Zydatiß (Hrsg.): Bilingualer Unterricht macht Schule. Beiträge aus der Praxisforschung. 2., durchgesehene Auflage. 2009.

Band 30 Sabine Doff / Torben Schmidt (Hrsg.): Fremdsprachenforschung heute. Interdisziplinäre Impulse, Methoden und Perspektiven. 2007.

Band 31 Daniela Elsner / Lutz Küster / Britta Viebrock (Hrsg.): Fremdsprachenkompetenzen für ein wachsendes Europa. Das Leitziel „Multiliteralität". 2007.

Band 32 Adelheid Schumann / Lieselotte Steinbrügge (Hrsg.): Didaktische Transformation und Konstruktion. Zum Verhältnis von Fachwissenschaft und Fremdsprachendidaktik. 2008.

Band 33 Dagmar Abendroth-Timmer: Akzeptanz und Motivation. Empirische Ansätze zur Erforschung des unterrichtlichen Einsatzes von bilingualen und mehrsprachigen Modulen. 2007.

Band 34 Christine Hélot / Britta Benert / Sabine Ehrhart / Andrea Young (éds.): Penser le bilinguisme autrement. 2008.

Band 35 Christiane Fäcke (Hrsg.): Sprachbegegnung und Sprachkontakt in europäischer Dimension. 2009.

Band 36 Dagmar Abendroth-Timmer / Daniela Elsner / Christiane Lütge / Britta Viebrock (Hrsg.): Handlungsorientierung im Fokus. Impulse und Perspektiven für den Fremdsprachenunterricht im 21. Jahrhundert. 2009.

Band 37 Karin Aguado / Karen Schramm / Helmut Johannes Vollmer (Hrsg.): Fremdsprachliches Handeln beobachten, messen, evaluieren. Neue methodische Ansätze der Kompetenzforschung und der Videographie. 2010.

Band 38 Bernd Tesch: Kompetenzorientierte Lernaufgaben im Fremdsprachenunterricht. Konzeptionelle Grundlagen und eine rekonstruktive Fallstudie zur Unterrrichtspraxis (Französisch). 2010.

Band 39 Maria Giovanna Tassinari: Autonomes Fremdsprachenlernen. Komponenten, Kompetenzen, Strategien. 2010.

Band 40 Daniela Caspari / Lutz Küster (Hrsg.): Wege zu interkultureller Kompetenz. Fremdsprachendidaktische Aspekte der Text- und Medienarbeit. 2010.

Band 41 Dagmar Abendroth-Timmer / Marcus Bär / Bàrbara Roviró / Ursula Vences (Hrsg.): Kompetenzen beim Lernen und Lehren des Spanischen. Empirie und Methodik. 2011.

Band 42 Daniela Elsner / Anja Wildemann (Hrsg./eds.): Sprachen lernen – Sprachen lehren. Language Learning – Language Teaching. Perspektiven für die Lehrerausbildung in Europa. Prospects for Teacher Education across Europe. 2011.

Band 43 Paula Krüger: Sprachlernhabitus und Bedeutungskonstruktion beim Fremdsprachenlernen. 2011.

Band 44 Lena C. Bellingrodt: ePortfolios im Fremdsprachenunterricht. Empirische Studien zur Förderung autonomen Lernens. 2011.

Band 45 Urška Grum: Mündliche Sprachkompetenzen deutschsprachiger Lerner des Englischen. Entwicklung eines Kompetenzmodells zur Leistungsheterogenität. 2012.

Band 46 Susanne Staschen-Dielmann: Narrative Kompetenz im bilingualen Geschichtsunterricht. Didaktische Ansätze zur Förderung der schriftlichen Diskursfähigkeit. 2012.

Band 47 Corinna Koch: Metaphern im Fremdsprachenunterricht: Englisch, Französisch, Spanisch. 2013.

Band 48 Karin Aguado / Lena Heine / Karen Schramm (Hrsg.): Introspektive Verfahren und Qualitative Inhaltsanalyse in der Fremdsprachenforschung. 2013.

Band 49 Erscheint in Kürze.

Band 50 Dagmar Abendroth-Timmer / Eva-Maria Hennig (eds.): Plurilingualism and Multiliteracies. International Research on Identity Construction in Language Education. 2014.

Band 51 Daniela Elsner / Britta Viebrock (Hrsg.): Triangulation in der Fremdsprachenforschung. International Research on Identity Construction in Language Education. 2014.

Band 52 Lutz Küster / Christiane Lütge / Katharina Wieland (Hrsg.): Literarisch-ästhetisches Lernen im Fremdsprachenunterricht. Theorie – Empirie – Unterrichtsperspektiven. 2015.

Band 53 Britta Viebrock: Forschungsethik in der Fremdsprachenforschung. Eine systemische Betrachtung. 2015.

Band 54 Mark Bechtel (Hrsg.): Fördern durch Aufgabenorientierung. Bremer Schulbegleitforschung zu Lernaufgaben im Französisch- und Spanischunterricht der Sekundarstufe I. 2015.

www.peterlang.com